Springer-Lehrbuch

Springer-Verlag Berlin Heidelberg GmbH

Heidi Anlauff
Axel Böttcher
Martin Ruckert

# Das MMIX-Buch

Ein praxisnaher Zugang
zur Informatik

Mit 58 Abbildungen und 11 Tabellen

Prof. Dr. Heidi Anlauff
anlauff@cs.fhm.edu
Prof. Dr. Axel Böttcher
ab@cs.fhm.edu
Prof. Dr. Martin Ruckert
ruckertm@acm.org

Fachhochschule München
Fachbereich 07
Lothstr. 34
80335 München

ACM Computing Classification (1998): C.1.1, D.3.2, D.3.3, D.4.0, E.1

ISBN 978-3-540-42408-6 ISBN 978-3-642-56233-4 (eBook)
DOI 10.1007/978-3-642-56233-4

Die Deutsche Bibliothek - CIP-Einheitsaufnahme
Anlauff, Heidi: Das MMIX-Buch: ein praxisnaher Zugang zur Informatik /
Heidi Anlauff; Axel Böttcher; Martin Ruckert. - Berlin; Heidelberg; New York;
Hongkong; London; Mailand; Paris; Tokio: Springer, 2002
(Springer-Lehrbuch)
ISBN 978-3-540-42408-6



http://www.springer.de



Umschlaggestaltung: design & production GmbH, Heidelberg
Satz: Belichtungsfertige Daten von den Autoren
Gedruckt auf säurefreiem Papier SPIN: 10846864 33/3142 ud 543210

# Geleitwort

Today's computers are incredibly fast. Yet we continue to wish that they were even faster, as we continue to think of new ways that they can improve our lives. And we continue to find today, as people have found for more than 50 years, that a well-written program will often run tens of times as fast as an ordinary program.

Not everybody is able to learn how to be a wonderful programmer; special skills are involved that some people develop when they are young and other people don't. Therefore the world faces a great shortage of expert programmers, and this shortage will remain acute in the foreseeable future as we seek to exploit the vast potential of modern machines. I hope most young people who do have the special talents that are in such short supply will realize early in their lives that programming is an ideal career for them.

I strongly believe that the best way to prepare for a lifetime of programming is to be thoroughly familiar with the low-level aspects of computers as well as the high-level aspects. People who know intimately how a computer processes its instructions almost always write much better programs than people who don't. Indeed, one of the most important skills that a programmer needs is the ability to understand things at many levels — to be able to view a problem "in the small" as well as "in the large," and to be able to switch effortlessly between various viewpoints; to know, for example, that the next step towards reaching some overall objective is to add 1 to some number that is buried deep inside a data structure.

Thus I'm eternally grateful that I was exposed to a computer's machine language early in my own education. Machine language isn't the whole story by any means, but it is an extremely important part of the story that many educators have, alas, been downgrading in university courses during recent years. Part of the reason for their unfortunately policy has been the fact that computers of the previous generation were designed primarily to be programmed by machines, not by people; therefore the details were messy, unappealing, and awkward to learn, by comparison with the languages of the machines I grew up with.

The good news is that computers have changed again for the better: A well-designed "reduced-instruction-set computer" of the current generation can be clean, elegant, and easy to learn. When I became aware during the early 1990s that machine language was becoming attractive again, I couldn't resist the urge to design a computer that would be as nice as possible from a student's point of view, yet true to life and not purely academic. Fortunately I had outstanding advice from colleagues like John Hennessy and Richard Sites, designers of the MIPS and Alpha chips, as well as from many other people around the world who acted as a sounding board while the new design was taking shape. Now I believe it is reasonable to claim that the `MMIX` computer is an ideal educational tool.

During October 2001 I had the great pleasure of being in München for an MMIXfest, when I met the authors of the present book. And as a result, I believe it is reasonable to claim that the `MMIX`-Buch is an ideal way to learn about `MMIX`, because I know that all three authors are exceptionally talented and dedicated teachers.

Surely an English translation of this book will be called for soon. I envy German-speaking students for all the fun they'll be having and all the knowledge they'll be absorbing while reading this material. And I offer my best wishes to you even as I hope that the students at my own university will be able to catch up before long.

Donald E Knuth
Stanford, California
15 June 2002

# Vorwort

Wer den effizientesten Algorithmus zur Lösung einer Aufgabe sucht und sich auch für dessen gründliche Analyse interessiert, wird zwangsläufig auf *The Art of Computer Programming* ([TAOCP-I][TAOCP-II][TAOCP-III]), kurz *TAOCP*, von Donald E. Knuth stoßen. *The American Scientist* reiht dieses Werk unter die zwölf bedeutendsten wissenschaftlichen Monographien des 20. Jahrhunderts ein, neben Werken Einsteins, Diracs und Mandelbrots.

Gleich zu Beginn von [TAOCP-I] entwirft Knuth einen virtuellen Computer namens `MIX`. Für zahlreiche Algorithmen, die er später vorstellt, gibt er eine Implementierung in der Assemblersprache von `MIX` an. Da die Arbeit an *TAOCP* schon vor vier Jahrzehnten begonnen wurde, verwundert es nicht, dass die `MIX`-Architektur nach heutigen Maßstäben veraltet ist. Knuth hat aber vor etwa drei Jahren ein hochmodernes Nachfolgemodell für `MIX` publiziert, `MMIX` („Millennium-`MIX`"), das in der kommenden und zugleich endgültigen Ausgabe von *TAOCP* an die Stelle von `MIX` treten wird.

Eine Reihe gewichtiger Gründe spricht nach unserer Meinung dafür, `MMIX` zum Gegenstand der Informatik-Ausbildung zu machen. Der wohldefinierte und -dokumentierte Prozessor `MMIX` ist als Simulator (von Knuth selbst programmiert) samt Programmierwerkzeugen für alle gängigen Plattformen frei erhältlich, `MMIX` kann man „anfassen". Das Design von `MMIX` folgt konsequent Prinzipien der RISC-Architektur. An keiner Stelle wurde die Prinzipientreue einer fragwürdigen Kompatibilität zu real existierenden Prozessoren geopfert. Dank des klaren Designs ist das `MMIX`-Programmieren relativ leicht zu erlernen, verschafft wertvolle Erfahrung und macht noch dazu ausgesprochen Freude. Wer mit `MMIX` lehrt oder lernt, ist durchaus auf der Höhe der Zeit, ohne nach jedem Innovationszyklus im Hardwarebereich sein Konzept revidieren zu müssen. Schließlich ist – wahrlich verlockend – für Studierende, die `MMIX` gelernt haben, die Tür zur Schatzkammer *TAOCP* weit geöffnet.

Zurecht wird heute allgemein die Vermittlung objektorientierter Konzepte und Hochsprachen betont. Diese haben in der Tat in den zurückliegenden Jahren wesentlich zur Produktivitäts- und Qualitätssteigerung in der Softwareentwicklung beigetragen. Dennoch wird es auch in Zukunft immer Lehrveranstaltungen geben müssen, die maschinennahen Themen gewidmet sind. Gute hochsprachliche Programme schreibt man eher dann, wenn man eine Vorstellung von den Abläufen auf darunter liegenden Ebenen hat. Vorlesungen über maschinennahes Programmieren, aber auch über Algorithmen und Datenstrukturen, Betriebssystemkonzepte oder Compiler werden nach unserer Überzeugung profitieren, wenn MMIX in deren Curricula integriert wird. Auf diese Weise kann man, ohne bewährte Inhalte einzubüßen, dem Wunsch nach einer guten Balance zwischen Theorie und Praxis gerecht werden. Die Verfasser möchten mit dem vorliegenden MMIX-Buch Innovationen in dieser Richtung unterstützen. Die Darstellung des Stoffes eröffnet hier viele Möglichkeiten.

Das MMIX-Buch ist primär als deutschsprachige Einführung in MMIX zum vorlesungsbegleitenden Gebrauch gedacht. Die Verfasser können sich aber gut vorstellen, dass die Beschäftigung mit MMIX auch informatik- oder mathematikbegeisterten Schülern großen Spaß machen kann (und eine ausgezeichnete Vorbereitung auf das Studium ist). Wir haben deshalb darauf geachtet, dass das Buch auch zur Verwendung an Schulen und zum Selbststudium geeignet ist. Das MMIX-Buch kann und will jedoch das Studium der MMIX-spezifischen Kapitel von *TAOCP* nicht ersetzen. Es soll vielmehr eine Hinführung, eine Brücke, womöglich auch Appetitanreger sein.

Entstanden ist das MMIX-Buch aus hörsaalerprobten Materialien der Verfasser zu Vorlesungen und Praktika der Lehrveranstaltung „Datenverarbeitungssysteme“ (zukünftig „IT-Systeme“), einer zweisemestrigen Pflichtvorlesung des Informatik-Grundstudiums an der Fachhochschule München. Seit drei Jahren spielt hier MMIX eine zentrale Rolle, als Modell und als Lehrmittel. Traditionell umfasst diese Vorlesung auch eine kurze Einführung in Betriebssysteme. Dieser Teil wurde im MMIX-Buch jedoch bewusst kurz gehalten.

Das ausführliche Sachverzeichnis des MMIX-Buches soll das schnelle Auffinden einzelner Begriffe und Sachthemen unterstützen. Da das MMIX-Buch auch als Referenz für die MMIX-Programmierung dienen soll, sind alle Befehle und Pseudobefehle in vom Fließtext abgesetzten Spezifikationen erklärt. Der Anhang enthält eine Liste aller Befehle mit Verweisen auf die jeweilige Seite der Spezifikation. Ferner befindet sich im Anhang eine Zusammenstellung aller Fehlermeldungen des Assemblers und des Simulators zusammen mit Hinweisen zur Fehlerbehebung. Die im Buch besprochenen Beispielprogramme können von der Internetseite `www.cs.fhm.edu/~mmix/` heruntergeladen werden. Im Text sind die Programme durch Balken begrenzt, die den Dateinamen enthalten, unter dem sich das jeweilige Programm finden lässt.

In jedem Kapitel stehen Fragen zur Selbstkontrolle, ob der gelesene Text verstanden wurde. Es ist wichtig, dass sich der Leser diesen Fragen stellt. Nach aufmerksamer Lektüre des betreffenden Abschnitts sollte ihre Beantwortung nicht schwer fallen. Ferner gibt es im Buch eine Reihe von Übungsaufgaben, in denen meist kleine MMIX-Programme verlangt werden. Sie setzen eine intensive Auseinandersetzung mit dem vermittelten Stoff voraus. Programmieren lässt sich nur an praktischen Fällen erlernen, darum ist auch die Bearbeitung dieser Übungsaufgaben dringend anzuraten. Zu ausgewählten Aufgaben finden sich im Anhang Musterlösungen. Weitere Musterlösungen wollen wir im Laufe der Zeit auf der genannten Homepage im Internet zur Verfügung stellen. Musterlösungen sind jedoch immer nur als Lösungsvorschläge zu betrachten. In den meisten Fällen gibt es mehr als eine gute Lösung. Nur wer sich selbst redlich um eine Lösung bemüht, ohne gleich auf die Musterlösung zu schielen, lernt wirklich etwas dazu, nicht zuletzt aus den eigenen Fehlern.

Wer im Deutschen über Informatikinhalte spricht, muss viele englische Begriffe benutzen, weil deren deutsche Übersetzung entweder unüblich oder unverständlich ist. Den Verfassern des vorliegenden Buches blieb gar keine andere Wahl, als diesem Brauch zu folgen. Deutsche Fachbegriffe haben sie nur dort verwendet, wo sie wirklich gebräuchlich sind und in diesen Fällen den englischen Begriff in Klammern dazugesetzt.

Die Verfasser hoffen, mitdiesem `MMIX`-Buch die Schar der `MMIX`-Fans zu vergrößern. Mit dem Anwachsen der `MMIX`-Fangemeinde könnten bald auch `MMIX`-Programme, -Materialien und -Werkzeuge entstehen, die von allgemeinem Interesse sind. Die `MMIX`-Gruppe der Fachhochschule München macht gern den Anfang und stellt Werkzeuge und alle in diesem Buch verwendeten Programme unter der Adresse `www.cs.fhm.edu/~mmix/` im Internet zur Verfügung.

Viele Personen haben zur Entstehung dieses Buches beigetragen. Ihnen allen gebührt unser Dank. Allen voran Donald E. Knuth, dem Vater des `MMIX`. Er hat uns während seines Besuchs an der Fachhochschule München und seine Teilnahme am `MMIX`-Fest im Oktober 2001 zum Verfassen des Buches motiviert. Ganz besonders danken wir auch Herrn Manfred Gruber für viele fruchtbare Diskussionen und Anregungen. Ferner danken wir all unseren Studierenden für viele kritische Bemerkungen. Sie mussten einige unvollständige Versionen des Textes ertragen. Nicht zuletzt danken wir unserem Lektor Frank Schmidt vom Springer-Verlag für die sehr gute Zusammenarbeit und Frau Ursula Zimpfer für die sachkundige Durchsicht des Manuskripts.

München, im Juli 2002

*Heidi Anlauff*
*Axel Böttcher*
*Martin Ruckert*

# Inhaltsverzeichnis

# 1. Einführung

In diesem Kapitel machen wir uns mit den grundlegenden Eigenschaften von Computern vertraut. Anschließend begründen wir, warum gerade ein virtueller Prozessor als Grundlage dieser Einführung dient und kein real existierender Prozessor.

## 1.1 Computer

Jeder Anwender weiß, dass sein *Personal Computer* im Wesentlichen aus den hochwertigen elektronischen Bauteilen besteht, die in einem belüfteten Gehäuse auf oder unter seinem Schreibtisch untergebracht sind. Dort läuft „sein“ Programm, das er steuert, indem er es über Eingabegeräte wie Tastatur, Maus, Laufwerke oder Scanner mit Eingabedaten versorgt.

Rückmeldungen über den Ablauf seines Programms bekommt der Anwender durch die Ausgabedaten, die es an Ausgabegeräte wie Bildschirm, Drucker oder Laufwerke sendet. Ein PC ist aus Anwendersicht eine *Black Box*, die mit Ein- und Ausgabegeräten für die Kommunikation zwischen Mensch und Maschine verbunden ist. Ein PC kann an ein Netzwerk angeschlossen sein und Verbindung zu einem Intranet oder via Modem oder ISDN zum Internet haben.

Die elektronischen Bauteile im PC-Gehäuse sind auf Platinen (*Karten*) untergebracht. Kernstück ist die Hauptplatine (*Motherboard*) mit Prozessor und Hauptspeicher, die durch Busse für den Datentransport verbunden sind. Mit der Außenwelt kommuniziert der Prozessor über Chipsätze, welche die *Ein- und Ausgabe* (*Input/Output*, kurz IO) von Daten besorgen.

Ein Anwender bearbeitet Anwenderdaten, etwa einen Brief, mit einem Anwendungsprogramm, beispielsweise mit einem Textverarbeitungsprogramm. Im PC sorgen weitere Programme, so genannte Systemprogramme, für die reibungslose Ausführung seiner Anwendung. Systemprogramme sind aktiv, bevor der Anwender seine Anwendung aufruft. Sie starten auf Veranlassung des Anwenders das Anwendungsprogramm und bleiben in der Regel auch während dessen Ausführung aktiv. Wie diese Mehrschichtigkeit und scheinbare Gleichzeitigkeit verschiedener Programmaktivitäten realisiert wird, werden wir in den folgenden Kapiteln analysieren.

Halten wir hier nur fest: Auf der PC-Hardware läuft eine Vielzahl von Programmen, die man als *Software* bezeichnet. Hard- und Software bilden zusammen einen Computer. Dieser besteht aus der Hardwareebene, aus der Ebene der Systemprogramme, die direkt mit der Hardware in Verbindung stehen, und aus der darüber liegenden Ebene der Anwender- und Systemprogramme, die sich wechselseitig aufrufen. Die Systemprogramme beider Softwareebenen bilden zusammen das *Betriebssystem*.

Das Betriebssystem teilt Programmen, die um Hardwarekomponenten, Speicherplatz oder Rechenzeit konkurrieren, diese Betriebsmittel fair zu und sorgt für einen guten Durchsatz des Gesamtsystems. Beim Anwender entsteht dadurch der Eindruck, als würden viele Vorgänge auf seinem PC gleichzeitig ablaufen.

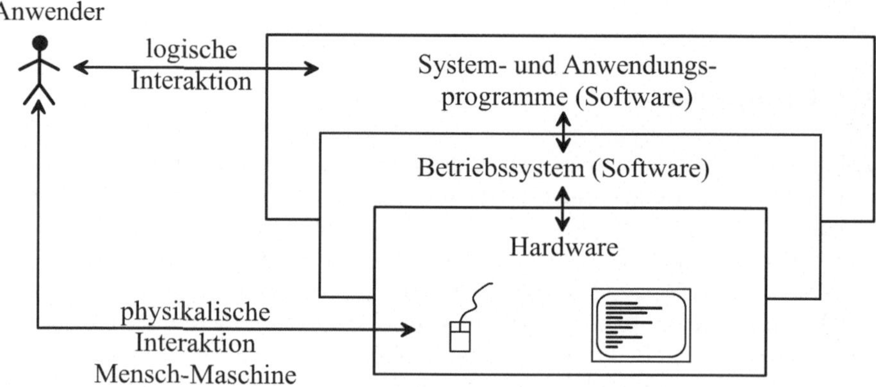


**Abb. 1.1.** Grobstruktur eines Computers. Die Interaktion mit den Anwendungen geschieht über physikalische Bedienvorgänge auf Ebene der Hardware.

Ein Anwender, der mit Hilfe von Maus, Tastatur und Bildschirm ein Anwendungsprogramm steuert, bedient es eigentlich nur indirekt. Maus, Tastatur und Bildschirm werden nämlich von Systemprogrammen der hardwarenahen Softwareebene kontrolliert. Das Anwendungsprogramm kommuniziert mit Systemprogrammen der oberen und unteren Softwareebene. Es erhält auf diesem Wege die Eingabedaten (Tastendrucke, Mausbewegungen) des Anwenders, reagiert darauf und schickt seine Antworten, vermittelt durch Systemprogramme beider Ebenen, auf den Bildschirm. Logisch steht der Anwender mit Anwendungsprogrammen im Dialog, physikalisch finden jedoch nur Bedienvorgänge auf der Hardwareebene statt. Die interne Kommunikation zwischen Hardware, Betriebssystem und Anwendung bleibt dem Anwender weitgehend verborgen.

## 1.2 Die Hardware-Software-Schnittstelle

In diesem Buch betrachten wir vornehmlich die Schnittstelle zwischen Hardware und Betriebssystem. Diese Schnittstelle wird als *Hardware-Software-Schnittstelle* bezeichnet.

Wir sind heute an die mausgesteuerte Bedienung grafischer Bedienoberflächen gewöhnt (Graphical User Interface, kurz GUI). Diese werden von Prozessoren gesteuert, die mit Taktfrequenzen im Gigahertz-Bereich arbeiten und aus vielen Millionen Transistoren bestehen.

Zur Programmierung verwenden wir meistens eine Hochsprache (z.B. Pascal, C/C++ oder Java) und benutzen viele vorgefertigte Programmbausteine. Das beginnt mit einfachen Anweisungen zur Ein- und Ausgabe und geht bis hin zu umfangreichen Klassenbibliotheken, die es dem Programmierer erlauben, mit wenigen Programmzeilen komplexe Aufgaben zu lösen.

Wir werden uns in diesem Buch an die Hardware-Software-Schnittstelle begeben und lernen, wie ein Prozessor auf Hardwareebene in seiner Maschinensprache (Assemblersprache) programmiert wird. Dabei versuchen wir sinnvolle Beziehungen zu den Hochsprachen herzustellen.

Auch die Programme, die wir sonst in einer Hochsprache schreiben, werden in einem aufwändigen Prozess durch spezielle Systemprogramme, so genannte Compiler, auf Befehle der Maschinensprache abgebildet[1]. Der Programmierer sieht meistens nur das Endprodukt, nämlich das ausführbare Programm. Die Details der in diesem Prozess erzeugten Maschinenprogramme bleiben ihr weitgehend verborgen. Diese Ebene aber wenigstens einmal gesehen und gut verstanden zu haben ist für jeden Studierenden der Informatik unerlässlich.

Wir werden in diesem Buch alle wichtigen Hilfsmittel und Konzepte zur Programmierung an der Hardware-Software-Schnittstelle detailliert erläutern. Die umfangreichsten der hier betrachteten Programme benötigen etwa 5 Millionen Taktzyklen, was einer Rechenzeit von weniger als einer hundertstel Sekunde entspricht.

## 1.3 Das klassische Computermodell

In diesem Abschnitt betrachten wir die Hardwareebene und stellen ein klassisches Rechnermodell vor, das bereits im Jahre 1946 durch eine Gruppe um John von Neumann erarbeitet wurde und noch heute Gültigkeit hat [Burks]. Ein Blockdiagramm dieses Modells ist in Abbildung 1.2 dargestellt. Dieses Modell ist eine präzisere Darstellung der Hardwareschicht aus Abbildung 1.1.

[1] In Java sind das Befehle, die von einem weiteren Systemprogramm, einer so genannten *virtuellen Maschine*, ausgeführt werden müssen.

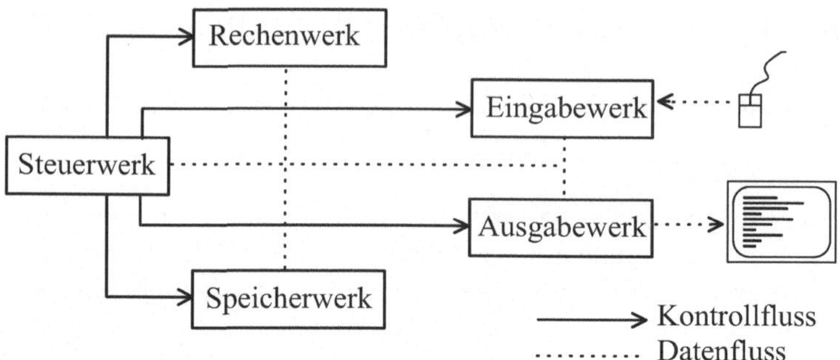


**Abb. 1.2.** Die Bestandteile eines Rechners mit Von-Neumann-Architektur.

Die folgenden Eigenschaften sind allen gängigen Computersystemen gemein:

- Nach diesem Modell besteht ein Rechner aus fünf Funktionseinheiten, nämlich Steuerwerk, Rechenwerk, Speicherwerk, Eingabewerk und Ausgabewerk (siehe Abbildung 1.2). In der Terminologie von Neumanns heißen diese Einheiten nicht Werke, sondern „Organe". Zwischen den Werken können Daten ausgetauscht werden. Das Steuerwerk kann allen anderen Werken Steuerbefehle erteilen. Ohne Steuerwerk würde sich dieser Rechner nicht von einem simplen (nicht programmierbaren) Taschenrechner unterscheiden.
- Der Aufbau eines Rechners ist unabhängig vom zu bearbeitenden Problem. Dies unterscheidet ihn von vielen früheren Rechenmaschinen, die oftmals nur zur Lösung spezieller Probleme konstruiert wurden, etwa zum Lösen bestimmter mathematischer Gleichungen.
- Programme und Daten, Zwischenergebnisse und Endergebnisse befinden sich im gleichen Speicher (Hauptspeicher bzw. Speicherwerk). Es besteht damit kein struktureller Unterschied zwischen Anwenderdaten und den Daten, die ein Programm repräsentieren.
- Daten und Programme werden vom Eingabewerk eingelesen und im Speicherwerk abgelegt.
- Der Speicher ist in gleich große Zellen aufgeteilt, die fortlaufend nummeriert sind.
- Aufeinander folgende Befehle befinden sich in aufeinander folgenden Speicherzellen.
- Im Steuerwerk gibt es einen *Befehlszähler*, der immer auf den nächsten auszuführenden Befehl zeigt.
- Der aktuelle Befehl wird aus dem Speicher ausgelesen und im *Befehlsregister* des Steuerwerks zwischengespeichert.
- Der Befehl wird dann decodiert, und die Ausführung des Befehls durch Steuersignale veranlasst.
- Es gibt folgende Befehlsarten:

- Arithmetische und logische Befehle zur Verknüpfung von Daten. Diese Befehle werden im Rechenwerk ausgeführt, die Ergebnisse werden in Registern abgelegt.
- Transportbefehle zum Verschieben von Daten zwischen diesen Komponenten. Die Daten werden vom Speicher in den Registersatz geladen oder vom Registersatz in den Speicher zurückgeschrieben.
- Bedingte und unbedingte Sprungbefehle, Unterprogrammaufrufe. Damit kann die Reihenfolge der Ausführung der Befehle beeinflusst werden.
- Ein-/Ausgabebefehle zur Kommunikation mit der Peripherie (das sind die an einem Rechner angeschlossenen Ein- und Ausgabegeräte).
- Sonstige Befehle wie Unterbrechen, Warten, Stop usw.

Steuerwerk und Rechenwerk sind zu einer Einheit, dem *Prozessor*, zusammengefasst. Der Prozessor wird zusammen mit dem Hauptspeicher oft als *Zentraleinheit* bezeichnet, oder als *Central Processing Unit*, kurz CPU.

Die einzelnen hier angesprochenen Befehlsarten werden wir in den folgenden Kapiteln vertiefen. Diese Prinzipien sind bereits im Jahr 1946 formuliert worden und haben heute immer noch Gültigkeit.

In den folgenden Kapiteln werden auch die einzelnen Komponenten aus Abbildung 1.2 näher betrachtet. Von Bedeutung sind zunächst Rechen- und Speicherwerk. Das Steuerwerk ist stets für die Ausführung der Befehle verantwortlich und spielt somit immer eine gewisse Rolle. Diesem ist allerdings im späteren Teil ein eigenes Kapitel gewidmet (Kapitel 7). Dort wird auch die Interaktion mit Ein- und Ausgabegeräten detailliert erläutert.

Ganz wichtig ist es natürlich auch, zu erlernen, wie ein Computer programmiert wird. Um mit einem Computer ein Problem zu lösen, muss immer zuerst ein *Algorithmus* gefunden werden. Darunter ist eine Arbeitsvorschrift zu verstehen, die eindeutig ist und nach endlich vielen Schritten zu einer Lösung des Problems führt [TAOCP-I].

## 1.4 Warum `MMIX`?

`MMIX` ist kein realer Prozessor, es gibt ihn nur als Modell, daher können auch die für ihn entworfenen Programme nicht wirklich laufen, sondern sie müssen simuliert werden. Unter einem *Simulator* versteht man ein Programm, das auf einer Maschine A das Verhalten einer anderen Maschine B nachbildet. Oftmals wird dem Einsatz eines Simulators mit einiger Skepsis begegnet, da damit immer ein Verlust an Leistung verbunden ist. In der Lehre dagegen bietet ein Simulator viele Vorteile, von denen wir kurz einige aufzeigen wollen.

**Unabhängigkeit von Herstellern.** In den Entwurf von `MMIX` sind viele Merkmale realer Prozessoren eingeflossen, dennoch ist er nicht von einem speziellen Hersteller oder einem spezifischen Produkt abhängig. Die Assemblersprache ist intuitiv und leicht erlernbar und bietet einen guten Einstieg in jede andere maschinennahe Sprache. Assembler und Simulator sind für verschiedene Plattformen frei im Internet verfügbar, es entstehen also keine Kosten für Hardware oder Lizenzgebühren, wie sie beim Einsatz realer Prozessoren und Entwicklungssysteme anfallen.

**Unabhängigkeit von technischen Entwicklungen.** Die Entwicklung der Rechnertechnologie wird ständig beschleunigt. Dies wirkt sich auf die Struktur und den Funktionsumfang der aktuell verfügbaren Prozessoren aus. Ein Arbeitsplatz, der fünf Jahre alt ist, gilt schon als hoffnungslos veraltet. `MMIX` ist so konzipiert, dass er davon relativ wenig berührt wird. So greift Don Knuth an einigen Stellen dem heutigen Entwicklungsstand vor (etwa bei der Zahl der Hardwareregister und der Größe des Hauptspeichers). Sollten sich in absehbarer Zeit gravierende Änderungen ergeben, so kann der Simulator jederzeit angepasst werden.

**Volle Kontrolle über die Abläufe.** Assemblerprogramme mit realer Hardware können unter der Obhut eines Betriebssystems entwickelt werden. Das impliziert eine Vermittlung von Wissen über die zu beachtenden Schnittstellen zu diesem Betriebssystem. Ferner ist in diesem Umfeld nicht der Zugriff auf alle Befehle und Speicherbereiche erlaubt. Alternativ böte sich die Möglichkeit, Programme direkt für eine Computer-Hardware zu entwickeln. Das Testen solcher Programme erfordert allerdings den Einsatz unbequemer Testwerkzeuge. In beiden Fällen müssen Randbedingungen verstanden und beachtet werden, die vom Kern dessen ablenken, was in dieser Einführung vermittelt werden soll.

Der Simulator erlaubt uns im interaktiven Modus, ein Programm jederzeit anzuhalten, es kann aber auch Schritt für Schritt durchlaufen werden. Nicht zuletzt können auch Endlosschleifen wieder gestoppt werden. Die Register- und Speicherinhalte lassen sich jederzeit in verschiedenen Formaten anzeigen und manipulieren.

Zwei Kommandos – mit einigen Optionen – reichen aus, um Assembler und Simulator aufzurufen. Die Bedienung der textbasierten Oberfläche des Simulators wird durch eine Hilfefunktion unterstützt. Daneben gibt es bereits grafische Oberflächen, die zum Teil von Studierenden entwickelt wurden. Damit wird das Verständnis der Abläufe in der Hardware wesentlich gefördert.

**Leistungsmessung.** Jeder Befehl des `MMIX` benötigt eine bestimmte Ausführungszeit, gemessen in *oops*. Die Ausführungszeit eines Programms wird bei der Simulation gemessen, zusätzlich erhält man noch die Zahl der durchlaufenen Speicherzyklen (*mems*). Damit ist es möglich, einen Begriff der Leistung eines Programms zu vermitteln, der nicht von einer speziellen Hardwarekonfiguration abhängt. Verschiedene Lösungen eines Problems können so miteinander verglichen und bewertet werden. Solche Aussagen sind für reale Prozessoren nur mit erheblichem Aufwand und unter Einsatz teurer Werkzeuge zu gewinnen.

Zum Schluss noch eine Bemerkung zum Namen des Prozessors: `MMIX` ist ein typischer Vertreter der Prozessoren des beginnenden 21. Jahrhunderts.

Wie die meisten Maschinen besitzt er eine Kennnummer, nämlich die Nummer 2009, die sich ergibt, wenn man den Namen `MMIX` als römische Zahl interpretiert. Diese Zahl ist der Mittelwert der Nummern folgender Prozessoren, die alle dem `MMIX` sehr ähnlich sind:

$$(\mathrm{CrayI} + \mathrm{IBM801} + \mathrm{RISCII} + \mathrm{ClipperC300} + \mathrm{AMD29K} + \mathrm{Motorola88K} + \mathrm{IBM601} + \mathrm{Inteli960} + \mathrm{Alpha21164} + \mathrm{POWER2} + \mathrm{MIPSR4000} + \mathrm{HitachiSuperH4} + \mathrm{StrongARM110} + \mathrm{Sparc64})/14 = 28126/14 = 2009.$$

# 2. Darstellung von Information – Codierung und Zahlensysteme

*Obwohl sie uns vertraut sind, werden sie noch lange nicht verstanden. Nur sehr wenige Menschen besitzen eine Definition der „Zahl“, der „0“ oder der „1“.*
*Bertrand Russel, Einführung in die mathematische Philosophie*

## 2.1 Information, Daten und Nachricht

In unserer Umgangssprache werden die Begriffe *Nachricht*, *Daten* und *Information* häufig synonym verwendet. Es gibt jedoch Unterschiede: Information ist ein abstrakter Begriff, der das Wissen über ein Ereignis oder einen Tatbestand bezeichnet, während Daten und Nachricht die äußere Form, die Darstellung der Information, charakterisieren.

Eine Nachricht kann mehr enthalten als nur eine Darstellung der Information durch Daten. Dies können z.B. Absender- oder Empfängerangaben sein und andere Angaben, die zur Übertragung der Information erforderlich sind. Man erhält die in einer Nachricht enthaltene Information erst durch *Interpretation* der Daten einer Nachricht. Der Begriff Nachricht entstammt der Nachrichtentechnik und wird meist im Zusammenhang mit der Übertragung von Informationen verwendet. Wir werden ihn hier nicht weiter verwenden, sondern nur noch von Daten sprechen.

Die Zuordnung zwischen Daten und Information ist im Allgemeinen nicht eindeutig. So können Daten auch verschiedene Informationen enthalten, die man durch verschiedene Interpretationen erhält. Aus einer Zeitung werden z.B. durch verschiedene Personen verschiedene Informationen entnommen. Information ist kontextabhängig, z.B. kann man aus dem Satz „Ich komme morgen“ keine eindeutige Information gewinnen, wenn der Zeitpunkt nicht bekannt ist.

Fassen wir noch einmal zusammen: Daten sind physisch auf einem Datenträger (z.B. Papier) verfügbar. Information ist der abstrakte Inhalt von Daten, den der Empfänger durch Interpretation gewinnt.

## 2.2 Codierung

In den üblichen technischen Anwendungen gibt es sowohl analoge als auch digitale Darstellungen von Information. Eine Darstellung heißt analog, wenn eine Größe durch eine Vergleichsgröße dargestellt wird, etwa die Temperatur der Luft durch die Länge einer Quecksilbersäule oder die verstrichene Zeit durch den Winkel eines Zeigers. Zum Ablesen dient dann eine Skala, die bereits in der gesuchten Einheit beschriftet ist. Eine Darstellung heißt digital (lat. digitus, der Finger), wenn eine Größe durch Zahlen oder ganz allgemein symbolisch dargestellt wird. So zeigt eine digitale Uhr die Zeit in Ziffern an, aber auch die Größenangabe „XXL" auf einem T-Shirt ist in diesem Sinne digital.

Für eine maschinelle Bearbeitung von Informationen ist die analoge Darstellung nicht so gut geeignet wie die digitale. Eine Ausnahme bilden die sog. „Analogrechner", die mit speziellen Schaltgliedern wie z.B. Verstärkern direkte Verknüpfungen der analogen Größen Strom und Spannung berechnen können. Im Folgenden wollen wir stets eine digitale Darstellung von Informationen voraussetzen. Bei der Digitalisierung von Information treten in der Regel Fehler auf. Durch die Beschränkung auf eine endliche Anzahl von Symbolen und Symbolkombinationen gibt es nämlich nur endlich viele darstellbare Werte. Dies erzwingt eine Rasterung, d.h. begrenzte Schrittweite der Stützstellen bei der Abtastung, und eine Quantelung, d.h. begrenzte Genauigkeit der Werte durch das interne Datenformat.

Im Folgenden wollen wir einige grundlegende Begriffe für die Darstellung von Information in einem IT-System einführen.

Ein *Zeichen* ist ein Element aus einer vereinbarten endlichen Menge verschiedener Symbole, dem so genannten *Zeichenvorrat* (character set). Ist die Menge geordnet, so heißt sie *Alphabet*. Bekannte Beispiele sind das Buchstabenalphabet $\{A, B, C, \ldots, Z\}$ und das Ziffernalphabet $\{0, 1, 2, \ldots, 9\}$.

Einen zweielementigen Zeichenvorrat nennt man *binären* Zeichenvorrat. Die Zeichen darin heißen *Binärzeichen* oder *Bit* (binary digit). Ein Bit ist also eine Stelle in einer binären Zeichenfolge. Beispiele für binäre Alphabete sind etwa $\{\text{ja}, \text{nein}\}$, $\{\text{true}, \text{false}\}$ oder $\{1, 0\}$. In einem Computer werden binäre Zeichen durch unterschiedliche physikalische Zustände der Schaltelemente dargestellt, etwa durch hohe oder niedrige Spannung $\{\text{H}, \text{L}\}$. Der interne Zeichenvorrat eines Computers ist also binär. Daher muss zur Darstellung des externen Zeichenvorrates jedem Zeichen intern eine Kombination von Binärzeichen zugeordnet werden.

Unter einem *Wort* versteht man eine Zeichenfolge fester Länge, die als Einheit betrachtet wird. Ein binäres Wort der Länge 8 heißt ein *Byte*.

Eine Vorschrift zur Abbildung eines Zeichenvorrats in einen anderen Zeichen- oder Wortvorrat nennt man *Code* oder *Codierung*. Eine Codierung ist *umkehrbar eindeutig*, wenn aus der Verschiedenheit der Bilder die Verschiedenheit der Urbilder folgt und umgekehrt. Nur für einen umkehrbar eindeutigen Code ist eine Decodierung möglich.

Es gibt mehrere Gründe, warum Codierung notwendig ist:

**Anpassung an ein Medium.** Ausgehend vom Zeichenvorrat des Mediums muss man eine Codierung finden, die nur die verfügbaren Zeichen nutzt. Die meisten digitalen Speicher- und Übertragungsmedien verfügen nur über ein binäres Alphabet. Also ist es erforderlich, alle Daten binär zu codieren, bevor man sie speichern oder übertragen kann.

**Verschlüsselung.** Informationen werden verschlüsselt, um sie vor unberechtigtem Zugriff zu schützen.

**Fehlererkennung und -korrektur.** Bei wichtigen Daten ist es nötig, spezielle Verfahren zur Codierung zu verwenden, die es erlauben, den korrekten Wert zu rekonstruieren, auch wenn ein Teil der Nachricht verändert wurde.

**Kompression.** Es gibt hoch entwickelte Codierungsverfahren, die eine Information mit der kleinstmöglichen Anzahl von Bit darstellen können und so eine kompakte Speicherung und schnellstmögliche Übertragung der Informationen gewährleisten. Ein Beispiel ist etwa die Codierung von Musiksignalen mit dem MP3-Verfahren, das Anwendungen wie das Internetradio ermöglicht.

**Beispiel 2.1.** Beim BCD-Code für Dezimalziffern (Binary Coded Decimals) werden die Dezimalziffern 0 bis 9 fortlaufend mit den 4 Bit breiten Kombinationen 0000 bis 1001 dargestellt. Die nicht verwendeten Werte von 1010 bis 1111 werden Pseudotetraden genannt. □

**Beispiel 2.2.** Beim 1-aus-$N$-Code ist in einem $N$ Bit breiten Wort immer genau eine Stelle mit einer 1 besetzt. Der Code dient der Ansteuerung von Schaltungen, bei denen aus einer Menge von $N$ Elementen genau eines ausgewählt werden soll (Multiplexer, Adressauswahl).

| **Dezimalziffer** | **BCD-Code** | **1-aus-10-Code** |
|---|---|---|
| 0 | 0000 | 0000000001 |
| 1 | 0001 | 0000000010 |
| 2 | 0010 | 0000000100 |
| 3 | 0011 | 0000001000 |
| 4 | 0100 | 0000010000 |
| 5 | 0101 | 0000100000 |
| 6 | 0110 | 0001000000 |
| 7 | 0111 | 0010000000 |
| 8 | 1000 | 0100000000 |
| 9 | 1001 | 1000000000 |

□

**Beispiel 2.3.** Beim *ASCII-Code* (American Standard Code for Information Interchange) (siehe Tabelle 2.1) wird jedem Zeichen (Buchstaben, Ziffern, Sonderzeichen) eine 7-Bit-Kombination zugeordnet. Jedes Zeichen kann also in einem Byte gespeichert werden. Die Zeichenfolge „TEXT“ wird etwa wie folgt codiert:

| **Buchstaben** | T | E | X | T |
|---|---|---|---|---|
| **Binärcode** | 0101 0100 | 0100 0101 | 0101 1000 | 0101 0100 |

| | 0 | 1 | 2 | 3 | 4 | 5 | 6 | 7 |
|---|---|---|---|---|---|---|---|---|
| 0 | *NUL* | *DLE* | ␣ | 0 | @ | P | ‘ | p |
| 1 | *SOH* | *DC1* | ! | 1 | A | Q | a | q |
| 2 | *STX* | *DC2* | “ | 2 | B | R | b | r |
| 3 | *ETX* | *DC3* | # | 3 | C | S | c | s |
| 4 | *EOT* | *DC4* | $ | 4 | D | T | d | t |
| 5 | *ENQ* | *NAK* | % | 5 | E | U | e | u |
| 6 | *ACK* | *SYN* | & | 6 | F | V | f | v |
| 7 | *BEL* | *ETB* | ’ | 7 | G | W | g | w |
| 8 | *BS* | *CAN* | ( | 8 | H | X | h | x |
| 9 | *HT* | *EM* | ) | 9 | I | Y | i | y |
| A | *LF* | *SUB* | * | : | J | Z | j | z |
| B | *VT* | *ESC* | + | ; | K | [ | k | { |
| C | *FF* | *FS* | , | < | L | \ | l | — |
| D | *CR* | *GS* | - | = | M | ] | m | } |
| E | *SO* | *RS* | . | > | N | ^ | n | ~ |
| F | *S1* | *US* | / | ? | O | _ | o | *DEL* |

**Tab. 2.1.** Die Tabelle der ASCII-Codes bis 127.

Obwohl der ASCII-Code auch Codes für die Ziffern 0 bis 9 enthält, ist er zur numerischen Verarbeitung von Zahlen nicht besonders geeignet.

Eine Erweiterung des ASCII-Code ist der international genormte ISO-Code. Die Grundlage bildet der ISO-7-Bit-Code, der mit dem ASCII-Code identisch ist. Zeichen, bei denen das achte Bit gesetzt ist, sind je nach den nationalen Erfordernissen definiert. So ist in unserem westlichen Sprachbereich, einschließlich Amerika, Australien und Afrika, die Variante Latein 1 gültig,

| | 8 | 9 | A | B | C | D | E | F |
|---|---|---|---|---|---|---|---|---|
| 0 | | | *NBS* | ? | À | Đ | à | ∂ |
| 1 | | | ¡ | ± | Á | Ñ | á | ñ |
| 2 | | | *CENT* | $^{2}$ | Â | Ò | â | ò |
| 3 | | | £ | $^{3}$ | Ã | Ó | ã | ó |
| 4 | | | *Currency* | ´ | Ä | Ô | ä | ô |
| 5 | | | *YEN* | ? | Å | Õ | å | õ |
| 6 | | | $\vert$ | ¶ | Æ | Ö | æ | ö |
| 7 | | | § | · | Ç | × | ç | ÷ |
| 8 | | | ¨ | ¸ | È | Ø | è | ø |
| 9 | | | © | $^{1}$ | É | Ù | é | ù |
| A | | | ª | º | Ê | Ú | ê | ú |
| B | | | << | >> | Ë | Û | ë | û |
| C | | | ¬ | $\frac{1}{4}$ | Ì | Ü | ì | ü |
| D | | | - | $\frac{1}{2}$ | Í | Ý | í | ý |
| E | | | ? | $\frac{3}{4}$ | Î | þ | î | þ |
| F | | | - | ¿ | Ï | ß | ï | ÿ |

**Tab. 2.2.** Die Tabelle der ISO-Latin1-Codes von 128 bis 255.

die die hier gebräuchlichsten Sonderzeichen erfasst (siehe Tabelle 2.2). Man beachte, dass die Umlaute nicht enthalten sind. Beim Sortieren von Wörtern in lexikalischer Reihenfolge muss man also Vorkehrungen treffen.

Für bestimmte Anwendungen reicht der Umfang des ASCII-Codes nicht aus. Daher wurde von einem privaten Konsortium namhafter Computerunternehmer der so genannte *Unicode* entwickelt. Er verwendet 16 Bit zur Darstellung eines Zeichens und erlaubt damit eine weltweit einheitliche Codierung. („Unicode provides a unique number for every character, no matter what the platform, no matter what the program, no matter what the language". Siehe `http://www.unicode.org`). Viele bedeutende, moderne Softwareanwendungen basieren auf Unicode. □

**Beispiel 2.4.** Eine gezielte Anwendung der Interpretation von Daten finden wir bei Geheimcodes. Hier ist der Inhalt der Daten nur zu entschlüsseln, wenn der Empfänger das Verfahren und den Schlüssel kennt, mit dem die Information codiert wurde.

Ein berühmtes Beispiel ist ein Verfahren, das auf Gaius Julius Caesar zurückgeht und eine lineare Verschiebung der Zeichen im Alphabet um eine geheime Stellenzahl verwendet. Dabei wird z.B. das Wort GALLIA mit einem

Schlüssel 3 codiert in JDOOLD. Diese Art der Verschlüsselung ist aber nicht sehr sicher. □

Durch Störungen beim Übertragen von Daten kann Information leicht verfälscht werden, daher werden störungssichere Codes benötigt. Dies erreicht man durch Redundanz, d.h., es werden mehr Stellen verwendet als zur Darstellung der möglichen Werte nötig wären. Im einfachsten Fall wird zur Fehlererkennung jedem Datenpaket ein zusätzliches *Paritätsbit* $P$ hinzugefügt, das die Zahl der übertragenen Einsen auf einen geraden Wert ergänzt. $P$ wird zusammen mit den Daten übertragen. Der Empfänger bildet seinerseits ein Paritätsbit $P'$ für die empfangenen Daten und vergleicht es mit $P$. Falls $P \neq P'$, kann er daraus schließen, dass bei der Übertragung ein Fehler aufgetreten ist. Diese Methode ist sehr schnell und einfach zu realisieren, bietet aber keine große Sicherheit, denn Doppelfehler heben einander auf.

Für eine sichere Datenübertragung werden daher aufwändigere Verfahren zur Fehlererkennung (EDC, Error Detection Code) und Fehlerbehebung (ECC, Error Correction Code) eingesetzt, wie z.B. der CRC (Cyclic Redundancy Check).

Weiterhin soll die Auswirkung von Fehlern möglichst gering sein. Dies trifft zu, wenn sich benachbarte Zeichen möglichst wenig unterscheiden.

Die bisher besprochenen Codes verwenden alle eine feste Wortlänge, daher sind sie besonders einfach zu decodieren. Wegen der Endlichkeit der Alphabete kann die Umwandlung von einem Code in einen anderen durch eine Tabelle oder eine Spezialschaltung erfolgen. Es gibt jedoch auch Codes mit variabler Wortlänge. Als klassisches Beispiel wollen wir den *Morsecode* betrachten.

| | | | | | | | |
|---|---|---|---|---|---|---|---|
| Buchstaben | | | | | | | |
| a | · – | ä | · – · – | b | – · · · | c | – · – · |
| ch | – · – · – · – | d | – · · | e | · | f | · · – · |
| g | – – · | h | · · · · | i | · · | j | · – – – |
| k | – · – | l | · – · · | m | – – | n | – · |
| o | – – – | p | · – – · | q | – – · – | r | · – · |
| s | · · · | t | – | u | · · – | ü | · · – – |
| v | · · · – | w | · – – | x | – · · – | y | – · – – |
| z | – – · · | | | | | | |
| Ziffer | | | | | | | |
| 0 | – – – – – | 1 | · – – – – | 2 | · · – – – | 3 | · · · – – |
| 4 | · · · · – | 5 | · · · · · | 6 | – · · · · | 7 | – – · · · |
| 8 | – – – · · | 9 | – – – – · | | | | |
| Satzzeichen | | | | | | | |
| . | · – · – · – | , | – – · · – – | ? | · · – – · · | : | – – – · · · |

**Tab. 2.3.** Zeichen und ihr Morsecode.

**Beispiel 2.5.** Beim Morsecode werden die einzelnen Zeichen mit Kombinationen von kurzen (·) und langen (–) Tönen dargestellt. Dabei werden häufig vorkommende Zeichen mit kurzen Worten verschlüsselt, das „e“ z.B. mit nur einem kurzen Ton. Seltenere Zeichen werden durch längere Kombinationen dargestellt, wie z.B. „y“ mit der Folge „– · ––“ (siehe Tabelle 2.3). Damit erreicht man eine optimale Übertragungsgeschwindigkeit. □

Bei Codes mit variabler Wortlänge tritt das Problem der *Fugenerkennung* auf. Zur eindeutigen Decodierung muss man feststellen können, wo der Code für ein Zeichen anfängt und wo er aufhört. Dies ist zum Beispiel beim Morsecode nicht automatisch erfüllt. Abhilfe wird durch die Verwendung eines expliziten Trennzeichens geschaffen, wie etwa einer Pause beim Morsecode, oder durch Einhalten der *Fano-Bedingung*, d.h., kein Wort ist Anfang eines anderen Wortes.

In einer Rechenanlage werden fast immer Codes mit fester Länge verwendet. Der gebräuchlichste ist ein Byte mit 8 Bit und ein Wort, das je nach verwendetem Prozessor mal 16 Bit, mal 32 Bit und gelegentlich auch 64 Bit lang sein kann. Beim `MMIX` sind alle diese Varianten vorhanden. Sie heißen dort `BYTE`, `WYDE`, `TETRA` (vier Byte) und `OCTA` (acht Byte).

**Fragen zur Lernkontrolle:**

1. Was ist der Unterschied zwischen Daten und Information?
2. Wozu ist Codierung notwendig?
3. Was ist der Unterschied zwischen analog und digital?
4. Was ist ein Bit, was ein Byte?
5. Welcher Zusammenhang besteht zwischen ASCII-Code und ISO-Code?
6. Was ist Unicode?
7. Was versteht man unter Fugenerkennung?

## 2.3 Zahlensysteme

Im europäischen Kulturraum war bis ins Mittelalter das *römische Zahlensystem* verbreitet. Dieses verwendet feste Symbole für bestimmte Basiszahlen, die sich aus einem symbolischen Bild bzw. dem entsprechenden Wort für den Wert ableiten, wie Tabelle 2.4 zeigt.

Diese Symbole werden nun zu Zahlen kombiniert. Dabei müssen die folgenden Regeln beachtet werden:

1. Vielfache von Einzelwerten werden durch Aneinanderreihen von Zahlzeichen ausgedrückt, z.B. „CCC“ für 300.
2. Höherwertige Zahlzeichen stehen vor niederwertigeren, z.B. „XXVII“ für 27.
3. Es folgen maximal drei gleiche Zahlzeichen nacheinander.
4. Werte von 400, 40 und 4 werden geschrieben als „CD“, „XL“ und „IV“.
5. Werte von 900, 90 und 9 werden geschrieben als „CM“, „XC“ und „IX“.

| | | |
|---|---|---|
| 1 | I | steht für den erhobenen Zeigefinger |
| 5 | V | steht für eine Hand mit 5 Fingern |
| 10 | X | steht für zwei Hände |
| 50 | L | |
| 100 | C | Centum heißt 100 |
| 500 | D | |
| 1000 | M | Mille heißt 1000 |

**Tab. 2.4.** Die Zeichen für die römischen Ziffern.

Nicht nur die Darstellung von Zahlen ist in diesem System recht mühsam, vor allem die Verarb bereitet erhebliche Schwierigkeiten und machte die Arithmetik in früheren Zeiten zu einer wahren Wissenschaft. Versuchen Sie nur einmal, eine längere Zahlenreihe zu addieren, z.B.:

| | | |
|---|---|---|
| | `CCLXVI` | 266 |
| | `MDCCCVII` | 1807 |
| | `DCL` | 650 |
| + | `MLXXX` | 1080 |
| | `MMMDCCCIII` | 3803 |

### 2.3.1 Dezimalsystem

In der Regel verwenden wir das *arabische Zahlensystem*, das aus Indien über den arabischen Orient nach Europa gekommen ist. Dabei handelt es sich um ein so genanntes *Stellenwertsystem* zur Basis zehn. Dass sich gerade die Zahl zehn als gebräuchlichste Basis entwickelt hat, liegt an unserem natürlichen „Taschenrechner", den zehn Fingern. Zahlen werden aus den zehn Ziffern 0, 1, 2, 3, 4, 5, 6, 7, 8 und 9 gebildet. Einer Ziffer kommt aber, je nach ihrer Stellung innerhalb der Zahl, jeweils eine andere Wertigkeit zu; sie muss mit einer entsprechenden Zehnerpotenz (von rechts nach links) $1 = 10^0$, $10 = 10^1$, $100 = 10^2$, $1000 = 10^3$, ... multipliziert werden.

Grundvoraussetzung für eine solche Darstellung ist die Ziffer 0, die eine leere Stelle repräsentiert. Die Ziffer 0 finden wir schon einige Jahrtausende v. Chr. in China, wo bereits damals die erste mechanische Rechenmaschine, der *Abakus*, in Gebrauch war.

**Beispiel 2.6.** Die Dezimalzahl 1984 setzt sich zusammen aus den Ziffern 1, 9, 8 und 4. Ihr Wert ergibt sich zu $1 \cdot 1000 + 9 \cdot 100 + 8 \cdot 10 + 4 \cdot 1$. □

Allgemein gilt für den Wert $Z$ einer ganzen Dezimalzahl mit den Ziffern $Z_i, i = 0, 1, \ldots, n$:

$$Z = \sum_{i=0}^{n} Z_i \cdot 10^i .$$

Diese Zahldarstellung lässt sich bequem für gebrochene Zahlen erweitern. Indem man hinter die Einer-Stelle ein Komma schreibt, kann man die Reihe der Zehnerpotenzen durch negative Potenzen, also Dezimalbrüche, fortsetzen. Für *echte Dezimalbrüche* mit m Nachkommastellen gilt:

$$Z = \sum_{i=-m}^{-1} Z_i \cdot 10^i .$$

Also erhalten wir für *allgemeine Dezimalbrüche* mit $n+1$ Vorkomma- und $m$ Nachkommastellen die Formel

$$Z = \sum_{i=-m}^{n} Z_i \cdot 10^i . \tag{2.1}$$

**Beispiel 2.7.** $129{,}452 = 2 \cdot 10^{-3} + 5 \cdot 10^{-2} + 4 \cdot 10^{-1} + 9 \cdot 10^0 + 2 \cdot 10^1 + 1 \cdot 10^2$. □

### 2.3.2 Allgemeine Stellenwertsysteme

Das System der Dezimalzahlen lässt sich auf Zahlensysteme übertragen, die nicht auf den Potenzen der Zahl 10 aufbauen, sondern auf den Potenzen einer beliebigen Basis $B$.

Zahlen in einem Stellenwertsystem zur Basis $B \geq 2$ werden mit $B$ verschiedenen Ziffern geschrieben, die die Bedeutung von 0, 1, ... bis $B - 1$ haben. Entsprechend der Stelle wird der Wert einer Ziffer dann noch mit einer Potenz von $B$ multipliziert.

Ist also eine Zahl mit den Ziffern $Z_i$ mit $i = -m, \ldots, -1, 0, 1, \ldots, n$ zur Basis $B$ gegeben, dann erhält man den Wert $Z$ dieser Zahl durch folgende Summenformel (*Potenzformel*):

$$Z = \sum_{i=-m}^{n} Z_i \cdot B^i . \tag{2.2}$$

Als Beispiele betrachten wir die folgenden in Rechnern üblichen Darstellungen, die jeweils eine Zweierpotenz als Basis verwenden. Dabei wollen wir uns auf ganze Zahlen beschränken.
Im *Dualsystem* ist die Basis $B = 2$. Die Ziffern sind 0 und 1.

$$B = 2; \; Z_i \in \{0, 1\}.$$

Es gilt etwa:

$$10110_2 = 0 \cdot 2^0 + 1 \cdot 2^1 + 1 \cdot 2^2 + 0 \cdot 2^3 + 1 \cdot 2^4 = 22_{10} .$$

Im *Oktalsystem* ist die Basis $B = 2^3 = 8$. Die Ziffern gehen von 0 bis 7.

$$B = 8; \; Z_i \in \{0, 1, \ldots, 7\}.$$

Zum Beispiel ist

$$7603_8 = 3 \cdot 8^0 + 0 \cdot 8^1 + 6 \cdot 8^2 + 7 \cdot 8^3 = 3971_{10}\,.$$

Das *Hexadezimalsystem* benutzt die Basis $2^4 = 16$. Zusätzlich zu den Ziffern von 0 bis 9 verwendet man noch die „Ziffern" A, B, C, D, E und F.

$$B = 16;\; Z_i \in \{0, 1, \ldots, 9, A, \ldots, F\}.$$

Es gilt:

$$\begin{aligned}\mathrm{AFFE}_{16} &= 14 \cdot 16^0 + 15 \cdot 16^1 + 15 \cdot 16^2 + 10 \cdot 16^3 \\ &= 14 + 15 \cdot 16 + 15 \cdot 256 + 10 \cdot 4096 = 45054_{10}\end{aligned}$$

Hexadezimalzahlen werden oft durch ein vorangestelltes „`#`" gekennzeichnet, also `#AFFE` anstatt $\mathrm{AFFE}_{16}$.

Grundsätzlich lässt sich jede beliebige Zahl $B$ als Basis verwenden. Die oben erwähnten Formate haben sich jedoch als besonders praktisch erwiesen. Das Dualsystem wird direkt bei der rechnerinternen Darstellung verwendet, es ist jedoch wegen der großen Länge der dabei vorkommenden Zahlen für den Menschen schwer erfassbar. Leichter fällt es uns, eine Hexadezimalzahl zu „begreifen", noch einfacher finden wir den Umgang mit Dezimalzahlen, da wir ihn „von Natur aus" gewöhnt sind.

### 2.3.3 Umwandlung der Zahlenformate

Die Umwandlung der Systeme binär, oktal und hexadezimal untereinander erfordert lediglich eine alternative Betrachtung durch unterschiedliche Gruppierung der Stellen, da die genannten Systeme alle eine Zweierpotenz als Basis benutzen.

Zur Wandlung einer Oktal- bzw. Hexadezimalzahl in das Dualsystem stellt man also die einzelnen Ziffern jeweils als drei- bzw. vier-stellige Dualzahlen dar, die man, beginnend mit der höchstwertigen Ziffer, nebeneinander schreibt. Auf diese Weise erhält man die Folge der Ziffern der entsprechenden Dualzahl. Soll eine Dualzahl in das Oktal- bzw. Hexadezimalsystem gewandelt werden, so bildet man, vom Komma ausgehend, Dreier- bzw. Vierergruppen, die man dann als Oktal- bzw. Hexadezimalziffern darstellt. Bei der Wandlung vom Oktal- in das Hexadezimalsystem, und umgekehrt, geht man den Weg über das Dualsystem.

Dies kann man sich an dem folgenden Beispiel leicht verdeutlichen:

**Beispiel 2.8.**

| | | |
|---|---|---|
| oktal: | 5 6 5 1 | Oktalzahl $5651_8$ |
| | 101 110 101 001 | Binäre Darstellung der Ziffern |
| dual: | 1 0 1 1 1 0 1 0 1 0 0 1 | Interpretation als Dualzahl |
| | 1011 1010 1001 | Gruppierung zu Hexadezimalziffern |
| hexadezimal: | B A 9 | Hexadezimalzahl $\mathrm{BA9}_{16}$ |

□

Die Wandlung von einem beliebigen System in das Dezimalsystem erfolgt durch Auswertung der entsprechenden Summenformel (2.2) oder des folgenden so genannten *Horner-Schemas*:

$$Z = \big((\ldots((Z_n \cdot B) + Z_{n-1}) \cdot B) + \ldots + z_1\big) \cdot B + Z_0 \,. \tag{2.3}$$

Es ist etwa $\text{AFFE}_{16} = ((10 \cdot 16 + 15) \cdot 16 + 15) \cdot 16 + 14 = 45054_{10}$. Für die Zahlen aus Beispiel 2.8 ergibt sich mit der Summenformel:

$$\text{BA9}_{16} = 9 + 10 \cdot 16 + 11 \cdot 16^2 = 9 + 10 \cdot 16 + 11 \cdot 256 = 2985_{10}\,,$$

oder alternativ mit dem Horner-Schema:

$$\begin{aligned} BA9_{16} &= (11 \cdot 16 + 10) \cdot 16 + 9 = (176 + 10) \cdot 16 + 9 \\ &= 186 \cdot 16 + 9 = 2976 + 9 = 2985_{10}\,. \end{aligned}$$

Sowie mit der Summenformel:

$$\begin{aligned} 5651_8 &= 1 + 5 \cdot 8 + 6 \cdot 8^2 + 5 \cdot 8^3 \\ &= 1 + 5 \cdot 8 + 6 \cdot 64 + 5 \cdot 512 \\ &= 1 + 40 + 384 + 2560 = 2985_{10}\,, \end{aligned}$$

oder mit dem Horner-Schema:

$$5651_8 = (((5 \cdot 8) + 6) \cdot 8 + 5) \cdot 8 + 1 = 2985_{10}\,,$$

und schließlich mit der Summenformel:

$$\begin{aligned} 101110101001_2 &= 2^0 + 2^3 + 2^5 + 2^7 + 2^8 + 2^9 + 2^{11} \\ &= 1 + 8 + 32 + 128 + 256 + 512 + 2048 = 2985_{10}\,. \end{aligned}$$

Bei beiden Verfahren findet die Auswertung der Formeln im Zielsystem (hier im Dezimalsystem) statt. Man bezeichnet sie deshalb oft als *Zielverfahren.*

Für die Umwandlung einer *Dezimalzahl in ein System mit anderer Basis* gibt es zwei verschiedene Möglichkeiten:

Das *Subtraktionsverfahren* beruht auf der Darstellung einer Zahl mit der Summenformel (2.2). Man bestimmt (durch Probieren) die höchste enthaltene Potenz der Basis $B_j$ und die entsprechende Ziffer $Z_j$ und subtrahiert das Produkt:

$$Z' = \sum_{i=m}^{n} Z_i \cdot B^i - Z_j \cdot B^j \,. \tag{2.4}$$

Dieser Schritt wird nun mit $Z'$ so lange wiederholt, bis man bei $B_0$ angelangt ist. Alle Ziffern, für die keine Subtraktion durchgeführt werden konnte (weil die entsprechende Potenz der Basis nicht enthalten war), werden auf 0 gesetzt. Die Ziffern fallen hier in absteigender Reihenfolge an.

Das *Divisionsverfahren* bildet das Gegenstück zum Horner-Schema. Die Zahl $Z$ wird fortlaufend durch die Basis dividiert. Der verbleibende Rest ergibt die aktuelle Ziffer, und zwar beginnend bei der niederwertigsten Stelle.

Dies wird wiederholt, bis sich der Quotient 0 ergibt. Da diese Methode ohne „Probieren“ auskommt, wird sie üblicherweise zur rechnerinternen Zahlenumwandlung eingesetzt.

$$\begin{aligned} &\frac{\Big((\ldots((Z_n \cdot B) + Z_{n-1}) \cdot B) + Z_{n-2}\big) \cdot B \ldots\Big) + Z_0}{B} = \\ &= \big(\ldots((Z_n \cdot B) + Z_{n-1}) \cdot B) + Z_{n-2}) \cdot B \ldots) + Z_1\big) \quad \text{Rest} \quad Z_0 \\ &\qquad \ldots \\ &\frac{Z_n}{B} = 0 \quad \text{Rest} \quad Z_n \,. \end{aligned} \tag{2.5}$$

Beide Methoden arbeiten in dem Zahlensystem, aus dem gewandelt werden soll, also im Quellsystem. Sie werden deshalb auch *Quellverfahren* genannt.

**Beispiel 2.9.** Es soll die Dezimalzahl $45054_{10}$ ins Dualsystem gewandelt werden, dabei benutzen wir die Summenformel (2.2):

1. Die höchste enthaltene Zweierpotenz ist $2^{15} = 32768$, also ist $Z_{15} = 1$. Als Rest ergibt sich $45054 - 32768 = 12286$.
2. Die höchste enthaltene Zweierpotenz ist $2^{13} = 8192$, also ist $Z_{14} = 0$, $Z_{13} = 1$. Als neuer Rest ergibt sich $12286 - 8192 = 4094$.
3. Die höchste enthaltene Zweierpotenz ist $2^{11} = 2048$, also ist $Z_{12} = 0$, $Z_{11} = 1$.

und so weiter.
Insgesamt erhalten wir auf diese Weise $45054_{10} = 1010111111111110_2$.
Nun wandeln wir $45054_{10}$ auf die gleiche Weise ins Hexadezimalsystem:

1. Die höchste enthaltene Potenz von 16 ist $16^3 = 4096$, und zwar 10 mal, also ist $Z_3 = A$. Als Rest ergibt sich $45054 - 10 \cdot 4096 = 4094$.
2. Hierin ist $16^2 = 256$ enthalten, und zwar 15 mal, also ist $Z_2 = F$. Als Rest ergibt sich $4094 - 15 \cdot 256 = 254$.
3. Darin ist 16 enthalten und zwar 15 mal, also ist $Z_1 = F$. Als Rest verbleibt $254 - 15 \cdot 16 = 14$
4. Also ist $Z_0 = E$

Damit erhalten wir insgesamt $45054_{10} = AFFE_{16}$. Durch die entsprechende Gruppierung der Stellen kann man leicht die Richtigkeit dieser Lösungen prüfen. □

Bei dieser Methode muss die höchste enthaltene Potenz sowie deren Faktor bestimmt werden (z.B. durch Probieren). Daher eignet sie sich nicht sehr gut zur Implementierung durch ein Programm.

Systematischer ist die sukzessive Division durch die Basis, die im Verfahren von Gleichung (2.5) zum Einsatz kommt.

**Beispiel 2.10.** Wir wandeln wieder die Dezimalzahl $45054_{10}$ ins Dualsystem. Diesmal indem wir durch die Basis 2 dividieren und die anfallenden Reste abspalten, wobei wir als Erstes die niederwertigste Ziffer erhalten:

$$\begin{aligned} 45054 : 2 &= 22527 \text{ Rest } 0 = Z_0 \\ 22527 : 2 &= 11263 \text{ Rest } 1 = Z_1 \\ 11263 : 2 &= \phantom{1}5631 \text{ Rest } 1 = Z_2 \\ \text{usw.} & \quad \ldots \\ 1 : 2 &= \phantom{1111}0 \text{ Rest } 1 = Z_n \end{aligned}$$

Ergibt insgesamt wieder $45054_{10}$=$1010111111111110_2$. (Beachten Sie bitte die Reihenfolge der Stellen!).
Das Gleiche nun für das Hexadezimalsystem:

$$\begin{aligned} 45054 : 16 &= 2815 \text{ Rest } 14, \text{ also } Z_0 = E \\ 2815 : 16 &= \phantom{2}175 \text{ Rest } 15, \text{ also } Z_1 = F \\ 175 : 16 &= \phantom{21}10 \text{ Rest } 15, \text{ also } Z_2 = F \\ 10 : 16 &= \phantom{211}0 \text{ Rest } 10, \text{ also } Z_3 = A \end{aligned}$$

Also wieder $45054_{10} = AFFE_{16}$. □

**Übung 2.1.** Wandeln Sie $45054_{10}$ ins Oktalsystem um und prüfen Sie durch Gruppierung der Stellen die Ergebnisse.

Tabelle 2.5 gibt einen kurzen Überblick über den Einsatz der verschiedenen Umwandlungsverfahren. Beachten Sie, dass die Berechnungen hier stets im Dezimalsystem durchgeführt werden.

**Fragen zur Lernkontrolle:**

1. Welchen Zahlenwert stellt `MMIX` als römische Zahl dar?
2. Verwenden Sie das Internet, um herauszufinden, warum der Prozessor von Donald Knuth gerade `MMIX` heißt.
3. Warum ist das römische Zahlsystem dem arabischen Zahlsystem unterlegen?
4. Warum ist das Dezimalsystem ein Stellenwertsystem?
5. Warum ist das Dezimalsystem im täglichen Gebrauch besser als das Dualsystem?
6. Welche Verfahren zur Umwandlung von Zahlen zwischen verschiedenen Stellenwertsystemen gibt es?
7. Wie wandelt man am einfachsten Oktalzahlen in Hexadezimalzahlen?
8. Wann verwendet man zur Umwandlung von Zahlen besser das Quellverfahren und wann das Zielverfahren?

| Quellsystem | Zielsystem | Verfahren |
|---|---|---|
| Dual | Oktal | Zusammenfassen von jeweils 3 Stellen zu einer Gruppe und Bezeichnen mit der entsprechenden Ziffer $(0, 1, \ldots, 7)$ |
| Dual | Hexadezimal | Zusammenfassen von jeweils 4 Stellen zu einer Gruppe und Bezeichnen mit der entsprechenden Ziffer $(0, 1, \ldots, F)$ |
| Oktal | Dual | Duale Darstellung der Ziffern mit jeweils 3 Stellen und Auflösung der Gruppierung |
| Hexadezimal | Dual | Duale Darstellung der Ziffern mit jeweils 4 Stellen und Auflösung der Gruppierung |
| Oktal | Hexadezimal | Duale Darstellung der Ziffern mit jeweils 3 Stellen, Auflösung der Gruppierung, Neugruppierung von jeweils 4 Stellen |
| Hexadezimal | Oktal | Duale Darstellung der Ziffern mit jeweils 4 Stellen, Auflösung der Gruppierung, Neugruppierung von jeweils 3 Stellen |
| Dezimal | Dual | Quellverfahren: Potenzverfahren oder Divisionsverfahren mit Basis 2 |
| Dezimal | Oktal | Quellverfahren: Potenzverfahren oder Divisionsverfahren mit Basis 8 |
| Dezimal | Hexadezimal | Quellverfahren: Potenzverfahren oder Divisionsverfahren mit Basis 16 |
| Dezimal | $B$, beliebig | Quellverfahren: Potenzverfahren oder Divisionsverfahren mit Basis $B$ |
| Dual | Dezimal | Zielverfahren: Potenzformel oder Horner-Schema mit Basis 2 |
| Oktal | Dezimal | Zielverfahren: Potenzformel oder Horner-Schema mit Basis 8 |
| Hexadezimal | Dezimal | Zielverfahren: Potenzformel oder Horner-Schema mit Basis 16 |
| $B$, beliebig | Dezimal | Zielverfahren: Potenzformel oder Horner-Schema mit Basis $B$ |

**Tab. 2.5.** Überblick über den Einsatz der verschiedenen Umwandlungsverfahren.

## 2.4 Negative Zahlen

Bei der Darstellung negativer Zahlen unterscheidet man zwischen *Vorzeichen-Betrags-Darstellung* und *Komplementdarstellung*.

Die Vorzeichen-Betrags-Darstellung entspricht unserem gewohnten Umgang mit Zahlen beim Rechnen mit Bleistift und Papier. Nehmen wir an, wir hätten $n$ Stellen, um eine Zahl darzustellen, so gibt die höchstwertige Stelle (bei binärer Darstellung MSB = Most significant bit) das Vorzeichen an, die restlichen $n-1$ Stellen enthalten den Absolutbetrag $|Z|$ der Zahl. In der binären Darstellung entspricht „0" dem „+" und „1" dem „−" Zeichen.

| Vorzeichen | $\lvert Z \rvert$ |
|---|---|

Mit $n$ Binärstellen lässt sich damit der Wertebereich

$$-(2^{n-1}-1) \leq Z \leq 2^{n-1}-1$$

darstellen. Die Null hat dabei zwei Darstellungen, nämlich 000000...000 (+0) und 1000...000 (-0).

Der Zahlenbereich ist symmetrisch, d.h., die größte (positive) Zahl $X_{\max}$ und die kleinste (negative) Zahl $X_{\min}$ haben den gleichen Absolutbetrag.

**Beispiel 2.11.** Für $n = 8$ erhalten wir

$$\begin{aligned} X_{\max} &= 01111111 = 2^7 - 1 = 127 \\ X_{\min} &= 11111111 = -(2^7 - 1) = -127 \end{aligned}$$

□

Diese Darstellung ist einfach, hat aber mehrere Nachteile. Zum einen ist es unschön zwei verschiedene Darstellungen für dieselbe Zahl Null zu haben, noch schlechter aber ist es, dass man für Addition und Subtraktion verschiedene Verfahren benötigt. Es müssen daher vor der Durchführung dieser Operationen die Vorzeichen der Eingangsoperanden getestet werden.

Die Komplementdarstellung kann diese Nachteile vermeiden und hat sich daher allgemein durchgesetzt. Man unterscheidet zwei Arten von Komplementen, nämlich das *Stellenkomplement* (Eins-Komplement) und das *echte Komplement* (Zwei-Komplement). Da in der Praxis stets das Zwei-Komplement verwendet wird, wollen wir auf eine genauere Beschreibung des Stellenkomplements verzichten (vgl. hierzu Übung 2.2).

### 2.4.1 Der Zahlenkreis

Das Vorgehen bei der Addition von Komplementzahlen lässt sich am so genannten *Zahlenkreis* veranschaulichen (siehe Abbildung 2.1). Dabei werden die $n$-stelligen vorzeichenlosen Dualzahlen im Uhrzeigersinn auf einem Kreis

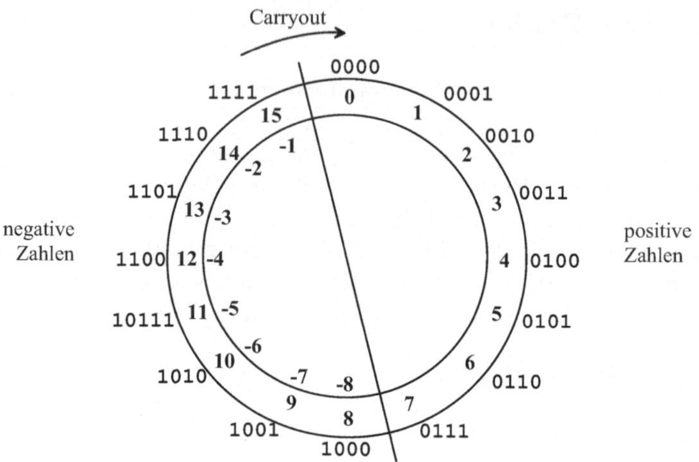


**Abb. 2.1.** Der Zahlenkreis für $n = 4$.

angeordnet. Der Übergang von einer Zahl zur nächsten (im Uhrzeigersinn) erfolgt jeweils durch Addition von 1. Diese Zahlen sind in dezimaler Schreibweise zwischen den beiden Ringen angegeben. Der Übergang von einer Zahl zur vorhergehenden (gegen den Uhrzeigersinn) erfolgt durch Subtraktion von 1.

Interessant ist die „Nahtstelle“ zwischen der „größten Zahl“ und der Null. Diese „größte Zahl“ erreicht man von der Null aus durch einen Schritt gegen den Uhrzeigersinn, also durch Subtraktion von 1. Sie spielt also die Rolle von $0 - 1 = -1$. Durch einen weiteren Schritt in diese Richtung kommt man zur $-2$ und so weiter. Nun muss es im Zahlenkreis noch einen zweiten Übergang von negativen zu positiven Zahlen geben. Dieser zweite Übergang kann weitgehend willkürlich gelegt werden. Man legt ihn so, dass man binäre Zahlen, deren höchstwertiges Bit gleich 1 ist, als negativ betrachtet und Zahlen, bei denen dieses Bit 0 ist, als positiv. Das höchstwertige Bit spielt also die gleiche Rolle wie bei der Vorzeichen-Betrags-Darstellung. Es entspricht damit die rechte Hälfte des Kreises den positiven, die linke den negativen Zahlen. Diese Interpretation ist im Inneren des Kreises angegeben. Es ist leicht zu sehen, dass einer Zahl $-Y$ innen im Kreis, genau die Zahl $2^n - Y$ zwischen den Kreisen entspricht. Die Addition lässt sich in diesem Modell als Vorrücken im Uhrzeigersinn um die entsprechenden Einheiten realisieren. Die Subtraktion von $Y$ kann man durch $Y$ Schritte gegen den Uhrzeigersinn realisieren oder auch einfach durch $2^n - Y$ Schritte im Uhrzeigersinn. Die Subtraktion ist somit auf die Addition zurückgeführt. Mathematisch lässt sich diese Art des Rechnens als „Rechnen modulo $2^n$“ beschreiben.

### 2.4.2 Rechnen mit dem Zwei-Komplement

Das Rechnen modulo einer Zahl $m$ funktioniert genau so wie das Rechnen mit ganzen Zahlen, jedoch wird der lineare Zahlenstrahl zu einem Zahlenkreis umgebogen indem man die Zahl $m$ mit der Zahl 0 identifiziert. Man nimmt also beim Rechnen eine neue Rechenregel hinzu, die sich durch die Gleichung $m = 0$ ausdrücken lässt. Die Hinzunahme dieser einfachen Gleichung hat weit reichende Konsequenzen. Es ist nicht nur $2^n = 0$, es gelten auch noch viele andere ungewohnte Gleichungen etwa $2^n - 1 = -1$. Um deutlich zu machen, dass $a = b$ auf einem Zahlenkreis mit $m$ Zahlen gilt, schreibt man deshalb $a = b \bmod m$. Der Zusatz $\bmod m$ gibt also einfach den Zahlenkreis an, auf dem die Gleichheit gilt.

Beim Rechnen mit dem Zwei-Komplement mit $n$ Stellen rechnet man modulo $2^n$, also mit der Gleichung $2^n = 0$. Technisch lässt sich dieses Rechnen modulo $2^n$ sehr leicht realisieren. Man bedenke nur, dass bei binären Zahlen die $k$-te Stelle einen Wert von $2^k$ bedeutet. Für $k > n$ ist dies ein Vielfaches von $2^n$ und damit ein Vielfaches von 0, also selbst 0. Man rechnet also modulo $2^n$, indem man alle Stellen bis auf die ersten $n$ wegstreicht.

Negative Zahlen werden dargestellt, indem man ihren Betrag von $2^n$ subtrahiert. Man ersetzt also

$$-Z \text{ durch } 0 - Z = (2^n - Z) \bmod 2^n .$$

Umgekehrt ergibt sich der Betrag einer negativen Zahl, indem man $2^n$, was ja dasselbe bedeutet wie 0, zu ihrer Komplementdarstellung addiert. Durch Subtraktion von $2^n$ von der Komplementdarstellung einer Zahl $Z$ erhält man schließlich ihren (negativen) Wert.
Im Zahlenkreis gilt also

$$X + (-Y) = X + (2^n - Y) = (X - Y) + 2^n = (X - Y) \bmod 2^n .$$

Das bedeutet, dass bei dieser Darstellung die Subtraktion von Zahlen mit $n$ Stellen (inklusive Vorzeichen) auf die Addition von $n$-stelligen vorzeichenlosen Zahlen $\bmod 2^n$ zurückgeführt werden kann.

Zuletzt betrachten wir das Problem, wie eine Zahl $Z$ im binären Stellenwertsystem effizient in die Zahl $-Z$ ebenfalls im binären Stellenwertsystem mit Zwei-Komplement, also in die Zahl $2^n - Z$, umgewandelt werden kann. Man sieht leicht, dass $2^n - Z = 2^n - 1 - Z + 1$. Die Zahl $2^n - 1$ hat aber eine besonders einfache Form, sie besteht $n$-mal aus der Ziffer 1. Die Subtraktion $(2^n - 1) - Z$ ist deshalb besonders einfach auszuführen. Man muss nur alle Ziffern in $Z$ stellenweise umkehren. Aus jeder 0 wird 1 und aus jeder 1 wird 0. Diese Operation heißt auch Eins-Komplement oder *Stellenkomplement.* Nach der Bildung des Stellenkomplements muss nur noch 1 addiert werden und man erhält das gesuchte Zwei-Komplement.

Wir stellen nun die Frage, wie viele Zahlen sich bei der Verwendung des Zwei-Komplements mit $n$ Stellen darstellen lassen. Dazu betrachten wir noch einmal den Zahlenkreis für $n = 4$ wie in Abbildung 2.1 gezeigt.

Die größte positive Zahl $X_{max}$ ist

$$X_{\max} = 0111_2 = 7\,.$$

Bilden wir das Zwei-Komplement von $X_{\max}$, so erhalten wir

$$-X_{\max} = 1000_2 + 1 = 1001_2 = -7$$

Dies ist aber offensichtlich nicht die kleinste darstellbare negative Zahl, denn es ist

$$X_{\min} = 1000_2 = 8 - 2^4 = -8\,.$$

Offensichtlich gibt es mehr negative Zahlen als positive Zahlen, denn $-8$ ergibt rückkomplementiert $16 - 8 = 8 = 1000_2$, eine Zahl, die aber mit 4 Stellen nicht mehr als positive, sondern als negative Zahl interpretiert wird.

Wie man aus diesem Beispiel sieht, ist der Wertebereich bei der Zwei-Komplementdarstellung unsymmetrisch, er umfasst

$$-2^{n-1} \leq X \leq 2^{n-1} - 1. \tag{2.6}$$

Die Null hat die Darstellung $000\cdots0000$. Wenn wir diese komplementieren, erhalten wir $111\cdots1111 + 1 = 1000\cdots0000 = 000\cdots0000 \bmod 2^n$, also wieder die Null.

Wir fassen dies noch einmal zusammen: Im Zwei-Komplement gibt es eine negative Zahl mehr als positive Zahlen und es gibt nur eine Darstellung der Null. Die größte positive Zahl $X_{\max}$ ist

$$X_{\max} = 2^{n-1} - 1\,.$$

Die kleinste negative Zahl $X_{\min}$ ist

$$X_{\min} = -2^{n-1}\,.$$

Beim Übergang von -1 nach 0 tritt ein Übertrag auf, der so genannte *Carry-out.* Wegen der modulo-Rechnung kann dieser einfach ignoriert werden.

**Beispiel 2.12.** Die folgenden Rechnungen benutzen ein 4-stelliges Zahlenformat und das Zwei-Komplement.

| | | | |
|---|---|---|---|
| | 0110 | (+6) | gehe 6 Felder vorwärts |
| | 1101 | (-3) | gehe $16 - 3 = 13$ Felder vorwärts |
| **1** | 0011 | (+3) | Ergebnis: $(6 + 13)\text{mod}2^4 = 3$, Übertrag vernachlässigen |

| | | |
|---|---|---|
| 1010 | (-6) | $16 - 6 = 10$ Felder vorwärts |
| 0011 | (+3) | 3 Felder weiter |
| 1101 | (-3) | Ergebnis: $13 - 16 = -3$ |

| | | | |
|---|---|---|---|
| | 1101 | (-3) | $16 - 3 = 13$ Felder vorwärts |
| | 1101 | (-3) | nochmal 13 Felder vorwärts |
| **1** | 1010 | (-6) | Ergebnis: $(13 + 13) \bmod 2^4 = -6$, Übertrag vernachlässigen |

| | | | |
|---|---|---|---|
| | 0011 | (+3) | 3 Felder vorwärts |
| | 1101 | (-3) | $16 - 3 = 13$ Felder dazu |
| **1** | 0000 | (0) | Ergebnis $(3 + 13) \bmod 2^4 = 0$ |

| | | | |
|---|---|---|---|
| | 0110 | (+6) | 6 Felder vorwärts |
| | 0011 | (+3) | 3 Felder dazu |
| | 1001 | (<0) | Ergebnis negativ $\longrightarrow$ Bereichsüberschreitung! □ |

Der letzte Fall führt zu einer Bereichsüberschreitung (overflow). Dabei ist der bei der Addition entstandene Übertrag in die Vorzeichenstelle gelaufen. Wir erkennen das daran, dass als Ergebnis einer Addition von zwei positiven Zahlen ein (formal) negativer Wert entsteht.

**Erkennen von Bereichsüberschreitung.** Bereichsüberschreitungen kann man aus den Vorzeichen der Eingangsoperanden und des Ergebnisses bestimmen. Für die Addition gilt nämlich: Bei Operanden mit verschiedenen Vorzeichen kann kein Überlauf auftreten, da das Ergebnis betragsmäßig kleiner ist als die Operanden. (Dasselbe gilt für die Subtraktion mit Operanden mit gleichem Vorzeichen.)

Bei Addition mit gleichen Vorzeichen und Subtraktion mit verschiedenen Vorzeichen gilt: Ist die Vorzeichenstelle des Ergebnisses ungleich dem Carryout, so ist ein Überlauf aufgetreten.

**Beispiel 2.13.**

| | | | | | | | | |
|---|---|---|---|---|---|---|---|---|
| | 0110 | (+6) | | | | 1010 | (−6) | |
| + | 0001 | (+1) | | | + | 1111 | (−1) | |
| | 0111 | (+7) | Carryout = 0 | | **1** | 1001 | (−7) | Carryout = 1 |
| | | | Vorzeichen = 0 | | | | | Vorzeichen = 1 |

In beiden Fällen liegt das Ergebnis im darstellbaren Zahlenbereich.

| | | | | | | | | |
|---|---|---|---|---|---|---|---|---|
| | 0110 | (+6) | | | | 1010 | (−6) | |
| + | 0110 | (+6) | | | + | 1101 | (−3) | |
| | 1100 | $(< 0)$ | Carryout = 0 | | **1** | 0111 | $(> 0)$ | Carryout = 1 |
| | | | Vorzeichen = 1 | | | | | Vorzeichen = 0 |

In diesen beiden Fällen tritt ein Überlauf auf. Im ersten Fall bleibt der Übertrag der Addition in der positiven Vorzeichenstelle stecken und überschreibt diese, im zweiten Fall läuft er durch die negative Vorzeichenstelle durch und löscht diese. □

Erweitert man das Zahlenformat um eine weitere führende Stelle, die *Schutzstelle* $S$, so kann man einen Überlauf unmittelbar am Ergebnis ablesen.

| $S$ | $VZ$ | $\|Z\|$ |
|---|---|---|

Für positive Zahlen gilt $S = VZ = 0$, für negative Zahlen $S = VZ = 1$. Falls dann im Ergebnis $S \neq VZ$ ist, liegt ein Überlauf vor. Dies kann man leicht an den obigen Beispielen nachvollziehen.

**Übung 2.2.** Beim *Stellenkomplement* werden negative Zahlen von der absolut größten darstellbaren n-stelligen Zahl $(111\cdots111)$ subtrahiert. Man ersetzt also

$$-X \text{ durch } (2^n - 1) - X.$$

Die Bildung des Stellenkomplements erfolgt durch Invertieren der einzelnen Stellen.

Den Absolutbetrag einer negativen Zahl in Komplementdarstellung erhält man durch *Rückkomplementierung*, d.h. erneutes Invertieren der Stellen.

Es gibt zwei Darstellungen der Null, nämlich

$$000\cdots000\,(+0) \quad \text{und} \quad 111\cdots111\,(-0)$$

Der Wertebereich liegt bei

$$-(2^{n-1} - 1) \leq X \leq 2^{n-1} - 1 \tag{2.7}$$

ist also symmetrisch, d.h., $X_{\text{max}}$ und $X_{\text{min}}$ haben den gleichen Betrag. Wenn man in dieser Darstellung die Subtraktion auf die Addition zurückführt, also

$$X - Y = X + (-Y)$$

berechnet, muss in einigen Fällen eine Korrektur des Ergebnisses durchgeführt werden. Geben Sie diese Fälle und die nötige Korrektur an.

**Fragen zur Lernkontrolle:**

1. Was ist der Vorteil der Zwei-Komplementdarstellung gegenüber einer Darstellung mit Vorzeichen und Betrag?
2. Was ist der Vorteil des Zwei-Komplements gegenüber dem Stellenkomplement?
3. Was ist einfacher zu berechnen, das Stellenkomplement oder das Zwei-Komplement.
4. Was bedeutet rechnen modulo $n$?
5. Was ist der Zusammenhang zwischen Zahlenkreis und Zahlenstrahl?
6. Woran kann man in der Zwei-Komplementdarstellung eine positive von einer negativen Dualzahl unterscheiden?

7. Gibt es mehr positive oder mehr negative Zahlen in der Zwei-Komplementdarstellung?
8. Welche Dezimalzahl repräsentiert $\texttt{AB}_{16}$ als 8-Bit-Wert im Zwei-Komplement?
9. was ist Rückkomplementierung?
10. Was versteht man unter Bereichsüberschreitung und wie erkennt man sie?

## 2.5 Byte als Maß für die Speicherkapazität

Die kleinste Einheit, die in Computern adressiert werden kann, ist das Byte. Die Kapazität von Speichermedien wird in Byte gemessen. Zur Angabe größerer Mengen an Speicher können die üblichen Vorsätze für dezimale Vielfache benutzt werden, wie sie 1990 durch die 19. Conferénce Génerale des Poids et Mesures festgelegt wurden. Diese sind in Tabelle 2.6 zusammen gefasst. Danach gibt es also Kilobyte (kurz KB oder KByte), Megabyte (kurz MB oder MByte) usw.

| Zehnerpotenz | Vorsatz | Vorsatzzeichen |
|---|---|---|
| $10^3$ | kilo | K |
| $10^6$ | mega | M |
| $10^9$ | giga | G |
| $10^{12}$ | tera | T |
| $10^{15}$ | peta | P |
| $10^{18}$ | exa | E |

**Tab. 2.6.** Vorsätze zur Darstellung dezimaler Vielfacher.

Von der International Electrotechnical Commission (IEC), einer führenden Organisation für internationale Standardisierung, wurden im Dezember 1998 Abkürzungen für binäre Vielfache von Byte standardisiert. Diese heißen „megabinary byte“ , kurz „mebi byte“ (Symbol MiB); „gigabinary byte“, kurz „gibi byte“ (Symbol GiB) usw. Da es wichtig ist, zwischen dezimalen und binären Bezeichnungen zu unterscheiden, sich aber diese seltsamen Bezeichnungen (noch) nicht durchgesetzt haben, wollen wir die von Knuth [Fasc1] vorgeschlagenen Bezeichnungen für binäre Vielfache von Byte verwenden: „large kilobyte“, „large megabyte“ usw. Diese sind in Tabelle 2.7 zusammen gefasst.

| Faktor | Bezeichnung | Abkürzung | Anzahl |
|---|---|---|---|
| $2^{10}$ | large kilobyte | KKB | 1.024 |
| $2^{20}$ | large megabyte | MMB | 1.048.576 |
| $2^{30}$ | large gigabyte | GGB | 1.073.741.824 |
| $2^{40}$ | large terabyte | TTB | 1.099.511.627.776 |
| $2^{50}$ | large petabyte | PPB | 1.125.899.906.842.624 |
| $2^{60}$ | large exabyte | EEB | 1.152.921.504.606.846.976 |

**Tab. 2.7.** Bezeichnungen für binäre Vielfache von Byte nach Knuth.

# 3. Einführung in `MMIX`

*Jedem Anfang*
*wohnt ein Zauber inne.*
*Hermann Hesse, Stufen*

In diesem Kapitel werfen wir einen ersten Blick auf den `MMIX`-Prozessor. Wir werden ein kurzes Programm schreiben, um einen ersten Eindruck vom Arbeiten mit dem Assembler und Simulator zu erhalten. Es sind bewusst viele Details ausgeklammert und es bleiben am Ende des Kapitels noch viele Fragen offen, die im weiteren Verlauf des Buches noch aufgegriffen werden.

## 3.1 Der `MMIX`-Prozessor

Abbildung 3.1 zeigt ein vereinfachtes Blockdiagramm des `MMIX`-Prozessors zusammen mit seinem Hauptspeicher. `MMIX` besitzt $2^8 = 256$ allgemein verwendbare Register, die mit `$0` bis `$255` bezeichnet sind. Register sind elektrische Schaltungen, die in der Lage sind, jeweils mehrere Bit digitale Information zu speichern und mit kurzer Zugriffszeit abzugeben. Es kann bei Bedarf jeweils auf alle Bit eines Registers gleichzeitig zugegriffen werden, d.h., sie können gemeinsam zwischen dem Register und dem Rechenwerk oder dem Hauptspeicher übertragen werden. Jedes der Register des `MMIX` umfasst 64 Bit. Die Registerbezeichnungen sowie deren Inhalt wird bei Bedarf in einer Abbildung mit angegeben (siehe Abbildung 3.1). Neben diesen allgemeinen Registern gibt es noch 32 Spezialregister, die wir je nach Bedarf erwähnen oder verwenden werden. Diese sind in der Abbildung nicht dargestellt. Eine weitere wesentliche Komponente des Prozessors ist das Rechenwerk („arithmetic logic unit", kurz ALU). Hier werden alle Operationen zur Verarbeitung von Daten durchgeführt. Im Allgemeinen werden bei einer Operation zwei Operanden verknüpft und ein Ergebnis erzeugt. Dies soll durch die gewählte Darstellung veranschaulicht werden: An den ALU-Eingängen können zwei Operanden aus dem Registersatz zugeführt werden; am ALU-Ausgang fällt das Ergebnis der entsprechenden Operation an, das wieder in ein Register zurückgeschrieben wird. Rechts im Bild ist der Hauptspeicher dargestellt. Er besteht aus $2^{64} = 18.446.744.073.709.551.616$ Speicherzellen zu je einem

Byte, die fortlaufend nummeriert sind. Die Nummern heißen *Adressen.* Zwischen Hauptspeicher und Registern bzw. zwischen Registern und dem Rechenwerk gibt es Verbindungen, die durch Pfeile dargestellt sind. Der Fachbegriff für eine solche Verbindung ist *Bus.*

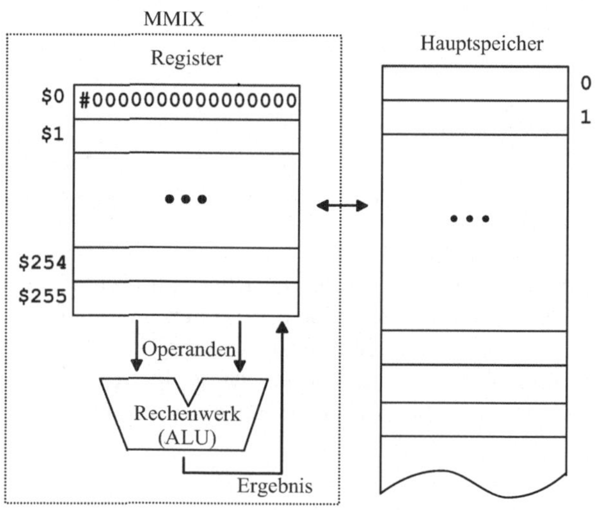


**Abb. 3.1.** Blockdiagramm des MMIX-Prozessors mit Hauptspeicher.

### 3.1.1 MMIX-Befehle

Ein Programm besteht aus einer Folge von Befehlen (Instruktionen), die im Hauptspeicher abgelegt sind. Sie werden von dort der Reihe nach gelesen und ausgeführt. Jeder Befehl stellt eine elementare Operation dar, die vom Prozessor unmittelbar ausgeführt werden kann. Die ersten Befehle, mit denen wir uns beschäftigen, sind die üblichen arithmetischen Operationen mit ganzen Zahlen: Addition, Subtraktion, Multiplikation und Division. Jeder dieser Befehle verknüpft zwei Operanden zu einem Ergebnis. Operanden sind dabei Werte, die zum Beispiel aus Registern kommen; das Ergebnis wird in ein Register zurückgeschrieben. Jeder Befehl hat einen symbolischen Namen (Mnemocode), der die Operation andeutet, die er ausführt (z.B. ADD für die Addition), gefolgt von einer Liste von Operanden. Im Falle der arithmetischen Operationen gibt das erste Argument immer das Zielregister an, das zweite und dritte Argument spezifizieren die Quellregister. In symbolischer Schreibweise: `ADD $1,$2,$3`.

Dies bedeutet, dass die Werte aus den Registern $2 und $3 addiert werden und das Ergebnis in Register $1 geschrieben wird. Natürlich kann bei einer Operation auch einer der Operanden mit dem Ergebnis überschrieben

werden, z.B.: `ADD $1,$1,$2`. Der Befehl überschreibt das Zielregister dabei erst, nachdem die Operation ausgeführt wurde (siehe auch Übung 3.1 auf Seite 38). Ferner können beide Operanden aus ein und demselben Register geholt werden, z.B.: `ADD $1,$2,$2`.
Diese symbolische Schreibweise werden wir stets benutzen, um die Befehle der entwickelten Programme anzugeben. Sie ist leicht zu erlernen. Der Prozessor aber kann ein Programm in dieser Form nicht verarbeiten. Er benötigt vielmehr ein kompaktes, digital codiertes Format. Die Umsetzung eines Programms von symbolischer Schreibweise in die maschinenlesbare Codierung und die Zuordnung zu den entsprechenden Speicherzellen wird von einem speziellen Programm vorgenommen, dem *Assembler*. Die Codierung von Befehlen durch den Assembler ist ein weiteres Beispiel für Codes (siehe Kapitel 2). Man sagt auch, der Assembler erzeugt „Maschinencode". Die Verwendung des Assemblerprogramms werden wir noch im Detail besprechen.

Die maschinenlesbare Form eines Befehls, das so genannte *Befehlswort*, besteht beim `MMIX` stets aus genau vier Byte.

| 1 Byte | 3 Byte |
|---|---|
| Opcode | Operanden |

Das erste Byte enthält den Befehlscode, auch Operationscode (kurz *Opcode*) genannt. Damit sind insgesamt $2^8 = 256$ verschiedene Opcodes möglich. Die drei folgenden Byte enthalten die Argumente. Jedes der Argumente wird ebenfalls mit einem Byte angegeben; damit kann also auf jeder Position eines der 256 allgemeinen Register spezifiziert werden.

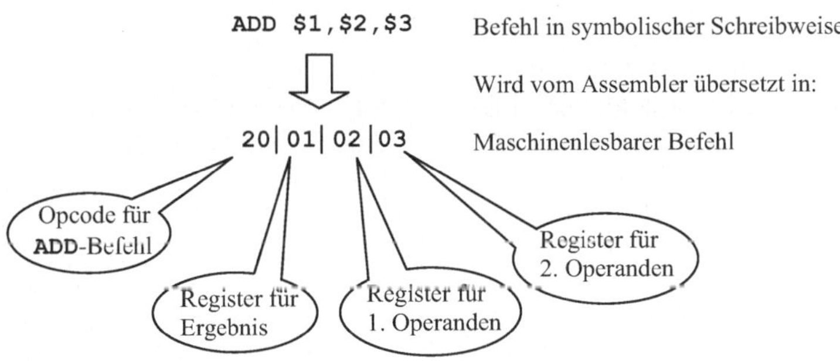


**Abb. 3.2.** Eine Instruktion in symbolischer Schreibweise und in maschinenlesbarer Form als Befehlswort.

Abbildung 3.2 zeigt die maschineninterne Darstellung des Befehls `ADD $1,$2,$3`. Der Opcode des Additionsbefehls ist `#20`. Damit ist die maschinenlesbare Form dieses Befehls `#20 01 02 03`. Die Menge aller Befehle des Prozessors heißt *Befehlssatz*.

Neben der Darstellung mit konkreten Registern wollen wir noch eine allgemeinere Schreibweise für Befehle verwenden, bei der die Register nicht näher spezifiziert, sondern allgemein mit `$X,$Y` und `$Z` angegeben werden, etwa für den Additionsbefehl: `ADD $X,$Y,$Z`.

Die Befehle für die Ausführung der vier Grundrechenarten sind bei MMIX:

- Addition: `ADD $X,$Y,$Z`
- Subtraktion: `SUB $X,$Y,$Z`
- Multiplikation: `MUL $X,$Y,$Z`
- Division: `DIV $X,$Y,$Z`

Dabei ist zu beachten, dass die Division zweier ganzer Zahlen den ganzzahligen Anteil des Quotienten (ohne Rest) im Register `$X` liefert. Der Rest bei der ganzzahligen Division steht in einem der Spezialregister namens `rR`, das in Abschnitt 3.3 noch genauer besprochen wird.
Nun sind wir bereits in der Lage, ein kleines Programm zu schreiben.

**Beispiel 3.1.** Berechnung einer einfachen Formel:

$$y = \frac{x_1 + x_2 x_3}{x_1 - x_2}$$

für ganze Zahlen $x_1$, $x_2$ und $x_3$. Wir gehen davon aus, dass der Wert von $x_1$ im Register `$1` steht, der von $x_2$ in `$2` und der von $x_3$ in `$3`. Die folgende Befehlssequenz liefert uns nach ihrer Ausführung das Ergebnis $y$ im Register `$7`:

```
MUL   $4,$2,$3   Zähler: Ergebnis von x2x3 nach $4
ADD   $5,$4,$1   Zähler: Ergebnis von x1 + x2x3 nach $5
SUB   $6,$1,$2   Nenner: Ergebnis von x1 − x2 nach $6
DIV   $7,$5,$6   Endergebnis y: Zähler/Nenner nach $7
```

Der erste Befehl multipliziert die Werte von $x_2$ und $x_3$ und legt das Ergebnis im Register `$4` ab. Im nächsten Schritt wird dazu der Wert von $x_1$ addiert und das Ergebnis im Register `$5` gespeichert. Der Wert des Nenners, also die Differenz von $x_1$ und $x_2$, wird dann in `$6` gespeichert und schließlich der Quotient gebildet. Eine Prüfung, ob das Ergebnis der Multiplikation nicht zu groß für ein Register, oder der Nenner null ist, unterbleibt hier zunächst. □

Wir wollen nun noch eine formale Darstellungsweise für MMIX-Befehle einführen, die es erleichtert, dieses Buch als Referenz- und Nachschlagewerk zu verwenden: Die Spezifikation neuer Befehle wird immer formal in abgesetzten Blöcken dargestellt. Die Spezifikation der eben kennen gelernten Befehle sehen Sie auf Seite 35. Im Anhang A finden Sie eine alphabetische Liste aller Befehle mit einem Verweis auf die entsprechende Spezifikation. Der Text ergänzt die Spezifikation jeweils durch erläuterndes Material.

Die Spezifikation bedient sich einer formalen Schreibweise, mit der sich die Funktion eines Befehls präzise beschreiben lässt: $s(x)$ bezeichnet die durch das Bitmuster $x$ im Zwei-Komplement repräsentierte vorzeichenbehaftete

**Name:**
`ADD $X,$Y,$Z` `ADD $X,$Y,Z`
`SUB $X,$Y,$Z` `SUB $X,$Y,Z`
`MUL $X,$Y,$Z` `MUL $X,$Y,Z`
`DIV $X,$Y,$Z` `DIV $X,$Y,Z`

**Spezifikation:**
ADD: $s(\texttt{\$X}) \leftarrow s(\texttt{\$Y}) + s(\texttt{\$Z})$
SUB: $s(\texttt{\$X}) \leftarrow s(\texttt{\$Y}) - s(\texttt{\$Z})$
MUL: $s(\texttt{\$X}) \leftarrow s(\texttt{\$Y}) * s(\texttt{\$Z})$
DIV:

$$s(\texttt{\$X}) \leftarrow \begin{cases} \lfloor s(\texttt{\$Y})/s(\texttt{\$Z}) \rfloor & \text{falls} \quad \texttt{\$Z} \neq 0 \\ 0 & \text{falls} \quad \texttt{\$Z} = 0 \end{cases}$$

also der ganzzahlige Anteil der Division und

$$s(\texttt{rR}) \leftarrow \begin{cases} s(\texttt{\$Y}) \bmod s(\texttt{\$Z}) & \text{falls} \quad \texttt{\$Z} \neq 0 \\ s(\texttt{\$Y}) & \text{falls} \quad \texttt{\$Z} = 0 \end{cases}$$

also der Divisionsrest im Spezialregister namens `rR`.
Alle Befehle sind in zwei Varianten vorhanden: Einmal kommt der zweite Operand aus dem Register `$Z` und einmal ist der Operand (`Z`) Teil des Befehls selbst. Man nennt dies einen Direktoperanden (siehe dazu Abschnitt 3.1.3).

**Zeit:**
ADD: $1\nu$
SUB: $1\nu$
MUL: $10\nu$
DIV: $60\nu$

**Beschreibung:**
Arithmetische Befehle für Rechnungen mit vorzeichenbehafteten Zahlen. Diese Befehle können einen Überlauf erzeugen, was ebenso wie eine Division durch Null in Register `rA` festgehalten wird (siehe Seite 225).

**Siehe auch:**
Arithmetische Befehle für vorzeichenlose Berechnungen (Seite 55).

Die arithmetischen Befehle

ganze Zahl (*s*igned integer). Ferner steht das Zeichen „←“ für eine Zuweisung. Damit bedeutet $s(x) \leftarrow N$, dass das Bitmuster, für das $s(x) = N$ gilt, an $x$ zugewiesen wird. Angewandt auf den Additionsbefehl `ADD $X,$Y,$Z` können wir seine Wirkung nun formal so schreiben:

$$s(\texttt{\$X}) \leftarrow s(\texttt{\$Y}) + s(\texttt{\$Z}).$$

### 3.1.2 Ein erstes Programm für MMIX

Das Programm von Seite 34 ist noch nicht vollständig, da keine Werte für die Größen $x_i$ festgelegt sind. Um dies zu bewerkstelligen, betrachten wir einen neuen Befehl, mit dem direkt Werte in Register geschrieben werden können. Dieser Befehl hat lediglich zwei Argumente, nämlich das Zielregister

$X und den dort einzutragenden Wert, der in der allgemeinen Schreibweise für Befehle als YZ geschrieben wird:

```
SET     $X,YZ
```

Gemäß der Voraussetzung, dass Befehle stets aus vier Byte bestehen, bleiben für den mit YZ bezeichneten Wert 16 Bit des Befehlswortes. In der symbolischen Schreibweise können wir für YZ also einen vorzeichenlosen Wert zwischen null und 65.535 (hexadezimal #FFFF) angeben. Damit wird ein maximal 16 Bit langer Wert in ein Register geschrieben. Zum Beispiel speichert der Befehl

```
SET     $1,4
```

den Wert 4 in das Register $1. Der Assembler macht aus SET den Opcode #E3, also lautet das Befehlswort in diesem Fall #E3 01 00 04.

Nun sind wir in der Lage, ein erstes vollständiges MMIX-Programm zu formulieren. Wir schreiben das Programm mit einem beliebigen Texteditor in eine Datei, deren Name sinnvollerweise mit '.mms' endet, als Abkürzung für MMIX-source, also „MMIX-Quelldatei". Der Assembler soll aus dieser Datei dann eine weitere Datei erzeugen, die so genannte Objektdatei, welche die entsprechend codierten Befehlsworte enthält, die dann vom Prozessor selbst gelesen und interpretiert werden können. Zunächst müssen wir dem Assembler noch mitteilen, an welcher Stelle das Programm später im Speicher stehen soll und mit welchem Befehl das Programm beginnt. Programme dürfen grundsätzlich erst ab der Speicheradresse #100 beginnen (den Grund dafür werden wir später kennen lernen). Wir teilen dies dem Assembler durch folgende Anweisung mit:

```
LOC     #100
```

Dabei handelt es sich nicht um einen MMIX-Befehl, sondern um eine Anweisung an das Assemblerprogramm. Solche Anweisungen an das Assemblerprogramm heißen *Pseudobefehle.* Diese Anweisung sorgt dafür, dass die folgenden Befehle ab der Adresse #100 in den Speicher geschrieben werden.

**Name:**
LOC Ausdruck

**Spezifikation:**
@← Ausdruck

**Beschreibung:**
Legt die Adresse fest, ab der im weiteren Verlauf der Assemblierung der Speicher gefüllt wird (Symbol @ steht für „The place where we are at").

Der Pseudobefehl LOC

Der Befehl, mit dem das Programm starten soll, ist durch das Wort „Main" zu markieren. Main ist dann eine *Marke* (Label). Eine Marke kennzeichnet eine spezielle Stelle in einem Programm; sie wird vor den Befehl geschrieben.

Mit dem Befehl

```
TRAP   0,Halt,0
```

wird die Ausführung eines Programms beendet.

Beim Eintippen des Programms müssen bestimmte Konventionen eingehalten werden, damit der Assembler Marken, Befehle, Argumente und Kommentare unterscheiden kann:

1. *Marken* (Label) müssen immer an der ersten Position einer Zeile beginnen. Umgekehrt werden alle Worte, die an der ersten Position einer Zeile beginnen, vom Assembler als Marke interpretiert.
2. Es sind aber auch Kommentare möglich, die sich über eine ganze Zeile erstrecken. Dazu muss das erste Zeichen einer Zeile ein Sonderzeichen (weder Buchstabe noch Ziffer) sein, z.B. „*“, „%“ oder „//“ wie in Java und C/C++ üblich.
3. Das erste Leerzeichen in der Zeile beendet die Marke. Dannach kommt der Befehlsname (Opcode).
4. Zwischen dem Befehlsnamen und dem ersten Argument muss mindestens ein Leerzeichen stehen (zur Erhöhung der Lesbarkeit empfiehlt sich ein Tabulator).
5. Die Argumente müssen durch Kommata voneinander getrennt werden, dürfen aber keinesfalls durch Leerzeichen unterbrochen werden.
6. Am Ende jeder Befehlszeile kann ein Kommentar stehen. Es ist zu dessen Kennzeichnung kein spezielles Kommentarzeichen notwendig.

Assemblerprogramme werden also nicht formatfrei geschrieben, wie dies in höheren Programmiersprachen der Fall ist. Wir benutzen für Programme in diesem Buch die folgende Darstellungsweise:

arithmetik.mms

```
        LOC    #100
Main    SET    $1,4        Anfangswerte setzen
        SET    $2,2
        SET    $3,40
        MUL    $4,$2,$3    arithmetische Befehle wie oben
        ADD    $5,$4,$1
        SUB    $6,$1,$2
        DIV    $7,$5,$6    Ergebnis steht im Register $7
        TRAP   0,Halt,0
```

Dies ist das Programm zur Berechnung der Formel aus Beispiel 3.1 mit den Werten $x_1 = 4$, $x_2 = 2$ und $x_3 = 40$. Die Zeilennummer dient der Orientierung im Druckbild. Sie darf beim Programmieren nicht mit eingegeben werden. Nach der Zeilennummer ist Platz für eine eventuelle Marke. dahinter kommt der Befehl und seine Argumente, ggf. gefolgt von einem Kommentar (hier in

Zeilen 2, 5 und 8). Für die Assemblierung und den ersten Test des Programms folgen Sie bitte den Anweisungen, die im Anhang C.2 Versuch 1 beschrieben sind.

**Übung 3.1.** Schreiben Sie das Programm aus Beispiel 3.1 so um, dass möglichst wenig Register verwendet werden. Man beachte, dass auch die Eingangsregister überschrieben werden können. Hinweis: Drei Register reichen aus.

### 3.1.3 Direktoperanden

Bisher haben wir lediglich über arithmetische Befehle gesprochen, die zwei Register als Quelle der Operanden (so genannte Registeroperanden) und ein Register als Ziel für das Ergebnis haben. In der Praxis werden oft kleine Konstanten als Operanden benötigt, z.B. um einen Zähler um 1 zu erhöhen. In diesem Falle wäre es umständlich und schwer lesbar, die 1 erst in ein Register zu schreiben und dann in der ALU weiter zu verarbeiten. Die meisten Befehle besitzen daher eine Variante, bei der ein Operand als Konstante im Befehl auf der Position `Z` oder `YZ` stehen kann. Dieser Operand wird als *Direktoperand* („Immediate Operand"; immediate heißt direkt oder unmittelbar) bezeichnet. Er kann dann natürlich nur acht oder 16 Bit lang sein. Im obigen Programm wurden Direktoperanden bereits beim `SET`-Befehl benutzt (die Konstante 4 stand im Feld `YZ`).
Direktoperanden sind auch bei den arithmetischen Befehlen möglich:

```
ADD     $X,$Y,Z
```

addiert den Wert des konstanten Ausdrucks `Z` zum Wert aus Register `$Y` und legt das Ergebnis im Register `$X` ab. Der Wert von `Z` muss eine positive ganze Zahl sein, die mit 8 Bit dargestellt werden kann (also $0 \leq \mathtt{Z} \leq 255$). Das obige Programm kann nun unter Verwendung von Direktoperanden auch so geschrieben werden:

arithmetik-imm.mms

```
         LOC    #100
Main     SET    $1,4
         SET    $2,2
         MUL    $4,$2,40    40 ist hier Direktoperand
         ADD    $4,$4,$1    Zähler des Bruchs
         SUB    $5,$1,$2    Nenner des Bruchs
         DIV    $4,$4,$5    Ergebnis steht im Register $4
         TRAP   0,Halt,0
```

Hier wurde $x_3$ als Direktoperand eingesetzt. Damit wird Register `$3` eingespart. Die symbolischen Namen der Befehle mit Direktoperanden unterscheiden sich nicht von denen ohne Direktoperanden. Die Unterscheidung wird vom Assembler selbstständig getroffen. Man schreibt also nicht `ADDI` oder `SUBI`, sondern der Assembler verwendet automatisch den richtigen Opcode. Das `I` muss weggelassen werden. Der `MMIX`-Simulator verwendet jedoch zur Anzeige der ausgeführten Befehle auch die Variante `ADDI`. Die Opcodes der Immediate-Varianten der Befehle sind immer um eins höher als die der Varianten mit drei Registern als Argumente. Das zum Befehl `ADD $1,$1,4` gehörende Befehlswort lautet demnach #21 01 01 04.

Bei der Angabe von Direktoperanden im Programm ist der Assembler in der Lage, Ausdrücke auszuwerten, etwa `ADD $1,$2,17+4` oder `SET $1,'0'`. Der letzte Befehl schreibt den ASCII-Code des Zeichens '0' in das Register `$1`. Diese Ausdrücke werden analog verwendet wie Ausdrücke in JAVA oder C/C++; Ausnahme ist, dass bei `MMIX` keine Leerzeichen zwischen den Termen stehen dürfen.

**Fragen zur Lernkontrolle:**

1. Wie viele allgemeine Register und wie viele Spezialregister hat der `MMIX`-Prozessor?
2. Was ist eine ALU?
3. Aus wie viel Byte besteht ein Befehlswort des `MMIX`?
4. Wozu braucht man den Befehl `LOC`?
5. Welchen Einschränkungen unterliegt das Format eines `MMIX` Assemblerprogramms?
6. Erklären Sie den Unterschied zwischen einer Quelldatei und einer Objektdatei. Hinweis: Lesen Sie dazu auch Versuch 1 in Anhang C.2.
7. Wann ist es sinnvoll, Direktoperanden zu verwenden?
8. Welche der folgenden Befehle sind fehlerhaft?

```
SET   $1,1000
ADD   $1,$2,1000
SUB   $1,$1,1
ADD   $1,$1,-1
```

## 3.2 Speicherzugriff

Der Hauptspeicher wurde bisher lediglich genutzt, um das Programm dort abzulegen. Der `MMIX`-Simulator lädt das Programm aus der Objektdatei in den Speicher und führt es von dort Befehl für Befehl aus, beginnend mit dem durch `Main` markierten Befehl. Die Daten, mit denen das erste Beispielprogramm arbeitet, wurden mit dem `SET`-Befehl in Register geschrieben oder als Direktoperanden in Befehlen angegeben. Diese Methode eignet sich aber nur für konstante Größen, da sie eine Änderung des Programms erfordert, wenn die Aufgabe (hier die Auswertung einer Formel) mit anderen Werten durchgeführt werden soll. Weiterhin ist der Wertebereich für Direktoperanden durch das Format des Befehlswortes eingeschränkt. Es ist daher besser,

Programm und Daten zu trennen und neben dem Programm auch die zu verarbeitenden Daten im Speicher abzulegen und aus dem Programm darauf zuzugreifen.

### 3.2.1 Speicherorganisation

In diesem Kapitel wird zunächst die Organisation des Hauptspeichers näher beschrieben, in den folgenden Abschnitten befassen wir uns dann mit dem Eintragen von Daten in den Speicher durch den Assembler und schließlich mit Lese- und Schreiboperationen aus dem Programm.

Der Speicher enthält $2^{64}$ Byte. Diese werden formal mit M[0], M[1], ..., M[$2^{64}$-1] bezeichnet. Es können bis zu 64 Bit, also acht Byte, gleichzeitig vom Speicher zum Prozessor und umgekehrt übertragen werden. Im Befehlssatz ist vorgesehen, dass jeweils 1 Byte, 2 Byte (Wyde), 4 Byte (Tetra) oder 8 Byte (Octa) gleichzeitig gelesen (oder geschrieben) werden können. Wenn $x$ ein Octabyte ist, so repräsentiert $M_1[x] = M[x]$ das unter der Adresse $x$ gespeicherte Byte. Analog repräsentiert $M_2[x]$ das an der Adresse $x$ gespeicherte Wyde, $M_4[x]$ die entsprechende Tetrade und $M_8[x]$ das entsprechende Octabyte. Wichtig ist die Unterscheidung zwischen $x$ als Adresse (eine Adresse ist ja stets 64 Bit lang, also ein Octabyte) sowie dem unter der Adresse gespeicherten Octabyte (bzw. Tetrabyte, Wyde oder Byte) $M[x]$.
Die Organisation des Speichers ist für die ersten acht Byte folgendermaßen:

<table>
<tr><th>Zugriff</th><th colspan="8">Zellenbezeichnung</th></tr>
<tr><td>Byte</td><td>$M[0]$</td><td>$M[1]$</td><td>$M[2]$</td><td>$M[3]$</td><td>$M[4]$</td><td>$M[5]$</td><td>$M[6]$</td><td>$M[7]$</td></tr>
<tr><td>Wyde</td><td colspan="2">$M_2[0] = M_2[1]$</td><td colspan="2">$M_2[2] = M_2[3]$</td><td colspan="2">$M_2[4] = M_2[5]$</td><td colspan="2">$M_2[6] = M_2[7]$</td></tr>
<tr><td>Tetra</td><td colspan="4">$M_4[0] = M_4[1] = M_4[2] = M_4[3]$</td><td colspan="4">$M_4[4] = M_4[5] = M_4[6] = M_4[7]$</td></tr>
<tr><td>Octa</td><td colspan="8">$M_8[0] = M_8[1] = M_8[2] = M_8[3] = M_8[4] = M_8[5] = M_8[6] = M_8[7]$</td></tr>
</table>

Allgemein gilt für alle $k$ mit $0 \leq k < 2^{61} - 7$:

<table>
<tr><th>Zugriff</th><th colspan="8">Zellenbezeichnung</th></tr>
<tr><td>Byte</td><td>$M[8k]$</td><td>$M[8k+1]$</td><td colspan="4">$\ldots$</td><td>$M[8k+6]$</td><td>$M[8k+7]$</td></tr>
<tr><td>Wyde</td><td colspan="2">$M_2[8k] = M_2[8k+1]$</td><td colspan="2">$\ldots$</td><td colspan="2">$\ldots$</td><td colspan="2">$M_2[8k+6] = M_2[8k+7]$</td></tr>
<tr><td>Tetra</td><td colspan="4">$M_4[8k] = \ldots = M_4[8k+3]$</td><td colspan="4">$M_4[8k+4] = \ldots = M_4[8k+7]$</td></tr>
<tr><td>Octa</td><td colspan="8">$M_8[8k] = M_8[8k+1] = \ldots = M_8[8k+6] = M_8[8k+7]$</td></tr>
</table>

Der Speicher ist so organisiert, dass lediglich $2^{61}$ Octa unterschieden werden, d.h., es kann immer nur auf Octa zugegriffen werden, die an solchen Adressen beginnen, die durch acht teilbar sind (man sagt auch, die Octa sind *ausgerichtet* bzw. aligned). Analoges gilt für Wyde und Tetraden. Dies ist so realisiert, dass beim Speicherzugriff die niederwertigen Bit der Speicheradresse zu null gesetzt werden: drei Bit bei Zugriff auf ein Octa, zwei beim Zugriff

auf ein Tetra und eins beim Zugriff auf ein Wyde. Es ist also z.B. kein Wyde lesbar, das aus den Byte $M[1]$ und $M[2]$ besteht. Der Zugriff auf ein Wyde mit der Adresse 1 liefert uns als Ergebnis $M_2[1] = (M[0], M[1])$.
Der Speicher kann also betrachtet werden, als

1. eine Folge von $2^{64}$ aufeinander folgender Byte oder
2. eine Folge von $2^{63}$ aufeinander folgender Wyde oder
3. eine Folge von $2^{62}$ aufeinander folgender Tetraden oder
4. eine Folge von $2^{61}$ aufeinander folgender Octa.

`MMIX` unterscheidet verschiedene Bereiche im Hauptspeicher, so genannte *Segmente*, die verschiedenen Zwecken dienen. Das erste Segment heißt Textsegment. Es beginnt bei Adresse 0. Dort werden Programme und konstante Daten abgelegt. Der Bereich von Adresse `#0` bis Adresse `#FF` ist für einen besonderen Zweck reserviert (siehe Abschnitt 7.5.2). Aus diesem Segment darf nur gelesen werden (read only). So ist das Programm vor unbeabsichtigtem Überschreiben geschützt.[1] Für die Ablage von Daten stellt der Assembler das Datensegment zur Verfügung, das bei der Adresse `#2000 0000 0000 0000` beginnt. Dort können während der Programmausführung beliebig Daten gelesen und geschrieben werden. Die Anfangsadresse des Datensegments ist mit dem Symbol `Data_Segment` standardmäßig markiert. Um auf dieses Segment Bezug nehmen zu können, genügt es, den Pseudobefehl

```
        LOC     Data_Segment
```

an entsprechender Stelle in das Programm zu schreiben. Üblicherweise schreiben wir diesen Befehl zuerst und definieren anschließend alle Daten im Datensegment. Danach fahren wir mit `LOC #100` fort und schreiben wie bisher das Programm.

Tabelle 3.1 sowie Abbildung 3.3 geben eine Übersicht über alle Segmente. Das Stacksegment und das Poolsegment werden wir erst später benötigen. Adressen ab `#8000 0000 0000 0000` sind für ein Betriebssystem reserviert.

### 3.2.2 Reservieren und Vorbelegen von Speicher

Alle arithmetischen und logischen Befehle des `MMIX` können ihre Operanden ausschließlich aus Registern oder als Direktoperanden beziehen und das Ergebnis in ein Register schreiben. Sie können nicht direkt auf Operanden aus dem Hauptspeicher zugreifen. Zur Verknüpfung von Operanden aus dem Speicher müssen diese erst mit speziellen Befehlen aus dem Hauptspeicher in Register geladen werden. Diese Art der Organisation heißt Register-Register-Architektur.

[1] In den Anfängen der Informatik galt ein so genanntes „selbstmodifizierendes Programm" (also ein Programm, das sich selbst verändern kann) als sehr professionell. Von solch trickreichen Konstruktionen ist man inzwischen abgekommen. Selbstmodifizierende Programme erfordern beim `MMIX` einen Sprung ins Datensegment.

| Segment | Symbol | Startadresse | Zweck |
|---|---|---|---|
| Textsegment | | #0 | Programm und statische Daten |
| Datensegment | Data_Segment | #2000 0000 0000 0000 | veränderliche Daten |
| Poolsegment | Pool_Segment | #4000 0000 0000 0000 | Siehe Seite 176 |
| Stacksegment | Stack_Segment | #6000 0000 0000 0000 | Siehe Seite 110 |

**Tab. 3.1.** Die Segmente in dem für den Anwender zugänglichen Teil des Hauptspeichers.

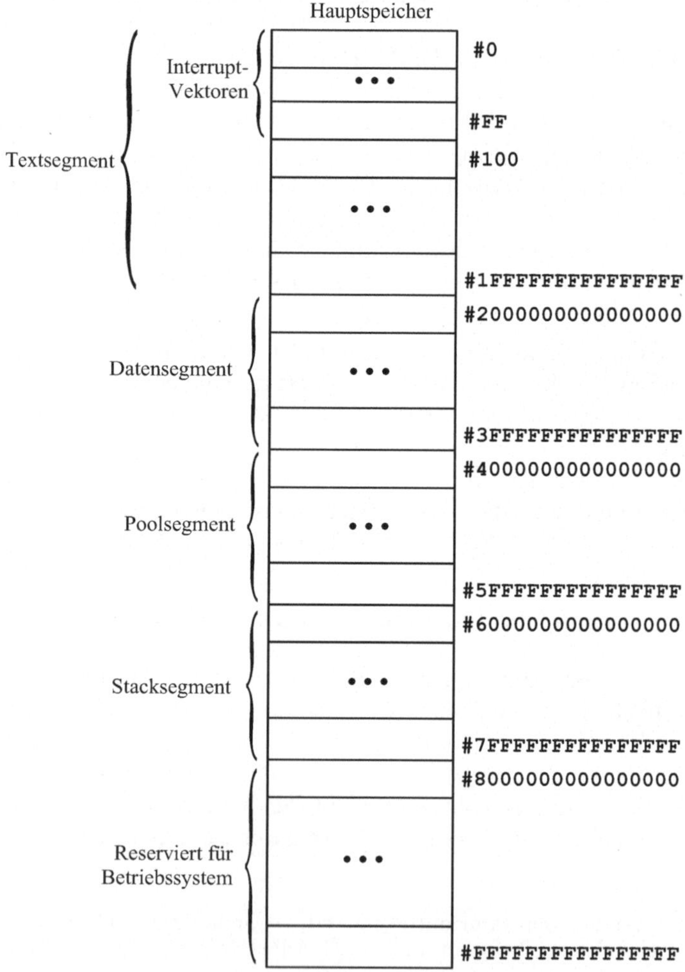


**Abb. 3.3.** Organisation des Hauptspeichers in verschiedene Segmente.

Wir beschreiben zunächst, wie man Daten in den Hauptspeicher eintragen kann. Genauso, wie der Assembler die einzelnen Befehle in ihre Opcodes umsetzt und dafür sorgt, dass sie zur Programmausführung an der richtigen Stelle im Hauptspeicher stehen, kann er auch Daten, die vom Anwender in verschiedenen Formaten angegeben werden, in die interne Form umwandeln und in den Hauptspeicher schreiben, so dass diese bei der Ausführung des Programms zur Verfügung stehen. Als Erstes wollen wir 64 Bit lange Wörter (acht Byte, so genannte Octabyte, kurz Octa), verwenden. Mit dem Pseudobefehl `OCTA` lassen sich direkt Daten als 64-Bit-Werte in den Speicher schreiben. Hexadezimalzahlen sind durch ein vorangestelltes „`#`" zu kennzeichnen.

Für einen programmierten Zugriff sollten die vereinbarten Werte mit einer Marke (im Beispiel unten `X1`, `X2` und `X3`) versehen werden. Die Marken, wie etwa `X1` sind Symbole für die Speicheradresse, an welcher der angegebene Wert steht. Die Zuordnung der Symbolnamen zu ihren Werten werden vom Assembler in einer Tabelle verwaltet, der *Symboltabelle.*

Betrachten wir folgendes Programmfragment:

```
        LOC   #100   Start bei Adresse #100
X1      OCTA  4      Schreibt den Wert 4 in den Speicher (als x1)
X2      OCTA  2      Danach Wert 2 (als x2)
X3      OCTA  40     Schließlich Wert 40 (als x3)
```

Die Daten werden dabei der Reihe nach in den Hauptspeicher geschrieben; und zwar die Zahl 4 an Adresse `#100`, die Zahl 2 an Adresse `#108` und die Zahl 40 an Adresse `#110` (zur Erinnerung: wir schreiben die Werte als Octabyte). Die Angabe der Marken bewirkt, dass die Symbole `X1`, `X2` und `X3` anschließend diese drei Adressen repräsentieren.

`OCTA` ist wiederum ein Pseudobefehl, kein `MMIX`-Befehl. Der Assembler sorgt lediglich dafür, dass die angegebenen Daten beim Programmstart an der entsprechenden Stelle im Speicher eingetragen werden.

**Name:**
`BYTE Ausdrücke`
`WYDE Ausdrücke`
`TETRA Ausdrücke`
`OCTA Ausdrücke`

**Beschreibung:**
Pseudobefehle zum Vorbelegen von Speicher. Die durch `Ausdrücke` angegebenen Werte werden zunächst in die Objektdatei eingetragen und stehen zum Zeitpunkt der Programmausführung an der angegebenen Stelle im Speicher. Die durch Kommata und ohne Leerschritte getrennten Ausdrücke werden jeweils auf das angegebene Format (1, 2, 4 oder 8 Byte) gebracht (Ausnahme: Zeichenketten; diese können durch `BYTE` gefolgt von in Anführungszeichen eingeschlossenen Zeichen angegeben werden, siehe Abschnitt 3.4.1).

Die Pseudobefehle zum Vorbelegen von Speicher

Mit den Pseudobefehlen BYTE, WYDE und TETRA können ganz analog Daten von einem, zwei bzw. vier Byte im Speicher reserviert und vorbelegt werden. Als Argumente dieser Pseudobefehle wird eine Liste von durch Kommas getrennten Ausdrücken angegeben. Jeder Ausdruck wird vom Assembler ausgewertet und in den Speicher geschrieben. Ist der Wert eines Ausdrucks größer als $n$ =1, 2, 4 oder 8 Byte, so wird er modulo $2^n$ benutzt und eine Warnung ausgegeben:

```
warning: constant doesn't fit in ... byte.
```

Dabei gelten die Regeln bezüglich der Ausrichtung wie in Abschnitt 3.2.1 beschrieben. Ein Octabyte beginnt z.B. stets an einer durch acht teilbaren Adresse. Der Assembler sorgt für die richtige Ausrichtung, indem er die nächstgelegene größere passende Adresse zuteilt.

An dieser Stelle sollten Sie beginnen, sich mit Ausdrücken näher zu befassen, und den Abschnitt E.2 im Anhang lesen.

**Übung 3.2.** An welchen Speicheradressen stehen die Werte, mit denen im folgenden Programm der Speicher vorbelegt wird?

```
        LOC   #100
        BYTE  1
        WYDE  2
        OCTA  #B
        TETRA 4711
        OCTA  #4711
```

### 3.2.3 Lesen aus dem Speicher

Mit dem Befehl LDO (für „Load Octa“) kann ein Octabyte aus dem Speicher in ein Register des MMIX geladen werden. Als Argumente benötigt dieser Befehl eine Speicheradresse A, von der das Octa zu holen ist, sowie das Zielregister, in welches das geladene Octa geschrieben werden soll. Das Zielregister ist wie bisher das erste Argument des Befehls, die Speicheradresse wird mit den beiden restlichen Argumenten angegeben. Damit können wir unser Beispielprogramm nun umformulieren[2]. Beachten Sie bitte, dass der in Zeile 2 verwendete Pseudobefehl GREG erst später auf Seite 46 erläutert wird.

arith-ldo.mms

```
1           LOC    #100     @ hat den Wert #100
2           GREG   @        $254 wird global und mit #100 belegt
3  X1       OCTA   4        Ein Octa im Speicher mit 4 beschreiben
4  X2       OCTA   2        Nächstes Octa mit 2 beschreiben
5  X3       OCTA   40       Dann noch 40
6
7  Main     LDO    $1,X1    Wert von x1 aus Speicher nach $1
```

[2] Die Zeilen 10 bis 13 sind gleichzeitig die Lösung von Übungsaufgabe 3.1.

```
8       LDO   $2,X2      usw.
9       LDO   $3,X3
10      MUL   $3,$2,$3   Rest wie oben
11      ADD   $3,$3,$1
12      SUB   $2,$1,$2
13      DIV   $3,$3,$2
14      TRAP  0,Halt,0
```

In den Zeilen 7 bis 9 werden die Startwerte für die Berechnung aus dem Speicher geladen. Dabei werden die in den Zeilen 3 bis 5 vergebenen Marken verwendet. Der Assembler kann jedoch die durch die Symbole bezeichneten 64-Bit-Adressen nicht unmittelbar als Operanden des Befehls verwenden. Die Adresse `A` wird bei einem Ladebefehl vielmehr als Summe der beiden weiteren Argumente gebildet. Diese beiden Argumente können entweder zwei Register (`$Y, $Z`) oder ein Register `$Y` und ein Direktoperand `Z` sein. Der Befehl `LDO $X,$Y,Z` wird also in zwei Schritten abgearbeitet: Zuerst wird aus `$Y` und `Z` durch Addition die Speicheradresse bestimmt (siehe Abbildung 3.4 und Abbildung 7.5 auf Seite 213) und im zweiten Schritt wird dann der Inhalt des Speichers von der Adresse `$Y` + `Z` in das Register `$X` geladen.

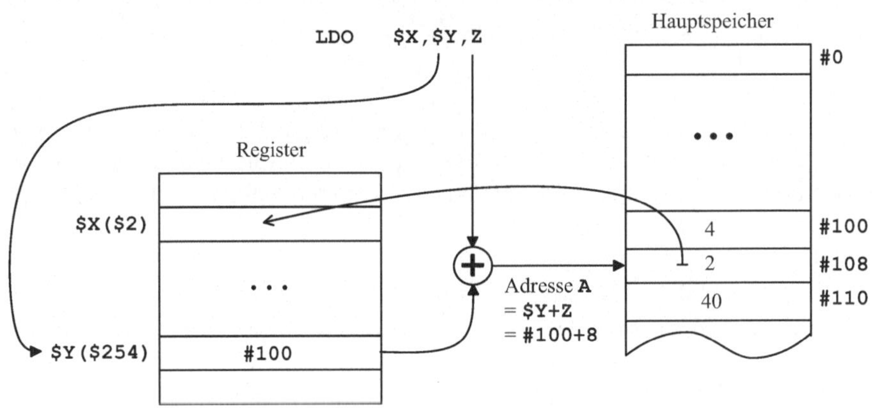


**Abb. 3.4.** Ausführen des Befehls `LDO`.

In diesem Fall heißt `$Y` Bezugsadresse (auch Basisadresse) und `Z` bzw. `$Z` heißt Offset (offset: Adressabstand, auch Ausgleich, Versatz). Wir haben nun also nicht mehr nur die Werte in Registern stehen, mit denen wir rechnen, sondern auch Adressen von Speicherstellen, in denen Werte abgelegt sind, mit denen gerechnet werden soll.

Nun ist noch die Frage offen, wie Bezugsadresse und Offset in ein Register gebracht werden können. Der Assembler stellt eine komfortable Möglichkeit zur Verfügung, Bezugsadressen zum Zeitpunkt des Programmstarts in Register zu schreiben. Dazu benötigen wir den Begriff des *globalen Registers*: Der obere Teil der Register ab `$255` abwärts wird für so genannte *globale Register* verwendet. Diese Register heißen global, weil sie, wie wir in Kapitel 5 sehen werden, bei Unterprogrammaufrufen nicht verändert werden. Im Moment hat diese Tatsache aber noch keine Bedeutung für uns. Register `$255` ist stets ein globales Register; über dessen Verwendung wird später noch ausführlich gesprochen werden (siehe Abschnitt 3.4). Durch Verwendung des Pseudobefehls `GREG` (für „global register") weisen wir den Assembler an, ein weiteres globales Register zu reservieren. Beim ersten `GREG` wird automatisch das Register `$254` als global vereinbart, beim zweiten `GREG` dann `$253` usw. Globale Register können mit Werten vorbelegt werden, z.B.:

```
GREG  0
```

Dieser Pseudobefehl reserviert ein globales Register und belegt es[3] mit dem angegebenen Wert, hier 0. Wichtig ist hier die Möglichkeit der Vorbelegung mit der momentan vom Assembler bearbeiteten Speicheradresse. Diese Adresse wird in der Sprache des Assemblers mit dem Symbol `@` (lies im englischen wie „at" oder „the place, where we're at") bezeichnet. Nach dem Befehl `LOC #100` etwa repräsentiert das Symbol `@` den Wert `#100`. Nach jeder Zahl, die in den Hauptspeicher geschrieben wird, wird der Wert des Symbols `@` entsprechend der Anzahl der geschriebenen Byte erhöht. Nach „`OCTA 40`" z.B. um 8; nach der Assemblierung eines Befehls um 4.

Der Befehl

```
GREG  @
```

reserviert ein globales Register und trägt die aktuelle Adresse (aktueller Wert von `@`) dort ein. Diese bleibt während des Programmablaufs fest und steht als Bezugsadresse (zum Zugriff auf die darauf folgenden 256 Byte) zur Verfügung. In unserem Programm wurde das in Zeile 2 so gemacht. Wenn darauf der Befehl

```
LDO   $2,X2
```

folgt, um den Wert zu laden, der unter Adresse `X2` im Speicher steht, bestimmt der Assembler selbstständig ein globales Register `$G` und einen Offset, so dass gilt: `$G`+`Offset` = `X2` und $0 \leq$ `Offset` $\leq 255$, also `Offset` = `X2`$-\$G$. Dann setzt der Assembler für den Befehl `LDO` einen `LDOI`-Befehl („Load Octa Immediate") mit einem Wert für Offset als Direktoperand ein:

```
LDOI  $2,$G,Offset
```

Abbildung 3.5 zeigt,wie der Assemblerbefehl aus Zeile 8 des Programms umgesetzt wird. Wird das `GREG @` vergessen, so gibt der Assembler eine Fehlermeldung aus: `no base address is close enough to the address A`.

---

[3] Die eigentliche Vorbelegung erfolgt beim Programmstart durch einen Befehl namens `UNSAVE`, der stets als erster Befehl eines Programms ausgeführt wird. Sie können ihn im Einzelschrittmodus, wie im Anhang auf Seite 272 dargestellt ist, verfolgen. Nach dem `UNSAVE` stehen alle angeforderten Werte in den entsprechenden globalen Registern.

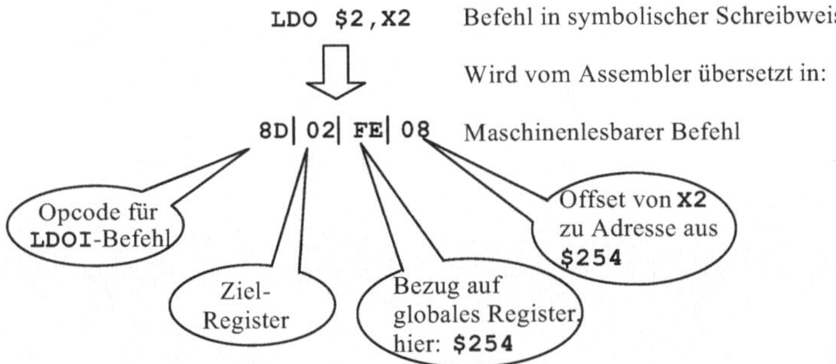


**Abb. 3.5.** Ein Ladebefehl in symbolischer Schreibweise und in maschinenlesbarer Form, unter automatischer Verwendung eines globalen Registers.

**Übung 3.3.** Geben Sie den Wert des Symbols `@` in jeder Zeile des Programms auf Seite 44 an. Welche Werte werden vom Assembler für die vier Marken in der Symboltabelle eingetragen?

**Übung 3.4.** Welche Werte besitzen die automatisch generierten Direktoperanden (offsets) der `LDOI`-Befehle in Zeilen 7 bis 9?

> **Name:**
> `GREG Ausdruck`
>
> **Beschreibung:**
> Reserviert ein neues globales Register. Der durch `Ausdruck` angegebene Wert steht zum Programmstart in diesem Register zur Verfügung.
> Register `$255` ist stets ein globales Register. Beim ersten `GREG` wird automatisch das Register `$254` als global vereinbart, beim zweiten `GREG` dann `$253` usw.
> Wird eine Marke mit angegeben, so wird damit ein symbolischer Name für das festgelegte globale Register bestimmt.

Der Pseudobefehl `GREG`

Wie in Abschnitt 3.2.1 können auch Tetra, Wyde und Byte aus dem Speicher geladen werden. Für jede dieser Einheiten gibt es einen eigenen Ladebefehl (siehe Spezifikation auf Seite 48). Dabei werden die Werte jeweils rechtsbündig in das Zielregister eingetragen.

Weitere Details über die Ladebefehle, insbesondere über die Ausrichtung und die Vorzeichenbehandlung finden Sie in Abschnitt 3.2.5.

### 3.2.4 Befehle zum Speichern

Nachdem wir in der Lage sind, den Speicher vorzubelegen und Daten aus dem Speicher zu lesen, besprechen wir noch die Befehle, mit denen wir Werte

**Name:**

| | | |
|---|---|---|
| `LDB $X,$Y,$Z` | `LDB $X,$Y,Z` | Load Byte/Load Byte Immediate |
| `LDW $X,$Y,$Z` | `LDW $X,$Y,Z` | Load Wyde/Load Wyde Immediate |
| `LDT $X,$Y,$Z` | `LDT $X,$Y,Z` | Load Tetra/Load Tetra Immediate |
| `LDO $X,$Y,$Z` | `LDO $X,$Y,Z` | Load Octa/Load Octa Immediate |

**Spezifikation:**

Mit `A←$Y+$Z` bzw. `A←$Y+Z` gilt:

`LDB`: $s(\$X) \leftarrow s(M_1[A])$

`LDW`: $s(\$X) \leftarrow s(M_2[A])$

`LDT`: $s(\$X) \leftarrow s(M_4[A])$

`LDO`: $s(\$X) \leftarrow s(M_8[A])$

**Zeit:**

$\mu + \nu$

**Beschreibung:**

Lädt ein Byte, Wyde, Tetrabyte oder Octabyte. Beim Laden wird das Zielregister `$X` ggf. mit dem Vorzeichenbit der jeweils geladenen Einheit bis auf 64 Bit aufgefüllt.

**Siehe auch:**

Ladebefehle ohne Berücksichtigung des Vorzeichens auf Seite 51.

Die Ladebefehle

aus Registern in den Hauptspeicher schreiben können (store). Mit dem Befehl `STO` („Store Octabyte“) lässt sich ein Octabyte speichern. Wir erweitern damit das Programm aus Beispiel 3.1 um einen Befehl zum Abspeichern des Ergebnisses $y$:

arith-sto.mms

```
        LOC   Data_Segment  @ hat den Wert #2000 0000 0000 0000
        GREG  @             $254 wird global und mit @ belegt
X1      OCTA  4             Ein Octa mit 4 beschreiben
X2      OCTA  2             Nächstes Octa mit 2 beschreiben
X3      OCTA  40
Y       OCTA  0             Ein Octa für das Ergebnis

        LOC   #100          Ab hier Programm: @ hat Wert #100
Main    LDO   $1,X1         zunächst weiter wie oben bei 3.2.3
        LDO   $2,X2
        LDO   $3,X3
        MUL   $3,$2,$3
        ADD   $3,$3,$1
        SUB   $2,$1,$2
        DIV   $3,$3,$2
        STO   $3,y          Ergebnis an die Stelle A speichern
        TRAP  0,Halt,0
```

In Zeile 6 wird ein zusätzliches Octabyte zur Aufnahme des Ergebnisses mit einer Marke `Y` versehen. In Zeile 16 wird das Ergebnis aus Register `$3` dorthin gespeichert.

Daneben gibt es auch Befehle zum Speichern von Byte (`STB`), Wyde (`STW`) und Tetra (`STT`).

**Name:**

| | | |
|---|---|---|
| `STB $X,$Y,$Z` | `STB $X,$Y,Z` | Store Byte/Store Byte Immediate |
| `STW $X,$Y,$Z` | `STW $X,$Y,Z` | Store Wyde/Store Wyde Immediate |
| `STT $X,$Y,$Z` | `STT $X,$Y,Z` | Store Tetra/Store Tetra Immediate |
| `STO $X,$Y,$Z` | `STO $X,$Y,Z` | Store Octa/Store Octa Immediate |

**Spezifikation:**
Mit `A←$Y+$Z` bzw. `A←$Y+Z` gilt:
`STB`: $s(M_1[A]) \leftarrow s(\$X)$
`STW`: $s(M_2[A]) \leftarrow s(\$X)$
`STT`: $s(M_4[A]) \leftarrow s(\$X)$
`STO`: $s(M_8[A]) \leftarrow s(\$X)$

**Zeit:**
$\mu + \nu$

**Beschreibung:**
Schreibt ein Byte, Wyde, Tetrabyte oder Octabyte in den Speicher. Dabei kann ein Überlauf auftreten.

**Siehe auch:**
Befehle zum Speichern ohne Berücksichtigung des Vorzeichens auf Seite 53.

Die Befehle zum Speichern mit Berücksichtigung des Vorzeichens

Daneben gibt es noch den Befehl „Store Constant Octabyte“, kurz `STCO` um einen 8-Bit-Direktoperanden `X` als Octabyte in den Speicher zu schreiben. Der Wert `X` wird als vorzeichenlose ganze Zahl betrachtet, also mit Nullen auf 64 Bit aufgefüllt.

**Name:**
`STCO X,$Y,$Z` `STCO X,$Y,Z`

**Spezifikation:**
$u(M_8[\$Y + \$Z]) \leftarrow X$ bzw. $u(M_8[\$Y + Z]) \leftarrow X$

**Zeit:**
`STCO`: $\nu + \mu$

**Beschreibung:**
Schreibt die Byte-Konstante `X` als vorzeichenloses Octa in den Speicher.

Der Befehl `STCO`

**Übung 3.5.** Schreiben Sie ein MMIX-Programm, das die Summe zweier Brüche nach folgender Formel berechnet:

$$\frac{m}{n} = \frac{a}{b} + \frac{c}{d} = \frac{ad + cb}{bd}.$$

Außerdem sollen Zähler $m$ und Nenner $n$ des Ergebnisses abgespeichert werden. Im Data_Segment müssen Sie dafür sechs Octabyte vorsehen, für $a, b, c$ und $d$ sowie für $m$ und $n$. Testen Sie Ihr Programm mit folgenden Werten: $a = 35$, $b = 12$, $c = 79$ und $d = 8$.

### 3.2.5 Vorzeichenbehandlung beim Laden und Speichern

Wie aus den Spezifikationen auf Seiten 48 und 49 ersichtlich ist, werden die transportierten Daten als vorzeichenbehaftete Zahlen aufgefasst.

Bei den Ladebefehlen bedeutet dies, dass eine geladene Einheit in ihrer jeweiligen Länge für sich als vorzeichenbehaftete Zahl im Zwei-Komplement betrachtet wird. Die dadurch repräsentierte Zahl wird aber in ein 64 Bit breites Register geschrieben. Dabei werden die gegebenenfalls verbleibenden 56 Bit (bei LDB), 48 Bit (bei LDW) bzw. 32 Bit (bei LDT) mit dem Wert des Vorzeichens ergänzt. Betrachten wir als Beispiel dazu die folgende Speicherbelegung (alles hexadezimal, $M_8$[#100] = #0123 4567 89AB CDEF):

| $M$[100] | $M$[101] | $M$[102] | $M$[103] | $M$[104] | $M$[105] | $M$[106] | $M$[107] |
|---|---|---|---|---|---|---|---|
| 01 | 23 | 45 | 67 | 89 | AB | CD | EF |

Unter der Annahme, dass \$2=#100 und \$3=2, ergibt sich die Adresse A=#102 mit folgender Wirkung:

| **Befehl** | **Wirkung auf Register \$1** |
|---|---|
| LDB \$1,\$2,\$3 | #0000 0000 0000 0045 |
| LDW \$1,\$2,\$3 | #0000 0000 0000 4567 |
| LDT \$1,\$2,\$3 | #0000 0000 0123 4567 |
| LDO \$1,\$2,\$3 | #0123 4567 89AB CDEF |

Keiner der gelesenen Werte stellt für sich (als Byte, Wyde, Tetra oder Octa) eine negative Zahl dar, also wird der Speicher mit Nullen bis auf 64 Bit aufgefüllt. An diesem Beispiel lässt sich auch die automatische Ausrichtung beim Laden verfolgen. An der Adresse #102 steht das Byte mit dem Wert #45. Lädt man mit dieser Adresse ein Wyde, so stimmt die Ausrichtung und man erhält das Wyde mit dem Wert #4567. Versucht man jedoch, ein Tetra oder ein Octa mit dieser Adresse zu laden, so werden die letzten zwei bzw. drei Stellen der Adresse auf 0 gesetzt, und man erhält das Tetra #0123 4567 bzw. das Octa #0123 4567 89AB CDEF, jeweils aufgefüllt mit dem Vorzeichen (in diesem Fall 0).

Ist andererseits \$3=5, dann wird A=#105 und damit:

| Befehl | Wirkung auf Register \$1 |
|---|---|
| LDB \$1,\$2,\$3 | #FFFF FFFF FFFF FFAB |
| LDW \$1,\$2,\$3 | #FFFF FFFF FFFF 89AB |
| LDT \$1,\$2,\$3 | #FFFF FFFF 89AB CDEF |
| LDO \$1,\$2,\$3 | #0123 4567 89AB CDEF |

Der in der ersten Zeile der Tabelle als Byte gelesene Wert (#AB) repräsentiert eine negative Zahl im Zwei-Komplement mit acht Stellen. Damit dieser Wert erhalten bleibt, also dieselbe negative Zahl im Zwei-Komplement mit 64 Stellen repräsentiert, müssen folglich Eins-Bit vorangestellt werden. Diese Erweiterung mit dem Wert des Vorzeichenbits nennt sich *Vorzeichenerweiterung* (sign extension). Die übrigen Fälle (LDW, LDT, LDO) ergeben sich analog. Dabei erhält man mit LDO eine positive Zahl, die mit 0 beginnt.

Alle Ladebefehle verfügen noch über eine vorzeichenlose (unsigned) Variante, wovon es dann wiederum jeweils eine weitere Variante mit Direktoperand gibt. Diese Ladebefehle füllen nicht mit dem Vorzeichenbit auf, sondern stets mit Nullen. Die formale Schreibweise $s(x)$ ergänzen wir dazu noch um eine zweite Variante $u(x)$, welche die durch das Bitmuster $x$ repräsentierte vorzeichenlose ganze Binärzahl ( unsigned integer) bezeichnet.

**Name:**
```
LDBU $X,$Y,$Z   LDBU $X,$Y,Z
LDWU $X,$Y,$Z   LDWU $X,$Y,Z
LDTU $X,$Y,$Z   LDTU $X,$Y,Z
LDOU $X,$Y,$Z   LDOU $X,$Y,Z
```

**Spezifikation:**
Mit A←\$Y+\$Z bzw. A←\$Y+Z gilt:
LDB: $u(\$X) \leftarrow u(M_1[A])$
LDW: $u(\$X) \leftarrow u(M_2[A])$
LDT: $u(\$X) \leftarrow u(M_4[A])$
LDO: $u(\$X) \leftarrow u(M_8[A])$

**Zeit:**
$1\mu + 1\nu$

**Beschreibung:**
Lädt ein Byte, Wyde, Tetrabyte oder Octabyte. Beim Laden wird das Zielregister \$X ggf. mit Nullen bis auf 64 Bit aufgefüllt.

**Siehe auch:**
Ladebefehle mit Berücksichtigung des Vorzeichens auf Seite 51.

Die Ladebefehle ohne Berücksichtigung des Vorzeichens

**Beispiel 3.2.** Unter der Annahme, dass $2=#100 und $3=5, ergibt sich nun mit A=#105 folgende Wirkung:

| Befehl | Wirkung auf Register $1 |
|---|---|
| LDBU $1,$2,$3 | #0000 0000 0000 00AB |
| LDWU $1,$2,$3 | #0000 0000 0000 89AB |
| LDTU $1,$2,$3 | #0000 0000 89AB CDEF |
| LDOU $1,$2,$3 | #0123 4567 89AB CDEF |

□

Bei den bisher behandelten Befehlen zum Abspeichern kann ein Überlauf auftreten (siehe Abschnitt 3.3), und zwar dann, wenn der im Register enthaltene zu speichernde (vorzeichenbehaftete) Wert nicht mit der dem Speicherbefehl entsprechenden Anzahl von Byte dargestellt werden kann. Angenommen, das Register $1 enthalte den Wert −65536, also hexadezimal #FFFF FFFF FFFF 0000. Wenn wir diesen Wert mit STB speichern wollen, so reicht ein Byte nicht aus, um den Wert aufzunehmen (mit einem Byte lassen sich ja nur Zahlen im Bereich zwischen −128 und +127 darstellen). In diesem Fall wird einfach das niederwertigste Byte (hier der Wert 0) aus Register $1 gespeichert und es tritt ein Überlauf auf, der in Spezialregister rA angezeigt wird. Auch ein Speichern mit STW würde hier einen Überlauf erzeugen.

**Beispiel 3.3.** Unter der Annahme, dass $1=#FFFF FFFF FFFF 0000, $2=#100 und $3=2, ergibt sich mit der ursprünglichen Speicherbelegung
$M_8[100]$ =#0123 4567 89AB CDEF folgende Wirkung:

| Befehl | Wirkung auf Speicherstelle $M_8[100]$ |
|---|---|
| STB $1,$2,$3 | #0123 0067 89AB CDEF (mit Überlauf) |
| STW $1,$2,$3 | #0123 0000 89AB CDEF (mit Überlauf) |
| STT $1,$2,$3 | #FFFF 0000 89AB CDEF |
| STO $1,$2,$3 | #FFFF FFFF FFFF 0000 |

□

Für die Befehle STB und STT ist dieser Zusammenhang in Abbildung 3.6 veranschaulicht.

Überlauf kann allerdings nicht nur beim Speichern von negativen Zahlen auftreten. Auch wenn ein Register etwa den Wert +65535 (hexadezimal #0000 0000 0000 FFFF) enthält und dieser Wert mit STB gespeichert werden soll, tritt ein Überlauf auf.

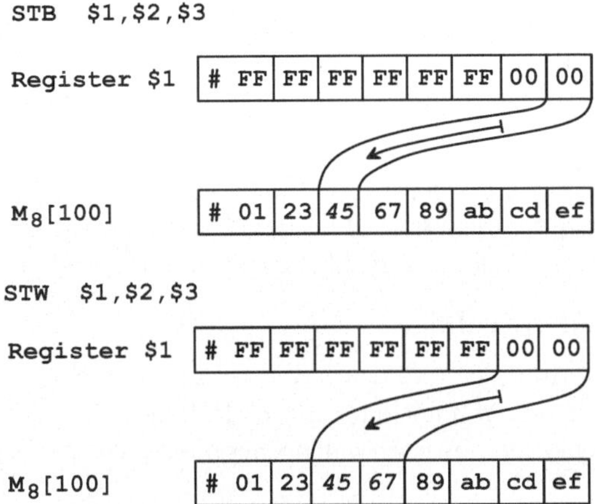


**Abb. 3.6.** Wirkung zweier Speicherbefehle, die einen Überlauf erzeugen. Überlauf tritt jeweils auf, weil 0 statt −65535 gespeichert wird.

**Name:**
```
STBU $X,$Y,$Z   STBU $X,$Y,Z
STWU $X,$Y,$Z   STWU $X,$Y,Z
STTU $X,$Y,$Z   STTU $X,$Y,Z
STOU $X,$Y,$Z   STOU $X,$Y,Z
```

**Spezifikation:**
Mit `A←$Y+$Z` bzw. `A←$Y+Z` gilt:
`STBU`: $u(M_1[A]) \leftarrow u(\texttt{\$X}) \bmod 2^8$
`STWU`: $u(M_2[A]) \leftarrow u(\texttt{\$X}) \bmod 2^{16}$
`STTU`: $u(M_4[A]) \leftarrow u(\texttt{\$X}) \bmod 2^{32}$
`STOU`: $u(M_8[A]) \leftarrow u(\texttt{\$X})$

**Zeit:**
$1\mu + 1\nu$

**Beschreibung:**
Schreibt ein Byte, Wyde, Tetrabyte oder Octabyte in den Speicher. Dabei kann *kein* Überlauf auftreten.

**Siehe auch:**
Befehle zum Speichern mit Berücksichtigung des Vorzeichens auf Seite 49.

Die Befehle zum Speichern ohne Berücksichtigung des Vorzeichens

Wie die Ladebefehle, so verfügen auch alle Speicherbefehle über eine vorzeichenlose (unsigned) Variante, wovon es dann wiederum jeweils eine weitere Variante mit Direktoperand gibt.

Die Wirkung dieser Befehle bezüglich des Abspeicherns von Werten ist identisch mit der vorzeichenbehafteten Variante. Der Unterschied besteht lediglich darin, dass hier kein Überlauf signalisiert wird.

**Übung 3.6.** Versuchen Sie, die Aussagen zu den Ladebefehlen zu verifizieren, indem Sie ein Programm schreiben, in welchem der Speicher mit entsprechenden Daten gefüllt wird und dann die einzelnen Ladebefehle ausgeführt werden.

**Übung 3.7.** Wie können Sie mit den bisher besprochenen Befehlen den Wert −65536 in ein Register bringen, ohne den Pseudobefehl `Wert OCTA -65536` und anschließend den Befehl `LDO $1,Wert` zu benutzen?

**Fragen zur Lernkontrolle:**

1. Welche Befehle hat der `MMIX`, um Werte aus dem Speicher zu lesen, und wie viel Byte transportiert jeder dieser Befehle?
2. Was ist ein Segement und in welche Segmente ist der Speicher des `MMIX` unterteilt?
3. Mit welchen Befehlen reserviert man Speicher?
4. Wie funktioniert die Adressberechnung beim Befehl `LDO`?
5. Wozu braucht man den Befehl `GREG @`?
6. Welche Werte als Byte aus Octa $M_8[100]$ stellen positive Zahlen dar und welche negative, wenn $M_8[100]$ =`#0123 4567 89AB CDEF`?
7. Was ist der Unterschied zwischen `LDO` und `LDOU`?

## 3.3 Arithmetik mit MMIX

Wir haben bisher einige wenige Befehle eingeführt und einfache Aufgabenstellungen damit bearbeitet. Dabei wurden Detailfragen bewusst außer Acht gelassen. So liegt beim Rechnen mit 64 Bit langen Werten eine Arithmetik mit beschränkter Stellenzahl vor und es muss daher ein möglicher Überlauf (overflow) berücksichtigt werden. Auch haben wir uns für die arithmetischen Operationen noch keine Gedanken darüber gemacht, ob die Zahlen vom `MMIX` vorzeichenlos oder vorzeichenbehaftet im Zwei-Komplement verarbeitet werden. Diese Betrachtungen wollen wir nun nachholen.

- Der Additionsbefehl betrachtet die Bitmuster der Register als Zwei-Komplement-Zahlen mit 64 Bit Länge. Wenn das durch die Addition entstehende Bitmuster länger als 64 Bit wird, tritt ein Überlauf auf.[4] Wie in Kapitel 2.4 beschrieben, ist dies der Fall, wenn $N < -2^{n-1}$ oder $N \geq 2^{n-1}$. Bei der Arithmetik mit dem `MMIX` werden bei einem Überlauf die niederwertigen 64 Bit des Ergebnisses der Operation in das Zielregister geschrieben. Der aufgetretene Überlauf wird dadurch signalisiert, dass im Spezialregister `rA` das Bit Nummer 6 (Wertigkeit $2^6$) gesetzt wird. Sie können dies beobachten, wenn Sie ein Programm mit Trace-Ausgabe laufen lassen, wie in Versuch 1 in Anhang C.2 beschrieben (Ausgabe `rA=#00040`).

[4] Wir werden in den Abschnitten 6.1 und 7.5 sehen wir, wie festgestellt werden kann, ob ein solcher Überlauf aufgetreten ist.

Betrachten wir nun auch die anderen arithmetischen Befehle noch einmal näher:

- Die Subtraktion SUB \$X,\$Y,\$Z bewirkt: $s(\$X) \leftarrow s(\$Y) - s(\$Z)$. Auch dabei kann Überlauf auftreten, der analog zur Addition angezeigt wird.
- Die Multiplikation MUL \$X,\$Y,\$Z bewirkt: $s(\$X) \leftarrow s(\$Y) * s(\$Z)$. Das Ergebnis der Multiplikation zweier 64 Bit langer Zahlen kann im schlimmsten Fall ein 128 Bit langer Wert sein. Ein solcher passt nicht mehr in ein Register. Es werden daher im Zielregister \$X lediglich die niederwertigen 64 Bit des Ergebnisses abgelegt. Ein eventuell aufgetretener Überlauf wird ebenfalls durch Setzen von Bit Nummer 6 in rA angezeigt.
- Die Division DIV \$X,\$Y,\$Z bewirkt: $s(\$X) \leftarrow \lfloor s(\$Y)/s(\$Z) \rfloor$. Im Register \$X steht danach der ganzzahlige Anteil $\lfloor x \rfloor$ des Ergebnisses $x$. Der Rest der Division (Modulus) wird in einem der Spezialregister mit dem symbolischen Namen rR abgelegt. Er kann mit dem Befehl GET \$X,rR in ein allgemeines Register gebracht werden. Falls der Divisor \$Z null ist, so wird \$X zu null und rR zu \$Y gesetzt.

**Name:**

```
ADDU $X,$Y,$Z   ADDU $X,$Y,Z
SUBU $X,$Y,$Z   SUBU $X,$Y,Z
MULU $X,$Y,$Z   MULU $X,$Y,Z
DIVU $X,$Y,$Z   DIVU $X,$Y,Z
```

**Spezifikation:**

ADDU: $u(\$X) \leftarrow (u(\$Y) + u(\$Z)) \bmod 2^{64}$ bzw. $u(\$X) \leftarrow (u(\$Y) + u(Z)) \bmod 2^{64}$

SUBU: $u(\$X) \leftarrow (u(\$Y) - u(\$Z)) \bmod 2^{64}$ bzw. $u(\$X) \leftarrow (u(\$Y) - u(Z)) \bmod 2^{64}$

MULU: $u(\mathtt{rH}\$X) \leftarrow u(\$Y) * u(\$Z)$ bzw. $u(\mathtt{rH}\$X) \leftarrow u(\$Y) * u(Z)$

DIVU:

$$u(\$X) \leftarrow \begin{cases} \lfloor u(\mathtt{rD}\$Y)/u(\$Z) \rfloor & \text{falls} \quad u(\$Z) > u(\mathtt{rD}) \\ \mathtt{rD} & \text{falls} \quad \text{sonst} \end{cases}$$

und

$$u(\mathtt{rR}) \leftarrow \begin{cases} u(\mathtt{rD}\$Y) \bmod u(\$Z) & \text{falls} \quad u(\$Z) > u(\mathtt{rD}) \\ u(\$Y) & \text{falls} \quad \text{sonst} \end{cases}$$

DIVU mit Direktoperand analog.

**Zeit:**

ADDU: $1\upsilon$
SUBU: $1\upsilon$
MULU: $10\upsilon$
DIVU: $60\upsilon$

**Beschreibung:**

Arithmetische Befehle für Rechnungen mit vorzeichenlosen Zahlen. Sie können *keinen* Überlauf erzeugen.

**Siehe auch:**

Arithmetische Befehle für vorzeichenbehaftete Berechnungen (Seite 35).

Arithmetische Befehle für vorzeichenlose Berechnungen

**Name:**
`PUT X,$Z`
`GET $X,Z`

**Spezifikation:**
`PUT`: $u(g[\mathtt{X}]) \leftarrow u(\mathtt{\$Z})$
`GET`: $u(\mathtt{\$X}) \leftarrow u(g[\mathtt{Z}])$

**Zeit:**
$1\nu$

**Beschreibung:**
`GET` lädt den Wert eines Spezialregisters in ein normales Register. `PUT` schreibt umgekehrt den Wert eines normalen Registers in ein Spezialregister.
Für die Spezialregister verwendet man die vordefinierten Konstanten `rA`...`rZ` sowie `rBB`, `rTT`, `rWW`,`rXX`,`rYY` und `rZZ`.
In folgende Register kann nicht geschrieben werden: `rC`, `rL`, `rN`, `rO`, `rS`, `rI`, `rT`, `rTT`, `rK`, `rQ`, `rU` und `rV`.
Nach `rG` kann kein Wert geschrieben werden, der kleiner ist als 32 (oder kleiner als der aktuell in `rL` enthaltene Wert) oder größer als 255.
Nach `rA` kann kein Wert geschrieben werden, der größer ist als `#3 FFFF`.

Die Befehle `PUT` und `GET`

Für die arithmetischen Befehle gibt es daneben jeweils eine Variante, die mit vorzeichenlosen ganzen Zahlen arbeitet. In der symbolischen Schreibweise wird an jeden Befehlsnamen lediglich ein „`U`“ für „unsigned“ angehängt: `ADDU`, `SUBU`, `MULU` und `DIVU`. Bei diesen Befehlen kann kein Überlauf auftreten. Die Ergebnisse von Addition und Subtraktion werden jeweils mod $2^{64}$ in das Zielregister geschrieben. Bei der Multiplikation werden im Ergebnisregister lediglich die niederwertigen 64 Bit des Ergebnisses abgelegt; die höherwertigen Bit stehen nach der Operation in einem der Spezialregister mit dem symbolischen Namen `rH`. Umgekehrt kann bei der Division ein 128 Bit langer Dividend angegeben werden, wobei dem eigentlichen Dividenden aus Register `$Y` vor der Division der Wert aus dem Spezialregister `rD` vorangestellt wird. Mit dem Befehl `PUT rD,$Z` oder `PUT rD,Z` kann ein Wert aus einem allgemeinen Register `$Z` oder als Direktoperand `Z` in das Spezialregister `rD` eingetragen werden (siehe Spezifikation von `PUT` auf Seite 56).

Wir haben gelernt, dass Direktoperanden nicht negativ sein können. Oftmals ist es jedoch notwendig, das Vorzeichen eines Wertes zu wechseln. Dazu kann also `MUL $X,$X,-1` nicht verwendet werden. Ein weiterer nützlicher Befehl ermöglicht jedoch einen Vorzeichenwechsel in einem Schritt: `NEG $X,$X`. Der Befehl ist im Allgemeinen etwas universeller, was in der Spezifikation auf Seite 57 nachgeschlagen werden kann.

**Übung 3.8.** Versuchen Sie, mit den bisher behandelten Befehlen Überläufe zu erzeugen. Testen Sie Ihr Programm mit Trace-Ausgabe (vergleiche dazu Versuch 1 im Anhang C.2, Seite 270).

**Name:**
`NEG $X,Y,$Z` `NEG $X,Y,Z`
`NEGU $X,Y,$Z` `NEGU $X,Y,Z`

**Spezifikation:**
$s(\texttt{\$X}) \leftarrow \texttt{Y} - s(\texttt{\$Z})$
bzw.
$u(\texttt{\$X}) \leftarrow (\texttt{Y} - u(\texttt{\$Z})) \bmod 2^{64}$

**Zeit:**
$1\upsilon$

**Beschreibung:**
`Y` ist eine nichtnegative Konstante, üblicherweise 0. Der Befehl dient zum negieren von `$Z`. Falls `Y` den Wert 0 hat, darf der Wert weggelassen werden.

Die Befehle `NEG` und `NEGU`

**Fragen zur Lernkontrolle:**

1. Was ist der Unterschied zwischen `ADD` und `ADDU`?
2. Wozu gibt es die Spezialregister `rD` und `rH`?
3. Wie bestimmt man den Rest bei der ganzzahligen Division?
4. Wie berechnet man `$1` – 1, und wie 1 – `$1`?
5. Wie negiert man eine Zahl?

## 3.4 Einfache Ein- und Ausgabe

Mit dem Befehl `TRAP` können einfache standardisierte Aufgaben an ein Betriebssystem delegiert werden. Wir haben das bereits benutzt, um ein Programm mit `TRAP 0,Halt,0` zu beenden. Im `MMIX`-Simulator ist zwar kein Betriebssystem implementiert, aber es sind einige nützliche Funktionen realisiert, die wir benutzen können, um immer wiederkehrende Aufgaben zu erledigen. Darunter sind einige Funktionen für die Ein- und Ausgabe von lesbarem Text, die wir im Folgenden kennen lernen werden. Lesbarer Text wird durch *Zeichenketten* (*Strings*) repräsentiert.

Das erste Argument `X` des `TRAP`-Befehls ist stets 0. Das zweite Argument `Y` ist die Nummer der Funktion, die aufgerufen werden soll. Über das dritte Argument `Z` des `TRAP`-Befehls und das globale Register `$255` können der aufgerufenen Funktion des Betriebssystems Parameter übergeben werden.

Bevor wir uns der Ein- und Ausgabe zuwenden, müssen wir uns mit Zeichenketten beschäftigen.

### 3.4.1 Zeichenketten

Unter einer *Zeichenkette* verstehen wir eine Folge von Zeichen, die durch das Nullzeichen (ASCII-Code 0) abgeschlossen ist. Das Nullzeichen ist kein druckbares Zeichen; seine einzige Aufgabe besteht darin, das Ende von Zeichenketten zu markieren. Diese Konvention ist auch in C, C++ und JAVA so üblich, auch wenn diese Tatsache dort vor dem Programmierer meist verborgenen bleibt. Der Assembler erlaubt es, Zeichenketten in den Speicher zu schreiben. Dafür könnte der bereits bekannte Pseudobefehl `OCTA` benutzt werden. Der Befehl

```
OCTA    #5465787400000000
```

schreibt die Buchstaben „T“, „e“, „x“ und „t“, mit Hilfe ihres ASCII-Codes in den Speicher. Es wäre aber für den Programmierer sehr mühsam und auch fehleranfällig, wenn Zeichen nur über ihre ASCII-Codes in Form von Octabytes eingegeben werden könnten. Der Assembler unterstützt daher mit dem Pseudobefehl `BYTE` die direkte Angabe von Zeichenkonstanten. Das sind einzelne Zeichen (intern durch Byte repräsentiert), die in einfache Anführungszeichen „`'`“ eingeschlossen sind. Damit hat

```
BYTE    'T','e','x','t',0
```

dieselbe Wirkung wie der `OCTA`-Befehl von oben, wobei genau genommen nur fünf Byte belegt werden und nicht ein ganzes Octabyte. Die Null am Ende der Zeile dient dazu, die Zeichenkette zu terminieren. Die zweite Darstellung erhöht die Lesbarkeit eines Programms deutlich. Darüber hinaus bietet der Assembler noch die Möglichkeit, eine Zeichenkette durch eine Zeichenkettenkonstante anzugeben. Das ist eine Folge von Zeichen, die in doppelte Anführungszeichen (Zeichen „`"`“) eingeschlossen ist. Mit

```
BYTE    "Text",0
```

vereinfacht sich die Angabe der obigen Zeichenkette nochmals erheblich. In Zeichenkettenkonstanten dürfen alle Zeichen vorkommen, mit Ausnahme des Anführungszeichens selbst sowie eines Zeilenumbruchs. Ersatzdarstellungen wie in C++ oder JAVA (`'\n'`, `'\t'` etc.) sind nicht zulässig. Sollen solche und andere nicht druckbare Zeichen in einer Zeichenkette vorkommen (z.B. das terminierende Nullzeichen sowie üblicherweise das Zeichen für Zeilenvorschub oder für einen Tabulator), so müssen diese durch ihren ASCII-Code angegeben werden. In der Zeile

```
BYTE    "Text",#A,0
```

wird die Zeichenkette noch um das Zeichen für Zeilenvorschub (Code `#A`) erweitert (da der Code vor der terminierenden Null steht). Wenn wir uns mit der Ausgabe der Zeichenkette aus einem Programm heraus beschäftigen, wird dieses Zeichen einen Zeilenvorschub erzeugen.

Weitere Beispiele für Zeichenketten sind (das Zeichen „␣“ steht dabei für einen Leerschritt, der bewusst an dieser Stelle stehen soll und der anderweitig möglicherweise schlecht sichtbar wäre):

```
BYTE    "Bitte␣geben␣Sie␣Ihr␣Passwort␣ein:",0
BYTE    "Mehr-",#A,"zeiliger",#A,"Text",0
BYTE    "Text␣mit",9,"Tabulator␣(Code␣9)",0
```

### 3.4.2 Ausgabe von Zeichenketten

Um eine Zeichenkette auszugeben, verwenden wir den Befehl

```
TRAP   0,Fputs,StdOut
```

Damit wird eine Funktion aufgerufen, die den symbolischen Namen `Fputs` trägt (etwa „Put String to File"). Als erster Parameter dieser Funktion (drittes Argument des `TRAP`-Befehls) muss die Nummer eines "Ausgabekanals" angegeben werden (hier mit dem symbolischen Namen `StdOut` für „Standard Output Channel"). Solche Kanäle stellen die Verbindung zur Außenwelt her. Der Kanal `StdOut` führt zu einer Ausgabe auf dem Bildschirm. Weitere Kanäle werden später besprochen. Ein weiterer erforderlicher Parameter für die Ausgabe ist die Speicheradresse, an der die auszugebende Zeichenkette beginnt. Diese Adresse passt nicht mehr in das Befehlswort, sie muss im globalen Register `$255` stehen. Damit hat auch dieses Register eine Aufgabe erhalten. Im Zusammenhang mit den Ladebefehlen haben wir uns im Abschnitt 3.2.3 bereits mit der Bildung von Adressen befasst. Hier wird die Adresse der Zeichenkette benötigt, aber nicht, um damit direkt auf den Speicher zuzugreifen, sondern um sie in das Register `$255` zu schreiben. Der dafür benötigte Befehl heißt `LDA $X,$Y,$Z` (für „Load Address"). In der Form `LDA $X,Marke` wird, wie oben beschrieben, unter Bezug auf eine Marke eine Adresse als Summe eines Wertes aus einem globalen Register und eines Direktoperanden gebildet. Wichtig dabei ist, dass die Marke definiert wird, bevor man sie in einem `LDA`-Befehl benutzt. Sonst tritt die Fehlermeldung `YZ field is undefined` auf. Die aus `$Y` und `$Z` bzw. `Z` gebildete Adresse wird also nicht für einen Speicherzugriff benutzt, sondern in das Zielregister `$X` geschrieben[5]. Das Bezugsregister `$Y` und einen Offset `Z` bestimmt der Assembler wieder selbst aus der Menge der globalen Register, wie auf Seite 46 beschrieben. Dies wird in Abbildung 3.7 veranschaulicht.

**Name:**
`LDA $X,Label`

**Spezifikation:**

**Zeit:**
$1\nu$

**Beschreibung:**
Bringt den Wert der durch das Symbol `Label` bezeichneten Adresse in das Register `$X`. Dabei muss entweder Bezug auf ein globales Register genommen werden oder die Assembler-Option `-x` verwendet werden.

**Siehe auch:**
Siehe auch Abschnitt 6.2.

Der Pseudobefehl `LDA`

[5] `LDA` ist kein eigener `MMIX`-Befehl. Der Assembler bildet den `LDA`-Befehl auf einen Additionsbefehl ab: `ADDU $255,$Y,Z`.

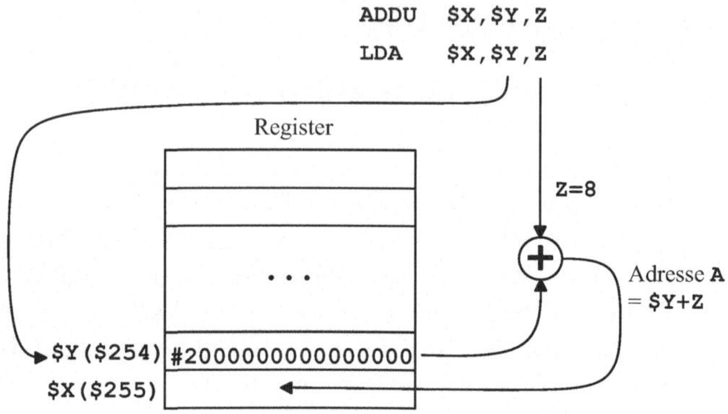


**Abb. 3.7.** Wirkung des LDA-Befehls.

Wir wenden dies nun auf unser Beispiel an:

```
String   BYTE   "Text",#A,0
         ...
         LDA    $255,String
```

Die (mit der Marke `String` gekennzeichnete) Anfangsadresse der Zeichenkette steht anschließend in Register `$255` wie in Abbildung 3.8 gezeigt. Das vollständige Programm

simple-output.mms

```
         LOC    Data_Segment
         GREG   @

String   BYTE   "Text",#A,0        auszugebende Zeichenkette

         LOC    #100
Main     LDA    $255,String        Adresse String nach $255
         TRAP   0,Fputs,StdOut     Ausgabe der Zeichenkette
         TRAP   0,Halt,0
```

schreibt die ASCII-Zeichen auf den Bildschirm, die den Byte im Speicher ab Adresse `String` entsprechen, bis der Wert 0 auftritt. Dieses Nullzeichen wird nicht mehr geschrieben. In unserem Beispiel wird also die Zeichenfolge "Text", gefolgt von einem Zeilenvorschub, ausgegeben. Nach der Ausgabe der Zeichenkette enthält das Register `$255` die Anzahl der ausgegebenen Zeichen. Der Inhalt von Register `$255` wird also beim `TRAP` überschrieben.

**Übung 3.9.** Führen Sie den Versuch 2 aus Abschnitt C.2 im Anhang durch.

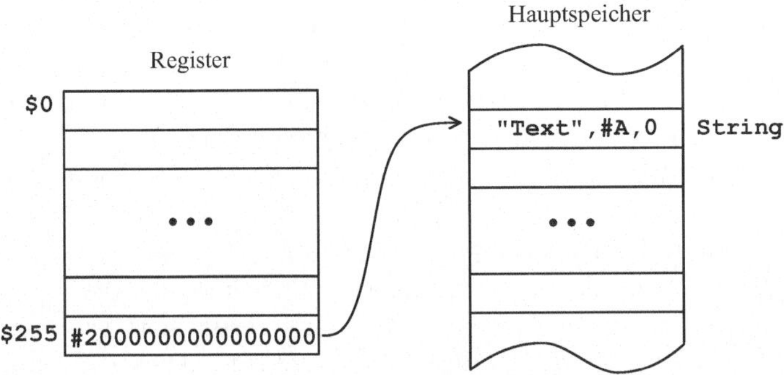


**Abb. 3.8.** Adressierung einer Zeichenkette zur Ausgabe mit `TRAP 0,Fputs,StdOut`.

### 3.4.3 Einlesen von Zeichenketten

Zum Einlesen von Zeichenketten verwenden wir den Befehl

```
        TRAP   0,Fgets,StdIn
```

Damit wird die Funktion `Fgets` aufgerufen (etwa „Get String from File") mit dem Kanal `StdIn` für „Standard Input" (Standardeingabe), über den durch Tastatureingabe gelesen wird. Im Speicher muss Platz bereitgestellt werden, an dem die eingelesene Zeichenkette gespeichert werden kann. Diesen Speicherplatz nennt man Puffer (Buffer). Seine Anfangsadresse wird dann wieder ein Parameter – wir sollten also eine Marke dafür vergeben (hier: `Buffer`). Die Puffergröße muss vorher festgelegt werden. Sie soll im Beispiel 80 Byte betragen. Wir können den Puffer folgendermaßen anlegen:

```
Buffer  BYTE   0           Pufferanfang
        LOC    Buffer+80   80 Byte bleiben unbelegt
```

Damit stehen ab der mit `Buffer` bezeichneten Adresse 80 Byte für den Puffer zur Verfügung. Die Angabe `BYTE 0` ist erforderlich, um für die Adresse eine Marke vergeben zu können. Der Wert 0 ist ansonsten belanglos, er wird ja beim späteren Einlesen überschrieben. Bei der Ausführung erwartet das Programm vom Anwender die Eingabe einer Zeichenfolge (abgeschlossen durch `return`), die dann vom Programm verarbeitet werden kann. Da nicht vorhersehbar ist, wie viele Zeichen der Anwender eingeben wird, muss der Funktion `Fgets` als weiterer Parameter die maximale Anzahl der Zeichen übergeben werden, die gelesen werden dürfen. Diese Zahl darf nicht größer sein als die Puffergröße, sonst würden möglicherweise andere Daten im Speicher mit der Eingabe überschrieben (ein so genannter Pufferüberlauf, buffer overrun). Damit werden aber mehr Parameter benötigt, als mit den Argumenten des `TRAP`-Befehls und im Register `$255` zusammen angegeben werden können. Als Abhilfe werden die beiden Parameter

- Adresse des Einlesepuffers (hier: `Buffer`)
- Anzahl der maximal zu lesenden Zeichen (hier: 80)

hintereinander als zwei Octabyte in den Speicher geschrieben. Die Adresse des Speicherplatzes, an dem diese beiden Argumente abgelegt sind, übergeben wir in Register $255 (im Beispiel ist diese Adresse mit Arg markiert):

```
Arg     OCTA   Buffer     Adresse des Pufferanfangs
        OCTA   80         maximale Anzahl zu lesender Zeichen
        ...
        LDA    $255,Arg
```

Register $255 enthält also die Adresse einer Speicherstelle, an der wiederum eine Adresse, nämlich die Adresse des Puffers gespeichert ist. Diese Vorgehensweise nennt sich speicherindirekte Adressierung. Dieser Zusammenhang ist in Abbildung 3.9 dargestellt.

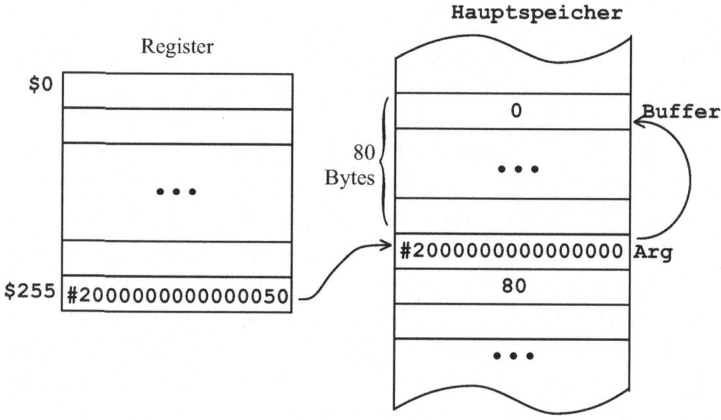


**Abb. 3.9.** Angabe der Parameter zum Einlesen einer Zeichenkette mittels speicherindirekter Adressierung.

Das vollständige Programm zum Einlesen sieht dann folgendermaßen aus:

simple-input.mms

```
        LOC    Data_Segment
        GREG   @
Buffer  BYTE   0
        LOC    Buffer+80           Puffer anlegen
Arg     OCTA   Buffer
        OCTA   80                  Puffergröße

        LOC    #100
Main    LDA    $255,Arg            $255←#2000 0000 0000 0050
        TRAP   0,Fgets,StdIn       Einlesen
        TRAP   0,Halt,0
```

Nach dem Einlesen steht im Register $255 die tatsächliche Anzahl gelesener Zeichen.

**Übung 3.10.** Testen Sie das zuletzt besprochene Programm. Speichern Sie es dazu beispielsweise unter dem Namen `einlesen.mms` ab, assemblieren Sie es (`mmixal␣einlesen.mms`) und führen Sie es aus (`mmix␣einlesen`). Erweitern Sie das Programm dann so, dass die eingelesene Zeichenkette anschließend sofort wieder unverändert ausgegeben wird.

**Übung 3.11.** Erweitern Sie das Programm ferner so, dass vor dem Einlesen eine Aufforderung erscheint, was eingegeben werden soll (zum Beispiel der Name).

**Übung 3.12.** Vergrößern Sie die Puffergröße im obigen Programm auf 300.

Nun können wir recht einfach und komfortabel Zeichenketten ein- und ausgeben. Zum Einlesen oder Ausgeben ganzer Zahlen gibt es leider keinen so einfachen Mechanismus. Ganze Zahlen stehen als binäre Werte im Zwei-Komplement in Registern oder im Speicher. Sie müssen erst in eine Darstellung als Zeichenkette gewandelt werden, mit den entsprechenden ASCII-Zeichen für die Dezimalziffern sowie ggf. einem vorangestellten Minuszeichen. Auf der Internetseite zu diesem Buch finden Sie ein Rahmenprogramm, das ein Unterprogramm für die Ein- und Ausgabe ganzer Zahlen zur Verfügung stellt. Arbeiten Sie dazu die folgenden Übungsaufgaben durch.

**Übung 3.13.** Überlegen Sie sich mit Bleistift und Papier, wie ganze Zahlen in eine Darstellung durch Zeichenketten gewandelt werden können (Hinweis: Horner-Schema). Führen Sie anschließend den Versuch 3 durch.

**Übung 3.14.** Erweitern Sie das Programm aus Übung 3.5 auf Seite 49 so, dass das Ergebnis in der Form `1228 / 96` ausgegeben wird.

**Fragen zur Lernkontrolle:**

1. Woran erkennt man das Ende einer Zeichenkette?
2. Wie lädt man am einfachsten eine Zeichenkette in den Speicher?
3. Wie lädt man mehrzeilige Texte in den Speicher?
4. Welcher Offset wird im Programm `simple-ouput.mms` in Zeile 7 verwendet?
5. Welche Parameter braucht man beim Lesen mit `Fgets` und wie werden diese übergeben?
6. Was passiert, wenn Sie eine Zeichenkettenkonstante statt mittels `BYTE` mit `WYDE` angeben (also `WYDE "Text"`)?

## 3.5 Symbole zur Erhöhung der Lesbarkeit eines Programms

Wir haben bisher durch die Angabe einer Marke an der entsprechenden Stelle im Programm lediglich eigene Symbolnamen für Speicheradressen vergeben. Die Assemblersprache bietet darüber hinaus die Möglichkeit, symbolische Namen für Register oder Konstanten zu definieren. Dazu dient der Pseudobefehl `IS`. Als Marke einer `IS`-Anweisung wird der zu definierende symbolische Na-

**Name:**
*Name* `IS` *Ausdruck*

**Beschreibung:**
Teilt dem Assembler mit, dass *Name* ab sofort für den gegebenen *Ausdruck* steht. Der *Ausdruck* darf sich dabei nur auf Werte beziehen, die bereits definiert wurden. Der Befehl kann auch verwendet werden, um Namen für Register zu vereinbaren.

**Siehe auch:**
`PREFIX` Seite 108.

Der Pseudobefehl `IS`

me angegeben und als Argument eine Registernummer oder ein konstanter Ausdruck. Der Assembler setzt bei der Übersetzung des Programms an jeder Stelle für den symbolischen Ausdruck die entsprechende Registernummer bzw. den konstanten Wert ein. Sinnvolle symbolische Bezeichnungen erhöhen generell die Lesbarkeit von Programmen und erleichtern damit die Programmierung und die Fehlersuche. Sie sind auch nützlich, wenn Konstanten an mehreren Stellen im Programm benötigt werden, wie etwa für die Größe des Einlesepuffers im Programm auf Seite 62. Wenn die Puffergröße geändert werden soll, dann muss nicht das ganze Programm durchsucht werden, wo der Wert 80 in der Bedeutung „Puffergröße“ auftritt (es wäre ja durchaus denkbar, dass dieser Wert noch in einer anderen Bedeutung vorkommt). Die Puffergröße könnte vielmehr durch eine einzige Änderung angepasst werden. Mit der Anweisung `BufSize IS 80` wird ein Symbol namens `BufSize` für den Wert 80 definiert und kann anschließend benutzt werden, etwa wie in folgendem Programm, das wir schon von Seite 62 her kennen:

`simple-input-is.mms`

```
        LOC   Data_Segment
        GREG  @
BufSize IS    80              Definition des Symbols BufSize
Buffer  BYTE  0
        LOC   Buffer+BufSize  Puffer anlegen
Arg     OCTA  Buffer
```

```
         OCTA   BufSize          Puffergröße

         LOC    #100
Main     LDA    $255,Arg         $255←#2000 0000 0000 0050
         TRAP   0,Fgets,StdIn    Einlesen
         TRAP   0,Halt,0
```

Es können aber auch symbolische Namen für Registernummern vergeben werden. Beispielsweise definiert

```
a        IS     $1
```

das Symbol `a` für Register `$1`. Damit lässt sich die Lösung von Übung 3.5 (Addition zweier Brüche) sehr übersichtlich formulieren:

bruch.mms

```
         LOC    Data_Segment
         GREG   @
X1       OCTA   35
X2       OCTA   12
X3       OCTA   79
X4       OCTA   8
M        OCTA   0                Platz für Ergebnisse
N        OCTA   0

a        IS     $1               Symbole für a, b, c und d.
b        IS     $2
c        IS     $3
d        IS     $4
zaehler  IS     $5
nenner   IS     $6

         LOC    #100
Main     LDO    a,X1
         LDO    b,X2
         LDO    c,X3
         LDO    d,X4
         MUL    a,a,d            a × d
         MUL    c,c,b            c × b
         ADD    zaehler,a,c      ad + cb
         MUL    nenner,b,d       Nenner: b × d
         STO    zaehler,M
         STO    nenner,N
         TRAP   0,Halt,0
```

**Fragen zur Lernkontrolle:**

1. Welchen Vorteil bieten symbolische Konstanten?
2. Wie vereinbart man Namen für Register?
3. Ist die Definition `Ziel IS 2B` zulässig?

# 4. Sprungbefehle und Kontrollstrukturen

*That way is a very nice way*
*It's pleasant down that way too*
*Of course, people do go both ways*
*Die Vogelscheuche, in „The Wizard of Oz“*

In diesem Kapitel befassen wir uns mit einer neue Klasse von Befehlen, die die Reihenfolge der Befehlsausführung beeinflussen: bedingte und unbedingte Sprungbefehle. Die Existenz solcher Befehle war eine der wesentlichen Thesen des Von-Neumann'schen Konzepts (siehe Kapitel 1.2). Damit lassen sich dann die von den höheren Programmiersprachen her bekannten Kontrollstrukturen wie bedingte Verzweigungen und Laufanweisungen realisieren. Schließlich lernen wir noch Befehle für bedingte Zuweisungen kennen.

Betrachten wir zur Einführung ein Beispiel. Wir haben uns in der Übungsaufgabe 3.5 auf Seite 49 mit der Berechnung der Summe zweier Brüche beschäftigt. Soll der als Ergebnis entstandene Bruch gekürzt werden, so ist der größte gemeinsame Teiler (ggT) von Zähler und Nenner zu bestimmen. Dazu kann folgender Algorithmus verwendet werden, der auf Euklid zurückgeht. (Wir zitieren ihn hier nach [TAOCP-I].)

**Beispiel 4.1.** Euklids Algorithmus.

Gegeben seien zwei positive ganze Zahlen $m$ und $n$ (z.B. Zähler und Nenner eines Bruchs). Finde ihren größten gemeinsamen Teiler, d.h. die größte positive ganze Zahl, die sowohl $m$ als auch $n$ ohne Rest teilt.

1. Teile $m$ durch $n$; der Rest der Division sei $r$ (das Ergebnis der Division ist hier nicht von Bedeutung, sondern lediglich der dabei auftretende Rest).
2. Falls $r = 0$, so ist der Algorithmus beendet; das Ergebnis (ggT) ist $n$. Ansonsten fahre mit Schritt 3 fort.
3. Setze $m \leftarrow n$, $n \leftarrow r$ und gehe zurück zu Schritt 1. □

Wenn wir diesen Algorithmus genauer betrachten, sehen wir, dass zu seiner programmiertechnischen Umsetzung Sprungbefehle erforderlich sind. Im Schritt 2 ist der Algorithmus zu beenden und zwar abhängig davon, ob $r = 0$ ist oder nicht. Beendigung dieses Algorithmus bedeutet, dass in einem Programm dann mit einer weiteren Aufgabe fortgefahren werden kann, etwa dem

Dividieren von Zähler und Nenner durch ihren eben gefundenen größten gemeinsamen Teiler. Nach der Durchführung von Schritt 3 muss wieder mit Schritt 1 weitergemacht werden, diesmal unabhängig von einer Bedingung.

## 4.1 Unbedingte Sprünge

Der `MMIX` verfügt über zwei symbolische Befehle für unbedingte Sprünge, die sich – wie wir sehen werden – in der Art der Adressierung des Sprungziels unterscheiden: der Befehl `JMP` („Jump") und der Befehl `GO`.

### 4.1.1 Der JMP-Befehl

Beim `JMP`-Befehl handelt es sich um einen Sprung, der bedingungslos (unbedingt) durchgeführt wird. Dabei wird das Programm nicht mit dem unmittelbar nachfolgenden Befehl fortgesetzt, sondern mit dem Befehl, der als Ziel angegeben ist. Das Sprungziel, also der Befehl, zu dem mit dem Sprung verzweigt werden soll, wird üblicherweise mit einer Marke gekennzeichnet:

```
        JMP   weiter  Sprung nach vorwärts
        ...
weiter  ...           Programmfortsetzung mit diesem Befehl
```

Der Assembler setzt den `JMP`-Befehl in einen von zwei möglichen Opcodes um: einen für Sprünge nach vorne (zu höheren Adressen) und einen für Sprünge nach rückwärts (zu niedrigeren Adressen). Letzterer kann symbolisch auch als `JMPB` („Jump backwards") geschrieben werden; dies ist aber nicht notwendig, wie in folgendem Beispiel zu sehen ist:

```
Start   ...           Sprungziel
        ...
        JMP   Start   Sprung nach rückwärts
```

`JMP` hat nur einen Operanden `XYZ` mit 24 Bit. Die damit codierte vorzeichenlose Zahl gibt den Abstand zum Sprungziel (nächster auszuführender Befehl) an. Da Befehle grundsätzlich aus vier Byte bestehen, wird der Abstand zum Sprungziel in Vielfachen von Tetrabyte angegeben. Die Zieladresse wird also bestimmt aus der Adresse des Sprungbefehls und dem dort angegebenen Abstand. Man spricht dabei von *relativer Adressierung.* Aus dem Argument `XYZ` des Sprungbefehls wird die Zieladresse RA gebildet und das Programm dann an der Stelle RA fortgesetzt. Der Assembler kann dabei automatisch aus dem symbolischen Sprungziel und der Adresse `@` die nötige Distanz berechnen und sie ins Feld XYZ eintragen.

Das Sprungziel muss nicht notwendigerweise über eine Marke angegeben werden. Es gibt auch andere Möglichkeiten:

```
        JMP   @+2*4
```

**Name:**
JMP XYZ

**Spezifikation:**
@←RA mit
RA←@+4*XYZ bei einem Vorwärtssprung
RA←@+4*(XYZ-$2^{24}$) bei einem Rückwärtssprung

**Zeit:**
$1\nu$

**Beschreibung:**
Führt einen bedingungslosen Sprung durch. Das Sprungziel sollte über eine Marke angegeben werden. Der Assembler stellt selbstständig fest, ob es sich um einen Sprung nach vorne oder zurück handelt; entsprechend wählt er jeweils einen eigenen Opcode.

Unbedingte Sprünge mit JMP

erzeugt einen Sprung, mit dem zum übernächsten Befehl (acht Byte vorwärts) gesprungen wird. Man bemerke, dass hier die Distanz in Byte angegeben wird. Der Assembler berechnet daraus die Anzahl der Tetra und trägt sie in XYZ ein. Der Befehl

```
JMP     #110
```

erzeugt einen Sprung, mit dem zur Adresse #110 verzweigt wird. Hier wird die absolute Zieladresse angegeben. Der Assembler berechnet die Distanz zwischen @ und dem Sprungziel #110 in Tetra und schreibt diesen Wert nach XYZ. Beide Varianten sind nur für sehr spezielle Situationen gedacht. Da die Adressen nicht automatisch angepasst werden, wenn zusätzliche Befehle eingefügt oder Befehle gelöscht werden, kann bei unbedachter Verwendung leicht ein Programmfehler entstehen.

### 4.1.2 Der GO-Befehl

Auch mit dem GO-Befehl lassen sich unbedingte Sprünge realisieren, es gibt jedoch drei wesentliche Unterschiede zum JMP:

1. GO bildet die Zieladresse in derselben Weise wie die Befehle zum Laden und Speichern. Es wird also absolut adressiert (Adresse A←$Y+$Z oder A←$Y+Z) und nicht relativ wie bei JMP. Da mindestens ein Register zur Berechnung der Zieladresse verwendet wird, kann das Sprungziel während des Programmlaufs bestimmt werden; es muss also im Gegensatz zum JMP nicht von vornherein festgelegt sein.
2. GO merkt sich (in dem als erstes Argument angegebenen Register $X) die Adresse des Befehls, der als nächster zur Ausführung gekommen wäre, wenn der Sprung nicht erfolgt wäre. Wir werden von dieser Eigenschaft später zur Realisierung von Unterprogrammen Gebrauch machen (siehe Abschnitt 5.2).
3. Der Assembler kann für GO keine Vorwärtsverweise auflösen.

Wenn wir also GO z.B. in der folgenden Art verwenden:

```
Start   ...   Sprungziel
        ...
        GO    $0,Start
```

so muss ein globales Register zur Verfügung stehen, in dem sich eine zu Start hinreichend nahe Adresse befindet. Der Assembler setzt dieses Register für $Y ein und ergänzt die nötige Distanz (in Byte) im Feld Z.

**Name:**
GO \$X,\$Y,Z
GO \$X,\$Y,\$Z

**Spezifikation:**
$u(\$X) \leftarrow @+4$
$@ \leftarrow \$Y + Z$

**Zeit:**
$3\nu$

**Beschreibung:**
Unbedingter Sprung mit absoluter Adressangabe. Der Befehl GO \$X,\$Y,Z bewirkt, dass die Adresse des unmittelbar nachfolgenden Befehls in Register \$X gespeichert wird und die Programmausführung an der Adresse $\$Y + Z$ fortgesetzt wird. Dieser Befehl eignet sich auch zur Realisierung von Unterprogrammen (siehe Abschnitt 5.2).

**Siehe auch:**
PUSHGO, GETA, LDA, PREGO

Der Befehl GO

**Fragen zur Lernkontrolle:**

1. Wie viele Byte kann das Sprungziel bei JMP bzw. JMPB maximal entfernt sein?
2. Wie lässt sich eine endlose Schleife erzeugen, in der ein Sprungbefehl immer auf sich selbst verweist?

## 4.2 Bedingte Verzweigungen

Zum Umsetzung von Kontrollstrukturen (Laufanweisungen oder if-then-else Konstrukten), die Sie schon von den höheren Programmiersprachen her kennen, werden *bedingte Sprünge* benötigt. Als Beispiel betrachten wir zunächst einen Befehl, mit dem wir im 2. Schritt von Euklids Algorithmus zum Ende springen können, unter der Bedingung, dass $r = 0$ ist. Dazu können wir den Befehl BZ („Branch if Zero“) benutzen (to branch heißt abbiegen oder verzweigen). Als erstes Argument muss ein zu testendes Register angegeben werden und als zweites Argument das Sprungziel. Der Sprung wird nur dann durchgeführt, wenn der Inhalt des zu testenden Registers gleich null ist. Andernfalls wird mit dem unmittelbar nachfolgenden Befehl fortgefahren. Hier gibt es also zwei mögliche Befehle, mit denen das Programm fortgesetzt werden kann.

```
        BZ     $1,Fertig   Register $1 wird geprüft
        ...
Fertig  ...                Fortsetzung hier, falls $1 null ist
```

Im Gegensatz zum `JMP`-Befehl gibt es hier nur ein Zwei-Byte-Argument `YZ` zur Bildung der Zieladresse. Die Adressierung erfolgt aber ansonsten wie beim `JMP`. Es gibt ebenfalls einen Opcode für Sprünge nach vorne (`BZ`) und einen für Sprünge nach rückwärts (`BZB` für Branch Backwards).

Damit können wir Euklids Algorithmus aus Beispiel 4.1 programmieren.

**Beispiel 4.2.** Wir setzen als feste Startwerte die Ergebnisse aus Übung 3.5 ein:

euklid.mms

```
1  r       IS    $1
2  m       IS    $2
3  n       IS    $3
4
5          LOC   #100
6  Main    SET   m,1228      Startwerte für m
7          SET   n,96        und n.
8  Start   DIV   m,m,n       m wird nicht mehr benötigt
9          GET   r,rR        Rest aus Spezialreg. rR holen
10         BZ    r,Fertig
11         SET   m,n         m ← n
12         SET   n,r
13         JMP   Start
14
15 Fertig  TRAP  0,Halt,0    Ergebnis steht in $3
```

Beim Ablauf des Programms wird die Zeile 10 insgesamt fünf Mal durchlaufen. Erst beim fünften Durchlauf wird zu dem mit der Marke `Fertig` gekennzeichneten Befehl verzweigt. In Zeile 13 wird insgesamt vier Mal zu Zeile 8 zurückgesprungen. Diese Kontrollstruktur nennt man *Schleife* (auch *Laufanweisung*). Die Werte von $m$, $n$ und $r$ verändern sich wie folgt:

| **Durchlauf** | $m$ | $n$ | $r$ |
|---|---|---|---|
| 1. | 1228 | 96 | 76 |
| 2. | 96 | 76 | 20 |
| 3. | 76 | 20 | 16 |
| 4. | 20 | 16 | 4 |
| 5. | 16 | 4 | 0 |

Also ist 4 der gesuchte größte gemeinsame Teiler von 1228 und 96. □

Neben dem Sprungbefehl, der die Gleichheit mit null als Sprungbedingung besitzt, gibt es eine ganze Reihe weiterer bedingter Sprungbefehle.

**Name:**

| | | |
|---|---|---|
| `BZ $X,YZ` | `PBZ $X,YZ` | (Probable) Branch if zero |
| `BNZ $X,YZ` | `PBNZ $X,YZ` | (Probable) Branch if nonzero |
| `BN $X,YZ` | `PBN $X,YZ` | (Probable) Branch if negative |
| `BNN $X,YZ` | `PBNN $X,YZ` | (Probable) Branch if nonnegative |
| `BP $X,YZ` | `PBP $X,YZ` | (Probable) Branch if positive |
| `BNP $X,YZ` | `PBNP $X,YZ` | (Probable) Branch if nonpositive |
| `BOD $X,YZ` | `PBOD $X,YZ` | (Probable) Branch if odd |
| `BEV $X,YZ` | `PBEV $X,YZ` | (Probable) Branch if even |

**Spezifikation:**

Mit RA←`@`+4*YZ bei Vorwärtssprüngen
und RA←`@`+4*(YZ-$2^{16}$) bei Rückwärtssprüngen (Branch backwards) gilt:

`BZ`: `@`← RA, falls $s(\$X) = 0$
`BNZ`:`@`← RA, falls $s(\$X) \neq 0$
`BN`: `@`← RA, falls $s(\$X) < 0$
`BNN`:`@`← RA, falls $s(\$X) \geq 0$
`BP`: `@`← RA, falls $s(\$X) > 0$
`BNP`: `@`← RA, falls $s(\$X) \leq 0$
`BOD`: `@`← RA, falls $s(\$X) \bmod 2 = 1$, d.h. $s(\$X)$ ungerade
`BEV`: `@`← RA, falls $s(\$X) \bmod 2 = 0$, d.h. $s(\$X)$ gerade

**Zeit:**

$1\nu$, falls nicht verzweigt wird, und $3\nu$ sonst.

**Beschreibung:**

Bedingte Verzweigungen. Der Assembler stellt selbstständig fest, ob es sich um einen Sprung nach vorne oder zurück handelt; entsprechend wählt er jeweils einen eigenen Opcode. Die Variante der „Probable Branches“ mit einem vorangestellten „`P`“ teilt dem Prozessor mit, dass der Sprung wahrscheinlich ausgeführt wird, und ermöglicht es dem Prozessor, die entsprechenden Befehle von der Stelle des Sprungziels schon vorzeitig zu laden und zu decodieren.

Befehle für bedingte Sprünge

Eine genauere Betrachtung des letzten Programms zeigt, dass die Verwendung von zwei Sprungbefehlen etwas umständlich ist. Das folgende Programm liefert dasselbe Ergebnis, kommt aber ohne unbedingten Sprung aus. Dazu wird die Sprungbedingung geändert. Außerdem wird der Divisionsrest nicht in einem Register `r` zwischengespeichert, sondern sofort in das Register `n` geschrieben.

euklid2.mms

```
m       IS      $1
n       IS      $2

        LOC     #100
Main    SET     m,1228    Startwerte für n und m
        SET     n,96
Start   DIV     m,m,n     m wird nicht mehr benötigt
        SET     m,n       m ← n
        GET     n,rR      Rest aus Spezialreg. rR holen
        BNZ     n,Start

        TRAP    0,Halt,0
```

Nun wollen wir noch einen weiteren Aspekt bei der Ausführung von Sprungbefehlen betrachten: Wenn moderne Prozessoren ein Programm ausführen, betreiben sie meistens eine Vorschau in die Zukunft. Während ein Befehl ausgeführt wird, wird bereits der nächste Befehl aus dem Speicher geholt. Der Fachbegriff dafür ist *prefetching* (Sie finden mehr darüber in Abschnitt 7.4). Bei einem bedingten Sprungbefehl steht aber nicht von vornherein fest, welcher der beiden potenziellen nächsten Befehle ausgeführt werden soll. Der Prozessor kann also nur darüber spekulieren, welchen Befehl er als nächsten holen soll[1]. Holt er den falschen, so wird die Ausführung des tatsächlichen Folgebefehls verzögert, weil dieser dann erst noch aus dem Speicher besorgt werden muss. Die Ausführungszeit eines bedingten Sprungbefehls hängt also davon ab, ob der Sprung ausgeführt wird, oder nicht. Der `MMIX`-Simulator rechnet mit einem Wert von einem Taktzyklus ($1\upsilon$), wenn der unmittelbar nächste Befehl ausgeführt wird, und mit drei Zyklen ($3\upsilon$), wenn der Sprung durchgeführt wird. Neben den bisher genannten Sprungbefehlen kennt der `MMIX` noch Varianten „wahrscheinlicher Sprungbefehle“, (probable branches), deren symbolischer Name mit einem `P` beginnt (also: `PBZ`, `PBNZ`, `PBN`, `PBNN`, `PBP`, `PBNP`, `PBOD` und `PBEV`). Bei diesen Befehlen rechnet der `MMIX`-Simulator mit drei Taktzyklen ($3\upsilon$), wenn der unmittelbar nächste Befehl ausgeführt wird, und mit nur einem Zyklus ($1\upsilon$), wenn der Sprung durchgeführt wird. Hier hat also der Programmierer eine Möglichkeit, die Ausführungsgeschwindigkeit seines Programms zu optimieren, indem er den passenden Sprungbefehl verwendet.

[1] Dazu gibt es eine ganze Menge an Vorhersagetechniken, siehe z.B. [Patterson].

**Übung 4.1.** Schreiben Sie das Programm für Euklids Algorithmus so um, dass statt des `JMP`-Befehls ein `GO` benutzt wird.

**Übung 4.2.** Schreiben Sie ein `MMIX`-Programm, das den Wert von $(-1)^n$ bei gegebenem $n$ bestimmt (ohne eine Schleife zu benutzen).

**Übung 4.3.** Schreiben Sie ein `MMIX`-Programm, das die Summe der Zahlen von eins bis 100 durch Aufsummieren in einer Schleife berechnet.

**Fragen zur Lernkontrolle:**

1. Wie weit kann bei bedingten Sprüngen das Sprungziel maximal entfernt sein?
2. Wie viele verschiedene Opcodes für bedingte Sprünge kennt der `MMIX`?
3. Was versteht man unter „instruction prefetch"?

## 4.3 Kontrollstrukturen

Dieser Abschnitt beschäftigt sich mit der Realisierung von Kontrollstrukturen, also mit einer systematischen Vorgehensweise zum Steuern der Ausführungsreihenfolge von Befehlen. Zuerst besprechen wir Schleifen, also Programmteile zur wiederholten Ausführung von Befehlen. Der euklidsche Algorithmus enthielt dafür bereits ein Beispiel. Anschließend besprechen wir Alternativen. Kontrollstrukturen werden oft durch Struktogramme (auch als Nassi-Shneiderman-Diagramme bezeichnet) dargestellt [Balzert]. Der einfachste Fall eines Struktogramms beschreibt einen oder mehrere Befehle, die in einem Rechteck dargestellt werden:

| **m← m / n**<br>**n← rR** |
|---|

Weitere Arten von Struktogrammen für die Kontrollstrukturen werden später vorgestellt.

### 4.3.1 Schleifen

Schleifen (Laufanweisung) dienen dem wiederholten Ausführen einer Reihe von Befehlen. Diese Befehle werden so oft ausgeführt, bis eine bestimmte Bedingung erfüllt ist. Euklids Algorithmus ist ein Beispiel für eine Schleife, bei der sich die Bedingung aus der Berechnung in der Schleife ergibt. Daneben gibt es Zählschleifen, bei denen von vornherein feststeht, wie oft sie ausgeführt werden. Als Beispiel dafür werden wir ein kleines Programm betrachten, das zu einer gegebenen ganzen Zahl $n > 0$ die Fakultät

$$n! = 1 \cdot 2 \cdot \ldots \cdot (n-1) \cdot n$$

berechnet:

fak.mms

```
 1 n        IS     20          Vorgabe für n
 2 nFak     IS     $0          Für n!
 3 i        IS     $1          Zähler
 4 test     IS     $2
 5
 6          LOC    #100
 7 Main     SETL   nFak,1      Startwert für n!
 8          SETL   i,1         Startwert für Zähler
 9 Start    MUL    nFak,nFak,i
10          ADD    i,i,1       i hochzählen
11          SUB    test,i,n    test=i-n
12          PBNP   test,Start
13          TRAP   0,Halt,0
```

Das Register `i` dient als Zähler; es nimmt nacheinander die Werte von 1 bis $n+1$ an (Zeile 10), wobei für den Wert $n+1$ die Multiplikation in Zeile 9 nicht mehr durchgeführt wird. Um abfragen zu können, ob das Schleifenende ($i > n$) bereits erreicht ist, wird in Zeile 11 eine Subtraktion $i - n$ durchgeführt. Das Ergebnis wird in einem separaten Register (`test`) gespeichert, das anschließend als Testregister für den bedingten Sprung zurück zum Schleifenanfang verwendet wird. Da in der Mehrzahl der Fälle der Sprung zur Marke `Start` ausgeführt wird, ist hier der Befehl `PBNP` sinnvoll.

Es gibt auch Alternativen zu dieser Vorgehensweise. Eine Möglichkeit besteht darin, die Zählgröße `i` nicht aufwärts von 1 bis $n$ laufen zu lassen, sondern abwärts, beginnend mit $n$. Die Berechnung von $n!$ erfolgt dann in umgekehrter Reihenfolge, nämlich $n! = n \cdot (n-1) \cdot \ldots \cdot 2 \cdot 1$. Für den bedingten Sprung kann dann direkt `i` getestet werden: Wenn `i` den Wert null erreicht hat, darf nicht noch einmal multipliziert werden. Dadurch werden einige Operationen sowie das Register `test` eingespart, was das Programm etwas übersichtlicher erscheinen lässt:

fak2.mms

```
n        IS     20          Vorgabo für n
nFak     IS     $0          Für n!
i        IS     $1          Zähler
         LOC    #100
Main     SETL   nFak,1      Startwert für n!
         SETL   i,n         Startwert für Zähler
Start    MUL    nFak,nFak,i
         SUB    i,i,1       i herunterzählen
         PBNZ   i,Start
         TRAP   0,Halt,0
```

Das Struktogramm zu einer Wiederholung hat folgendes Aussehen, sofern die Abbruchbedingung am Ende geprüft wird:

```
     nFak ← nFak * i
     i ← i + 1
Wiederhole bis i > n
```

Für eine Prüfung der Abbruchbedingung zu Beginn der Schleife müsste das Diagramm folgendermaßen aussehen:

```
Wiederhole solange i <= n
     nFak ← nFak * i
     i ← i + 1
```

**Übung 4.4.** Bauen Sie eines der Programme zur Berechnung der Fakultät so um, dass die Abbruchbedingung zu Beginn der Schleife geprüft wird.

**Übung 4.5.** Schreiben Sie ein `MMIX`-Programm, das eine ganze Zahl einliest (Rahmenprogramm!), deren (dezimale) Quersumme berechnet und diese ausgibt (Beispiel: Quersumme der Zahl 340957 ist $3 + 4 + 0 + 9 + 5 + 7 = 28$). **Hinweis:** Die letzte Ziffer einer Zahl ist ihr Rest bei Division durch 10. Das Programm wird zuerst nur für positive Zahlen korrekt arbeiten!

### 4.3.2 Exkurs: Vergleichsbefehle

Zum Abprüfen, ob das Schleifenende erreicht ist, haben wir im vorigen Abschnitt vom aktuellen Wert des Zählers 1 subtrahiert. Diese Vorgehensweise liefert unter Umständen nicht das erhoffte Ergebnis, insbesondere dann, wenn negative Zahlen oder Zahlen mit umgekehrten Vorzeichen verglichen werden sollen. Daher verfügt der `MMIX` über spezielle Vergleichsbefehle, die zwei beliebige Zahlen miteinander vergleichen und das Ergebnis in ein Register schreiben: `CMP $X,$Y,$Z` und `CMPU $X,$Y,$Z` für „Compare" bzw. „Compare Unsigned" (es gibt auch jeweils eine Variante mit einem Direktoperanden). Das Ergebnis eines Vergleichs von `$Y` und `$Z` bzw. `Z` ist immer eine vorzeichenbehaftete Zahl, und zwar

$-1$, falls `Y<Z`;
0, falls beide Zahlen gleich sind, und
$+1$ sonst.

Das Ergebnis eines Vergleichs kann dann als Grundlage eines bedingten Sprungs dienen[2]. Die Zeilen 11 und 12 des Programms auf Seite 74 sollten also besser geschrieben werden, als:

```
10          CMP    test,i,n
11          PBNP   test,Start
```

**Name:**
`CMP $X,$Y,$Z` `CMP $X,$Y,Z`
`CMPU $X,$Y,$Z` `CMPU $X,$Y,Z`

**Spezifikation:**
`CMP`:

$$s(\$\mathtt{X}) \leftarrow \begin{cases} -1 \text{ falls } s(\$\mathtt{Y}) < s(\$\mathtt{Z}) \\ \phantom{+}0 \text{ falls } s(\$\mathtt{Y}) = s(\$\mathtt{Z}) \\ +1 \text{ falls } s(\$\mathtt{Y}) > s(\$\mathtt{Z}) \end{cases}$$

`CMPU`:

$$s(\$\mathtt{X}) \leftarrow \begin{cases} -1 \text{ falls } u(\$\mathtt{Y}) < u(\$\mathtt{Z}) \\ \phantom{+}0 \text{ falls } u(\$\mathtt{Y}) = u(\$\mathtt{Z}) \\ +1 \text{ falls } u(\$\mathtt{Y}) > u(\$\mathtt{Z}) \end{cases}$$

**Zeit:**
$1\nu$

**Beschreibung:**
Vergleicht zwei ganze Zahlen miteinander. Das Ergebnis kann als Grundlage für bedingte Verzweigungen verwendet werden.

Vergleichsbefehle

### 4.3.3 Alternativen

Alternativen werden in den höheren Programmiersprachen durch if-then-else-Konstrukte realisiert. Wir wollen die verschiedenen Möglichkeiten an unterschiedlichen Anwendungsfällen besprechen. Zunächst ein Beispiel für eine einseitige Alternative: Zwei ganze Zahlen $x$ und $y$ sollen der Größe nach geordnet werden. Das bedeutet, wenn $y$ kleiner ist als $x$, dann sollen die Zahlen vertauscht werden. Im anderen Fall $x \leq y$ ist nichts zu tun, da die Reihenfolge dann schon stimmt. Getauscht wird, indem der Wert der einen Größe $x$ zuerst in einem Hilfsregister `h` gesichert wird. Anschließend kann das Register $x$ mit dem Wert in Register $y$ überschrieben werden und schließlich wird Register $y$ mit dem Wert im Hilfsregister überschrieben. Auch dafür können wir ein Struktogramm zeichnen. Die „nein"-Alternative bleibt dabei frei:

[2] Natürlich können die Ergebnisse der Vergleichsbefehle auch zu anderen Zwecken als zur Steuerung bedingter Verzweigungen genutzt werden.

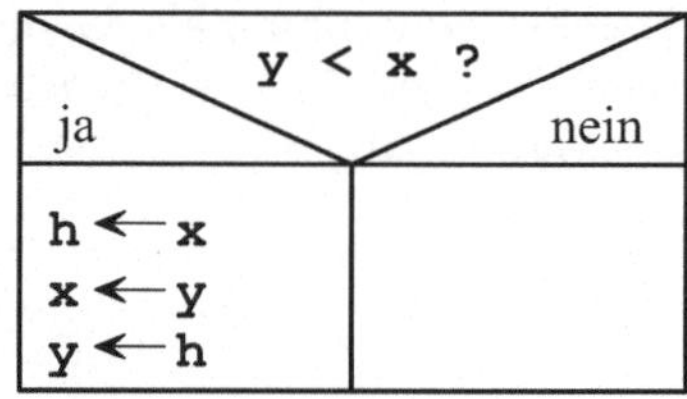


Bei der Ausführung des Programms wird der Tauschvorgang einfach übersprungen, falls die Bedingung nicht erfüllt ist (Zeile 10). Andernfalls findet der Tauschvorgang statt (Zeilen 12 bis 14). Das Register `h` wird auch als Testregister für den Vergleich benutzt.

tausch2.mms

```
1  x       IS    $0
2  y       IS    $1
3  h       IS    $2
4
5          LOC   #100
6  Main    SET   x,12         Beliebige Startwerte für x und y
7          SET   y,5
8
9          CMP   h,x,y        Bedingung prüfen;
10         BNP   h,Fertig     bedingter Sprung
11
12         SET   h,x          „Ja"-Zweig (Bedingung erfüllt):
13         SET   x,y          tauschen
14         SET   y,h
15
16 Fertig  TRAP  0,Halt,0     Ende der Verzweigung
```

In einem weiteren Beispiel soll eine vollständige Alternative gezeigt werden: die Ausgabe einer Zahl $z$ mit $0 \leq z \leq 15$ (diese Voraussetzung wird im Programm nicht geprüft) als hexadezimale Ziffer. Dazu muss aus der Zahl der ASCII-Code der entsprechenden Ziffer erzeugt werden. Wenn sich die zu wandelnde Zahl im Intervall von null bis neun befindet, so erhält man den ASCII-Code der zugehörigen Ziffer, indem der ASCII-Code der Ziffer '0' zur gegebenen Zahl addiert wird. Im Programm kann dies einfach geschrieben werden, als `ADD` $z$`,`$z$`,'0'`, unter Ausnutzung der Tatsache, dass für die Zeichenkonstante `'0'` vom Assembler automatisch deren ASCII-Code (48) eingesetzt wird. Ist die Zahl im Intervall zwischen elf und 15, so muss der ASCII-Code des Zeichens'A' zu dem um zehn verminderten Wert der Zahl addiert werden. Wir stellen die Lösung zunächst wieder als Struktogramm dar:

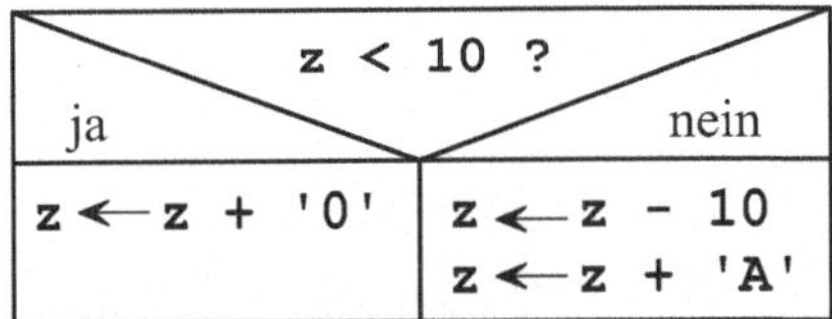


Der „Ja“-Zweig (z $<$ 10) besteht aus den Zeilen 11 und 12. Anschließend folgt der „Nein“-Zweig (z $\geq$ 10, Zeilen 13 und 14). Falls der „Ja“-Zweig durchlaufen wird, muss danach die Alternative übersprungen werden (unbedingter Sprung in Zeile 15 zur Marke `Speichern`). Im „Nein“-Fall wird der „Ja“-Zweig mit `BNN test,Buchst` übersprungen. Die erzeugte hexadezimale Ziffer wird schließlich ausgegeben. Dazu wird das erste, in Zeile 5 angegebene Null-Byte mit dem berechneten ASCII-Code überschrieben, die Ausgabe des folgenden Byte (`#A`) bewirkt einen Zeilenvorschub.

tohex1.mms

```
1  z         IS    $0
2  test      IS    $1
3            LOC   Data_Segment
4            GREG  @
5  String    BYTE  0,#A,0         Zur Ausgabe der Hexziffer
6
7            LOC   #100
8  Main      SETL  z,12           Zahl für hexadez. Ausgabe
9            CMP   test,z,10      Test, ob größer...
10           BNN   test,Buchst    ...oder kleiner 10
11           ADD   z,z,'0'        also kleiner
12           JMP   Speichern
13 Buchst    SUB   z,z,10         also z ≥ 10
14           ADD   z,z,'A'
15 Speichern STB   z,String
16           LDA   $255,String    Ausgabe
17           TRAP  0,Fputs,StdOut
18           TRAP  0,Halt,0
```

In Abbildung 4.1 ist der Ablauf (Kontrollfluss) des Programms noch einmal veranschaulicht.

**Übung 4.6.** Schreiben Sie das letzte Programm so um, dass der „Nein“-Zweig vor dem „Ja“-Zweig steht.

**Übung 4.7.** Schreiben Sie ein `MMIX`-Programm, das drei Zahlen der Größe nach sortiert.

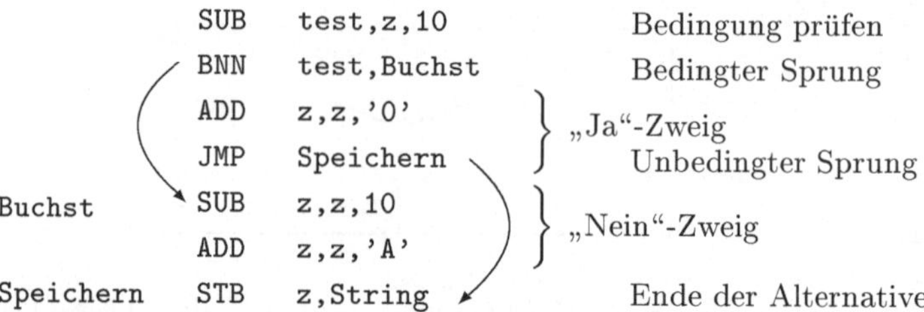


**Abb. 4.1.** Typischer Ablauf einer Verzweigung am Beispiel der Umwandlung einer Zahl $0 \leq z \leq 15$ in den Code einer hexadezimalen Ziffer.

**Übung 4.8.** Schreiben Sie ein MMIX-Programm, das eine Zahl von der Tastatur einliest und eine Liste aller Primfaktoren dieser Zahl ausgibt. Zeichnen Sie ein Struktogramm, *bevor* Sie programmieren.

**Übung 4.9.** Schreiben Sie ein MMIX-Programm, das eine ganze Zahl als Startwert $n_0$ von der Tastatur einliest (Rahmenprogramm!) und die zugehörige Collatz-Folge ausgibt. Die Collatz-Folge ist eine Reihe von Zahlen $n_i$ $(i \geq 0)$, für die gilt:

$$n_{i+1} = \begin{cases} \frac{1}{2}n_i & \text{, falls } n_i \text{ gerade} \\ 3n_i + 1, & \text{falls } n_i \text{ ungerade} \end{cases}$$

Zeichnen Sie ein Struktogramm, *bevor* Sie programmieren.
**Hinweis:** Sie müssen natürlich nicht für jedes $n_i$ ein eigenes Register vorsehen. In einem Durchlauf wird $n_{i+1}$ in das gleiche Register geschrieben, in dem zuvor $n_i$ stand.

### 4.3.4 Exkurs: Lokale Labels

An den Programmen im letzten Abschnitt haben wir gesehen, dass selbst für kurze Programmstücke einige Marken (Labels) erforderlich sind. Für den Programmierer bedeutet dies, dass er sich ständig neue Namen ausdenken muss. Zur bequemen Programmierung stellt der MMIX-Assembler folgenden Mechanismus zur Verfügung: Lokale Marken – sowohl für Sprungziele, als auch für andere Zwecke des Speicherzugriffs. Diese dürfen mehrfach wieder verwendet werden. Die lokalen Marken werden dabei mit einer dezimalen Ziffer `0` bis `9`, gefolgt von dem Buchstaben `H` (für „here") angegeben. Vom Programm aus kann dann die jeweils zuletzt definierte lokale Marke nach rückwärts mit der entsprechenden Ziffer gefolgt von `B` (für „Backwards") oder nach vorwärts mit der Ziffer gefolgt von `F` (für „Forwards") referenziert werden, also etwa `2B` oder `4F`.

Die Instruktion `JMP 2B` bewirkt also einen Sprung rückwärts zum letzten Vorkommen von `2H`. Die Instruktion `BP $1,4F` springt vorwärts zum nächsten `4H`, falls der Inhalt von `$1` positiv ist.

Als Beispiel sei hier noch einmal das Programm zur Ausgabe einer einstelligen Hexadezimalzahl angegeben:

tohex-lokal.mms

```
z       IS     $0
test    IS     $1
        LOC    Data_Segment
        GREG   @
1H      BYTE   0,#a,0        Zur Ausgabe der Hexziffer

        LOC    #100
Main    SETL   z,12          Zahl für hexadez. Ausgabe
        CMP    test,z,10     Test, ob größer
        BNN    test,2F       ggf. Verzweigung zu 2F
        ADD    z,z,'0'       also kleiner
        JMP    3F            Sprung zu 3H
2H      SUB    z,z,10        also z > 10
        ADD    z,z,'A'
3H      STB    z,1B
        LDA    $255,1B       Ausgabe
        TRAP   0,Fputs,StdOut
        TRAP   0,Halt,0
```

### 4.3.5 Mehrfachauswahl

Oft gibt es mehr als zwei Möglichkeiten (Wahr/Falsch bzw. Ja/Nein), von denen eine auszuwählen ist. In den höheren Programmiersprachen stehen hierzu die switch-Anweisungen als so genannte Verteiler oder Anweisungen zur Mehrfachauswahl zur Verfügung. Wir lernen hier eine Möglichkeit kennen, Verteiler mit MMIX zu realisieren. Als Beispiel wollen wir ein Programm schreiben, das eine vorgegebene Zahl zwischen null und neun im Klartext in Englisch ausgibt. Das zugehörige Struktogramm sieht folgendermaßen aus:

| zahl = ? | | | | | |
|---|---|---|---|---|---|
| 0 | 1 | 2 | | 8 | 9 |
| gib "zero" aus | gib "one" aus | gib "two" aus | ...... | gib "eight" aus | gib "nine" aus |

Für die Programmierung der Mehrfachauswahl benötigen wir einen weiteren neuen Befehl. Um eine Adresse in ein Register zu bringen, haben wir bereits `LDA` kennen gelernt (vgl. Seite 59). Es gibt noch eine Alternative dazu, die wie die bedingten Sprungbefehle mit relativer Adressierung arbeitet und im Gegensatz zu `LDA` auch Vorwärtsverweise (also Verweise zu Marken, die erst an späterer Stelle definiert werden) auflösen kann: der Befehl `GETA` für „Get Address“. Der neue Befehl

```
GETA   $X,Label
```

schreibt die durch das Symbol `Label` markierte Adresse in das Register `$X`. es gelten die gleichen Restriktionen, wie bei bedingten Sprüngen, d.h., die zu ladende Adresse darf nicht weiter als $2^{18} - 4$ Byte entfernt sein. Wir können also nicht alle `LDA`-Befehle durch `GETA` ersetzen. Wenn z.B. eine Adresse aus dem `Data_Segment` geladen werden soll, kann `GETA` nicht verwendet werden. Details sind der Spezifikation zu entnehmen.

**Name:**
`GETA $X,Label`

**Spezifikation:**
$u$(`$X`) ←RA, mit
RA← @+ 4*YZ bei Vorwärtsverweisen
RA← @+4*(YZ-$2^{16}$) bei Rückwärtsverweisen

**Zeit:**
$1\nu$

**Beschreibung:**
Schreibt eine Adresse in Register `$X`, wobei relativ adressiert wird. Der Assembler kann für diesen Befehl Vorwärtsverweise auflösen. Der Assembler stellt selbstständig fest, ob es sich um einen Verweis nach vorne oder zurück handelt; entsprechend wählt er jeweils einen eigenen Opcode.

Get Adress (`GETA`)

Zum Verständnis der folgenden Beschreibung können Sie nebenbei einen Blick auf das Programm auf Seite 84 werfen. Das Programm enthält sehr wenig wirklich verschiedene Zeilen; es wird daher zweispaltig gesetzt. Ferner soll Abbildung 4.2 das Verständnis erleichtern.

Die Idee bei dem Aufbau der Lösung ist die folgende: Alle erforderlichen Wörter (Zahlen im Klartext) werden als Zeichenketten zur Verfügung gestellt (Zeilen 3 bis 12) und jeweils mit einer Marke versehen. Für die auszugebende Zahl (hier in Zeile 19 als Wert 6 fest vorgegeben) wird die Anfangsadresse der zugehörigen Zeichenkette in Register `$255` geschrieben und dann `TRAP 0,Fputs,StdOut` aufgerufen. Dazu werden zehn Ladebefehle angegeben, von denen der richtige auszuwählen ist. Als Grundlage für die Auswahl eignet sich besonders gut der `GO`-Befehl (Zeile 22). Voraussetzung ist, dass die Programmstücke für die einzelnen Zweige alle aus der gleichen Anzahl an Befehlen bestehen. Das ist hier der Fall: Die Stücke bestehen jeweils aus einem Ladebefehl und einem unbedingten Sprung zur Ausgabe (Marke `out`). Sie benötigen damit jeweils 8 Byte im Speicher. Die Adresse des ersten Lade-

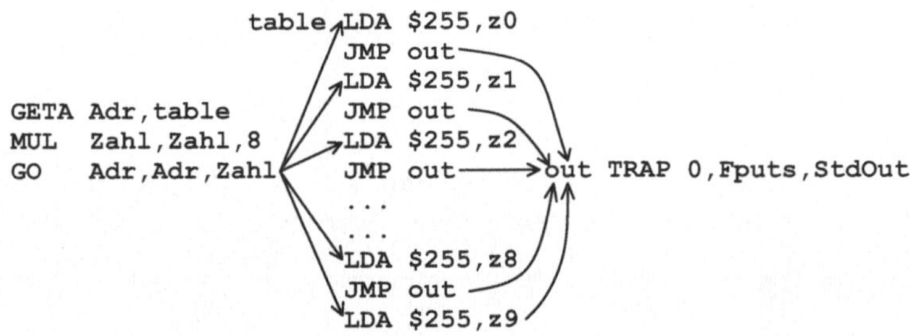


**Abb. 4.2.** Aufbau eines Sprungverteilers.

befehls (markiert mit `table`) wird als zweites Argument des `GO`-Befehls übergeben (Zeile 20). Für einen Sprung zum Ladebefehl Nummer $i$ $(0 \leq i \leq 9)$ bei der Marke `z`$i$ müssen zu der Adresse des ersten Ladebefehls $i \times 8$ Byte hinzu gezählt werden. Dazu wird in Zeile 21 $i \times 8$ berechnet und in dem Register `Zahl` als drittes Argument des `GO`-Befehls verwendet (Zeile 22). Als effektive Zieladresse ergibt sich damit `table`+$i \times 8$.

Diese Vorgehensweise wird auch als *Sprungverteiler* bezeichnet. Der Programmteil mit dem `GO`-Befehl und den von ihm angesprungenen Sprungzielen zwischen den Marken `table` und `out` heißt auch *Sprungteppich*.

switch.mms

```
1            LOC     Data_Segment
2            GREG    @
3  z0        BYTE    "zero",0
4  z1        BYTE    "one",0
5  z2        BYTE    "two",0
6  z3        BYTE    "three",0
7  z4        BYTE    "four",0
8  z5        BYTE    "five",0
9  z6        BYTE    "six",0
10 z7        BYTE    "seven",0
11 z8        BYTE    "eight",0
12 z9        BYTE    "nine",0
13 CRLF      BYTE    #a,0
14
15 Adr       IS      $0
16 Zahl      IS      $1
17
18           LOC     #100
19 Main      SET     Zahl,6
20           GETA    Adr,table
21           MUL     Zahl,Zahl,8
22           GO      Adr,Adr,Zahl
23 table     LDA     $255,z0
24           JMP     out
25           LDA     $255,z1
26           JMP     out
27           LDA     $255,z2
28           JMP     out
29           LDA     $255,z3
30           JMP     out
31           LDA     $255,z4
32           JMP     out
33           LDA     $255,z5
34           JMP     out
35           LDA     $255,z6
36           JMP     out
37           LDA     $255,z7
38           JMP     out
39           LDA     $255,z8
40           JMP     out
41           LDA     $255,z9
42 out       TRAP    0,Fputs,StdOut
```

```
        LDA     $255,CRLF
        TRAP    0,Fputs,StdOut
        TRAP    0,Halt,0
```

**Übung 4.10.** Erweitern Sie das Programm so, dass alle Zahlen zwischen 0 und 999 als englischer Klartext ausgegeben werden.

## 4.4 Bedingte Zuweisungen

Der MMIX verfügt noch über einige Befehle für bedingte Zuweisungen, mit denen sich manche Aufgaben vereinfachen lassen: die Befehle „Conditional Set" bzw. „Zero or Set": CSxx und ZSxx. Dabei steht xx für die schon von den Branch-Befehlen her bekannten Bedingungen. Die Befehle prüfen die Bedingung für $Y und weisen $X den Wert von $Z (bzw. von Z) zu, falls die Bedingung erfüllt ist. Bei „Conditional Set" passiert nichts, wenn die Bedingung nicht erfüllt ist, und bei den „Zero or Set"-Befehlen wird $X in diesem Fall zu null gesetzt.

Betrachten wir eine relativ häufige Aufgabenstellung: Es ist das Maximum einer Reihe von Werten zu finden, ohne die Werte der Größe nach zu sortieren. Eine allgemeine Lösung werden wir später kennen lernen. Für den Augenblick nehmen wir an, dass lediglich drei Werte in drei Registern zu betrachten sind. Das folgende kleine Programm löst die Aufgabe unter Verwendung des CSN-Befehls. In Zeilen 4 bis 6 werden einfach beliebige Werte für die Maximumbestimmung vorgegeben. Das Maximum dieser Werte soll später im Register $0 (Symbol max) stehen. In Zeile 8 wird max mit dem ersten Wert vorbelegt. Dieser wird in den folgenden Zeilen nur dann verändert, wenn sich ein größerer Wert findet.

max3.mms

```
1  max    IS     $0
2
3         LOC    #100
4  Main   SET    $1,27      drei beliebige Startwerte
5         SET    $2,44
6         SET    $3,13
7
8         SET    max,$1     Anfang: max←$1
9         CMP    $1,max,$2
10        CSN    max,$1,$2
11        CMP    $1,max,$3
12        CSN    max,$1,$3
13        TRAP   0,Halt,0
```

**Name:**

```
CSZ $X,$Y,$Z     CSZ $X,$Y,Z     ZSZ $X,$Y,$Z     ZSZ $X,$Y,Z
CSNZ $X,$Y,$Z    CSNZ $X,$Y,Z    ZSNZ $X,$Y,$Z    ZSNZ $X,$Y,Z
CSN $X,$Y,$Z     CSN $X,$Y,Z     ZSN $X,$Y,$Z     ZSN $X,$Y,Z
CSNN $X,$Y,$Z    CSNN $X,$Y,Z    ZSNN $X,$Y,$Z    ZSNN $X,$Y,Z
CSP $X,$Y,$Z     CSP $X,$Y,Z     ZSP $X,$Y,$Z     ZSP $X,$Y,Z
CSNP $X,$Y,$Z    CSNP $X,$Y,Z    ZSNP $X,$Y,$Z    ZSNP $X,$Y,Z
CSOD $X,$Y,$Z    CSOD $X,$Y,Z    ZSOD $X,$Y,$Z    ZSOD $X,$Y,Z
CSEV $X,$Y,$Z    CSEV $X,$Y,Z    ZSEV $X,$Y,$Z    ZSEV $X,$Y,Z
```

**Spezifikation:**

`CSxx`:

$s(\texttt{\$X}) \leftarrow s(\texttt{\$Z})$ falls $s(\texttt{\$Y})$ die Bedingung erfüllt.

`ZSxx`:

$$s(\texttt{\$X}) \leftarrow \begin{cases} s(\texttt{\$Z}) & \text{falls } s(\texttt{\$Y}) \text{ die Bedingung erfüllt} \\ 0 & \text{sonst} \end{cases}$$

**Zeit:**

$1\nu$

**Beschreibung:**

Die Befehle „Conditional Set“ bzw. „Zero or Set“ führen eine bedingte Zuweisung durch. Die Bedingung wird jeweils für `$Y` geprüft.

**Siehe auch:**

Bedingte Sprünge (Seite 72).

Befehle für bedingte Zuweisungen

**Übung 4.11.** $[x]$ bezeichne ein beliebiges Register, das den Wert $x$ enthält. Wie lautet das Ergebnis der folgenden Operationen in `$0`?

```
        CMP    $0,[#7FFFFFFFFFFFFFFF],[#8000000000000000]
        CMPU   $0,[#7FFFFFFFFFFFFFFF],[#8000000000000000]
```

**Übung 4.12.** Im folgenden Programm steckt ein folgenreicher Fehler. Es ist ein Ausschnitt aus einem Programm, das eine ganze Zahl als römische Zahl ausgeben soll. Der Fehler tritt an der Stelle auf, an der ein „X“ für die Zahl zehn ausgegeben werden soll:

pbnn-fehler.mms

```
          LOC    #100
z         IS     $0
test      IS     $1

Main      SET    z,11          Wir starten mit 11
* ...
          CMP    test,z,10     Zahl ≥ 10?
          BN     test,1F
          SUB    z,z,10
X         BYTE   "X",0
```

```
        LDA   $255,X
        TRAP  0,Fputs,StdOut
1H      JMP   @+12
```

Wo liegt der Fehler? Was passiert, wenn das Programm abläuft. Versuchen Sie, die Frage von Hand zu beantworten, also ohne das Programm zu testen.

# 5. Unterprogramme

Das Hauptproblem heutiger Softwareentwicklung liegt in der Bewältigung der zunehmenden Komplexität großer Systeme. Viele Methoden und Werkzeuge sind inzwischen verfügbar, um den Entwickler bei der Lösung dieser Aufgabe zu unterstützen. Sie alle beruhen auf dem Grundgedanken der Strukturierung von Programmcode und Daten. Das wesentliche technische Mittel zur Strukturierung des Codes ist das Unterprogramm. In diesem Kapitel untersuchen wir die verschiedenen Aspekte der Unterprogrammtechnik und ihre Grundlagen.

## 5.1 Einführung

Ein *Unterprogramm* ist, kurz gesagt, eine Folge von Befehlen im Programm, die mit einem eigenen Namen versehen wird und unter Verwendung dieses Namens nach Belieben zur Ausführung gebracht werden kann. Insbesondere ist es möglich, die Befehlsfolge auch mehrfach zu durchlaufen und dabei auch noch die verarbeiteten Daten, die so genannten Parameter, zu ändern (z.B. bei der Auswertung mathematischer Formeln). Man nennt diesen Vorgang den *Aufruf* (call) des Unterprogramms. Dabei muss das aufrufende Programm vom Unterprogramm lediglich dessen Namen und die *Schnittstelle*, d.h. die Modalitäten der Übergabe von Parametern, kennen. Die internen Größen und Abläufe sind nach außen verborgen. Nach Abschluss des Unterprogramms wird das aufrufende Programm fortgesetzt. Man nennt dies den *Rücksprung* (return) ins aufrufende Programm. Unterprogramme, die einen Wert zurückliefern, nennt man auch *Funktionen*.

Die Unterprogrammtechnik bietet folgende Vorteile:

- Strukturierung des Programms
  Wie bereits gesagt, ist die Strukturierung von Programmen eine der wichtigsten Aufgaben des Softwareentwicklers. Das Unterprogramm ist dazu ein unersetzliches Mittel. Gut strukturierte Programme sind leichter zu verifizieren, einfacher zu testen und billiger zu warten.
  Unterprogramme ergeben, richtig verwendet, neue selbstständige abstrakte Einheiten. In der Regel ist es nicht nötig, ein Unterprogramm in allen Details zu verstehen, um es verwenden zu können. Dies ermöglicht ein

Verständnis von Programmen auf einer höheren abstrakten Ebene; Abstraktion aber ist der Schlüssel zur Bewältigung komplexer Systeme.

- Kürzere Programme
  Durch die Formulierung häufig gebrauchter Teile als Unterprogramme, die man mehrfach wiederverwenden kann, entstehen kürzere Programme. Kürzere Programme sind einfacher und schneller zu schreiben. Sie sind leichter zu lesen und zu verstehen, und zuletzt brauchen sie auch weniger Speicherplatz. Auch gehen Unterprogramme, wie wir sehen werden, sparsamer mit dem Speicherplatz um, da alle Unterprogramme sich einen gemeinsamen Speicherbereich, den Stack, für ihre lokalen Variablen teilen können.
- Verteilte Entwicklung von Software
  Unterprogramme bieten ebenfalls eine natürliche Kapselung von Programmteilen, die zur verteilten Entwicklung von Software einladen. Verteilte Entwicklung ist aus verschiedenen Gründen wünschenswert. So können mehrere Programmierer gleichzeitig am selben Programm arbeiten, ebenso können Teile des Programms unabhängig entwickelt und zugekauft werden, und die spezielle Expertise einzelner Programmierer kann so gezielter eingesetzt werden.
- Separate Übersetzung
  Die Möglichkeit, Unterprogramme getrennt zu übersetzen, geht schon auf FORTRAN II im Jahr 1958 zurück. Die sehr mäßige Zuverlässigkeit eines IBM704 Computers hatte bis dato die praktikable Länge eines FORTRAN-Programms auf ca. 300–400 Zeilen beschränkt. Längere Programme hatten nur wenig Chancen vollständig übersetzt zu werden, bevor wieder ein Maschinenfehler auftrat. Heute sieht das natürlich anders aus. Trotzdem ist es oft nicht möglich, nach jeder kleinen Änderung ein großes Programm vollständig neu zu übersetzen. Große Programme werden auch heute fast immer in einzelnen Teilen übersetzt und dann zusammengebunden.
- Verwendung von Programmbibliotheken
  Eng verwandt mit der Möglichkeit der separaten Übersetzung ist die Verwendung von Programmbibliotheken (Libraries). Dies sind Sammlungen von Unterprogrammen, oft zu einem speziellen Anwendungsgebiet (Numerische Integration, Ausgabe von Grafik, Kommunikation über ein Netzwerk, Kryptographie etc.), die nicht dazu gedacht sind, selbstständige Programme zu bilden, sondern nur innerhalb eines größeren Programms gewisse Teilaufgaben zu übernehmen.
  Solche Programm-Bibliotheken werden oft überhaupt nur in übersetzter Form verkauft. Zum einen weil es so für den Anwender am bequemsten ist, zum anderen oft auch, um das spezielle Know-how, das in den Unterprogrammen liegt, geheim zu halten.

Unterprogramme bedürfen aber, um die oben genannten Vorteile voll auszuschöpfen, eines sorgfältigen Designs. Hier kurz die wichtigsten Leitlinien, die man beim Entwurf von Unterprogrammen beachten sollte.

Ein Unterprogramm sollte

- eine einzige Aufgabe erledigen und die gut,
- einen sorgfältig ausgewogenen Kompromiss zwischen Allgemeinheit und Einfachheit darstellen,
- alle nötigen Daten als Parameterwerte erhalten und nicht von globalen Variablen abhängen,
- Ergebnisse als Rückgabewerte dem aufrufenden Programm zuführen und
- nur dann Seiteneffekte haben, wenn die spezielle Aufgabe des Unterprogramms gerade in diesem einen Seiteneffekt besteht.

Dazu ein Beispiel:

**Beispiel 5.1.** Ein Unterprogramm, das den Durchschnitt von zwei Zahlen berechnet, ist eine feine Sache. Unter Umständen ist aber ein Unterprogramm, das den Durchschnitt von $n$ Zahlen in einem Array $A$ berechnet, wesentlich breiter einsetzbar. Natürlich sollte man dann das Array und seine Länge dem Unterprogramm als Parameter übergeben und nicht fest in das Unterprogramm einbauen. Nun könnte man auf die Idee kommen, dasselbe Unterprogramm auch zur Berechnung der Summe der Zahlen im Array oder des Maximums und des Minimums einzusetzen. Es würde ja ein zusätzlicher Funktionsparameter genügen, um die entsprechenden Varianten in der Hauptschleife des Unterprogramms zu aktivieren. Hier ist jedoch unserer Meinung nach die Grenze eines guten Designs schon überschritten. Das Unterprogramm erledigt jetzt gleich mehrere Aufgaben, es ist nicht mehr „einfach“, und man könnte in jedem Einzelfall jeweils ein spezialisiertes Unterprogramm schreiben, das die gestellte Spezialaufgabe effizienter erledigt. □

Nun zu den technischen Aspekten eines Unterprogramms. Unterprogramme sind in sich geschlossene Programmteile, die von jeder Stelle aus aufgerufen werden können. Damit dies möglich ist, müssen folgende Bedingungen erfüllt sein:

1. Die Adresse, von der aus in das Unterprogramm verzweigt wurde (Rücksprungadresse), muss gerettet werden, so dass nach Beendigung des Unterprogramms zu dieser Stelle zurückgekehrt werden kann.
2. Eine Übergabe von Eingabewerten als *Parameter* an das Unterprogramm muss möglich sein.
3. Ebenso muss die Rückgabe von Ergebnissen aus dem Unterprogramm an das aufrufende Programm möglich sein.

**Fragen zur Lernkontrolle:**

1. Warum verwendet man Unterprogramme?
2. Was versteht man unter einem Parameter?
3. Was versteht man unter einer Funktion?
4. Was ist der wichtigste Vorteil von Unterprogrammen?
5. Ist getrennte Übersetzbarkeit heute noch ein Vorteil?
6. Worauf soll man beim Entwurf von Unterprogrammen achten?

## 5.2 Unterprogrammaufrufe mit GO

Eine einfache Möglichkeit, Unterprogramme zu realisieren, bietet der Befehl `GO` (siehe Seite 70), den wir schon im Abschnitt 4.1.2 über die Kontrollstrukturen behandelt haben. Er kombiniert den Sprung zu einer Zieladresse mit dem Abspeichern der Rücksprungadresse in einem eigenen Register. Beginnen wir mit einem einfachen Beispiel, dem Unterprogramm `PutChar`.

**Beispiel 5.2.** Das Unterprogramm `PutChar` benutzt folgende Register: `$0` für die Rücksprungadresse und `$1` für das auszugebende Zeichen. Es handelt sich hier also um die Übergabe eines Parameters in einem Register. Die Ausgabe des Zeichens erfolgt auf `StdOut`. Es wäre auch zu überlegen, ob der Ausgabestrom nicht ebenfalls ein Parameter dieser Funktion sein sollte (entsprechend der C-Funktion `putc`).

putchar.mms

```
          LOC   Data_Segment
          GREG  @
OutBuf    BYTE  0,0            Ausgabepuffer für PutChar

          LOC   #100
          GREG  @
PutChar   LDA   $255,OutBuf
          STB   $1,$255,0
          TRAP  0,Fputs,StdOut
          GO    $0,$0,0        Rücksprung aus dem Unterprogramm

Newline   IS    10

Main      SET   $1,Newline     Programm schreibt eine neue Zeile
          GO    $0,PutChar     Aufruf des Unterprogramms
          TRAP  0,Halt,0
```

Betrachten wir dieses Programm im Einzelnen: Im Datensegment finden wir einen zwei Byte langen Ausgabepuffer `OutBuf`. Sein erstes Byte wird von `PutChar` überschrieben und enthält jeweils das auszugebende Zeichen; das zweite Byte des Ausgabepuffer ist immer `0`. Es beendet den Ausgabestring, wie das von der Funktion `Fputs` verlangt wird. Der vorausgehende Pseudobefehl `GREG` reserviert ein globales Register und besetzt es mit der gerade aktuellen Adresse – in diesem Fall ist das gerade der Anfang des Datensegments. Dieses globale Register kann später vom Assembler verwendet werden, um die Adresse von `OutBuf` zu berechnen.

Im Textsegment, bei Adresse `#100`, steht das Unterprogramm `PutChar`. Auch hier geben wir dem Assembler ein globales Register, damit die Adresse von `PutChar` berechnet werden kann. Das Unterprogramm ist sehr einfach: Es lädt die Adresse von `OutBuf` nach `$255` und speichert den Parameter in Register `$1` dorthin. Ein Aufruf der Betriebssystemroutine `Fputs` gibt die Zeichenkette ab Adresse `$255` = `OutBuf` bis zum ersten Null-Byte aus. Also hier gerade ein Zeichen. Der folgende `GO`-Befehl benutzt die Rücksprungadresse in Register `$0`, um zum Hauptprogramm zurückzukehren.

Vor dem eigentlichen Hauptprogramm finden wir noch eine Vereinbarung: Dem Wert 10 wird der Name `Newline` zugeordnet. 10 ist gerade der ASCII-Code des Zeichens für Zeilenvorschub. Solche Vereinbarungen verbessern die Lesbarkeit von Programmen. Das Hauptprogramm besteht nur aus drei Anweisungen. Der Parameter `Newline` wird in das vereinbarte Parameterregister `$1` geladen. Es erfolgt ein Sprung zum Unterprogramm `PutChar` und nach erfolgreicher Rückkehr wird das Programm mit `Halt` beendet. □

### 5.2.1 Übergabe von Parametern in Registern

Verschiedene Methoden zur Übergabe von Parametern sind bereits bekannt:

1. Der *Wert* des Parameters steht in einem (vereinbarten) Register (siehe Beispiel 5.2), *call by value.*
2. Die *Adresse* des Parameters steht in einem (vereinbarten) Register, *call by reference.*
3. Ein Parameterblock enthält die Parameter. Wie bei der Parameterübergabe in Registern können im Parameterblock wieder Werte und/oder Adressen von Parametern stehen.
   Eine Variante der Übergabe mittels Parameterblock, die besondere Bedeutung besitzt und deshalb unten noch ausführlich behandelt wird, ist die Parameterübergabe in einem so genannten *Stackframe.*
   Bei einer weiteren Variante der Parameterblocktechnik wird für verschiedene Unterprogramme immer derselbe Speicherbereich als Parameterblock verwendet. Diese Technik geht auf die Programmiersprache FORTRAN zurück; dort heißt ein gemeinsamer Parameterblock COMMON-Bereich.

**Beispiel 5.3.** Bei der Ausgabe eines Zeichens mit der Funktion `PutChar`, wie in Beispiel 5.2 beschrieben, erfolgt die Übergabe des Ausgabezeichens in Register `$1` (call by value). □

**Beispiel 5.4.** Bei der Ausgabe eines Strings mit der Systemfunktion `TRAP 0,Fputs,StdOut` (siehe Abbildung 3.8 auf Seite 61) wird im Register `$255` die Adresse des Strings übergeben (call by reference). □

**Beispiel 5.5.** Bei der Eingabe eines Strings mit der Systemfunktion `TRAP 0,Fgets,StdIn` (siehe Abbildung 3.9 auf Seite 62) wird in `$255` ein Zeiger auf den Parameterblock `Arg` übergeben. Der Parameterblock selbst enthält die Parameter `Buffer` (call by reference) und `size` (call by value). □

Wir wollen beide Methoden an einem weiteren Beispiel zeigen:

**Beispiel 5.6.** Unser erstes `MMIX`-Programm (vgl. Abschnitt 3.1.2) berechnete die Formel $y = (x_1+x_2*x_3)/(x_1+x_2)$. Wir schreiben die Formelauswertung nun als Unterprogramm:

`formel.mms`

```
* MMIX-Unterprogramm zur Berechnung von
* y = (x1 + x2 * x3)/(x1 + x2)
* Übergabe von x1 in $1, x2 in $2 und x3 in $3
* Rückgabe von y in $4
* Rücksprungadresse in $0
* Verwendung von $5 als Hilfsregister

Arith   MUL   $4,$2,$3
        ADD   $4,$4,$1
        ADD   $5,$2,$1
        DIV   $4,$4,$5
        GO    $0,$0,0   Rücksprung (Return)
```

Diese Formel soll nun für verschiedene Variablen ausgewertet werden, etwa:

$$d = (a + b * c)/(a + b) \qquad \text{und} \qquad v = (s + t * u)/(s + t).$$

Dazu schreiben wir einen Rahmen, der die Werte der Eingabeparameter in den Registern `$1`, `$2`, `$3` übergibt, das Ergebnis kann in Register `$4` abgeholt werden.

paramblock.mms

```
        LOC     Data_Segment
        GREG    @
* Datensatz 1:
a       OCTA    3
b       OCTA    7
c       OCTA    11
d       OCTA    0

* Datensatz 2:
s       OCTA    5
t       OCTA    9
u       OCTA    13
v       OCTA    0

        LOC     #100
        GREG    @
Main    LDO     $1,a        Parameter laden
        LDO     $2,b
        LDO     $3,c
        GO      $0,Arith    1. Aufruf
        STO     $4,d        Ergebnis speichern

        LDO     $1,s        Parameter laden
        LDO     $2,t
        LDO     $3,u
        GO      $0,Arith    2. Aufruf
        STO     $4,v        Ergebnis speichern
        TRAP    0,Halt,0
```

Man beachte, wie im Hauptprogramm vor dem Aufruf des Unterprogramms die Werte aller Eingabeparameter explizit in die entsprechenden Register geladen werden. Insbesondere bei vielen Parametern ein aufwändiges Verfahren.

Als Alternative formulieren wir nun die Übergabe eines Zeigers auf die Parameter.

byreference.mms

```
        LOC     Data_Segment
        GREG    @

Daten1  OCTA    3           Die Datensätze müssen
        OCTA    7           zusammenhängend
```

```
                OCTA   11                im Speicher stehen!
                OCTA   0

        Daten2  OCTA   5
                OCTA   9
                OCTA   13
                OCTA   0

                LOC    #100

* MMIX-Unterprogramm zur Berechnung von
* y = (x1 + x2 * x3)/(x1 + x2)
* Übergabe eines Zeigers auf den Parameterblock in $255
* Verwendung von $1, $2, $3, $4 und $5 als Hilfsregister
* Rücksprungadresse in $0

Arith   LDO    $1,$255,0      x1
        LDO    $2,$255,8      x2
        LDO    $3,$255,16     x3
        MUL    $4,$2,$3
        ADD    $4,$4,$1
        ADD    $5,$2,$1
        DIV    $4,$4,$5
        STO    $4,$255,24     Y
        GO     $0,$0,0        Return

Main    LDA    $255,Daten1    Zeiger laden
        GO     $0,Arith       1. Aufruf
        LDA    $255,Daten2    Zeiger laden
        GO     $0,Arith       2. Aufruf

        TRAP   0,Halt,0
```

Das Laden der Parameter erfolgt nun im Unterprogramm; das Hauptprogramm wird entsprechend kürzer.

□

**Übung 5.1.** Schreiben Sie ein Unterprogramm, welches den maximalen Wert eines Vektors mit 100 Elementen zurückliefert. Als Parameter wird die Anfangsadresse des Vektors übergeben.

**Übung 5.2.** Erweitern Sie obiges Unterprogramm so, dass es den maximalen Wert eines Vektors beliebiger Länge zurückliefert. Als Parameter werden die Anfangsadresse des Vektors sowie dessen Länge in zwei Registern übergeben.

**Übung 5.3.** Schreiben sie obiges Unterprogramm unter Verwendung von Parameterübergabe mittels Parameterblock. Experimentieren Sie mit zwei Varianten:

a) Der Parameterblock enthält zuerst die Länge und danach den ganzen Vektor.
b) Der Parameterblock enthält zuerst die Länge und danach die Adresse des Vektors.

**Fragen zur Lernkontrolle:**

1. Vergleiche die Instruktionen `JMP` und `GO` hinsichtlich Adressierungsart und Eignung zum Unterprogrammaufruf.
2. Wozu braucht `GO` ein `GREG`?
3. Welche Varianten der Parameterübergabe gibt es?
4. Welche Variante ist am schnellsten?
5. Welche Variante ergibt den kürzesten Code?
6. Vergleiche den Speicherbedarf verschiedener Varianten.
7. Welche Vor- und Nachteile hat die Parameterübergabe in Registern?

## 5.3 Der Stack

Die bisher besprochenen Methoden für die Parameterübergabe haben folgende Nachteile:

1. Das Unterprogramm benötigt Register für lokale Größen. Es muss sichergestellt werden, dass das aufrufende Programm in diesen Registern keine wichtigen Daten speichert.
2. Für Parameter und Rückgabewerte werden entweder Register belegt oder sie stehen global sichtbar im Speicher (Parameterblock).
3. Rekursion (siehe Seite 97) wird durch diese Vorgehensweise nicht unterstützt.

Abhilfe schafft ein Stack, eine Datenstruktur, die wir in Abschnitt 6.5 noch ausführlicher betrachten werden. Wir fassen die wesentlichen Eigenschaften hier kurz zusammen:

Wir können den Stack mit einem Stapel vergleichen, auf den immer nur oben etwas darauf gelegt werden darf (Push-Operation) und von dem jeweils nur das zuletzt hinzu gelegte weggenommen werden darf (Pop-Operation). Dies wird üblicherweise als „LIFO-Prinzip“ (**L**ast **I**n **F**irst **O**ut) bezeichnet.

Am einfachsten implementiert man einen Stack durch einen eigenen Speicherbereich zusammen mit einem Zeiger `SP`, dem Stackpointer, der angibt, wo gerade das Ende des Stacks ist. Zu Beginn ist der Stack leer, d.h., der Stackpointer zeigt auf das untere Ende des Speicherbereichs `BOS` („**B**ottom **O**f **S**tack“). Der Platz zwischen Stackpointer und `BOS` gilt als belegt und der übrige Platz gilt als frei. Möchte man neuen Speicherplatz auf dem Stack reservieren, so muss der Stackpointer um die entsprechende Anzahl von Byte verschoben werden. Will man den Speicher wieder freigeben, so schiebt man den Stackpointer um den entsprechenden Betrag zurück. Auf dem Stack wird

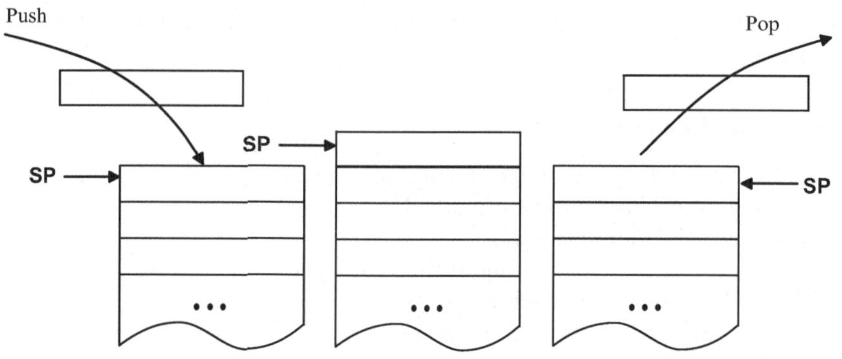


**Abb. 5.1.** Ablage eines Datenelements auf dem Stack (Push) und Entfernen eines Datenelements vom Stack (Pop).

also der Speicherplatz immer genau in der umgekehrten Reihenfolge freigegeben, in der er angefordert wurde. Dies ist in Abbildung 5.1 dargestellt. Diese Einschränkung ermöglicht gerade die besonders einfache Speicherverwaltung.

Der Stack ist die ideale Datenstruktur, um die lokalen Daten, einschließlich der Rücksprungadresse, eines Unterprogramms aufzunehmen. Dies liegt einfach daran, dass die Schachtelung von Aufruf und Rückkehr von Unterprogrammen – das zuletzt aufgerufene Unterprogramm kehrt als erstes zurück – genau dem Last-In-First-Out-Prinzip des Stacks entspricht.

Wegen der besonderen Bedeutung des Stacks für die Unterprogrammtechnik besitzen die meisten Prozessoren, wie auch der `MMIX`, eine Hardwareunterstützung für den Stack, oft in Form eines speziellen Registers für den Stackpointer, der beim Lesen und Schreiben von Daten automatisch entsprechend erhöht und erniedrigt wird. Die Implementierung des Hardwarestacks für den `MMIX` lernen wir in Abschnitt 5.5 kennen.

Wegen der Wichtigkeit des Themas und weil nicht alle Prozessoren eine ähnlich komfortable Unterstützung für Unterprogrammaufrufe besitzen wie der `MMIX`, wollen wir zunächst das allgemeine Konzept anhand eines direkt programmierten Stacks vorstellen.

Beim `MMIX` ist es praktisch, wenn der Stackpointer immer auf das zuletzt eingetragene Element ('Top of Stack') zeigt und von großen Adressen hin zu kleinen Adressen wächst. Die Daten innerhalb des Stacks können dann leicht mit positiven Offsets relativ zum Stackpointer adressiert werden. Hier und im Folgenden werden wir für den so angelegten Stack den Speicherbereich von `#2FFF FFFF FFFF FFFF` an abwärts verwenden. Bei der Initialisierung des

Stackpointers setzt man daher den Stackpointer hinter den fiktiven ersten Eintrag also auf `BOS` = #3000 0000 0000 0000 (leerer Stack). Es erweist sich weiter als zweckmäßig, Speicherplatz nur in Vielfachen von 8 Byte bereitzustellen. Dadurch stellt man sicher, dass der angeforderte Speicherplatz immer zur Speicherung eines `OCTA`s geeignet ist (Alignment, vgl. Seite 40).

### 5.3.1 Ablage der Rücksprungadresse auf dem Stack

Der Befehl `GO` verwendet zur Ablage der Rücksprungadresse das Register `$X`. Dies kann bei verschachtelten Unterprogrammaufrufen zu Kollisionen führen, nämlich dann, wenn zwei ineinander geschachtelte Unterprogramme hierfür das gleiche Register verwenden. Insbesondere bei Rekursion, d.h., wenn ein Unterprogramm sich selbst aufruft, ist dieser Konflikt unausweichlich.

Wie bereits gesagt eignet sich der Stack ideal zum Abspeichern der Rücksprungadresse. Der benötigte Speicher wird zu Beginn des Unterprogramms angefordert und am Ende wieder freigegeben. Die natürliche Schachtelung von Unterprogrammen erzwingt so unmittelbar die richtige Reihenfolge von Speicheranforderung und Freigabe.

Das Problem mit dem Speichern der Rücksprungadresse ist dadurch gelöst, dass jedes Unterprogramm zu Beginn das Register `$X` auf den Stack legt und erst unmittelbar vor der Rückkehr wieder vom Stack holt. Dann kann das Register `$X` während der gesamten Ausführung des Unterprogramms beliebig verwendet werden –insbesondere für den nächsten Unterprogrammaufruf.

Bei einem verschachtelten Aufruf der Tiefe $n$ liegt dann die Rücksprungadresse des ersten Aufrufs ($\mathrm{RETA}_1$) zuunterst im Stack, darüber die der folgenden Aufrufe und zuoberst die Rücksprungadresse des letzten Aufrufs ($\mathrm{RETA}_n$). Diese wird bei der Rückkehr aus dem innersten Aufruf benötigt. Siehe dazu Abbildung 5.2.

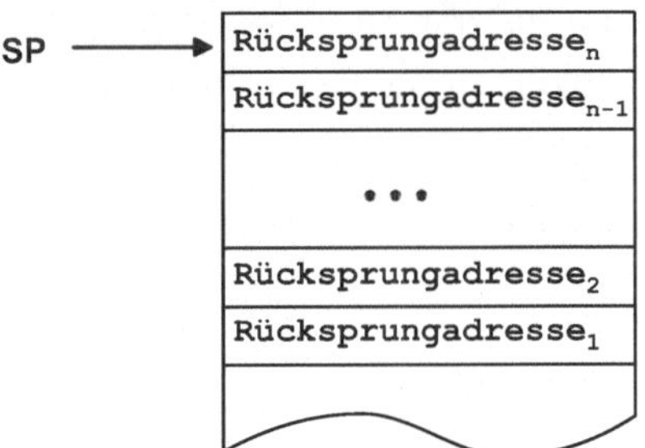


**Abb. 5.2.** Ablage der Rücksprungadressen geschachtelter Unterprogrammaufrufe auf einem Stack.

Wir betrachten nun eine einfache rekursive Funktion zur Illustration der Vorgehensweise.

**Beispiel 5.7.** Rekursive Berechnung der Fakultät.
Das Unterprogramm `Fak` legt die Rücksprungadresse auf den Stack.

`rekursiv.mms`

```
        LOC   Data_Segment
        GREG  @
n       IS    $1
f       IS    $2
test    IS    $3

BOS     GREG  #3000000000000000   Bottom Of Stack
SP      GREG  0                   Stackpointer

        LOC   #100
        GREG  @

Fak     SUB   SP,SP,8             push RETA
        STO   $0,SP,0

        CMP   test,n,1            Rekursionsende ?
        BP    test,Rek            nein: neuer Aufruf
        SET   f,1                 f=1
        JMP   Ende

Rek     SUB   n,n,1               n=n-1
        GO    $0,Fak              Rekursion
        ADD   n,n,1               n=n+1
        MUL   f,f,n               f = f*n

Ende    LDO   $0,SP,0             pop RETA
        ADD   SP,SP,8
        GO    $0,$0,0             Rücksprung

Main    SET   SP,BOS              Initialisierung
        SET   n,7                 Parameter n=7
        GO    $0,Fak

        TRAP  0,Halt,0
```

□

**Übung 5.4.** Verfolgen Sie an dem letzten Beispiel die Stackbelegung bei der Berechnung von $n!$

**Übung 5.5.** Erklären Sie, wie sich eine Funktion zur Berechnung der Fibonacci-Zahlen rekursiv programmieren lässt, nach der in einer höheren Programmiersprache üblichen Vorgehensweise:

```
long fib(long n)  { if (n<2) return 1;  else return
fib(n-2) * fib(n-1);  }
```

### 5.3.2 Ablage von lokalen Variablen auf dem Stack

Betrachtet man das obige Beispiel eingehender, so wird einem auffallen, dass der rekursive Aufruf von `Fak` auch das Register `n` verändert. Nur mit einem Trick bekommt man den ursprünglichen Wert von `n`, der nach dem rekursiven Aufruf ja noch für die Multiplikation gebraucht wird, wieder. Man sieht, dass jeder Aufruf der Funktion den Wert von `n` um 1 verkleinert; indem man nun entsprechend nach dem rekursiven Aufruf den Wert von `n` wieder um 1 vergrößert, kann man diesen Effekt ausgleichen und erhält den ursprünglichen Wert von `n` wieder zurück. Leider geht dies nicht immer so einfach.

Der Stack, als Parkplatz für lokale Variable, kommt uns auch hier zu Hilfe. Im folgenden Beispielprogramm werden für jeden Unterprogrammaufruf zwei `OCTA` auf dem Stack reserviert. Ein `OCTA` für die Rücksprungadresse und ein `OCTA` für `n`. Man erkennt unschwer, wie sich dieser Ansatz auf 3, 4 oder mehr Register verallgemeinern lässt.

——— rekursiv2.mms ———

```
        LOC   Data_Segment
        GREG  @
n       IS    $1
f       IS    $2
test    IS    $3

BOS     GREG  #3000000000000000   Bottom Of Stack
SP      GREG  0                   Stackpointer

        LOC   #100
        GREG  @

Fak     SUB   SP,SP,16            push
        STO   $0,SP,0             Rücksprungadresse
        STO   n,SP,8              n

        CMP   test,n,1            Rekursionsende ?
        BP    test,Rek            nein: neuer Aufruf
        SET   f,1                 f=1
        JMP   Ende
```

```

Rek     SUB     n,n,1               n=n-1
        GO      $0,Fak              Rekursion
        LDO     n,SP,8              alter Wert von n
        MUL     f,f,n               f = f*n

Ende    LDO     $0,SP,0             Rücksprungadresse
        ADD     SP,SP,16            pop
        GO      $0,$0,0             Rücksprung

Main    SET     SP,BOS              Initialisierung
        SET     n,7                 Parameter n=7
        GO      $0,Fak

        TRAP    0,Halt,0
```

### 5.3.3 Parameterübergabe auf dem Stack

Der Stack bietet sich auch zur Übergabe von Parametern an. Anstatt Zeiger oder Werte in vereinbarten Registern oder Speicherzellen zu übergeben, kann das aufrufende Programm diese auf den Stack legen und das aufgerufene Unterprogramm holt sich die Parameter vom Stack. Vor der Rückkehr wird das Ergebnis ebenfalls auf dem Stack bereitgestellt, wo es vom aufrufenden Programm zur Weiterverarbeitung abgeholt wird.

**Beispiel 5.8.** Wir illustrieren dies an der folgenden Variante der rekursiven Berechnung von $n!$.

rekursiv3.mms

```
        LOC     Data_Segment
        GREG    @
n       IS      $1
f       IS      $2
test    IS      $3

BOS     GREG    #3000000000000000   Bottom Of Stack
SP      GREG    0                   Stackpointer

        LOC     #100
        GREG    @

Fak     SUB     SP,SP,8             push
        STO     $0,SP,0             Rücksprungadresse
```

```
        LDO   n,SP,8      Parameter vom Stack
        CMP   test,n,1    Rekursionsende ?
        BP    test,Rek    nein: neuer Aufruf
        SET   f,1         f=1
        JMP   Ende
Rek     SUB   n,n,1       n=n-1
        SUB   SP,SP,8     push
        STO   n,SP,0      Parameter auf den Stack
        GO    $0,Fak      rekursiver Aufruf
        LDO   f,SP,0      Ergebnis vom Stack
        ADD   SP,SP,8     pop
        LDO   n,SP,8      alter Wert von n
        MUL   f,f,n       f = f*n
Ende    STO   f,SP,8      Ergebnis auf den Stack
        LDO   $0,SP,0     Rücksprungadresse
        ADD   SP,SP,8     pop
        GO    $0,$0,0     Rücksprung
Main    SET   SP,BOS      Initialisierung
        SET   n,7         n=7
        SUB   SP,SP,8     push
        STO   n,SP,0      Parameter auf den Stack
        GO    $0,Fak      Aufruf
        LDO   f,SP,0      Ergebnis vom Stack
        ADD   SP,SP,8     pop
        TRAP  0,Halt,0
```

Man vergleiche die Aufrufsequenz von `Fak` im Hauptprogramm und mit der Aufrufsequenz des rekursiven Aufrufs im Unterprogramm. Beide Sequenzen sind vollkommen identisch. Dies zeigt den wesentlichen Vorteil der Parameterübergabe auf dem Stack. Unabhängig von den jeweiligen Eigenarten des Unterprogramms gibt es eine einheitliche Form des Aufrufs. □

**Übung 5.6.** Verfolgen Sie auch an diesem Beispiel die Stackbelegung bei der Berechnung von $n!$ und vergleichen Sie diese mit Übung 5.5.

### 5.3.4 Sichern von Registern auf dem Stack

Alternativ zum Sichern von Registern durch das aufrufende Programm in lokalen Variablen vor dem Sprung ins Unterprogramm (siehe 5.3.2) kann man auch einfach verbieten, dass Unterprogramme irgendwelche Register verändern. Das scheint auf den ersten Blick noch attraktiver zu sein als unsere bisherige Lösung, da sich nun das Sichern von Registerinhalten vor einem Funktionsaufruf erübrigt. Leider ist das nur die halbe Wahrheit, nun stellt sich nämlich das Problem für das aufgerufene Programm, wie es ohne Register zu verändern irgendwelche Berechnungen anstellen soll. Die Lösung sollte inzwischen bekannt sein: der Stack.

Im Unterprogramm werden zusätzlich zur Rücksprungadresse auch noch alle Register auf den Stack gelegt ('Save'), die vom Unterprogramm verändert werden. Diesen Stackbereich nennt man *Save Area.* Unmittelbar vor dem `Return` werden diese Register wieder vom Stack geholt ('Restore'), als Letztes die Rücksprungadresse. So können während der Ausführung des Unterprogramms alle Register beliebig verwendet werden.

Das Unterprogramm legt die Rücksprungadresse auf den Stack. Darüber kommen die gesicherten Register. Bezeichnen wir die gesicherten Register mit $S_1, \ldots, S_n$, so haben wir während der Ausführung des Unterprogramms die in Abbildung 5.3 dargestellte Stackbelegung. Diese Methode bietet den Vorteil,

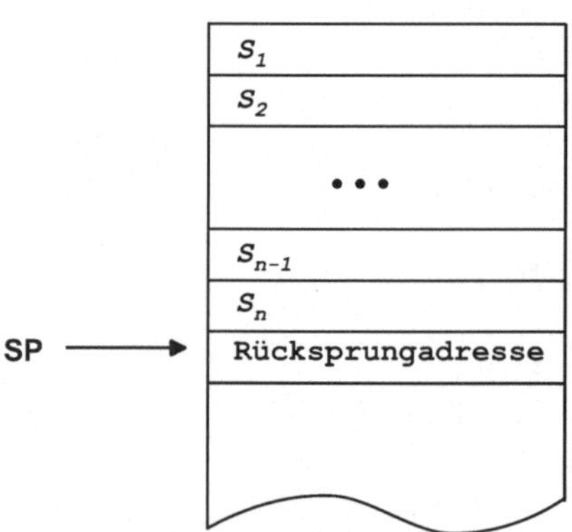


**Abb. 5.3.** Auf dem Stack werden über der Rücksprungadresse die gesicherten Register abgelegt.

dass nur gezielt die Register abgespeichert werden, die im Unterprogramm verändert werden. Auch bleibt die innere Struktur und die Abläufe eines Unterprogramm nach außen so besser verborgen.

### 5.3.5 Stackframes

Der vielfältige Gebrauch des Stacks wird nun langsam etwas unübersichtlich und wir müssen uns Gedanken über eine ordentliche Gliederung des Stacks machen: Wir organisieren den Stack als eine Folge von *Stackframes*.

Zur Erhöhung der Lesbarkeit sowie der Erweiterbarkeit und Wiederverwendbarkeit von Programmen empfiehlt es sich, den Stack wie folgt zu verwenden (Compiler generieren üblicherweise Code nach einem derartigen Muster); siehe dazu auch Abbildung 5.4:

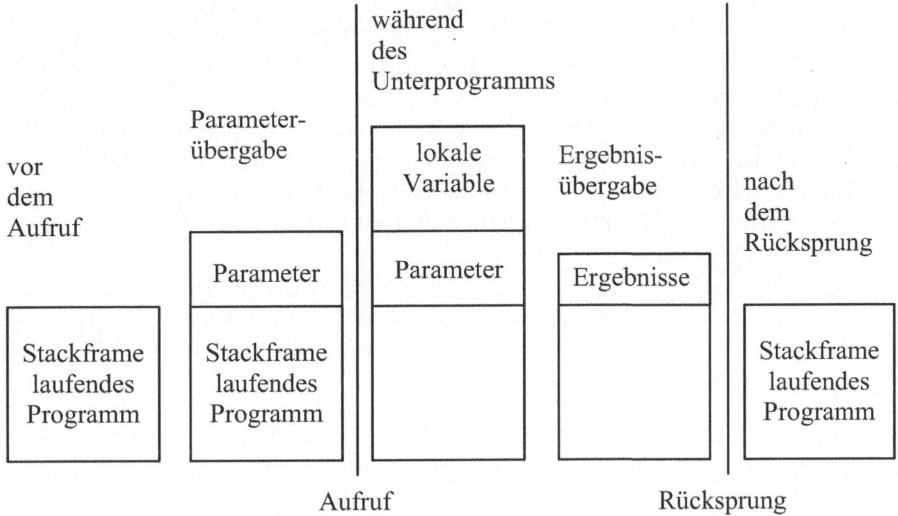


**Abb. 5.4.** Gliederung eines Stackframes.

Die Programmierung des Stacks kann in folgenden Schritten durchgeführt werden:

1. Vor dem Aufruf eines Unterprogramms werden vom aufrufenden Programm alle Parameter auf den Stack gelegt (dieser Platz kann auch für Rückgabewerte benutzt werden).
2. Nach dem Aufruf eines Unterprogramms schafft sich das Unterprogramm zusätzlich Platz für lokale Variable.
3. Typischerweise wird als Erstes die Rücksprungadresse aus dem entsprechenden Register in einer lokalen Variablen gesichert.
   In gewisser Weise sind auch die Parameter lokale Variable des Unterprogramms, mit dem Unterschied, dass sie vom aufrufenden Programm mit Werten vorbelegt werden. Viel Prozessoren verfügen auch über eine eigene `CALL`-Instruktion zum Aufruf eines Unterprogramms, die die

Rücksprungadresse automatisch auf dem Stack sichert. Die Rücksprungadresse bekommt dadurch einen eigenen Status neben Parametern und eigentlichen lokalen Variablen.
Alle diese Variable, Parameter, Rücksprungadresse und eigentliche lokale Variable bilden zusammen den *Stackframe* des Unterprogramms.

4. Vor dem Aufruf weiterer Unterprogramme können Werte, die sich in Registern befinden und später noch gebraucht werden, in den lokalen Variablen auf dem Stack gesichert werden.
5. Nach dem Aufruf von Unterprogrammen können die gesicherten Werte wieder vom Stack geladen werden.
6. Anstatt lokale Variable auf dem Stack abzulegen, können alternativ auch alle Registerinhalte des aufrufenden Programms dorthin gesichert werden.
7. Vor dem Ende des Unterprogramms wird die Rücksprungadresse wieder vom Stack geladen.
8. Der Platz auf dem Stack wird soweit verkleinert, dass gerade noch Platz für die Rückgabewerte bleibt; diese werden auf dem Stack gespeichert.
9. Nach dem Rücksprung holt sich das aufrufende Programm die Ergebnisse des Unterprogramms vom Stack und gibt danach den entsprechenden Stackbereich frei.
10. Da mehrere Rückgabewerte recht selten sind, wird der Rückgabewert oft nicht auf dem Stack, sondern in einem Register übergeben.

**Beispiel 5.9.** Die Funktion `binom` zur Berechnung von $m = \binom{n}{k}$ hat zwei Parameter $n$ und $k$ und ein Ergebnis $m$. Das Folgende Programm zeigt den entsprechenden Ausschnitt; das Unterprogramm `binom` ist nicht enthalten.

binom.mms

```
        SUB     SP,SP,2*8   2 Parameter
        STO     $1,SP,0     push n
        STO     $2,SP,8     push k

        GO      $0,binom

        LDO     $1,SP,0     pop m
        ADD     SP,SP,1*8   1 Rückgabewert
```

□

**Beispiel 5.10.** Ausdruck einer Zahl in Dezimaldarstellung. Die einzelnen Ziffern werden, beginnend mit der niederwertigsten, nach dem Divisionsverfahren bestimmt (Zeilen17-20). Bei einer negativen Zahl ist das Vorzeichen anzufügen (Zeilen 24-25).

drzahl.mms

```
r       IS    $0              Rest
Vorz    IS    $1              Vorzeichen
Num     IS    $2
DrZahl  SUB   SP,SP,3*8       push
        STO   $0,SP,0
        STO   $1,SP,8
        STO   $2,SP,16

        LDO   Num,SP,24       Pop Parameter

        LDA   $255,BUFFER+26  max. 25 Stellen
        SETH  Vorz,#8000
        AND   Vorz,Vorz,Num
        PBZ   Vorz,2F
        NEG   Num,Num         2-Kompl. berechnen
2H      SUB   $255,$255,1     Zahl ohne VZ ausgeben
        DIVU  Num,Num,10
        GET   r,rR
        INCL  r,'0'
        STBU  r,$255,0
        PBNZ  Num,2B
        PBZ   Vorz,3F
        SUB   $255,$255,1     neg. VZ schreiben
        SETL  r,'-'
        STBU  r,$255,0
3H      TRAP  0,Fputs,StdOut

        LDO   $2,SP,16        pop
        LDO   $1,SP,8
        LDO   $0,SP,0

        ADD   SP,SP,3*8

        GO    r,$0,0
```

□

**Beispiel 5.11.** Berechnung des maximalen Wertes eines Vektors

max.mms

```
        LOC   Data_Segment

X1      GREG  @             Zeiger auf X1
```

```
AddrX1   IS     @
         OCTA   3,65,8,119,24,512,88
N        IS     (@-AddrX1)    Laenge des Arrays in Byte

         LOC    #3000000000000000
Heap     GREG   @
SP       GREG   0

         LOC    #100
         GREG   @

* Unterprogramm Maximum-Berechnung
* Definition Parameterbereich
ParSize  IS     16
OfStart  IS     0
OfAnz    IS     8

* lokale Variable
i        IS     $0
pxi      IS     $1
max      IS     $2
xi       IS     $3
test     IS     $4
Locals   IS     5

Maxi     SUB    SP,SP,8*Locals
         STO    $0,SP,0         push Rücksprungadresse
         STO    $1,SP,8         sichere lokale Register
         STO    $2,SP,16        und
         STO    $3,SP,24        pop Parameter
         STO    $4,SP,32
         LDO    pxi,SP,8*Locals+OfStart
         LDO    i,SP,8*Locals+OfAnz

         SUB    i,i,1
         SL     i,i,3           initialisiere Index (i < 65535)
         LDO    max,pxi,i       initialisiere max
         JMP    Weiter          While-Schleife beginnt mit Test

Wdhl     LDO    xi,pxi,i
         CMP    test,max,xi     xi > max?

         CSN    max,test,xi

Weiter   SUB    i,i,8
```

```
            BNN   i,Wdhl         i≥0, nochmal
            STO   max,SP,8*Locals
            LDO   $4,SP,32       speichere lokale Register zurück
            LDO   $3,SP,24
            LDO   $2,SP,16
            LDO   $1,SP,8
            LDO   $0,SP,0        speichere Rücksprungadresse zurück
            ADD   SP,SP,8*Locals
            GO    $0,$0,0
* Hauptprogramm
Main        SET   SP,Heap
            SET   $3,127         Test, ob's wirklich gerettet wird
            SUB   SP,SP,ParSize
            SET   $1,X1
            STO   $1,SP,OfStart
            SET   $1,N
            DIV   $1,$1,8
            STO   $1,SP,OfAnz
            GO    $0,Maxi
            LDO   $1,SP
            ADD   SP,SP,ParSize
            TRAP  0,Halt,0
```

□

**Fragen zur Lernkontrolle:**

1. Warum eignet sich ein Stack besonders für die Speicherung lokaler Daten eines Unterprogramms?
2. Kann man trotz Unterprogrammtechnik auch ohne Stack auskommen?
3. Was versteht man unter Rekursion?
4. Diskutiere: Wo sollten Register gesichert werden, im aufrufenden oder im aufgerufenen Programm?
5. Was versteht man unter einem Stackframe?

## 5.4 Exkurs: Präfix und lokale Symbole

Bei der Formulierung von Programmen haben sich im Laufe der Zeit für spezielle Anwendungsfälle gewisse logische Bezeichnungen eingebürgert, etwa „`Ende`“ für das markierte Ende eines Unterprogramms, „`n`“ für eine ganze

Zahl, „`i`“ für die Laufvariable in einer Schleife oder „`Loop`“ für den Anfang einer Schleife. Der Assembler muss diese Namen in verschiedenen Unterprogrammen natürlich auseinander halten können. Es bietet sich an, jedem Symbol eigens den Namen des Unterprogramms als so genanntes Präfix voranzustellen. Man schreibt also `FakEnde` und `SUB Fakn,Fakn,1`, was mit recht großem Schreibaufwand verbunden ist und der Lesbarkeit nicht gerade förderlich ist.

Der `MMIX`-Assembler bietet nun eine Möglichkeit, den gleichen Effekt ohne großen Schreibaufwand mit dem Pseudobefehl `PREFIX` (siehe S. 108) zu erzielen.

**Name:**
`PREFIX` *Name*

**Spezifikation:**
Das aktuelle Präfix wird auf *Name* gesetzt.

**Beschreibung:**
Jeder Name im Programm, der nicht mit einem Doppelpunkt beginnt wird automatisch durch das aktuelle Präfix zu einem vollständigen Namen ergänzt. Beim Start des Assemblers ist das aktuelle Präfix einfach nur ein Doppelpunkt. Diesen Zustand kann man durch `PREFIX :` jederzeit wiederherstellen.

Der Pseudobefehl `PREFIX`

Mit der Assembler-Anweisung `PREFIX Name:` wird ein Präfix festgelegt, das allen folgenden Symbolen vorangestellt wird. Nach der Anweisung `PREFIX Fak:` bedeutet dann das Symbol `Ende` so viel wie `Fak:Ende` und die Anweisung `SUB n,n,1` so viel wie `SUB Fak:n,Fak:n,1`. Lokale Symbole sind somit automatisch verschieden von allen anderen Symbolen.

Nun muss man freilich auch nach einer Präfix-Anweisung auch weiterhin auf globale Symbole zugreifen können. In der Anweisung `ADD SP,SP,1` will man ja gerade nicht eine lokale Variable `Fak:SP` verändern, sondern den globalen Stackpointer. Für diesen Zweck gibt es vollständige Namen, das heißt Namen, die nicht mit dem Präfix ergänzt werden. Diese Namen müssen mit einem Doppelpunkt beginnen. Nur Namen, die nicht mit einem Doppelpunkt beginnen, werden automatisch durch das aktuelle Präfix ergänzt.

Am Beginn eines `MMIX`-Programms ist das aktuelle Präfix einfach nur „`:`“. Die Anweisung `SP GREG 0` wird damit in vollständiger Schreibweise zu `:SP GREG 0`. Folglich lässt sich die Veränderung des globalen Stackpointers unabhängig vom gerade aktuellen Präfix mit der Anweisung `ADD :SP,:SP,1` erreichen. Die Wirkung einer Präfix-Anweisung kann mit mit `PREFIX :` beendet werden.

Auch die `PREFIX`-Anweisung selbst unterliegt dem Präfix-Mechanismus. So wird durch die Anweisung `PREFIX Fak:` das aktuell gültige Präfix „`:`“ dem

Namen „`Fak:`“ vorangestellt. Am Anfang des Programms ist die Anweisung also gleichbedeutend mit `PREFIX :Fak:`.

Für lokale Sprünge stellt der MMIX-Assembler noch einen zweiten Mechanismus für eine bequeme Programmierung zur Verfügung: lokale Labels, die wir schon in Abschnitt 4.3.4 gesehen haben.

**Beispiel 5.12.** Als Beispiel sei hier noch einmal das Programm zur Berechnung von $n!$ gegeben:

fakultaet.mms

```
        LOC     Data_Segment
        GREG    @
* Bottom Of Stack und Stackpointer
BOS     GREG    #3000000000000000
SP      GREG    0

        LOC     #100
        GREG    @

        PREFIX  Fak:         ab hier gilt das Präfix :Fak:

n       IS      $1           genauer :Fak:n
f       IS      $2           :Fak:f und
test    IS      $3           :Fak:test

:Fak    SUB     :SP,:SP,8    :Fak und :SP sind globale Namen
        STO     $0,:SP,0
        LDO     n,:SP,8      laden von :Fak:n

        CMP     test,n,1
        BP      test,1F      springe vor zu 1H
        SET     f,1
        JMP     2F           springe vor zu 2H

1H      SUB     n,n,1

        SUB     :SP,:SP,8
        STO     n,:SP,0

        GO      $0,:Fak      rekursiver Aufruf von :Fak

        LDO     f,:SP,0      laden von :Fak:f
        ADD     :SP,:SP,8

        LDO     n,:SP,8      alter Wert von :Fak:n
```

```
        MUL     f,f,n
2H      STO     f,:SP,8
        LDO     $0,:SP,0     Rücksprungadresse
        ADD     :SP,:SP,8
        GO      $0,$0,0      Return
        PREFIX  :            Ende des Präfix :Fak:
f       IS      $1           dies ist nun :f:
n       IS      $2           und :n:
Main    SET     SP,BOS       Initialisierung
        SET     n,7          :n: wird 7
        SUB     SP,SP,8
        STO     n,SP,0       Parameter auf den Stack
        GO      $0,Fak       Aufruf von Fak
        LDO     f,SP,0       Ergebnis vom Stack
        ADD     SP,SP,8
        TRAP    0,Halt,0
```

□

**Übung 5.7.** Schreiben Sie das Programm aus Beispiel 5.2 unter Verwendung von `PREFIX` und lokalen Labels.

**Fragen zur Lernkontrolle:**

1. Was ist ein vollständiger Name?
2. Kann man `PREFIX`-Anweisungen auch geschachtelt verwenden?
3. Welches Präfix ist beim Start des Assemblers gültig?
4. Was bewirkt die Anweisung `PREFIX :`?
5. Was ist der Unterschied zwischen `PREFIX Neu` und `PREFIX :Neu`?

## 5.5 Der Registerstack

Beide Mechanismen der Parameterübergabe, auf dem Stack und in Registern, haben ihre Vor- und Nachteile. Die Übergabe auf dem Stack ist, besonders in großen Programmen, einfacher zu verwalten, da alle Unterprogramme eine einheitliche Schnittstelle für die Übergabe von Parametern, den Aufruf und die Rückgabe von Ergebnissen haben. Die Übergabe von Parametern in Registern erfordert hingegen die Benutzung von bisweilen unterschiedlichen Registern je nach Unterprogramm; und sie ersetzt den Stack – nicht nur bei der Verwendung von Rekursion – keineswegs. Doch hat die Verwendung von Registern den Vorteil der größeren Effizienz, da keine Speicherzugriffe erforderlich sind. Für moderne Prozessoren, bei denen der Speicherzugriff um ein Vielfaches langsamer ist als die Ausführung einzelner Instruktionen, ist das ein nicht zu unterschätzender Vorteil. Der hier beschriebene Mechanismus des Registerstacks, der sich in ähnlicher Form in allen modernen RISC-Prozessoren findet, (man vergleiche z.B. die Prozessoren der AMD29000 Serie) verbindet die jeweiligen Vorteile beider Methoden. Der Nachteil gegenüber dem Unterprogrammaufruf mit `GO` ist die etwas komplexere Natur der Instruktionen `PUSHJ` und `POP`.

### 5.5.1 Das Konzept

Wenn man sich die Benutzung des Stacks einmal genau anschaut, fällt auf, dass eigentlich immer nur der oberste Teil des Stacks genutzt wird. Je weiter unten die Einträge im Stapel liegen, desto seltener werden sie gebraucht. Es genügt daher, nur den obersten Teil des Stapels in Registern zu halten und nur den unteren Teil in den Hauptspeicher auszulagern. Der Stack hat also nun zwei Teile, den obersten Teil bilden die Register und der untere Teil befindet sich wie bisher im Hauptspeicher. Um den Datenverkehr zwischen Registern und Hauptspeicher weiter zu reduzieren, wird man auch nicht jedes Mal wenn der Stack wächst und neue Register gebraucht werden, die untersten Register in den Hauptspeicher auslagern, sondern man unterscheidet zusätzlich zwischen Registern, die schon in Gebrauch sind, und noch nicht verwendeten Registern. Solange noch ungebrauchte Register da sind, sollten zuerst diese verwendet werden. Erst wenn keine Register mehr frei sind, lagert man die unteren Teile des Stapels in den Hauptspeicher aus. Entsprechend geht man vor, wenn der Stack kleiner wird. Man holt nicht gleich wieder die Werte aus dem Speicher und füllt die frei werdenden Register, sondern vergrößert einfach den Bereich der freien Register. Vielleicht wächst der Stack ja bald wieder – auch Faulheit zahlt sich manchmal aus. Erst wenn die Werte im Speicher wirklich wieder gebraucht werden, werden sie auch geholt.

### 5.5.2 Globale und lokale Register

Die Instruktionen des `MMIX` enthalten, wie bekannt, Registernummern `$0`, `$1`, `$2`, ..., `$255`. Der obere Teil dieser Register sind so genannte *globale Register*. Das Spezialregister `rG` zeigt an, ab welcher Nummer Register als global gelten. Sein Wert ist immer zwischen 32 und 255. Diese Register sind nicht Teil des Registerstacks. Sie spielen hier also keine wesentliche Rolle, denn sie werden durch die im Folgenden beschriebenen Instruktionen überhaupt nicht berührt. Man kann sich auch vorstellen, dass sie durch eine eigene Hardware realisiert sind. Der untere Teil der Register sind die so genannten *lokalen Register*. Das entsprechende Spezialregister `rL` gibt die Anzahl der gerade in Gebrauch befindlichen lokalen Register an. Hat etwa das Register `rL` den Wert 5, so sind die Register `$0`, `$1`, `$2`, `$3` und `$4` gerade in Verwendung. Was ist mit den Registern mit den Nummern ab `rL` bis `rG` − 1? Dies sind eben die zurzeit unbenutzten Register, auch *marginale Register* genannt. Beim Start eines Programms gibt es zunächst nur marginale und globale Register. Wird von einem marginalen Register gelesen, erhält man einfach den Wert 0, wird hingegen ein Wert in ein marginales Register geschrieben, so wird ein solches Register ein lokales Register, der Wert von `rL` wird dabei automatisch angepasst. Die Register `$0`, `$1` bis `$(rL`−1) bilden also den natürlichen Stackframe des gerade laufenden Unterprogramms mit den Parametern in den unteren Registern `$0`, `$1`,... und den lokalen Variablen in den oberen Registern ..., `$(rL` − 1). Was erwartet man beim Aufruf eines Unterprogramms? Zunächst speichert man die Parameter oberhalb der lokalen Variablen in Register ab. (Diese werden dabei vorübergehend automatisch zu neuen lokalen Variablen, was uns nicht weiter stören soll.) Dann erfolgt der Unterprogrammaufruf, und mit einem Schlag sollten nun die ehemaligen Parameter in den Registern `$0`, `$1`,... sein, dem neuen Stackframe. Die Parameterwerte alle einzeln dorthin zu kopieren ist natürlich zu aufwändig; was sollte man denn außerdem zwischenzeitlich mit den alten Werten machen, die ja nach Beendigung des Unterprogramms wieder gebraucht werden. Die Lösung ist wieder eine Art Stack, eben der Registerstack. So wie im einfachen Stack, den wir vorher betrachtet haben, die Werte im Stack nicht durch absolute Adressen angesprochen werden, sondern immer relativ zum Stackpointer adressiert werden, so sind Registernummern auch keine absoluten Zahlen, sondern sie sind relativ zu einer Art Registerstackpointer. Zwei Spezialregister `rS` und `rO` werden für diesen Zweck verwendet (siehe Abschnitt 5.5.5). Die Register können also durch Veränderung dieser Spezialregister schnell umnummeriert werden.

Die Abbildung 5.5 zeigt den Vorgang schematisch.

Die Register `$5`, `$6`, `$7` und `$8` sind nach dem Umnummerieren als Register `$0`, `$1`, `$2` und `$3` im aufgerufenen Unterprogramm verfügbar. Die Register unterhalb von `$0` sind hingegen verborgen und so vor ungewollter Veränderung im Unterprogramm geschützt.

Die Instruktion, die diese Umnummerierung und gleichzeitig auch den Sprung ins Unterprogramm bewirkt heißt, `PUSHJ`.

### 5.5.3 Die `PUSHJ`-Instruktion

Die Instruktion `PUSHJ $X,YZ` hat folgenden Effekt:

- Die Register `$0` bis `$X` − 1 werden auf den Registerstack gesichert und verschwinden vorübergehend.

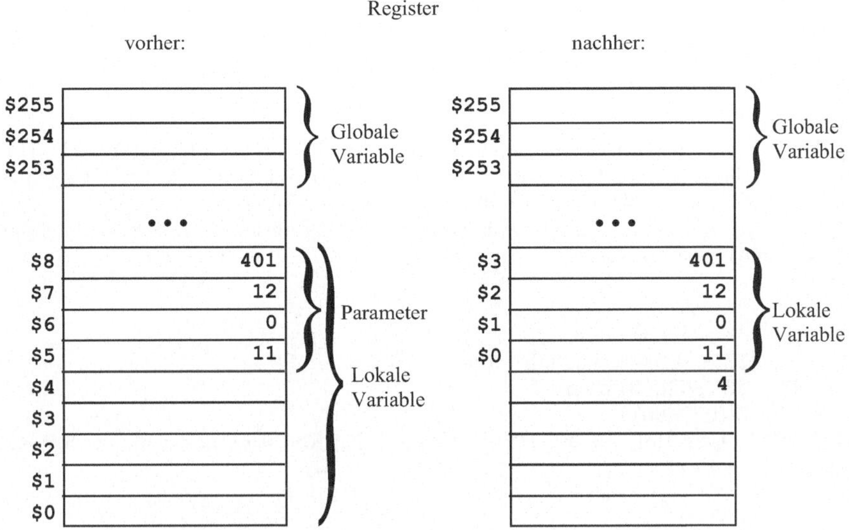


**Abb. 5.5.** Wirkung der Instruktion `PUSHJ $4,XY`

- Die Register `$X`+1, `$X`+2, ... (also die Parameter) werden umnummeriert und sind nun Register `$0`, `$1`, ...
- An der Stelle `$X` entsteht so eine Art Loch auf dem Registerstack. Es wird verwendet, um die Anzahl der Register im darunter liegenden Stackframe (ohne Loch) zu speichern.
- Die Rücksprungadresse, das heißt die Adresse der Instruktion unmittelbar nach dem `PUSHJ`, kommt in das Spezialregister `rJ`.
- Die beiden letzten Byte der Instruktion `YZ` enthalten eine 16 Bit lange relative Adresse, die das Ziel des Sprunges in das Unterprogramm angibt.

Zwei Spezialfälle müssen noch betrachtet werden. Was passiert, wenn `$X` ein marginales Register ist, also `X` größer oder gleich `rL` ist? Dann wird automatisch `rL` erhöht, so dass `$X` lokal wird.

Was passiert, wenn `$X` ein globales Register ist, also `X` größer oder gleich `rG` ist? In diesem Fall werden unabhängig von dem genauen Wert von `X` genau `rL` Register auf den Stack gesichert und `rL` bekommt den Wert 0. Das Unterprogramm startet also mit einem leeren Stackframe. Vorsicht ist in dieser Situation insbesondere dann geboten, wenn das Unterprogramm einen Rückgabewert hat, wie wir im nächsten Abschnitt sehen.

Entsprechend zur Instruktion `PUSHJ` gibt es die Instruktion `POP`.

**Name:**
PUSHJ $X,$Y,Z
PUSHGO $X,$Y,Z

**Spezifikation:**
Falls X $<$ rG, so kommen die Register 0 bis $X $-$ 1 auf den Registerstack (Push). War das Register $X marginal, so wird es automatisch lokal wie bei einer Zuweisung. Anschließend imRegisterstack folgt der Wert X.
Falls X $\geq$ rG, so kommen die Register $0 bis $rL$-$1 auf den Registerstack, gefolgt vom dem Wert rL sowie rL $\leftarrow$ 0.
Ferner:
rJ $\leftarrow$ @ + 4
@ $\leftarrow$ @ + 4YZ (PUSHJ) oder
@ $\leftarrow$ @ + 4YZ $-$ 262144 (PUSHJB) oder
@ $\leftarrow$ $Y + $Z (PUSHGO) oder
@ $\leftarrow$ $Y + Z (PUSHGOI)
Die PUSHJ-Operation von $x+1$ Registern auf den Registerstack $S[0], \ldots, S[\tau-1]$ bedeutet im Einzelnen:
$S[\tau] \leftarrow \texttt{\$0}, S[\tau+1] \leftarrow \texttt{\$1}, \ldots, S[\tau+x-1] \leftarrow \texttt{\$(X}-1)$,
$S[\tau+x] \leftarrow x$,
$\tau \leftarrow \tau + x + 1$,
$\texttt{\$0} \leftarrow \texttt{\$}(x+1), \ldots, \texttt{\$(rL}-x-2) \leftarrow \texttt{\$(rL}-1)$,
$\texttt{rL} \leftarrow \texttt{rL} - x - 1$.

**Zeit:**
PUSHJ: $1\nu$
PUSHGO: $3\nu$

**Beschreibung:**
Die Befehle PUSHJ und PUSHGO dienen zum Sprung in ein Unterprogramm. Sie unterscheiden sich nur in der Art der Adressierung. PUSHJ verwendet eine 16 Bit lange relative Adresse ähnlich wie ein JMP (siehe S. 69) während PUSHGO eine absolute Adresse durch das Register $Y und ein Offset in $Z bzw. Z spezifiziert so wie ein GO.

**Siehe auch:**
POP (Seite 115)
GO (Seite 70)

Die Befehle PUSHJ und PUSHGO

### 5.5.4 Die POP-Instruktion

Der Zweck der POP-Instruktion ist es gerade, die Veränderungen durch die PUSHJ-Instruktion wieder rückgängig zu machen und die Übergabe der Ergebnisse zu bewerkstelligen.

Die Instruktion POP X,YZ hat folgenden Effekt:

- Die Umnummerierung der Register durch die letzte PUSHJ-Instruktion wird rückgängig gemacht.
- Zusätzlich gibt es X neue lokale Register für die Rückgabewerte. Diese erhalten der Reihe nach die Werte der Register $(X $-$ 1), $0, …, $(X $-$ 2).

**Name:**
`POP X,YZ`

**Spezifikation:**
Falls `X` $>$ `rL`, so wird erst `X` durch `rL` $+ 1$ ersetzt.
Der Registerstack $S[0], \ldots, S[\tau - 1]$ wird verändert wie folgt:
$x \leftarrow S[\tau - 1] \bmod 256$ (die Größe des aufrufenden Stackframes),
$S[\tau - 1] \leftarrow \$(\mathtt{X} - 1)$ (der Haupt-Rückgabewert),
$\mathtt{rL} \leftarrow \min(x + \mathtt{X}, \mathtt{rG})$,
$\$(\mathtt{rL} - 1) \leftarrow \$(\mathtt{rL} - x - 2), \ldots, \$(x + 1) \leftarrow \$0$,
$\$x \leftarrow S[\tau - 1], \ldots, \$0 \leftarrow S[\tau - x - 1]$,
$\tau \leftarrow \tau - x - 1$
$@ \leftarrow \mathtt{rJ} + 4\mathtt{YZ}$

**Zeit:**
$3\nu$

**Beschreibung:**
Die `POP`-Instruktion macht den Effekt einer vorausgegangenen `PUSHJ`-Instruktion wieder rückgängig. `X` gibt die Anzahl der Rückgabewerte an, die in den Registern `$0` bis `$X` $- 1$ stehen. Dabei ist `$X` $- 1$ der Haupt-Rückgabewert. Zunächst steht direkt unter dem Register `$0` auf dem Registerstack die Größe $x$ des vorausgehenden Stackframes, also die Anzahl der lokalen Variablen. An diesen Platz im Registerstack kommt der Haupt-Rückgabewert. Dann werden die Register einfach umnummeriert. Nach dem Rücksprung sind die alten lokalen Register wieder in `$0`, `$1` usw. und die Rückgabewerte sind dann in den Registern `$X` und folgende zu finden, wobei hier das Register `$X` aus der vorangegangenen `PUSHJ`-Instruktion gemeint ist.

**Siehe auch:**
`PUSHJ` (Seite 114)

Der Befehl `POP`

- Es erfolgt ein Rücksprung zur Adresse `rJ`$+ 4$`YZ`. In der Regel hat `YZ` dabei den Wert 0 (normaler Rücksprung).

Die Anordnung der Rückgabewerte scheint auf den ersten Blick etwas merkwürdig zu sein. Betrachten wir sie deshalb etwas genauer.

Nehmen wir einmal an, wir wollen genau 3 Ergebnisse zurückgeben. Unsere Instruktion lautet dann `POP 3,0` und die entsprechenden Rückgabewerte müssen zuvor in den Registern `$0`, `$1` und `$2` stehen. Dabei ist das „Hauptergebnis“ in `$2` und die anderen Ergebnisse in `$0` und `$1`. Das Hauptergebnis aus `$2` wird nun gerade in das Loch auf dem Registerstack kopiert, in dem die vorausgegangene `PUSHJ`-Instruktion die Anzahl der auf den Stack gesicherten Register notiert hatte. Darüber befinden sich dann ganz von selbst die ehemaligen Register `$0` und `$1`. Mit kleinstmöglichem Aufwand (es wird nur ein Register verschoben) wird so eine optimale Nutzung der verfügbaren Register erreicht.

Die Abbildung 5.6 verdeutlicht dies.

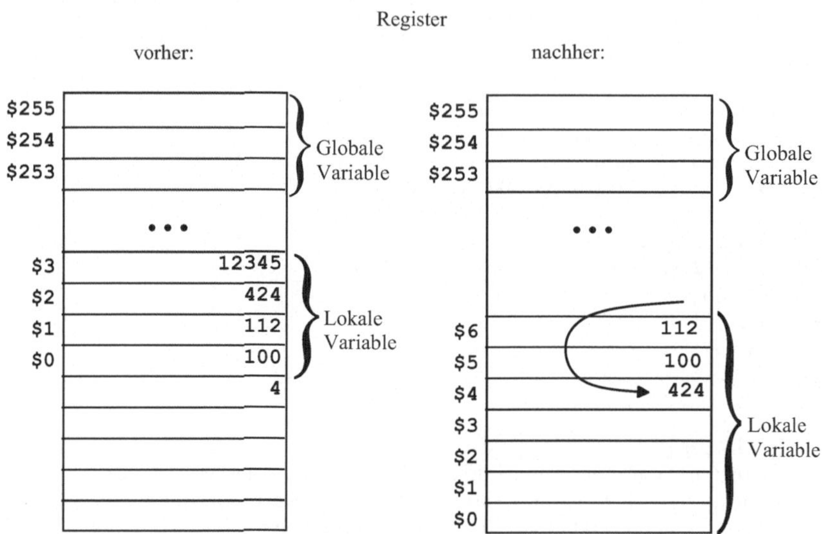


**Abb. 5.6.** Wirkung der Instruktion `POP 3,0`

Kommen wir noch einmal zu dem Spezialfall zurück, dass die vorausgehende Instruktion `PUSHJ $X,YZ` ein Register `$X` verwendet, das gar kein lokales Register ist, sondern ein globales Register ($\mathtt{X} \geq \mathtt{rG}$).

In diesem Falle werden nicht `X` Register auf dem Stack gesichert, sondern nur so viel wie `rL` angibt. Beim Rücksprung aus dem Unterprogramm werden dann auch nur genau diese Register wiederhergestellt und die Rückgabewerte befinden sich im Registerstack direkt darüber – nicht unbedingt dort, wo man sie erwartet. Ein Beispiel mag diese Situation verdeutlichen:

Nehmen wir an, wir haben gerade drei lokale Register ($\mathtt{rL} = 3$) sowie fünf globale Register ($\mathtt{rG} = 251$) in Verwendung und springen mit der Instruktion `PUSHJ $253,YZ` in ein Unterprogramm, das zwei Ergebnisse zurückliefern soll, dann befinden sich diese Ergebnisse nach dem Rücksprung in den nächsten freien Registern, nämlich in `$3` und `$4`. Wäre $\mathtt{rL} = 5$ gewesen, so hätte man die Ergebnisse stattdessen in `$5` und `$6` gefunden. Eine solche Situation kann verwirrend sein und man sollte sie vermeiden. Nützlich ist die Verwendung eines globalen Registers `$X` in einer `PUSHJ`-Instruktion, wenn man einfach alle lokalen Register so platzsparend wie möglich sichern möchte. In diesem Fall sollte man das Unterprogramm dann mit `POP 0,0` beenden und etwaige Resultate in globalen Registern (z.B. $255) zurückgeben.

### 5.5.5 Der Registerring und das Stacksegment

Zuletzt wenden wir uns der Frage zu, was passiert, wenn der Registerstack so weit wächst, dass die Anzahl der tatsächlich physikalisch vorhandenen Register überschritten wird, die marginalen Register also nicht mehr ausreichen, um den Registerstack zu vergrößern. Es ist klar, dass man in solch einem Fall echte Register frei machen muss und die entsprechenden Inhalte vorübergehend im Hauptspeicher ablegen muss. Die Hardware des `MMIX` verwendet dazu einen Registerring und das Stacksegment.

Der Registerring ist eine Gruppe von 256 (oder mehr) lokalen Registern $l[0], l[1], \ldots l[255]$, die zyklisch adressiert werden, das heißt, dass nach dem Register $l[255]$ als nächstes wieder das Register $l[0]$ kommt. Das ist so ähnlich wie auf dem Zifferblatt einer Uhr, wo nach der 12 wieder die 1 kommt und so 13 Uhr dasselbe ist wie 1 Uhr und 14 Uhr dasselbe wir 2 Uhr etc.

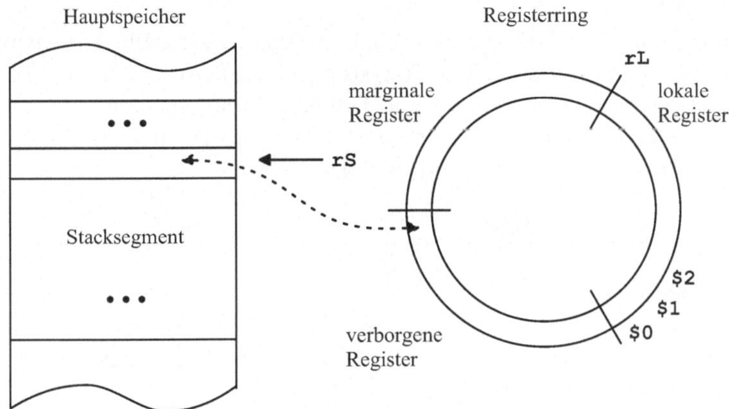


**Abb. 5.7.** Registerring und Stacksegment

Dieser Ring ist nun in drei Abschnitte geteilt:

1. Die aktuellen lokalen Register `$0` bis `$(rL` – 1),
2. die marginalen Register darüber und
3. die verborgenen Register darunter (siehe Abbildung 5.7).

Wenn der Stack wächst, kann man dafür die marginalen Register verwenden, solange noch welche vorhanden sind. Sind keine marginalen Register mehr vorhanden, muss man den Bereich der marginalen Register dadurch vergrößern, dass man den Bereich der verborgenen Register verkleinert. Die entsprechenden verborgenen Register werden dazu in den Hauptspeicher geschrieben. Das Spezialregister `rS` enthält die Hauptspeicheradresse, an der das nächste Spezialregister abgelegt werden soll. Der Bereich des Hauptspeichers, der dafür vorgesehen ist, ist das Stacksegment. Es beginnt an der Adresse `#6000 0000 0000 0000` und endet bei `#7FFF FFFF FFFF FFFF`.

Wenn der Stack wieder kleiner wird, werden zunächst einfach die verborgenen Register wieder sichtbar. Sind keine verborgenen Register mehr vorhanden, so werden neue verborgene Register erzeugt, indem der Bereich der marginalen Register entsprechend verkleinert wird. Die alten Werte für diese verborgenen Register kann man aus dem Stacksegment wieder laden.

Der Datenaustausch mit dem Hauptspeicher findet also erst dann statt, wenn es unbedingt nötig ist. Hat man mehr als 256 wirkliche Register zur Verfügung, so kann der Registerring entsprechend vergrößert werden und so der Datenverkehr mit dem Hauptspeicher verkleinert werden. Die Anzahl der Register beschränkt man dabei auf Potenzen von 2, um die Berechnung der Registernummern im Ring möglichst einfach zu halten.

Neben dem Bereich für die lokalen Register, die diesem Mechanismus unterworfen sind, verfügt der `MMIX` noch über 256 weitere Register, in denen die 32 Spezialregister sowie die maximal $256 - 32 = 224$ globalen Register untergebracht sind.

Zuletzt sei noch auf einen Pseudobefehl hingewiesen, mit dem sich prüfen lässt, ob ausreichend viele lokale Register zur Verfügung stehen. Mit `LOCAL` wird der Assembler angewiesen, eine Fehlermeldung zu erzeugen, wenn am Ende der Assemblierung der Wert von `rG` nicht größer ist, als alle Register, die mit dieser Anweisung als lokal deklariert sind.

**Name:**
`LOCAL` *Ausdruck*

**Beschreibung:**
Dieser Befehl stellt sicher, dass der gegebene *Ausdruck* ein lokales Register bezeichnet. Der Assembler erzeugt eine Fehlermeldung, wenn am Ende der Assemblierung der Wert von `rG` nicht größer ist, als alle Register, die mit dieser Anweisung als lokal deklariert sind. Die `LOCAL`-Anweisung ist nur nötig, wenn die gegebene Registernummer wenigstens 32 ist, da kleinere Register nie global sein können.

**Siehe auch:**
`PUSHJ` Seite 114.

Der Pseudobefehl `LOCAL`

**Übung 5.8.** Schreiben Sie die Programme von Beispiel 5.9, 5.10 und 5.11 unter Verwendung des Registerstacks.

**Übung 5.9.** Schreiben Sie ein Programm zur Berechnung von Fibonacci-Zahlen unter Verwendung des Registerstacks.

**Fragen zur Lernkontrolle:**

1. Welche Vorteile bietet der Registerstack gegenüber dem direkt programmierten Stack aus Abschnitt 6.5.
2. Was sind lokale, marginale und globale Register?
3. Was ist die Bedeutung des Registers `rJ`?

4. Welche Rolle spielt das Register `rG` beim Sprung in ein Unterprogramm mittels `PUSHJ`?
5. Wann verwendet man `PUSHJ` und wann `PUSHGO`?
6. Worauf muss man bei der Wahl der Register, die in einem Unterprogramm verwendet werden, achten?
7. Kann die Wahl der verwendeten Register die Ausführungszeit eines Unterprogramms beeinflussen?

# 6. Datenstrukturen

Die grundlegenden Datentypen zur Darstellung von ganzen Zahlen und Zeichen haben wir bereits in Kapitel 2 kennen gelernt und in Kapitel 3 mit `MMIX` praktisch damit gearbeitet. Dieses Kapitel beschäftigt sich nun mit weiteren Datenstrukturen, die bisher noch nicht besprochen wurden.

## 6.1 Bit

In diesem Abschnitt befassen wir uns mit Operationen, die unmittelbar mit der internen Darstellung von Daten, also mit Bitmustern arbeiten. Das Testen und die Bearbeitung von Bit spielen bei der hardwarenahen Programmierung eine wesentliche Rolle, aber auch in anderen Bereichen gibt es hierfür wichtige Anwendungen. Auch in höheren Programmiersprachen wie Java oder C/C++ sind daher Möglichkeiten zur Manipulation von Bitmustern verfügbar.

Es kommt häufig vor, dass einzelne Bit eines Registers eine besondere Bedeutung haben. Wir kennen bereits Operationen, die spezielle Bit eines Registers auswerten: Bei bedingten Sprüngen und bedingten Zuweisungen wird z.B. durch die Bedingung „Negative" (z.B. `BN`, `CSN`) das höchstwertige Bit (Wertigkeit $2^{63}$) des angegebenen Registers geprüft und bei den Bedingungen „Even" bzw. „Odd" (z.B. `BEV`, `CSOD`) das niederwertigste Bit (Wertigkeit $2^0 = 1$).

Wir bezeichnen im Folgenden ein Bit eines Operanden als *gesetzt* (Eins-Bit), wenn es den Wert 1 besitzt; ansonsten bezeichnen wir es als *nicht gesetzt* (Null-Bit).

### 6.1.1 Elementare logische Verknüpfungen

Als Beispiel wollen wir zunächst die Umwandlung des ASCII-Codes eines Großbuchstabens in den Code des entsprechenden Kleinbuchstabens und umgekehrt betrachten. Die ASCII-Codes sind so organisiert, dass die Differenz zwischen den Klein- und Großbuchstaben jeweils 32 beträgt (vgl. Tabelle 2.1 auf Seite 12). Das bedeutet, dass sie sich genau in dem Bit mit der Wertigkeit $2^5 = 32$ unterscheiden. So ist der Code von `'A'` beispielsweise $65_{10} = 41_{16} = 0100\,0001_2$ und der von `'a'` ist $97_{10} = 61_{16} = 0110\,0001_2$.

Angenommen, das Register `$1` enthalte den Code eines Buchstabens (Kleinbuchstabe oder Großbuchstabe – jedenfalls kein anderes Zeichen als einen Buchstaben). Um sicherzustellen, dass es sich dabei um einen Kleinbuchstaben handelt, muss ggf. der Wert 32 addiert werden, aber nur dann, wenn der Code eines Großbuchstaben vorliegt (zum Code eines Kleinbuchstabens 32 zu addieren wäre ein Fehler, weil sich als Ergebnis der Code eines Zeichens im Bereich 128-255 ergäbe):

```
        CMP    $2,$1,'A'
        BN     $2,1F        springen, wenn kein Großbuchstabe
        ADD    $1,$1,32
1H      ...
```

Günstiger ist es in diesem Fall, eine bitweise logische Oder-Verknüpfung zu verwenden[1]. Dadurch lässt sich das Bit mit der Wertigkeit 32 einfach mit 1 überschreiben, egal ob es schon gesetzt ist oder nicht. Der Befehl `OR $X,$Y,$Z` verknüpft alle 64 Bit der Operandenregister `$X` und `$Y` gemäß der folgenden *Wahrheitstabelle*.

| **Bit von `$Y`** | **Bit von `$Z`** | **Ergebnis-Bit von `$X`** |
|---|---|---|
| 0 | 0 | 0 |
| 1 | 0 | 1 |
| 0 | 1 | 1 |
| 1 | 1 | 1 |

Eine bitweise Operation ordnet Bitposition für Bitposition jeder auftretenden Kombination den Wert 0 oder 1 zu. Das Wort „Oder“ besagt, dass ein Bit des Ergebnisses genau dann gesetzt wird, wenn es in mindestens einem der Operanden (`$Y` oder `$Z`) gesetzt ist. Wenn also `$1` den Code eines Großbuchstabens enthält, wandelt ihn der folgende Befehl in den Code eines Kleinbuchstabens um:

```
        OR     $1,$1,32
```

Da in der Interndarstellung des Direktoperanden 32 genau das sechste Bit von rechts gesetzt ist, wird gemäß obiger Wahrheitstabelle sichergestellt, dass dieses Bit auch im Ergebnis gesetzt ist. Wäre das Bit sechs bereits gesetzt, so bliebe es durch die Oder-Operation unverändert.

Alle anderen Bit des Direktoperanden sind nicht gesetzt; dadurch bleiben bei der Oder-Verknüpfung im Ergebnis die anderen Bit des ersten Operanden unverändert.

[1] Die bitweise logische Oder-Verknüpfung wird häufig symbolisch auch als „|“ geschrieben – insbesondere in C/C++ und Java – sowie in der Assemblersprache `MMIXAL` zur Bildung konstanter Ausdrücke für Operanden. Siehe dazu Anhang E.2).

Der Wert 32, der das zu setzende Bit angibt, wird als *Maske* bezeichnet:

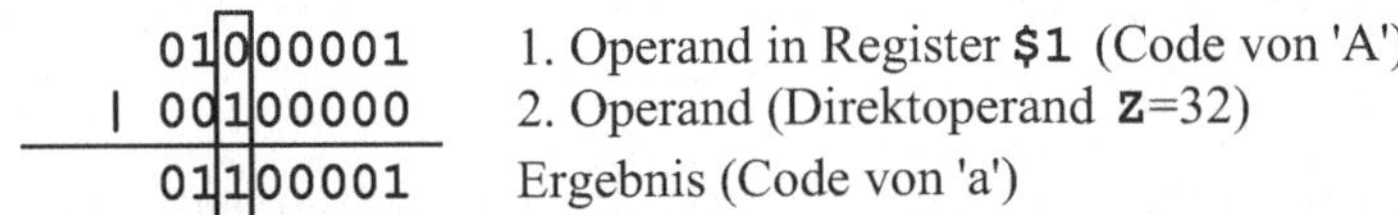


Soll umgekehrt der Code eines Kleinbuchstabens in den eines Großbuchstabens gewandelt werden, so muss das Bit mit der Wertigkeit 32 gelöscht werden (dies entspricht einer Subtraktion von 32). Dazu kann die bitweise Und-Verknüpfung (`&`) verwendet werden. Der Befehl `AND $X,$Y,$Z` berechnet die Bit von `$X` aus den Bit von `$Y` und `$Z`, indem er entsprechende Bit gemäß der folgenden Wahrheitstabelle verknüpft:

| **Bit von `$Y`** | **Bit von `$Z`** | **Ergebnis-Bit von `$X`** |
|---|---|---|
| 0 | 0 | 0 |
| 1 | 0 | 0 |
| 0 | 1 | 0 |
| 1 | 1 | 1 |

Das Wort „Und“ besagt also, dass ein Bit im Ergebnis genau dann gesetzt ist, wenn es im ersten und im zweiten Operanden gleichzeitig gesetzt ist. Die Maske muss also an der Stelle des zu löschenden Bit eine Null enthalten, dann ist im Ergebnis dieses Bit sicher nicht gesetzt. An den anderen Stellen muss die Maske Einsen aufweisen, damit die Bit dieser Positionen im Ergebnis unverändert übernommen werden:

```
AND    $1,$1,#DF
```

Hier ist es einfacher, die Maske als hexadezimale Zahl anzugeben:

```
  01100001   1. Operand in Register $1 (Code von 'a')
& 11011111   2. Operand (Direktoperand Z =223=#DF)
----------
  01000001   Ergebnis (Code von 'A')
```

Eine häufige Anwendung ist das Abprüfen des Wertes einzelner Bit in einem Register.

**Beispiel 6.1.** Betrachten wir als Beispiel das Spezialregister `rA` (Arithmetik-Status-Register), in dem die verschiedenen Ausnahmen, die bei den arithmetischen Verknüpfungen auftreten können, angezeigt werden (siehe Abschnitt 7.5.2). Das Bit Nummer sieben dieses Registers zeigt einen Überlauf bei Operationen auf ganzen Zahlen an. Um zu testen, ob ein Überlauf aufgetreten ist, muss dieses Bit erst durch eine Und-Verknüpfung mit einer geeigneten Maske herausgefiltert werden, bevor ein Vergleich mit Null durchgeführt werden kann:

```
  01000100    1. Operand in Register $1
& 01000000    2. Operand (Direktoperand Z =64)
  01000000    Ergebnis
```

Für MMIX umgesetzt ergibt sich folgendes Programmfragment:

```
        GET   $0,rA      Inhalt des Arith.-Status-Registers
        AND   $0,$0,64
        BZ    $0,1F
        ...              hier ggf. den Überlauf behandeln
1H      ...
```

□

Die Spezifikation auf Seite 125 zeigt insgesamt acht bitweise logische Operationen, die im MMIX implementiert sind (für das Invertieren eines Bit wird dabei das auch in Java/C/C++ übliche Operatorensymbol „~" benutzt). Wir wollen hier noch auf eine Operation näher eingehen, nämlich die Exklusiv-Oder-Verknüpfung (XOR als Zeichen „^" – auch in Java/C/C++). Diese Verknüpfung bedeutet, dass ein Bit im Ergebnis genau dann gesetzt wird, wenn es nur in einem der Operanden gesetzt ist, aber nicht in beiden zugleich (letzterer Fall ist ausgeschlossen – „excluded"). Anders ausgedrückt bedeutet das auch, dass ein Bit eines Operanden invertiert wird, falls das entsprechende Bit des anderen Operanden gesetzt ist. Durch dreifach hintereinander angewendete XOR-Verknüpfung:

```
        XOR   $X,$Y,$X
        XOR   $Y,$X,$Y
        XOR   $X,$Y,$X
```

lassen sich die Werte der Register $X und $Y vertauschen, ohne ein Hilfsregister zu benutzen (siehe Übung 6.1). Durch eine XOR-Verknüpfung mit einer Maske, die aus lauter Einsen besteht, wird der Wert eines Registers bitweise invertiert.

Zum Setzen, Löschen und Abfragen einzelner Bit empfiehlt sich folgende Vorgehensweise:

- **Setzen:** Es wird eine Maske gebildet, die genau an den zu setzenden Bitpositionen Einsen hat und ansonsten Nullen. Durch logische Oder-Verknüpfung werden diese Bit im Ziel gesetzt. Die Bit an den Positionen, die in der Maske Null sind, bleiben dabei unverändert.
- **Löschen:** Es wird eine Maske gebildet, die genau an den zu löschenden Bitpositionen Nullen hat und ansonsten Einsen. Durch logische Und-Verknüpfung werden diese Bit im Ziel gelöscht. Die Bit an den Positionen, die in der Maske gesetzt sind, bleiben dabei unverändert.
- **Abfragen:** Es wird eine Maske gebildet, die genau an den abzufragenden Bitpositionen Einsen hat. Durch logische Und-Verknüpfung mit dem zu prüfenden Wert reproduzieren sich die in der Maske gesetzten Bit genau

**Name:**

```
AND $X,$Y,$Z     AND $X,$Y,Z
OR $X,$Y,$Z      OR $X,$Y,Z
XOR $X,$Y,$Z     XOR $X,$Y,Z
ANDN $X,$Y,$Z    ANDN $X,$Y,Z
ORN $X,$Y,$Z     ORN $X,$Y,Z
NAND $X,$Y,$Z    NAND $X,$Y,Z
NOR $X,$Y,$Z     NOR $X,$Y,Z
NXOR $X,$Y,$Z    NXOR $X,$Y,Z
```

**Spezifikation:**

In der folgenden Tabelle steht $a$ für ein Bit des Quelloperanden `$Y`, $b$ steht für das entsprechende Bit des Quelloperanden `$Z` bzw. `Z` und in den anderen Spalten sind die Ergebnisse der entsprechenden Operationen angegeben.

| $a$ | $b$ | AND(&) | OR(\|) | XOR(^) | NAND(~&) | NOR(~\|) | NXOR(~^) |
|---|---|---|---|---|---|---|---|
| 0 | 0 | 0 | 0 | 0 | 1 | 1 | 1 |
| 1 | 0 | 0 | 1 | 1 | 1 | 0 | 0 |
| 0 | 1 | 0 | 1 | 1 | 1 | 0 | 0 |
| 1 | 1 | 1 | 1 | 0 | 0 | 0 | 1 |

| $a$ | $b$ | ANDN(\) | ORN(\|~) |
|---|---|---|---|
| 0 | 0 | 0 | 1 |
| 1 | 0 | 1 | 1 |
| 0 | 1 | 0 | 0 |
| 1 | 1 | 0 | 1 |

**Zeit:**

$1\nu$

**Beschreibung:**

Mit einer bitweisen Verknüpfung werden die 64 Bit der beteiligten Operanden Bit für Bit miteinander verknüpft, entsprechend der durch den Befehl angegebenen Verknüpfungsvorschrift. Wenn wir zwei Bit $a$ und $b$ betrachten, so gibt es vier mögliche Wertekombinationen, die diese annehmen können ($a = b = 0$, $a = 1$, $b = 0$ sowie umgekehrt $a = 1$, $b = 0$ und schließlich $a = b = 1$). Eine bitweise Operation ordnet jeder dieser Möglichkeiten jeweils den Wert 0 oder 1 zu.

Befehle für bitweise logische Verknüpfungen

dann, wenn sie auch im zu prüfenden Wert gesetzt sind. Meist wird lediglich ein einzelnes Bit geprüft; es reicht dann nach der Verknüpfung eine Abfrage auf gleich bzw. ungleich null.

- **Invertieren:** Es wird eine Maske gebildet, die genau an den zu invertierenden Bitpositionen Einsen hat und ansonsten Nullen. Durch logische Exklusiv-Oder-Verknüpfung werden genau diese Bit im anderen Argument der Operation invertiert.

### 6.1.2 Schiebebefehle

Mit den *Schiebebefehlen* („Shift-Befehle“) können Bitmuster nach verschiedenen Regeln verschoben werden:

```
SL      $X,$Y,Z
```

verschiebt den Wert aus Register `$Y` um `Z` Stellen nach links und schreibt das Ergebnis nach `$X`. Gesetzte Bit, die dabei ggf. nach links hinausgeschoben werden, gehen verloren; es wird aber ein Überlauf signalisiert. Die rechts frei werdenden Bitpositionen werden mit Nullen aufgefüllt. Die vorzeichenlose Form

```
SLU     $X,$Y,Z
```

verhält sich genauso, es wird jedoch kein Überlauf signalisiert. Der Befehl

```
SRU     $X,$Y,Z
```

schiebt das Bitmuster nach rechts. Dabei werden von links Nullen nachgezogen. Rechts hinausgeschobene gesetzte Bit gehen verloren. Die vorzeichenbehaftete Variante

```
SR      $X,$Y,Z
```

zieht Bit mit dem Wert des Vorzeichenbits nach (also gesetzte Bit bei negativem und nicht gesetzte Bit bei positivem Operanden `$Y`). Von allen vier Operationen gibt es auch eine Form mit Registeroperanden (siehe Spezifikation auf Seite 127).

Die Schiebebefehle eignen sich auch zur Multiplikation und Division ganzer Zahlen mit Zweierpotenzen. Dabei sind sie wesentlich schneller als die entsprechenden `MUL`- und `DIV`-Operationen (allerdings werden die Spezialregister `rR`, `rH` und `rD` nicht benutzt):

- `SL $X,$Y,n` entspricht einer Multiplikation $s(\texttt{\$X}) \leftarrow s(\texttt{\$Y}) \times 2^n$.
- `SR $X,$Y,n` entspricht einer Division $s(\texttt{\$X}) \leftarrow \lfloor s(\texttt{\$Y})/2^n \rfloor$.
- `SLU $X,$Y,n` entspricht einer Multiplikation $u(\texttt{\$X}) \leftarrow u(\texttt{\$Y}) \times 2^n$.
- `SRU $X,$Y,n` entspricht einer Division $u(\texttt{\$X}) \leftarrow \lfloor u(\texttt{\$Y})/2^n \rfloor$.

In den höheren Programmiersprachen Java und C/C++ sind die Shift-Operationen als Operatoren vorhanden. Sie heißen dort `<<` zum Schieben nach links und `>>` zum Schieben nach rechts[2]. Die Operatoren `<<` und `>>` sind

[2] In Java (wo es keine vorzeichenlosen ganzzahligen Datentypen gibt) schieben `>>>` und `<<<` ohne Beachtung des Vorzeichens.

auch in Ausdrücken der Assemblersprache `MMIXAL` zur Bildung von Direktoperanden zulässig. Ein Anwendungsbeispiel dazu findet sich in Kapitel 6.2.

**Name:**
`SL $X,$Y,$Z` `SL $X,$Y,Z`
`SLU $X,$Y,$Z` `SLU $X,$Y,Z`
`SR $X,$Y,$Z` `SR $X,$Y,Z`
`SRU $X,$Y,$Z` `SRU $X,$Y,Z`

**Spezifikation:**
SL: $s(\$X) \leftarrow s(\$Y) \times 2^{u(\$Z)}$
SLU: $u(\$X) \leftarrow (u(\$Y) \times 2^{u(\$Z)}) \bmod 2^{64}$
SR: $s(\$X) \leftarrow \lfloor s(\$Y)/2^{u(\$Z)} \rfloor$
SRU: $u(\$X) \leftarrow \lfloor u(\$Y)/2^{u(\$Z)} \rfloor$

**Zeit:**
$1\nu$

**Beschreibung:**
`SL` schiebt nach links und erzeugt ggf. einen Überlauf, falls gesetzte Bit links herausgeschoben werden. Von rechts werden nicht gesetzte Bit nachgezogen. `SLU` arbeitet analog, es kann aber kein Überlauf auftreten. `SR` schiebt nach rechts und zieht Bit mit dem Wert entsprechend dem Vorzeichen nach; `SRU` zieht stets nicht gesetzte Bit nach.

Befehle zum Schieben von Bitmustern

**Übung 6.1.** Verifizieren Sie, dass die dreimalig hintereinander angewandte Exklusiv-Oder-Verknüpfung die Werte der beiden Register vertauscht (`XOR $1,$2,$1; XOR $2,$1,$2; XOR $1,$2,$1`).

### 6.1.3 Logische Verknüpfungen mit 16-Bit-Direktoperanden

Wir betrachten nun eine Klasse von Befehlen, mit denen das Eintragen von 64-Bit-Werten in Register unter ausschließlicher Verwendung von Direktoperanden ermöglicht wird. Dazu gehören die `SET`-Befehle, von denen wir den Befehl `SETL` bereits verwendet haben. Es gibt insgesamt vier Befehle, mit denen jeweils ein 16 Bit langer Wert direkt in eines der vier Wyde eines Registers geschrieben werden kann. Die vier Wyde sind:

1. Low Wyde („`L`")
2. Medium Low Wyde („`ML`")
3. Medium High Wyde („`MH`")
4. High Wyde („`H`")

Entsprechend gibt es die `SET`-Befehle `SETL`, `SETML`, `SETMH` und `SETH` zum Laden der entsprechenden Wyde. Der Befehl `SETL $X,$Z` darf auch durch `SET $X,$Z` abgekürzt werden. Die gleiche Abkürzung `SET` kann auch verwendet werden, um einen Wert von einem Register in ein anderes Register zu kopieren. Der Assembler übersetzt den Befehl `SET $X,$Y` einfach in den Befehl `OR $X,$Y,0` womit es zwei Bedeutungen für `SET` gibt.

**Name:**
`SETH $X,YZ`
`SETMH $X,YZ`
`SETML $X,YZ`
`SETL $X,YZ`

**Spezifikation:**
SETH: $u(\$X) \leftarrow YZ \times 2^{48}$
SETMH: $u(\$X) \leftarrow YZ \times 2^{32}$
SETML: $u(\$X) \leftarrow YZ \times 2^{16}$
SETL: $u(\$X) \leftarrow YZ$

**Zeit:**
$1\upsilon$

**Beschreibung:**
Die Befehle dienen zum Laden von 16-Bit-Konstanten in ein Register. Dabei kann man sowohl die obersten (**H**igh), die zweitobersten (**M**edium **H**igh), die zweituntersten (**M**edium **L**ow) oder die untersten (**L**ow) zwei Byte laden. Die übrigen Bit des Registers werden dabei auf null gesetzt.
Der Befehl `SET $X,YZ` steht für `SETL $X,YZ`.
Der Befehl `SET $X,$Y` steht für `OR $X,$Y,0`.

**Siehe auch:**
Spezifikation „Bitweise Operationen mit 16-Bit-Direktoperanden“ (Seite 129) sowie `INCH` (Seite 129).

Die Befehle `SET`, `SETH`, `SETMH`, `SETML` und `SETL`

Die restlichen 48 Bit des Zielregisters werden stets auf null gesetzt. Es können also nicht vier verschiedene `SET`-Befehle hintereinander benutzt werden, um einen 64-Bit-Wert in ein Register zu schreiben.

Es gibt allerdings einige weitere Befehle mit 16-Bit-Direktoperanden: Zunächst die Inkrementbefehle `INCL`, `INCML`, `INCMH` sowie `INCH`. Diese bringen den Direktoperanden zuerst an die entsprechende Wyde-Position und addieren ihn dann zum Wert des Zielregisters.

Ferner gibt es Operationen für bitweise Oder- bzw. bitweise Und-Nicht-Verknüpfung mit 16-Bit-Direktoperanden: `ORL`, `ORML`, `ORMH` und `ORH` bzw. `ANDNL`, `ANDNML`, `ANDNMH` sowie `ANDNH`. Der 16-Bit-Direktoperand wird vor der Operation an die entsprechende Wyde-Position gebracht.

**Beispiel 6.2.** Es ist der Wert `#0123 4567 89AB CDEF` ohne expliziten Ladebefehl in Register `$0` zu schreiben. Dies erreicht man mit der Befehlssequenz

```
SETL    $0,#CDEF
ORML    $0,#89AB
ORMH    $0,#4567
ORH     $0,#0123
```

Auf diese Weise kann eine Adresse in ein Register geschrieben werden, ohne dafür mit GREG ein globales Register zu belegen. Die Adresse muss dazu lediglich in vier 16-Bit-Werte zerlegt werden (siehe dazu auch Abschnitt 6.2).

□

**Name:**
INCH \$X,YZ
INCMH \$X,YZ
INCML \$X,YZ
INCL \$X,YZ

**Spezifikation:**
INCH: $u(\$X) \leftarrow (u(\$X) + YZ \times 2^{48}) \bmod 2^{64}$
INCMH: $u(\$X) \leftarrow (u(\$X) + YZ \times 2^{32}) \bmod 2^{64}$
INCML: $u(\$X) \leftarrow (u(\$X) + YZ \times 2^{16}) \bmod 2^{64}$
INCL: $u(\$X) \leftarrow (u(\$X) + YZ) \bmod 2^{64}$

**Zeit:**
$1\nu$

**Beschreibung:**
Bei dieser Serie von Inkrementbefehlen wird zunächst die 16-Bit Konstante YZ um 6, 4, 2 oder 0 Byte nach links verschoben und dann das Ergebnis zu \$X addiert.

**Siehe auch:**
ORH und ANDNH (Seite 129) sowie SETH (Seite 128).

Die Befehle INCH, INCMH, INCML und INCL

**Name:**
ORH \$X,YZ, ORMH \$X,YZ, ORML \$X,YZ, ORL \$X,YZ
ANDNH \$X,YZ, ANDNMH \$X,YZ, ANDNML \$X,YZ, ANDNL \$X,YZ

**Spezifikation:**
Der Operator $\odot$ steht hier jeweils für die Und-nicht-Verknüpfung (\) oder für die Oder-Verknüpfung (|):
ANDNH bzw. ORH: $\$X \leftarrow \$X \odot YZ \times 2^{48}$
ANDNMH bzw. ORMH: $\$X \leftarrow \$X \odot YZ \times 2^{32}$
ANDNML bzw. ORML: $\$X \leftarrow \$X \odot YZ \times 2^{16}$
ANDNL bzw. ORL: $\$X \leftarrow \$X \odot YZ$

**Zeit:**
$1\nu$

**Beschreibung:**
Bitweise Verknüpfungen mit einem 16-Bit-Direktoperanden. Der Operand wird vor der logischen Verknüpfung an eine der vier möglichen Wyde-Positionen in einem Octabyte gebracht. Der nicht angesprochene Teil des Zielregisters bleibt unverändert.

Bitweise Operationen mit 16-Bit-Direktoperanden

### 6.1.4 Erweiterte Bitoperationen

Mit dem Befehl „Sideways Add“ (`SADD`) lassen sich die Bitpositionen zählen, an denen `$Y` eine 1 und `$Z` eine 0 hat. Insbesondere für den Fall `$Z`=0 zählt die Operation die Anzahl der Eins-Bit von `$Y`. Dazu ein Beispiel:

**Name:**
`SADD $X,$Y,$Z`

**Spezifikation:**
$s(\$X) \leftarrow s(\sum(v(\$Y)\&\tilde{\ }v(\$Z)))$

**Zeit:**
`SADD`: $\nu$

**Beschreibung:**
Diese Instruktion (Sideways Add) zählt die Anzahl der Bitpositionen, in denen `$Y` eine 1 und `$Z` eine 0 hat. das Ergebnis wird in `$X` abgelegt.

Der Befehl `SADD`

**Beispiel 6.3.** Zur Erkennung von Übertragungsfehlern wird häufig eine *Paritätsprüfung* durchgeführt (vgl. hierzu Abschnitt 2.2). Dazu wird zu den eigentlichen Nutzdaten ein zusätzliches Bit hinzugefügt, das die gesamte Anzahl übertragener Eins-Bit auf eine gerade Zahl ergänzt („even parity“; analog „odd parity“, wenn eine ungerade Zahl Eins-Bit übertragen wird). Wenn eine ungerade Anzahl von Eins-Bit empfangen wird, kann man daraus schließen, dass ein Fehler aufgetreten sein muss. Dies wird überprüft, indem über die empfangenen Daten erneut die Parität gebildet wird. Bei zwei falschen Bit funktioniert dieses Verfahren allerdings nicht. Mit diesem Verfahren werden z.B. die Datenübertragung auf seriellen Schnittstellen oder die im Hauptspeicher abgelegten Daten geschützt. Es sind heute teilweise schon aufwändigere Verfahren zur Fehlerprüfung im Einsatz, wegen ihrer Einfachheit ist die Paritätsprüfung jedoch immer noch weit verbreitet.

In dem folgenden Programm werden einzelne Byte aus dem Speicher gelesen, von denen wir annehmen, dass nur die niederwertigen sieben Bit gesetzt sein können. Das höchstwertige Bit wird als Paritätsbit ergänzt:

parity.mms

```
        LOC   Data_Segment
DATA    OCTA  #0102030405060708

Base    IS    $0
Offset  IS    $1
Val     IS    $2
Par     IS    $3
```

```
        LOC   #100
Main    LDA   Base,DATA
        SET   Offset,7            Durchlauf Rückwärts
1H      LDBU  Val,Base,Offset
        SADD  Par,Val,0           Parity bestimmen
        BEV   Par,2F
        OR    Val,Val,#80         Paritätsbit setzen
        STBU  Val,Base,Offset     unsigned ist wichtig!
2H      SUB   Offset,Offset,1
        BNN   Offset,1B
```

□

Schließlich betrachten wir noch den Multiplex-Befehl `MUX`. Dieser Befehl ermöglicht das Kombinieren zweier Bitmuster unter Verwendung eines weiteren Spezialregisters, des „Multiplex-Mask-Registers“ `rM`. An den Positionen, an denen `rM` gleich eins ist, werden die Ergebnisstellen von `$Y` übernommen, an den anderen Positionen die von `$Z`.

**Name:**
`MUX $X,$Y,$Z`

**Spezifikation:**
$v(\texttt{\$X}) \leftarrow (v(\texttt{\$Y}) \wedge v(\texttt{rM})) \vee (v(\texttt{\$Z}) \wedge \overline{v}(\texttt{rM}))$

**Zeit:**
`MUX`: $\nu$

**Beschreibung:**
(Bitwise Multiplex) Dieser Befehl kombiniert zwei Bitmuster unter Verwendung des Multiplex-Mask-Registers `rM`. Die Bit im Ergebnis werden von `$Y` genommen, wo `rM` 1 ist, und von `$Z`, wo `rM` 0 ist.

Der Befehl `MUX`

**Fragen zur Lernkontrolle:**

1. Welche Werte (dezimal) liefern die folgenden Verknüpfungen:
   a) 10&5, 10|5
   b) 4711&815, 4711|815
2. Bestimmen Sie die hexadezimale und dezimale Darstellung von Masken mit folgenden Bitmustern (ohne Taschenrechner!):
   a) `1101001011100001`
   b) `0001001001001000`
   c) `0000111100111111`
3. Wie viele verschiedene Bitoperationen kann es maximal geben? Welche sind nicht als eigene `MMIX`-Befehle implementiert und was könnten die Gründe dafür sein?

4. Angenommen, es gäbe die Operation `NAND` nicht. Wie könnten Sie diese mit den restlichen Bitoperationen realisieren?
5. Wie lässt sich der Inhalt eines Registers einfach invertieren? (Hinweis: Verwenden Sie die Operation `NOR`.)
6. Wie können Sie ein Bitmuster rotieren, d.h. die Bit, die links (oder rechts) hinausgeschoben werden, rechts (bzw. links) wieder hereinziehen (anstatt den Wert des Vorzeichenbits bzw. Nullen nachzuziehen)?

## 6.2 Adressen und Zeiger

Über den Einsatz von Adressen bei der Programmierung wurde bereits einiges gesagt. An dieser Stelle werden alle wichtigen Punkte noch einmal zusammengefasst.

Wenn wir ein Programm geschrieben haben und dieses assemblieren, sorgt der Assembler dafür, dass beim anschließenden Laden der Speicher an der richtigen Stelle mit den korrekten Daten gefüllt wird, und zwar

- mit den Opcodes der assemblierten Befehle oder
- mit im Programm nach den Pseudobefehlen `BYTE`, `WYDE`, `TETRA` oder `OCTA` explizit angegebenen Daten.

Um den Programmierer von den Details der Adressbelegung und Adressberechnung zu entlasten, können mittels Marken (Labels) symbolische Namen für Adressen vergeben werden. Der Assembler führt Buch, für welche Adresse welcher symbolische Name vergeben ist, und trägt die Zuordnung in die so genannte *Symboltabelle* ein. Wird der Assembler angewiesen, ein Listing zu erzeugen ( Schalter „`-l listingname`“), so wird die Symboltabelle am Ende des Listings ausgegeben. Durch die symbolischen Namen kann bequem auf Adressen Bezug genommen werden. Adressberechnungen werden dann vom Assembler fehlerfrei durchgeführt.

**Vordefinierte Symbole.** Neben der Vergabe von symbolischen Namen durch Programmierer gibt es einige vordefinierte Symbole. Ein wichtiges vordefiniertes Symbol ist das Symbol für den Adresszeiger „`@`“, der stets die aktuelle Adresse bezeichnet, die der Assembler gerade belegt. `@` wird als „at“ gelesen zur Abkürzung der Phrase „The place where we are at“. Bei der Assemblierung einer Instruktion wird `@` immer so ausgerichtet, dass sein Wert durch vier teilbar ist. Diese Ausrichtung an durch vier teilbaren Speicheradressen nennt sich Alignment (vgl. hierzu Seite 40). Bei der Angabe von Daten mit den Pseudobefehlen `WYDE`, `TETRA` oder `OCTA` wird `@` ebenfalls entsprechend ausgerichtet (bei `BYTE` ist eine solche Ausrichtung natürlich nicht erforderlich) und der Adresszeiger wird entsprechend der Anzahl der angegebenen Datenelemente erhöht. Der Wert des Symbols `@` kann durch den Pseudobefehl `LOC` direkt gesetzt werden.

So bewirkt beispielsweise die Zeile

```
        LOC     #100
```

dass `@`←`#100` gesetzt wird. Zu Beginn der Assemblierung ist `@` mit 0 vorbelegt. Weitere vorbelegte Symbole für Adressen sind:

- `Text_Segment`: Beginn des Segments für Programmcode (#0)
- `Data_Segment`: Beginn des Datensegments (#2000 0000 0000 0000)
- `Pool_Segment`: Beginn des Poolsegments (#4000 0000 0000 0000)
- `Stack_Segment`: Beginn des Stacksegments (#6000 0000 0000 0000)

**Eintragen einer Adresse in den Speicher.** Für die speicherindirekte Adressierung (siehe Abschnitte 3.4.3 und 7.2) muss eine Adresse selbst in den Speicher geschrieben werden. Wir haben dies bereits für das Einlesen von Zeichenketten benutzt (vgl. Abschnitt 3.4.3):

einlesen.mms

```
1          LOC    Data_Segment
2          GREG   @
3  size    IS     80            Puffergröße
4  Buffer  OCTA   0             Anfang des Puffers
5          LOC    Buffer+size   @ nach Pufferende bewegen
6  Arg     OCTA   Buffer,size   Adresse in den Speicher schreiben
7
8          LOC    #100
9  Main    LDA    $255,Arg
10         TRAP   0,Fgets,StdIn
```

In Zeile 4 wird für die Anfangsadresse des Einlesepuffers das Symbol `Buffer` vergeben. In Zeile 6 wird diese Adresse durch Verwendung des Symbols als erstes `OCTA` in den Speicher geschrieben (das zweite `OCTA` gibt die Länge `size` des Puffers an). Abbildung 6.1 zeigt diesen Zusammenhang.
Weitere Beispiele finden sich im Abschnitt über verkettete Listen auf Seite 155.

**Eintragen einer Adresse in ein Register.** Da alle Speicheradressen des `MMIX` 64 Bit lang sind, ist es nicht möglich, Adressen als Direktoperanden in einen Befehl zu schreiben. Viele Befehle, wie etwa die Lade- und Speicherbefehle oder der `GO`-Befehl, erwarten daher eine Bezugsadresse in einem Register.

**Automatische Belegung eines Registers durch den Assembler.** Die einfachste Möglichkeit, eine Adresse in ein Register zu bringen, ist der Pseudobefehl

```
        GREG    @
```

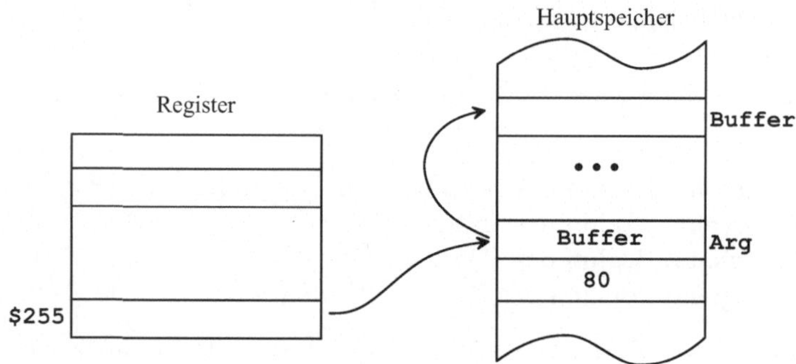


**Abb. 6.1.** Die Adresse des Puffers `Buffer` wird an der Stelle `Arg` in den Speicher geschrieben, gefolgt von der Größe des Puffers.

Damit wird vom Assembler ein globales Register reserviert, in das zur Laufzeit des Programms der Wert von `@` eingetragen wird (siehe Abschnitt 8.3.1 sowie die Spezifikation von `SAVE` und `UNSAVE` auf Seite 258). Der Bezug zu einem solchen globalen Register, das eine Adresse enthält, wird vom Assembler automatisch hergestellt. Zur Erinnerung: Globale Register werden automatisch von $254 abwärts belegt. Wenn sie mit einem Wert ungleich null initialisiert werden, so sollte ihr Inhalt während des Programmlaufs nicht verändert werden.

**Beispiel 6.4.** Verwendung des Befehls `GREG` (vergleiche hierzu das Programm `arith-ldo.mms` auf Seite 44):

`arith-ldo-kurz.mms`

```
        LOC   Data_Segment  Wir starten im Data_Segment
        GREG  @
x1      OCTA  4             Ein Octa mit Wert 4 belegt
x2      OCTA  2             usw.
x3      OCTA  40

        LOC   #100          Programm ab Adresse #100
Main    LDO   $1,x1         Wert von x1 in Register $1
        LDO   $2,x2         usw.
        LDO   $3,x3
        MUL   $3,$2,$3      Siehe arithmetische Befehle
        ADD   $3,$3,$1      in Beispiel 3.1 auf Seite 34
        ADD   $2,$2,$1
        DIV   $3,$3,$2
        TRAP  0,Halt,0
```

In Zeile 2 wird dafür gesorgt, dass zur Laufzeit des Programms in einem globalen Register der Wert von `@` steht. Bei diesem kurzen Programm ist sofort zu sehen, dass dafür das Register `$254` verwendet wird und dass das Symbol `@` für den Wert `#2000 0000 0000 0000` steht. Dieser Zusammenhang ist in Abbildung 6.2 dargestellt. Der Assembler setzt den `LDO`-Ladebefehl in

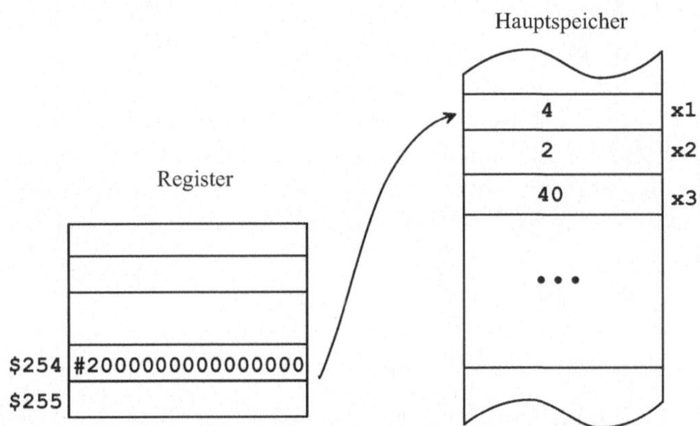


**Abb. 6.2.** Wirkung von `GREG @`: Ein globales Register (hier: `$254`) enthält eine Adresse.

Zeile 8 in einen Ladebefehl mit einem Direktoperanden um:

```
LDO    $1,$G,Offset
```

Dabei ist

- `$G` das in Zeile 2 mit `GREG @` reservierte globale Register und
- `Offset` ein vom Assembler bestimmter Direktoperand, mit

`Offset = x1 - $G.`

In unserem Beispiel ist `Offset`=0 für $x_1$ und `Offset`=8 für $x_2$. Für `Offset` ist im Befehl gerade ein Byte vorgesehen, also ist 255 der maximal zulässige Wert für `Offset`. □

Ist kein globales Register vorhanden, welches die Bedingung

$$0 \leq \texttt{x1-\$G} \leq 255$$

erfüllt, so wird die Fehlermeldung `no base address is close enough to the address A` ausgegeben. In diesem Fall muss unmittelbar *vor* der Stelle des Fehlers ein zusätzliches `GREG @` eingefügt werden. Alternativ kann auch die Assembleroption `'-x'` verwendet werden. Die Anzahl der globalen Register beträgt maximal 224. Bei großen Programmen kann es vorkommen, dass dies nicht für alle nötigen `GREG`-Befehle ausreicht. Es bietet sich daher an:

- Konstanten, insbesondere auch Zeichenketten z.B. für Fehlermeldungen, jeweils am Anfang oder Ende eines Unterprogramms also im Textsegment zu speichern. (Der Zugriff auf diese Adressen kann mit GETA erfolgen.)
- Dynamische Daten auf dem Heap anzulegen (den wir auf Seite 157 kennen lernen werden).
- Lokale Variable von Unterprogrammen im Registerstack zu verwalten.
- Globale Variable am Anfang des Datensegments abzulegen.

**Laden einer Adresse mit LDA.** Soll in einem Programm explizit eine Adresse in ein (nichtglobales) Register geschrieben werden, kann dazu der Befehl LDA ("Load Address") mit einem Label als Quelloperand verwendet werden. Der Assembler bildet die Zieladresse automatisch unter Bezug auf ein globales Register und berechnet einen geeigneten Offset als Direktoperand. LDA ist nur eine andere Schreibweise für ADDU: Der Assembler ersetzt den Befehl

```
LDA     $1,Label
```

durch

```
ADDU    $1,$G,Offset
```

**Adressen als Direktoperanden.** Eine 64-Bit-Adresse kann auch aus einem oder mehreren 16-Bit-Direktoperanden gebildet werden. Die Hilfsmittel dazu haben wir im Abschnitt 6.1 kennen gelernt. Wenn z. B. ausschließlich im obersten Viertel Bit gesetzt werden müssen, kann der SETH-Befehl verwendet werden. Mit dem Befehl

```
SETH    $1,#2000
```

wird die Anfangsadresse des Datensegments in das Register $1 geschrieben. Wir können dies auch unter Verwendung des Labels Data_Segment erreichen, dann muss aber das eigentlich 64 Bit lange Argument durch entsprechendes Verschieben nach rechts auf die 16 höherwertigen Bit reduziert werden:

```
SETH    $1,Data_Segment>>48   Direktoperand #2000
```

Im allgemeinen Fall müssen Adressen durch einen SET-Befehl und anschließende bitweise Oder-Verknüpfungen aufgebaut werden (siehe Beispiel 6.2 auf Seite 128). Der Assembler geht ähnlich vor, wenn er mit der Option '-x' gestartet wird. Es wird dann keine Fehlermeldung `no base address is close enough to the address A` ausgegeben, sondern die Adresse wird unter Verwendung von Register $255 aus Direktoperanden zusammengesetzt. Die Verwendung der Option '-x' ist zwar sehr bequem, kann aber zu ineffizientem Code führen.

**Relative Adressberechnung (Variante mit GETA).** Die bisher genannten Varianten erlauben nur Rückwärtsbezüge. Das heißt, das Symbol, auf das Bezug genommen wird, muss dem Assembler zum Zeitpunkt der Verwendung bereits bekannt sein. Es muss also im Programmtext vor dem entsprechenden Ladebefehl definiert worden sein. Die folgende Variante ermöglicht auch Vorwärtsbezüge.

Der GETA-Befehl besitzt einen 16-Bit-Direktoperanden YZ. Bei der Assemblierung des Befehls GETA $X,Label wird YZ berechnet zu

YZ = (Label - @)/4.

Falls der so berechnete Wert nicht als 16-Bit-Zwei-Komplementzahl dargestellt werden kann, etwa weil die Marke nicht auf das Textsegment verweist, so wird eine Fehlermeldung relative address is more than #ffff tetrabyte forward oder aber relative address is more than #10000 tetrabyte backward ausgegeben. Je nachdem, ob YZ größer oder kleiner null ist, wird einer von zwei Opcodes benutzt: GETA oder GETAB – das letzte B steht für backwards. Diese Entscheidung wird vom Assembler automatisch getroffen – es reicht aus, GETA zu schreiben. Bei der Befehlsausführung wird dann

$$\texttt{\$X} \leftarrow \texttt{@} + \texttt{YZ} * 4$$

gesetzt. Die Zieladresse muss außerdem durch vier teilbar sein. Ist dies nicht der Fall, so wird die Fehlermeldung *relative address is not divisible by 4 ausgegeben. Abhilfe schafft eine explizite Ausrichtung (Alignment) durch LOC (@+4)&-4 *vor* der bemängelten Stelle.

**Übertragen einer Adresse in den Befehlszähler.** Bei der Ausführung von Sprüngen wird der Wert des Befehlszählers überschrieben.

1. JMP *Label*
   Der JMP-Befehl verwendet einen 24-Bit-Direktoperanden XYZ. Bei der Assemblierung wird XYZ berechnet zu

   $$\texttt{XYZ} = (\texttt{@} - \mathit{Label})/4$$

   Bei der Befehlsausführung wird dann gesetzt:

   $$\texttt{@} \leftarrow \texttt{@} \pm \texttt{XYZ} * 4.$$

   Je nachdem, ob XYZ größer oder kleiner null ist, wird einer von zwei Opcodes benutzt: JMP oder JMPB.
2. PUSHJ $X,*Label*
   Der PUSHJ-Befehl verwendet einen 16-Bit-Direktoperanden YZ. Bei der Assemblierung wird YZ ebenso berechnet wie beim JMP-Befehl.
3. Die Branch-Befehle
   Die Branch-Befehle (siehe Abschnitt 4.2) besitzen ebenfalls einen 16-Bit-Direktoperanden YZ. Ihre Behandlung entspricht ansonsten der des JMP-Befehls.
4. Die Befehle GO und PUSHGO. Diese Befehle benutzen eine absolute Adresse, die aus $Y und $Z bzw. Z gebildet wird. Die Berechnung der Adressen folgt dabei dem Muster der Load- und Storebefehle (siehe Abschnitt 3.2.3).

## 6.3 Gleitkommazahlen

Bislang haben wir lediglich ganze Zahlen verarbeitet. Dieser Abschnitt befasst sich mit der Darstellung gebrochener Zahlen. Zuerst sehen wir uns die Darstellung gebrochener Zahlen an, wie wir sie vom Rechnen her gewohnt sind. Anschließend betrachten wir die Codierung dieser Zahlen für Computer.

### 6.3.1 Gebrochene Zahlen

Gemäß der Summenformel (2.2) von Seite 17 ist der Wert $Z$ einer Zahl mit den Ziffern $Z_i$ mit $-m \leq i \leq n$ zur Basis $B$ gegeben durch

$$\begin{aligned} Z &= Z_{-m}B^{-m} + \ldots + Z_{-2}B^{-2} + Z_{-1}B^{-1} + Z_0B^0 + Z_1B^1 + \ldots + Z_nB^n \\ &= \textstyle\sum_{i=-m}^{n} Z_iB^i \end{aligned}$$

Bei der Schreibweise durch Angabe der Ziffern $Z_n$ bis $Z_{-m}$ wird zwischen $Z_0$ und $Z_{-1}$ ein Komma gesetzt. Im Dezimalsystem sprechen wir vom *Dezimalkomma* (im angelsächsischen Bereich wird stattdessen ein Punkt, der *Dezimalpunkt*, gesetzt). Beispielsweise stellt die gebrochene Dualzahl $101{,}1_2$ die Dezimalzahl $5\frac{1}{2}$ dar. Die Ziffern vor dem Dezimalkomma bilden den *ganzzahligen Anteil* (*Integer Part*) und der Nachkommateil den *gebrochenen Anteil* (*Fractional Part*) der Zahl. Zur Wandlung des gebrochenen Anteils von Zahlen zwischen Zahlensystemen gibt es, wie für den bereits in Abschnitt 2.3.3 behandelten ganzzahligen Anteil, Quell- und Zielverfahren.

**Zielverfahren.** Das Zielverfahren basiert wiederum auf der direkten Anwendung des Horner-Schemas: Mit der niedrigstwertigen Ziffer beginnend wird schrittweise durch den Wert der Basis $B$ dividiert und die nächste Ziffer addiert.

$$\begin{aligned} &Z_{-1}B^{-1} + Z_{-2}B^{-2} + \ldots + Z_{-m}B^{-m} = \\ &\quad = B^{-1}\left(Z_{-1} + B^{-1}(Z_{-2} + B^{-1}(\ldots + B^{-1}Z_{-m}))\ldots\right) \end{aligned} \tag{6.1}$$

**Beispiel 6.5.** Wenn wir mit diesem Verfahren die Zahl $0{,}1011_2$ in das Dezimalsystem umrechnen wollen, so müssen wir folgende Operationen ausführen:

$$Z = \frac{1}{2}\left(Z_{-1} + \frac{1}{2}\left(Z_{-2} + \frac{1}{2}(Z_{-3} + \frac{1}{2}Z_{-4})\right)\right)$$

und erhalten $0{,}1011_2 = 0{,}6875_{10}$. □

**Übung 6.2.** Rechnen Sie folgende Zahlen in das Dezimalsystem um:

- $0{,}17_8$
- $12{,}25_8$
- $11001{,}010011001_2$
- $1{,}2_3$

**Quellverfahren.** Bei der Umrechnung des Nachkommateils einer Zahl nach dem Quellverfahren wird dieser im Quellsystem schrittweise mit der Zielbasis multipliziert und jeweils die Ziffer des Ergebnisses vor dem Komma als Ziffer der gesuchten Darstellung im Zielsystem abgespalten. Wir machen uns dazu klar, dass dabei wirklich Ziffern im Zielsystem anfallen: Wir multiplizieren eine Zahl $0 \leq z < 1$ mit der Zielbasis $B'$. Für das Ergebnis gilt dann $0 \leq ZB' < B'$, also ist die Ziffer vor dem Komma kleiner als $B'$, somit eine Ziffer des Zielsystems.

**Beispiel 6.6.** Bei der Wandlung von $0,3_{10}$ in das Dualsystem fallen die Ziffern an, wie in der folgenden Aufstellung angegeben:

| Schritt | Operation | Ergebnis | Anfallende Ziffer |
|---|---|---|---|
| 1 | $0,3 \cdot 2$ | 0,6 | 0 |
| 2 | $0,6 \cdot 2$ | 1,2 | 1 |
| 3 | $0,2 \cdot 2$ | 0,4 | 0 |
| 4 | $0,4 \cdot 2$ | 0,8 | 0 |
| 5 | $0,8 \cdot 2$ | 1,6 | 1 |
| 6 | $0,6 \cdot 2$ | 1,2 | 1 |
| 7 | $0,2 \cdot 2$ | 0,4 | 0 |
| usw. | | | |

Wir sehen, dass die Darstellung der Zahl $0,3_{10}$ im Dualsystem periodisch wird, also $0,3_{10} = 0,0\overline{1001}_2$. □

**Übung 6.3.** Rechnen Sie folgende Dezimalzahlen in das jeweils angegebene Zielsystem um:

- 0,234375 in das Oktalsystem
- 10,328125 in das Oktalsystem
- 25,298828125 in das Dualsystem
- $1,\overline{6}$ in das System zur Basis 3

### 6.3.2 Codierung gebrochener Zahlen

Es gibt prinzipiell zwei Möglichkeiten, gebrochene Zahlen in eine Form zu bringen, die vom Rechner verarbeitet werden kann:

1. **Darstellung als Festkommazahl** (Fixed Point Number): Die Zahl $Z$ wird als Folge von Ziffern geschrieben, mit dem Komma an einer festen (gedachten) Stelle.

2. **Darstellung als Gleitkommazahl** (Floating Point Number): Die Zahl $Z$ wird in der oft als wissenschaftliche Notation bezeichneten Weise durch eine *Mantisse* $f$ und einen *Exponenten* $E$ dargestellt. Es gilt:

$$Z = \pm|f| \cdot B^E \tag{6.2}$$

Diese Darstellung wird in Anlehnung an den englischen Begriff auch im Deutschen oft als Gleitpunktdarstellung bezeichnet.

Die Gleitkommadarstellung ist bei weitem die Gebräuchlichste und wird auch vom `MMIX` unterstützt. Deshalb werden wir uns im Folgenden auf diese beschränken. Die Darstellung nach Gleichung (6.2) ist unter Umständen nicht eindeutig. Daher wird für die Speicherung die normalisierte Darstellung gefordert, d.h. $1 \leq f < 2$. Die dabei stets auftretende Eins vor dem Komma muss nicht mit gespeichert werden. Gleitkommazahlen mit 64 Bit Breite sind nach dem Standard IEEE 754 folgendermaßen aufgebaut:

1. Ein Bit $v$ für das Vorzeichen (gesetztes Bit bedeutet negatives Vorzeichen)
2. Elf Bit für die Charakteristik $E$ des Exponenten. Der Exponent wird addiert zum *Exzess* $q = 2^{11-1} - 1$ gespeichert: $e = E + q = E + 1023$.
3. Die restlichen 52 Bit für die Nachkommastellen des Betrags des gebrochenen Anteils $f$

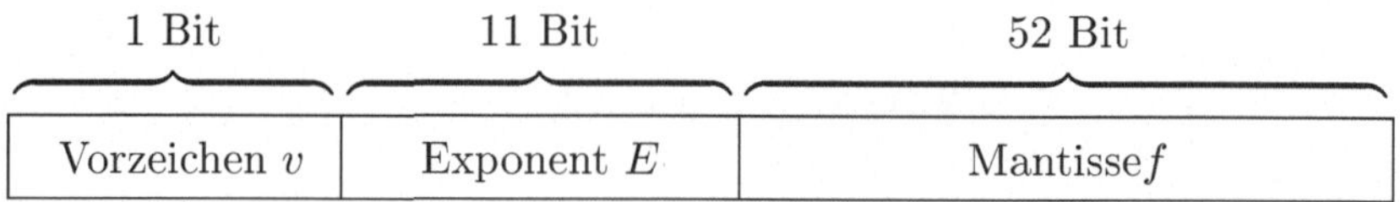


**Beispiel 6.7.** Die Zahl $1,0 = 1 \cdot 2^0$, also $v = 0$, $e = 1023$, d.h. $E = 0$ und $|f| = 1,0$ wird dargestellt, durch `#3FF0 0000 0000 0000`. □

**Übung 6.4.** Welche Gleitkommazahl hat `#4028 8000 0000 0000` als Darstellung?

**Übung 6.5.** Wie lautet die Codierung der Zahl 47,8?

Um Ausnahmesituationen wie „unendlich" oder Über- bzw. Unterlauf darstellen zu können, gibt es folgende Konventionen:

- $e = f = 0$ steht für die Null, d.h., es gibt eine positive und eine negative Null
- $e = 2047$ und $f = 0$ steht für unendlich ($+\infty$ oder $-\infty$; je nach Vorzeichen $v$)
- $e = 2047$ und $f > 0$ bedeutet „keine Zahl", kurz NaN (Not-a-Number)

damit sind die (betragsmäßig) kleinsten Zahlen ungefähr $\pm 10^{-308}$ und die größten ungefähr $\pm 10^{308}$.

### 6.3.3 Rechnen mit 64-Bit-Gleitkommazahlen

Mit dem MMIX-Assembler können Gleitkommazahlen nicht direkt in den Speicher geschrieben werden (etwa mittels `PI OCTA 3.14159265358979`). Eine Möglichkeit, Gleitkommazahlen anzugeben, besteht darin, dass die hexadezimale Darstellung herausgefunden wird (z.B. im interaktiven Modus, durch Eingabe von `l1=3.14159265358979` gefolgt von `l1#`) und die Ausgabe anschließend im Programm angegeben wird:

```
PI        OCTA    #400921fb54442d18   π
```

Eine Alternative bieten Befehle zur Umwandlung von ganzen Zahlen in das Gleitkommaformat und umgekehrt.
Der Befehl

```
          FLOT    $X,$Z
```

speichert die Zahl aus Register `$Z` als Gleitkommazahl im Register `$X` ab. Es gibt auch eine Variante mit einem Direktoperanden, der allerdings lediglich acht Bit lang sein darf.

**Name:**
`FLOT $X,$Z` `FLOT $X,Z`
`FLOTU $X,$Z` `FLOTU $X,Z`
`FIX $X,$Z` `FIXU $X,$Z`

**Spezifikation:**
`FLOT`: $f(\$X) \leftarrow s(\$Z)$
`FLOTU`: $f(\$X) \leftarrow u(\$Z)$
`FIX`: $s(\$X) \leftarrow \mathrm{int} f(\$Z)$
`FIXU`: $u(\$X) \leftarrow (\mathrm{int} f(\$Z)) \bmod 2^{64}$

**Zeit:**
$4\nu$

**Beschreibung:**
Wandlung des Formats der Interndarstellung zwischen ganzen Zahlen und Zahlen im Gleitkommaformat. Optional kann als `Y`-Operand einer der Rundungsmodi `ROUND_OFF`, `ROUND_UP`, `ROUND_DOWN` oder `ROUND_NEAR` angegeben werden.

Befehle für Umwandlung von Gleitkommazahlen

Damit lassen sich z.B. Brüche einfach berechnen. Das folgende Programmfragment berechnet den Wert 1/5 als Gleitkommazahl:

```
          FLOT    $0,1
          FLOT    $1,5
          FDIV    $2,$0,$1
```

Zur Wandlung in der umgekehrten Richtung gibt es den Befehl `FIX`:

```
          FIX     $X,$Z
```

Er wandelt eine Gleitkommazahl aus `$Z` in eine ganze Zahl. Dabei wird gerundet und es kann ein Überlauf auftreten. Der Standard für Gleitkommazahlen kennt verschiedene Rundungsmodi, die beim Rechnen mit Gleitkom-

**Name:**
`FADD $X,$Y,$Z`
`FSUB $X,$Y,$Z`
`FMUL $X,$Y,$Z`
`FDIV $X,$Y,$Z`
`FREM $X,$Y,$Z`
`FSQRT $X,$Z`
`FINT $X,$Z`

**Spezifikation:**
FDIV: $f(\$X) \leftarrow f(\$Y)/f(\$Z)$
FREM: $f(\$X) \leftarrow f(\$Y)$ rem $f(\$Z)$: $y$ rem $z$ ist definiert als $y - nz$, wobei $n$ die zu $y/z$ nächstgelegene ganze Zahl ist bzw. die nächstgelegene gerade Zahl im Fall von Mehrdeutigkeiten.
FINT: $f(\$X) \leftarrow \text{int} f(\$Z)$
FSQRT: $f(\$X) \leftarrow f(\$Z)^{1/2}$

**Zeit:**
$4\nu$ für FADD, FSUB, FMUL, FREM und FINT
$40\nu$ für FDIV und FSQRT

**Beschreibung:**
FADD, FSUB, FMULund FDIV: arithmetische Befehle für Gleitkommazahlen. FINT rundet zu einer ganzen Zahl (liefert aber im Gegensatz zu FIX als Ergebnis wieder eine Zahl im Gleitkommaformat). Die Befehle FINT und FSQRT können als Y-Operand optional einen der Rundungsmodi ROUND_OFF, ROUND_UP, ROUND_DOWN oder ROUND_NEAR erhalten.

Befehle zum Rechnen mit Gleitkommazahlen

mazahlen auftreten können. Der Rundungsmodus kann bei den entsprechenden Befehlen als zweiter Operand angegeben werden: ROUND_OFF, ROUND_UP, ROUND_DOWN und ROUND_NEAR. Der Rundungsmodus kann aber auch im Spezialregister rA (arithmetic status register) eingetragen werden (Bit mit den Wertigkeiten $2^{17}$ und $2^{16}$, siehe [MMIXware]). Wir benutzen die arithmetischen Grundoperationen auf Gleitkommazahlen, um die Funktion $\sin(x)$ zu berechnen:

**Beispiel 6.8.** Berechnung von $\sin(x)$.

Wir approximieren dazu die Sinusfunktion im Intervall $[-\pi/2 \cdots + \pi/2]$ durch ihre Taylor-Reihe:

$$\sin(x) \approx x - \frac{x^3}{3!} + \frac{x^5}{5!} - \frac{x^7}{7!} + \frac{x^9}{9!} - \frac{x^{11}}{11!} \tag{6.3}$$

Es ist nicht sinnvoll, den Sinus für $x$-Werte mit $|x| > 2\pi$ zu berechnen, weil dadurch Stellen für die Mantisse verloren gehen. Die Genauigkeit des Ergebnisses kann nie größer sein als die des Arguments. Daher bestimmen wir zuerst zwei Zahlen $N$ und $f$ so, dass $|x| = N \cdot \pi + f$ mit $|f| \leq \pi/2$. Dann gilt: $\sin(x) = \sin(f) \cdot (-1)^N$ [Cody]. Um ein allgemein verwendbares Unterprogramm zu haben, müssten genau genommen auch die oben genannten

Fälle für $x = \infty$ oder Not-a-Number etc. berücksichtigt werden. Dies soll hier unterbleiben.

In Zeilen 1 bis 7 des folgenden Programms stehen die benötigten Konstanten einschließlich $\pi$, danach folgen Deklarationen für Registernamen.

In Zeilen 26-33 wird der Näherungswert von $\sin(f)$ nach Gleichung (6.3) bestimmt, die nach dem Horner-Schema noch umgeformt wird in:

$$\sin(f) \approx f \cdot (1 - f^2(\frac{1}{3!} - f^2(\frac{1}{5!} - f^2(\frac{1}{7!} - f^2(\frac{1}{9!} - f^2\frac{1}{11!})))))$$

Die Berechnung des Ausdrucks erfolgt von innen nach außen, beginnend beim letzten Koeffizienten. Zuletzt kommt noch die Multiplikation mit $(-1)^N$. Dazu wird getestet, ob $N$ gerade ist oder nicht. Falls $N$ ungerade ist, so muss das Vorzeichen von $\sin(f)$ noch invertiert werden. Dies geschieht indem zum Ergebnis noch #8000 0000 0000 0000 addiert wird. Ist das oberste Bit (das Vorzeichenbit) gesetzt, so wird es zu 0, andernfalls wird es gerade zu 1.

sin.mms

```
 1 PI       OCTA  #400921FB54442D18  π
 2 K0       OCTA  #3ff0000000000000  1.      Koeffizienten
 3          OCTA  #3fc5555555555555  1./3!
 4          OCTA  #3f81111111111111  1./5!
 5          OCTA  #3f2a01a01a01a01a  1./7!
 6          OCTA  #3ec71de3a556c734  1./9!
 7 Kn       OCTA  #3e5ae64567f544e4  1./11!
 8 x        IS    $0
 9 f        IS    $1                 Rest f
10 N        IS    $2                 Quotient N
11 f_sqr    IS    $3                 f^2
12 pK       IS    $4                 Zeiger auf K_0
13 offset   IS    $5                 Offset für Koeffizienten
14 ko       IS    $6                 aktueller Koeffizient
15 pi       IS    $7
16 temp     IS    $8
17
18 sin      GETA  temp,PI
19          LDO   pi,temp,0          π laden
20          FREM  f,x,pi             Rest f bestimmen
21          FDIV  N,x,pi             Quotient N bestimmen
22          FIX   N,N                nun ist x = N · π + f
23          FMUL  f_sqr,f,f          f^2 bestimmen
24          GETA  pK,K0              Adresse der Koeffizienten
25          SET   offset,(Kn-K0)     Offset von K_n
26          LDO   x,pK,offset        Startwert K_n
27          SUB   offset,offset,8
```

```
1H    LDO    ko,pK,offset
      FMUL   x,x,f_sqr          Horner-Schema mit f^2
      FSUB   x,ko,x
      SUB    offset,offset,8
      PBNN   offset,1B
      FMUL   x,x,f
      BEV    N,1F               ·(−1)^N, falls gerade
      INCH   x,#8000            Vorzeichen invertieren
1H    POP    1,0
```

□

**Übung 6.6.** In einer auf optimale Effizienz getrimmten Implementierung der Sinusfunktion würde man die Schleife in obigem Programm eliminieren, indem man die einzelnen Durchläufe ausprogrammiert, und den Zugriff auf den Speicher mit `LDO` vermeiden, indem man die Konstanten mittels `SET`- und `INC`-Befehlen schrittweise aus 16-Bit-Direktoperanden konstruiert. Schreiben Sie eine solche Funktion und vergleichen Sie das Ergebnis mit dem vorliegenden Programm hinsichtlich Lesbarkeit und Effizienz.

**Übung 6.7.** Schreiben Sie ein Unterprogramm zur Berechnung der Cosinusfunktion.

Das Rechnen mit Gleitkommazahlen bedarf besonderer Vorsicht, da Rundungsfehler auftreten können. Die Operationen liefern selten exakte Ergebnisse. Insbesondere darf nicht davon ausgegangen werden, dass z.B. $(a+b)-b$ wieder $a$ liefert, insbesondere dann, wenn $a$ und $b$ Zahlen von deutlich unterschiedlicher Größenordnung sind.

Daher verfügt der `MMIX` neben Befehlen zum Vergleich von Gleitkommazahlen (`FEQL` und `FCMP` siehe Spezifikation auf Seite 145) auch über Vergleichsbefehle, die den auftretenden Ungenauigkeiten Rechnung tragen: Gemäß [Knuth], Kapitel 4.2.2, sollte zu jeder Gleitkommazahl $u = f \cdot 2^e$ und zu gegebenem $\epsilon > 0$ eine Umgebung $N(u) = \{x| \quad |x-u| \leq \epsilon 2^{e-q}\}$ definiert werden, und:

- $u$ als definitiv kleiner als $v$ betrachtet werden (in Zeichen: $u \prec v$), wenn $N(u) < v$ und $u < N(v)$, bzw.
- $u$ im Wesentlichen gleich $v$ (in Zeichen $u \approx v$), wenn $u \in N(v)$ oder $v \in N(u)$.

Die entsprechenden Vergleichsbefehle lauten `FCMPE` (Floating Compare with Respect to Epsilon) und `FEQLE` (Floating Equal with Respect to Epsilon). Um mit diesen Vergleichsbefehlen arbeiten zu können, muss der Wert von $\epsilon$ im Spezialregister `rE` vorgegeben werden.

Diese Problemtik soll allerdings hier nicht näher untersucht werden; sie wird üblicherweise in einer Vorlesung über numerische Mathematik behandelt.

**Name:**
`FCMP $X,$Y,$Z`
`FEQL $X,$Y,$Z`
`FUN $X,$Y,$Z`
`FCMPE $X,$Y,$Z`
`FEQLE $X,$Y,$Z`
`FUNE $X,$Y,$Z`

**Spezifikation:**
`FCMP`:

$$s(\texttt{\$X}) \leftarrow \begin{cases} -1 & \text{falls} \quad f(\texttt{\$Y}) < f(\texttt{\$Z}) \\ 0 & \text{falls} \quad f(\texttt{\$Y}) = f(\texttt{\$Z}) \\ +1 & \text{falls} \quad f(\texttt{\$Y}) > f(\texttt{\$Z}) \end{cases}$$

`FEQL`:

$$s(\texttt{\$X}) \leftarrow \begin{cases} 1 & \text{falls} \quad f(\texttt{\$Y}) = f(\texttt{\$Z}) \\ 0 & \text{sonst} \end{cases}$$

Es sei $N_\epsilon(u) = \{x| \quad |x-u| \leq \epsilon 2^{e-q}\}$, wobei $q$ und $e = E+q$ Exzess und Summe aus Exponent und Exzess der Gleitkommadarstellung der Zahl $u$ sind. Damit:
`FCMPE`:

$$s(\texttt{\$X}) \leftarrow \begin{cases} -1 & \text{falls} \quad f(\texttt{\$Y}) < N_\epsilon(f(\texttt{\$Z})) \text{ und } N_\epsilon(f(\texttt{\$Y})) < f(\texttt{\$Z}) \\ 0 & \text{falls} \quad f(\texttt{\$Y}) \in N_\epsilon(f(\texttt{\$Z})) \text{ oder } f(\texttt{\$Z}) \in N_\epsilon(f(\texttt{\$Y})) \\ +1 & \text{falls} \quad f(\texttt{\$Y}) > N_\epsilon(f(\texttt{\$Z})) \text{ und } N_\epsilon(f(\texttt{\$Y})) > f(\texttt{\$Z}) \end{cases}$$

`FEQLE`:

$$s(\texttt{\$X}) \leftarrow \begin{cases} 1 & \text{falls} \quad f(\texttt{\$Y}) \in N_\epsilon(f(\texttt{\$Z})) \text{ und } f(\texttt{\$Z}) \in N_\epsilon(f(\texttt{\$Y})) \\ 0 & \text{sonst} \end{cases}$$

Der Wert von $\epsilon$ muss dazu im Spezialregister `rE` hinterlegt sein.
`FUN`:

$$s(\texttt{\$X}) \leftarrow \begin{cases} 1 & \text{falls entweder } \texttt{\$Y} \text{ oder } \texttt{\$Z} \text{ keine echten Zahlen (NaN) sind,} \\ 0 & \text{sonst} \end{cases}$$

`FUNE`:

$$s(\texttt{\$X}) \leftarrow \begin{cases} 1 & \text{falls entweder } \texttt{\$Y}, \texttt{\$Z} \text{ oder } \texttt{rE} \text{ keine echten Zahlen (NaN) sind,} \\ 0 & \text{sonst} \end{cases}$$

**Beschreibung:**
Vergleiche von Gleitkommazahlen. Eine ausführliche Beschreibung findet sich z.B. in [MMIXware].

Befehle für Vergleiche von Gleitkommazahlen

**Beispiel 6.9.** Das Newton-Verfahren zur Bestimmung von Nullstellen. Gesucht sei die Nullstelle einer Funktion $f(x)$. Als Beispiel betrachten wir

$$f(x) = x - E\sin(x) - M.$$

Eine Nullstelle dieser Gleichung ist zum Beispiel dann zu bestimmen, wenn die Position eines Satelliten zu einer gegebenen Zeit berechnet werden soll, um etwa eine Antenne nachführen zu können. Es gibt keine analytische Lösung für die Nullstellen dieser Funktion. Eine Nullstelle kann daher nur iterativ durch Näherungsverfahren bestimmt werden. Wir verwenden hier das Verfahren von Newton und Raphson 1. Ordnung. Dazu wird ein Startwert $x_0$ gewählt und die Funktion durch ihre Tangente im Punkt $f(x_0)$ genähert und die Nullstelle der Tangente bestimmt. Die Nullstelle $x_1$ dieser Geraden wird als erste Näherung für die Nullstelle der Funktion genommen und das Verfahren wiederholt. Es ergibt sich eine Folge $(x_i)_{i \geq 0}$ von Näherungswerten für die Nullstelle von $f(x)$, wie in Abbildung 6.3 dargestellt. Unter bestimm-

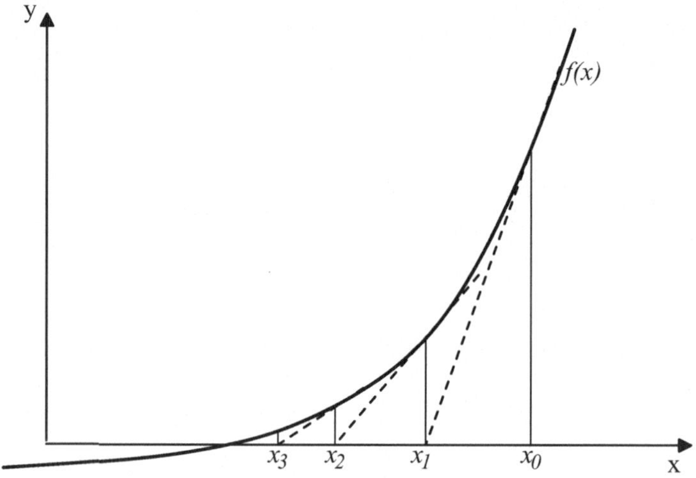


**Abb. 6.3.** Das Newton-Verfahren: Konvergenz der Folge $x_i$ gegen die Nullstelle von $f(x)$. Die Näherungsgeraden sind gestrichelt eingezeichnet.

ten Voraussetzungen, die hier nicht genauer angegeben werden, konvergiert die Newton-Folge $(x_i)_{i \geq 0}$ gegen eine Nullstelle von $f(x)$. Die Steigung der Tangente im Punkt $x_i$ entspricht der Steigung der Funktion $f(x)$ in $x_i$. Die Geradengleichung der Tangente ist folglich

$$y = f'(x_i)x + f(x_i) - x_i f'(x_i)$$

Die Lösung $x_i$ ist in vielen Fällen eine Verbesserung von $x_{i-1}$, d.h., $f(x_i)$ ist näher an der Nullstelle von $f$ als $f(x_{i-1})$ usw. Bei der Umsetzung in ein Programm müssen drei Dinge beachtet werden:

1. Mathematisch gesehen umfasst die Folge $(x_i)_{i \geq 0}$ unendlich viele Variablen mit Zuordnung zu jeweils einer Stützstelle. Bei der programmtechnischen Umsetzung werden die Werte von $x_i$ sukzessive berechnet, müssen aber nicht alle abgespeichert werden, da nur die letztlich gefundene Nullstelle von Bedeutung ist. Im folgenden Programm nimmt ein einziges Register – `xi` – nacheinander die Werte der Stützstellen der Folge auf. Anders als in der Mathematik ist bei der Programmierung ein Register ein Container für einen änderbaren Wert.
2. Die Nullstelle kann in der Regel nicht exakt bestimmt werden, sondern nur mit einer gewissen Genauigkeit, etwa $10^{-10}$. Die Iteration kann daher abgebrochen werden, wenn $f(x_i) \in N(0)$ mit einer vorgegebenen Genauigkeit $\epsilon$.
3. Das Verfahren muss nicht immer konvergieren. Wenn die Funktion $f(x)$ gar keine Nullstelle hat oder nicht die Voraussetzungen für die Konvergenz erfüllt, dann ist $f(x_i) < \epsilon$ nie erfüllt. Es ist also zusätzlich dafür zu sorgen, dass die Iteration nach einer maximalen Anzahl von Schritten abgebrochen wird, um ein Verweilen des Programms in einer Endlosschleife zu vermeiden.

In Zeilen 13 bis 15 des folgenden Programms wird der Startwert zu $\pi/4$ bestimmt. Der Wert von $f(x)$ wird zuerst einmal vor der Schleife bestimmt (Zeilen 17 bis 18) und einmal am Schleifenende (Zeilen 28 bis 29) – vor dem ggf. erforderlichen Rücksprung zu `1H` in Zeile 20. Die Unterprogramme (`f` und `fstr`) )zur Berechnung von $f(x)$ und $f'(x)$ sind nicht mit angegeben. Sie sollten sich aus der Lösung von Übung 6.8 ergeben. Ebenso fehlt ein Unterprogramm `Ausgabe` zur Ausgabe des Ergebnisses in Zeile 35.

newton.mms

```
 1        LOC   #100
 2 Err    BYTE  "Mangelnde␣Konvergenz"
 3 EPS    OCTA  #3ddb7cdfd9d7bdbb  10^-10
 4 PI     OCTA  #400921fb54442d18  π
 5 x      IS    $0
 6 it     IS    $1                 Zähler für Anzahl Iterationen
 7 eps    IS    $2                 ε
 8 z      IS    $3                 Hilfsgröße Zähler
 9 n      IS    $4                 Hilfsgröße Nenner
10 temp   IS    $5
11 par    IS    $6
12
13 Main   LDO   x,PI
14        FLOT  temp,4
15        FDIV  x,x,temp           setze x = π/4
16        LDO   eps,EPS
17        SET   par,x              berechne f(x)
```

```
        PUSHJ  temp,f
        SET    z,temp
1H      INCL   it,1
        CMP    temp,it,101          max. 100 Iterationen
        BZ     temp,2F
        SET    par,x
        PUSHJ  temp,fstr            berechne f'(x)
        SET    n,temp
        FDIV   z,z,n
        FSUB   x,x,z
        SET    par,x
        PUSHJ  temp,f               berechne f(x)
        SET    z,temp
        FCMP   temp,z,eps           ist f(x) < ϵ?
        PBP    temp,1B
        SET    par,x
        PUSHJ  temp,Ausgabe
        TRAP   0,Halt,0
2H      LDA    $255,Err
        TRAP   0,Fputs,StdErr
        TRAP   0,Halt,0
```

□

**Übung 6.8.** Schreiben Sie ein Unterprogramm, das drei Parameter $M$, $E$ und $x$ erhält, und daraus die Funktion $f(x) = x - E \cdot \sin(x) - M$ berechnet. Schreiben Sie ein weiteres Unterprogramm, das die Ableitung $f'$ dieser Funktion berechnet.

### 6.3.4 32-Bit-Gleitkommazahlen

In der Praxis sind sowohl die bisher besprochenen Gleitkommazahlen mit 64 Bit Länge gebräuchlich als auch solche mit 32 Bit Länge. In C/C++ oder Java werden die Datentypen `float` auf 32-Bit- und `double` auf 64-Bit-Gleitkommazahlen abgebildet. In diesem kürzeren Format stehen lediglich acht Bit für den Exponenten $E$ und 23 für die Mantisse $f$ zur Verfügung. Um mit dem IEEE-Standard kompatibel zu sein, kann der `MMIX` auch mit 32-Bit-Gleitkommazahlen umgehen. Intern rechnet er zwar ausschließlich mit dem längeren Format, aber er kann zwischen beiden Formaten konvertieren. Analog zu den Befehlen `FLOT` und `FLOTU` gibt es zwei Befehle, um ganze Zahlen an das kurze Gleitkommaformat anzupassen. Die ganzen Zahlen können Direktoperanden sein oder in Registern stehen. Ferner gibt es zwei Befehle für den Speicherzugriff auf Zahlen in diesem Format: `LDSF` („Load Short Float") lädt eine 32-Bit-Gleitkommazahl, und zwar so, dass sie nach dem Laden intern im 64-Bit-Format gespeichert wird. Umgekehrt schreibt `STSF` („Store Short

Float") eine 64-Bit-Gleitkommazahl im kurzen Format (4 Byte) in den Speicher. Die Bildung der Speicheradresse erfolgt analog zu den anderen Befehlen für den Speicherzugriff.

**Fragen zur Lernkontrolle:**

1. Welche Verfahren gibt es, um gebrochene Zahlen von einem Zahlensystem in ein anderes Umzuwandeln?
2. Was ist der Unterschied zwischen Festpunkt- und Gleitpunktdarstellung?
3. Was versteht man unter dem Begriff Mantisse und wie viele Bit sieht der IEEE-754-Standard für die Mantisse einer 64-Bit-Gleitkommazahl vor?
4. Was ist die größte Zahl, die der `MMIX` als 64-Bit-Gleitkommazahl darstellen kann?
5. Was ist der Unterschied zwischen den Befehlen `FIX` und `FINT`?
6. Warum hat der `MMIX` neben den Befehlen für 64-Bit-Gleitkommazahlen noch Befehle für 32-Bit-Gleitkommazahlen?

**Name:**
`SFLOT $X,$Z` bzw. `SFLOT $X,Z`
`SFLOTU $X,$Z` bzw. `SFLOTU $X,Z`

**Spezifikation:**
`SFLOT`: $f(\$X) \leftarrow f(T) \leftarrow s(\$Z)$
`SFLOTU`: $f(\$X) \leftarrow f(T) \leftarrow u(\$Z)$

**Zeit:**
$4\nu$

**Beschreibung:**
Konvertiert eine ganze Zahl in ein short (32-Bit) float. Dabei bezeichnet $T$ eine 32-Bit-Zwischengröße, in welche die Zahl zuerst gewandelt wird. Dabei kann eine Rundung auftreten; erst nach dieser Rundung wird die Erweiterung auf 64 Bit durchgeführt. Im `Y`-Feld kann bei Bedarf, genau wie beim Befehl `FLOT`, spezifiziert werden, wie gerundet wird.

**Siehe auch:**
`FLOT` und `FLOTU`, Seite 141.

Die Befehle `SFLOT` und `SFLOTU`

## 6.4 Zusammengesetzte Datentypen

### 6.4.1 Verbunde oder Records

Bisher haben wir Datentypen und ihre Eigenschaften kennen gelernt, die sich jeweils in einem Register speichern lassen. Diese Datentypen nennt man einfache Datentypen im Gegensatz zu den zusammengesetzten Datentypen,

**Name:**
`LDSF $X,$Y,$Z` `LDSF $X,$Y,Z`
`STSF $X,$Y,$Z` `STSF $X,$Y,Z`

**Spezifikation:**
`LDSF`: $f(\texttt{\$X}) \leftarrow f(M_4[\texttt{\$Y} + \texttt{\$Z}])$ bzw. $f(\texttt{\$X}) \leftarrow f(M_4[\texttt{\$Y} + \texttt{Z}])$
`STSF`: $f(M_4[\texttt{\$Y} + \texttt{\$Z}]) \leftarrow f(\texttt{\$X})$ bzw. $f(M_4[\texttt{\$Y} + \texttt{Z}]) \leftarrow f(\texttt{\$X})$.

**Zeit:**
$1\nu + 1\mu$

**Beschreibung:**
Lädt bzw. speichert eine 32-Bit-Gleitkommazahl. Dabei findet eine Umwandlung ins/vom 64-Bit-Format statt.

**Siehe auch:**
`LDT`, Seite 48, und `STT`, Seite 49, für 32-Bit-Festkommazahlen.

Die Befehle `LDSF` und `STSF`

dem *Verbund* bzw. *Record*, den wir in diesem Kapitel behandeln, und dem *Feld* bzw. *Array*, das im nächsten Kapitel besprochen wird.

Ein Record fasst mehrere Daten, die inhaltlich zusammengehören, zu einer Einheit zusammen. Ein solches Zusammenfassen von verschiedenen Daten zu einer neuen Gesamtheit hat sich vielfach bewährt, um die Strukturierung von großen Datenmengen sichtbar zu machen und so größere Übersicht zu schaffen. Ein Begriff, der in diesem Zusammenhang eine wichtige Rolle spielt, ist der Begriff *Abstraktion*: Man schafft sich aus Teilen ein neues Ganzes, das sich bei geschickter Konstruktion viel einfacher verstehen und benutzen lässt als die Summe seiner Teile mit ihren oft komplexen Wechselbeziehungen. Wir werden im Folgenden dafür viele Beispiele sehen. Von entscheidender Bedeutung ist es dabei, dass man zu einem neuen Datentyp auch gleich die entsprechenden neuen Operationen bereitstellt. Hier zeigt sich die Unterprogrammtechnik als unentbehrlicher Begleiter der Datentypen. So eng ist diese Verbindung, dass sich daraus eine eigene Methodologie der Programmentwicklung, die objektorientierte Programmierung, entwickelt hat (siehe im weiteren Verlauf dieses Abschnitts).

**Beispiel 6.10.** Wir betrachten die komplexen Zahlen. Auf die mathematische Theorie der komplexen Zahlen wollen wir hier nicht eingehen. So viel soll genügen: Eine komplexe Zahl besteht aus zwei Teilen, einem Realteil und einem Imaginärteil, die jeweils einfache reelle Zahlen sind. Auf diesen komplexen Zahlen sind dieselben Operationen, Addition, Multiplikation etc. wie auf den gewöhnlichen reellen Zahlen definiert.

Somit haben wir einen abstrakten Datentyp, Komplexe Zahl, der als Record mit zwei Gleitkommazahlen *Realteil* und *Imaginärteil* implementiert werden kann. Zu diesem Datentyp stellt man dann als Unterprogramme Funktionen bereit, die zu zwei Records etwa die Summe oder das Produkt berechnet. □

**Beispiel 6.11.** Vorlesungen sind sehr komplexe Gebilde, die man immer nur mehr oder weniger grob vereinfacht als Datenstruktur darstellen kann. Dazu überlegt man zunächst einmal, welche Teilinformationen einer Vorlesung im gegebenen Zusammenhang wichtig sind. Dies sind etwa: die Vorlesungszeit, der Dozent, die Vorlesungsnummer, der Raum, die Anzahl der freien Plätze, eine Liste der Hörer, der Fachbereich, das Thema, das Skriptum, die Voraussetzungen, Alternativen und weiterführende Veranstaltungen. Denkt man daran, wie eine Vorlesung als Datenstruktur implementiert werden kann, so bemerkt man sofort, dass einige Teile mit einfachen Datentypen implementierbar sind, etwa die Vorlesungsnummer (ganze Zahl), und andere Teile selbst wieder zusammengesetzt sind. Es kommt sogar vor, dass ein Teil der Vorlesung selbst wieder eine Vorlesung ist, etwa eine alternative oder weiterführende Vorlesung. Bei genauerem Hinsehen handelt es sich dabei aber nicht um eine zirkuläre Definition, vielmehr ist ja die eine Vorlesung nicht wirklich ein Bestandteil der anderen Vorlesung, sondern es kann sich dabei nur um einen Verweis auf eine andere Vorlesung handeln. Solche Verweise werden als Adressen oder Zeiger auf andere Daten implementiert.

Die typischen Operationen, die man sich zum Arbeiten mit einer solchen Datenstruktur wünscht, sind zunächst Zugriffsfunktionen auf die Teilinformationen, etwa eine Funktion, die zu einer gegebenen Vorlesung den Dozenten bestimmt.

Weiter kann man sich eine Funktion denken, die einen Hörer zur Vorlesung hinzufügt. Eine solche Funktion wird nicht nur die Liste der Hörer verlängern, sondern auch die Anzahl der freien Plätze um eins erniedrigen. Es ist klar, dass diese Operation mehrere Teile der Datenstruktur verändert, und zwar so, dass die internen Zusammenhänge in der Datenstruktur konsistent bleiben.

□

Kehren wir wieder zu einem einfacheren Beispiel zurück, mit dem wir uns etwas ausführlicher beschäftigen wollen.

**Beispiel 6.12.** Wir betrachten die Implementierung einfacher geometrischer Objekte: Punkt, Linie und Kreis. In der ebenen Geometrie kann ein Punkt durch zwei Koordinaten, den $x$- und den $y$-Wert, dargestellt werden. Eine Linie ist durch Anfangs- und Endpunkt gegeben, und ein Kreis durch Mittelpunkt und Radius. Die Implementierung als Datenobjekte ist aus dieser Beschreibung direkt ersichtlich.

Als Operationen kann man sich neben einfachen Dingen, wie der Verschiebung des Mittelpunktes eines Kreises oder der Bestimmung der Länge einer Linie, auch komplexere Funktionen, wie etwa den Durchschnitt zweier Figuren, vorstellen. Denkt man an solche Funktion, die auf verschiedene geometrische Figuren anwendbar sein sollen, wie eben der Durchschnitt, so ist klar, dass es zweckmäßig sein wird, auch Angaben über die Art der geometrischen Figur in der Datenstruktur zu speichern. □

**Implementierung von Records.** Records passen aufgrund Ihrer Größe üblicherweise nicht in ein Register. Man speichert Records deshalb im Hauptspeicher und hält in den Registern Zeiger auf den Anfang der Records. Operationen auf einem Record sind immer durch Operationen auf den Einzelteilen eines Records implementiert. So ist es wichtig zu sehen, wie man unter Verwendung der Anfangsadresse des Records die Adressen der Einzelteile bestimmen kann und damit gegebenfalls einzelne Teile des Records in Register laden kann (falls es sich um einfache Bestandteile handelt).

Zur Berechnung der Adresse eines Bestandteils benötigt man den Abstand zwischen dem Anfang des Records und dem Anfang des gewünschten Teils. Dieser Abstand heißt *Offset*, er ist für verschiedene Variable eines Datentyps gleich und hängt nur vom Datentyp selbst ab. Es gilt:

$$\text{Adresse des Teils} = \text{Adresse des Records} + \text{Offset des Teils.}$$

Kommen wir auf Beispiel 6.12 zurück. Wir implementieren einen Punkt durch einen Record mit drei Teilen, dem Typ (Punkt), dem $x$-Wert und dem $y$-Wert. Die Koordinaten speichern wir als OCTAs. Für den Typ reicht zwar im Prinzip ein Byte, wegen der erforderlichen Ausrichtung der OCTAs wird jedoch durch das einzelne Byte kein Platz eingespart. Den Offsets für die einzelnen Teile geben wir Namen:

```
punkt    IS    1           der Typ 1 steht für Punkte
typ      IS    0           Offset für den Typ
x        IS    8           Offset für den x-Wert
y        IS    16          Offset für den y-Wert
```

Wir vereinbaren Punktvariable $A(10;20)$ und $B(4,-2)$:

```
A        BYTE  punkt       Typ
         OCTA  10,20       Koordinaten
B        BYTE  punkt       Typ
         OCTA  4,-2        Koordinaten
```

Zur Illustration des Zugriffs auf die Teile zeigen wir, wie der Abstand der beiden Punkte durch ein Unterprogramm berechnet wird:

abstand.mms

```
pA       IS    $0          Zeiger auf Punkt A
pB       IS    $1          Zeiger auf Punkt B
dx       IS    $2          x-Abstand
dy       IS    $3          y-Abstand
d        IS    $4          Abstand
tmp      IS    $5

Abstand  LDA   pA,A
         LDA   pB,B
         LDO   dx,pA,x     lade x-Wert von A
```

```
        LDO    tmp,pB,x   lade x-Wert von B
        SUB    dx,dx,tmp
        LDO    dy,pA,y    lade y-Wert von A
        LDO    tmp,pB,y   lade y-Wert von B
        SUB    dy,dy,tmp
        MUL    d,dx,dx
        MUL    tmp,dy,dy
        ADD    d,d,tmp
        FLOT   tmp,d      in Gleitkommazahl wandeln
        FSQRT  $0,tmp     Ergebnis: $\sqrt{(A_x - B_x)^2 + (A_y - B_y)^2}$
        POP    1,0
```

Wenn wir als Nächstes dasselbe Vorgehen für eine Linie $L$, bestehend aus Typ, Anfangs- und Endpunkt, betrachten, sieht das so aus:

```
linie    IS   2     der Typ 2 steht für Linien
typ      IS   0     Offset für den Typ
anfang   IS   8     Offset für den Anfangspunkt
ende     IS   32    Offset für den Endpunkt
```

Bereits hier wird die Berechnung der einzelnen Offsets lästig, fehleranfällig und schwer wartbar. Die Verwendung von Hochsprachen, bei denen der Übersetzer (Compiler) solche Berechnungen übernimmt, ist deshalb heute allgemein üblich. Aber auch bei der Programmierung im Assembler sollte man sich die Arbeit so einfach wie möglich machen, und das heißt, solche Berechnungen weitgehend dem Assembler überlassen. Dazu ist es nützlich, neben den Offsets auch Konstante für die Größen der Datenstrukturen zu vereinbaren. Spätestens jetzt wird man ein geeignetes Präfix benutzen, um eine einheitliche Namensgebung zu erreichen. Wir erhalten:

offsets.mms

```
        PREFIX  :Typ:
punkt   IS      1                    Typ 1 steht für Punkte
linie   IS      2                    Typ 2 steht für Linien
kreis   IS      3                    Typ 2 steht für Kreise
typ     IS      0                    Offset Typ aller Figuren
size    IS      8
        PREFIX  :Punkt:
x       IS      :Typ:size            Offset x-Wert
y       IS      x+8                  Offset y-Wert
size    IS      :Typ:size+8+8

        PREFIX  :Linie:
anfang  IS      :Typ:size            Offset Anfangspunkt
ende    IS      anfang+:Punkt:size   Offset Endpunkt
```

```
size     IS       :Typ:size+2*:Punkt:size

         PREFIX   :Kreis:
zentrum  IS       :Typ:size             Offset Anfangspunkt
radius   IS       zentrum+:Punkt:size   Offset Radius
size     IS       :Typ:size+:Punkt:size+8
```

Ein Unterprogramm, das unter Verwendung des Unterprogramms `Abstand` (besser ist `:Punkt:Abstand`) die Länge einer Linie berechnet, sieht dann so aus:

laenge.mms

```
pL       IS     $0   Parameter: Zeiger auf eine Linie
return   IS     $1   sichern der Rücksprungadresse
abstand  IS     $2   Unterprogramm Rückgabe
pA       IS     $3   Unterprog.-Parameter: Zeiger auf Anfangspunkt
pE       IS     $4   Unterprog.-Parameter: Zeiger auf Endpunkt

Laenge   GET    return,:rJ
         LDA    pA,pL,:Linie:anfang
         LDA    pE,pL,:Linie:ende
         PUSHJ  abstand,:Punkt:Abstand
         PUT    :rJ,return
         SET    $0,abstand
         POP    1,0
```

Records haben die schöne Eigenschaft, dass zum Zugriff auf einzelne Teile, neben der Kenntnis der einzelnen Offsets, allein die Adresse des Records ausreicht. Dies nutzt man auf verschiedene Weise.

- In einem Record kann man sehr einfach und schnell eine ganze Sammlung von Parametern an ein Unterprogramm übergeben: Man fasst die verschiedenen Parameter zu einem Record zusammen und übergibt nur noch die Adresse des Records. Dieses Verfahren haben wir im Kapitel 5 schon als Parameterblocktechnik kennen gelernt. Der Betriebssystemaufruf `Fgets`, bekommt also genau genommen im Register `$255` die Adresse eines Records mit zwei Teilen: Das erste `OCTA` enthält die Pufferadresse, das zweite enthält die Puffergröße.
- Ein Datensatz kann sehr schnell von einer Stelle an eine andere kopiert werden, wenn man nicht den Datensatz selbst kopiert, sondern nur seine Adresse. Zum Beispiel arbeiten praktisch alle Sortierprogramme nach diesem Prinzip. Die Daten werden in einem Teil des Speichers abgelegt, die Adressen der Datensätze in einem anderen. Will man nun zwei Datensätze

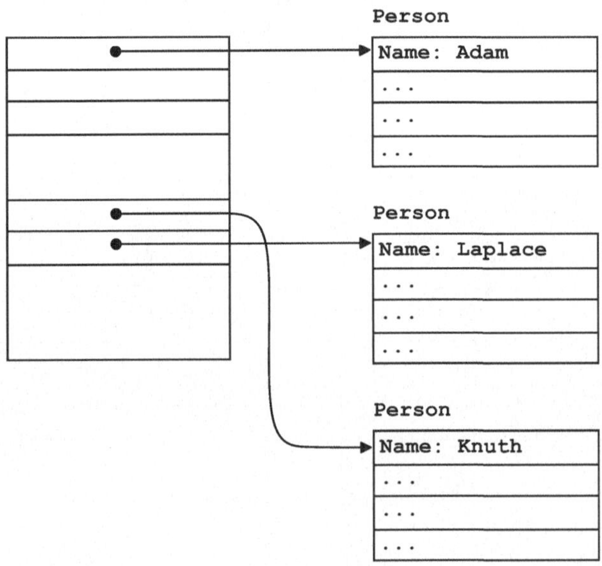


**Abb. 6.4.** Alphabetisches Sortieren durch Vertauschen von Zeigern.

in ihrer Reihenfolge tauschen, so genügt es die Adressen zu vertauschen. Vergleiche dazu die Abbildung 6.4.

- Oft stehen Datensätze unterschiedlichen Typs untereinander in Beziehung. So etwa Dozent und Vorlesung (Beispiel 6.11) oder Punkt und Linie (Beispiel 6.12). Nun kann sich diese Beziehung dadurch ausdrücken, dass der eine Datensatz ein Teil des anderen ist, wie etwa der Anfangspunkt Teil einer Linie ist, oder auch dadurch, dass der eine Datensatz nur die Adresse des anderen enthält. Die letztere Möglichkeit ist natürlich ungleich flexibler. So gibt es etwa zu jeder Vorlesung einen Dozenten, aber auch zu jedem Dozenten eine oder mehrere Vorlesungen. Solch eine zyklische Referenz kann leicht mittels Adressen implementiert werden, wie in Abbildung 6.5 dargestellt ist.
- Von besonderer Bedeutung sind dynamische Datenstrukturen, wie z.B. verkettete Listen oder Bäume. Diese Datenstrukturen bestehen aus einzelnen Records, die zum einen Teil zum Speichern von Informationen genutzt werden und zum anderen Teil zum Speichern von Adressen von weiteren Records. Durch Verändern der Adressen können solche Strukturen zur Laufzeit umgeordnet, vergrößert oder verkleinert werden und sich dem Bedarf des Programms anpassen.
  Das einfachste Beispiel einer dynamischen Datenstruktur, eine verkettete Liste, werden wir etwas ausführlicher behandeln.

**Verkettete Listen.** Eine ganz natürliche Erweiterung von Beispiel 6.12 ist die Hinzunahme von Polygonen. Ein Polygon (Vieleck) besteht aus einer Lis-

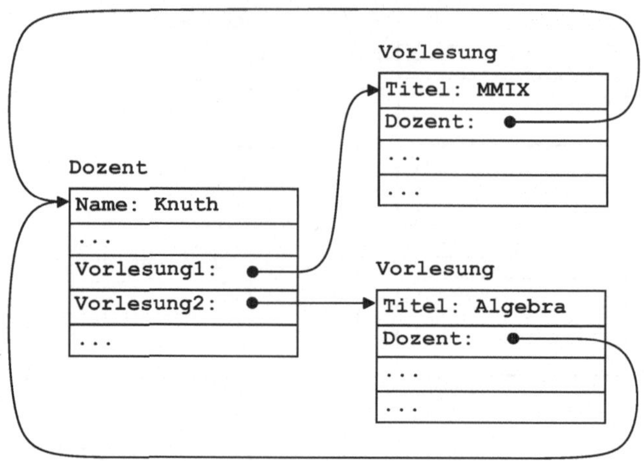


**Abb. 6.5.** Zyklische Referenzen.

te von Punkten, die bei der grafischen Darstellung durch Linien verbunden werden. Die Darstellung von Punkten durch einen Typ sowie die $x$- und $y$-Koordinate, ist uns schon vertraut. Doch wie stellt man eine Liste von Punkten dar? Eine Möglichkeit, die wir im nächsten Kapitel untersuchen werden, ist ein Feld (Array), eine andere Möglichkeit ist eine *verkettete Liste* (linked list). Eine solche Kette wird durch Records und Zeiger gebildet. Jeder Record enthält zum einen die Nutzinformation, also den Punkt, und dazu einen Zeiger auf das nächste Element der Kette. Da auch das letzte Element der Kette, ganz am Ende, einen Zeiger auf das nächste Element enthält, verwendet man hier einen besonderen Wert für den Zeiger, der nie als wirkliche Adresse verwendet wird, und somit eindeutig darauf hinweist, dass es kein „nächstes“ Element mehr gibt. Dieser besondere Wert ist der Nullzeiger. Da die Adresse `#0000 0000 0000 0000` beim `MMIX`, wie bei fast allen Prozessoren, nicht für die Speicherung von Daten vorgesehen ist und sich der Wert null besonders einfach testen lässt, ist dies eine sinnvolle Festlegung.
Wir erhalten die folgende Definition

```
polygon  IS      3               der Typ 3 steht für Polygone.
element  IS      4               der Typ 4 steht für Elemente.
         PREFIX  :Polygon:       Ein Polygon besteht aus
anfang   IS      :Typ:size       Typ und Anfangspunkt.
size     IS      :Typ:size+8
                                 Elemente bestehen aus
punkt    IS      0               einem Punkt und einem
next     IS      :Punkt:size     Zeiger auf den nächsten.
esize    IS      :Punkt:size+8
```

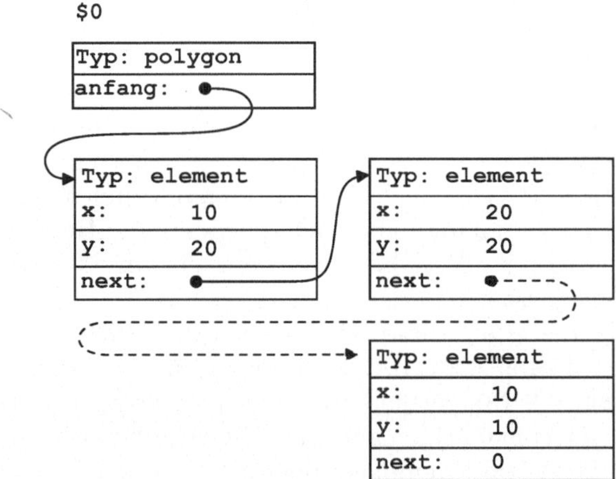


**Abb. 6.6.** Eine einfache verkettete Liste.

Man kann eine Reihe von Operationen auf einer solchen verketteten Liste sehr effizient implementieren. Besonders einfach ist es etwa, einen Punkt vorne zu einer solchen Liste hinzuzufügen. Auch kann man einen Punkt in der Mitte einfügen oder herauslöschen, ohne die Punkte, die in der Liste danach folgen, alle im Speicher verschieben zu müssen. Bei anderen Operationen hingegen, etwa der Berechnung der Länge einer Liste oder dem Einfügen eines Punktes am Ende der Liste, steigt der Aufwand direkt mit der Länge der Liste.

Bevor wir uns der Implementierung einfacher Operationen auf verketteten Listen zuwenden, müssen wir noch die Frage klären, wie man den Speicherplatz für solche dynamischen Datenstrukturen sinnvoll verwaltet.

**Dynamische Speicherverwaltung.** Im Zusammenhang mit Records tritt immer wieder folgendes Problem auf: Beim Schreiben eines Programms ist noch nicht bekannt, wie viele Variablen, etwa zum Speichern von Linien oder Polygonen, bei der Ausführung des Programms benötigt werden. Es is daher notwendig, Variablen dynamisch, also zur Laufzeit, anzulegen.

Zu diesem Zweck verwaltet man einen Teil des verfügbaren Speicherplatzes als *Halde* (Heap). Der Heap ist ein Speicherbereich, auf dem Variablen dynamisch, d.h. zur Laufzeit des Programms, angelegt und wieder freigegeben werden können. Im Unterschied zum Stack, ebenfalls ein Speicherbereich, in dem Variablen zur Laufzeit neu angelegt und wieder freigegeben werden, ist jedoch der Zeitpunkt von Anlegen und Freigeben vollkommen dem Programmierer überlassen. Entsprechend ist auch die Verwaltung dieses Speicherbereichs etwas aufwändiger und es existieren sehr komplexe Verfahren, um diese Aufgabe möglichst effizient abzuwickeln. Hier beschränken wir uns darauf, ein sehr einfaches Verfahren vorzustellen, mit dem Variablen angelegt werden können. In Übung 6.9 geben wir ausführliche Hinweise, wie eine

Speicherverwaltung, die auch das Freigeben von Speicherplatz unterstützt, einfach implementiert werden kann.

Zunächst wählen wir einen Adressbereich innerhalb des Datensegments für den Heap. Wir entscheiden uns, etwas willkürlich, für die obere Hälfte von `#3000 0000 0000 0000` bis `#3FFF FFFF FFFF FFFF`. Diesen Bereich vergeben wir bei Bedarf beginnend mit den niedrigen Adressen hin zu den hohen Adressen. Um zwischen dem belegten und dem noch freien Teil des Heap unterscheiden zu können, führen wir eine Variable „`free`“ ein, die auf das erste `OCTA` zeigt, das noch nicht belegt ist.

Die Funktion, die zum Anfordern von neuem Speicherplatz verwendet wird, nennen wir wie üblich `malloc` (memory allocate). Als einzigen Parameter erhält sie die Größe des gewünschten Speicherplatzes in Byte. Als Rückgabewert liefert sie einen Zeiger auf einen Speicherbereich entsprechender Größe, oder den Wert Null, wenn kein Speicher mehr verfügbar ist.

Es ist wichtig, dass eine allgemeine Funktion, die zum Anlegen von Variablen verwendet werden soll, nur Adressen liefert, die auch für jede Art von Variablen, ob `OCTA`s, `TETRA`s, `WYDE`s oder `BYTE`s, verwendbar sind. Am strengsten sind dabei die Einschränkungen für `OCTA`s. Diese dürfen nur bei Adressen beginnen, die Vielfache von acht sind. Eine Speicherplatz-Anforderung von `size` Byte wird deshalb auf ein Vielfaches von acht aufgerundet.

Eine ganz einfache Implementierung der Funktion `malloc` könnte so aussehen:

malloc.mms

```
         PREFIX  Heap:
heap     GREG    #3000000000000000
size     IS      $0
result   IS      $0
new      IS      $1
tmp      IS      $2

:malloc  ADDU    size,size,7        Addition von 7
         ANDN    size,size,7        und Abrunden.

         ADDU    tmp,heap,size      neuer Wert von heap
         SRU     tmp,tmp,62         obersten zwei Bit
         BNZ     tmp,fail           Überlauf

         SET     result,heap
         ADDU    heap,heap,size
         POP     1,0

fail     SET     result,0
         POP     1,0
```

Der verfügbare Speicher auf dem Heap ist hier einfach in zwei Teile geteilt: Unterhalb von `heap` ist der Speicher schon vergeben, ab `heap` ist der Speicher noch frei. Ein Speicherbereich wird dadurch belegt, dass man `heap` um die gewünschte Anzahl von Byte hochzählt. Eine wirklich dynamische Speicherverwaltung sollte auch das Freigeben von Speicher mittels einer Funktion `free` unterstützen. Damit beschäftigt sich die nächste Übung.

**Übung 6.9.** Implementieren Sie die Unterprogramme `malloc` und `free` zur dynamischen Speicherverwaltung.
**Hinweis:** Wird Speicherplatz wieder freigegeben, so kann man ihn nicht einfach an den vorhandenen freien Platz anfügen. Das freie Stück kann ja beliebig zwischen anderen noch belegten Stücken liegen und man kann solche Stücke nicht verschieben, da das Programm eventuell noch Zeiger darauf verwendet.

Eine einfache Methode ist es deshalb, den freien Speicher als eine verkettete Liste zu verwalten. Jedes Element dieser Liste enthält zuerst die Länge des Elements in Byte, dann einen Zeiger auf das nächste Element der Liste, danach eventuell noch weiteren (freien) Platz entsprechend der Längenangabe. Es können somit also keine kleineren Einheiten als zwei `OCTA`s verwaltet werden. Das ist insofern kein Problem, als Speicher grundsätzlich nur in Vielfachen von `OCTA`s verwaltet wird. Neu kommt auch hinzu, dass die Speicherverwaltung auch für die belegten Teile des Heap genau darüber Buch führen muss, wie groß die jeweils angelegten Speicherbereiche sind. Dafür wird ein weiteres `OCTA` benötigt, das einfach dem vom Programm verwendeten Teil vorangestellt wird.

Der Heap wird also aufgeteilt in belegte Bereiche und freie Bereiche. Für jeden belegten Bereich hat das Programm einen Zeiger und im `OCTA` unmittelbar vor diesem Zeiger steht die Größe des Bereichs. Die freien Bereiche sind Teil einer verketteten Liste, in der jedes Element, ähnlich wie die belegten Bereiche, zuerst die Größe des Bereichs und danach einen Zeiger auf den nächsten freien Bereich enthält. Den Zeiger auf das erste Element dieser Liste speichern wir zweckmäßigerweise in einer globalen Variablen. Beim Start des Programms befindet sich ein einziges Element, das den gesamten freien Speicher auf dem Heap umfasst, in der Liste der freien Bereiche. Dieser Zustand wird dann durch die beiden Funktionen `malloc` (memory allocate) und `free` verändert.

Die Funktion `malloc` durchsucht die Liste der freien Bereiche nach einem passenden Bereich. Was dabei „passend" ist, kann sehr verschieden ausgestaltet werden. Die einfachste Strategie, genannt *First Fit*, besteht darin, den ersten freien Bereich zu nehmen, der mindestens die gewünschte Größe zulässt.

Ist ein passender Bereich gefunden, so kann es nötig sein, ihn in zwei Bereiche zu teilen, falls seine Größe die gewünschte Größe weit übertrifft. Nachdem in beiden Teilen die korrekte Größe gespeichert ist, wird dann der eine Teil dem Programm zur Verfügung gestellt und der andere Teil verbleibt weiter in der Liste der freien Bereiche.

Die Funktion `free` gibt einen Bereich wieder frei. Als Parameter übergibt sie einen Zeiger, der zuvor durch einen Aufruf von `malloc` gewonnen wurde. So ist sichergestellt, dass im `OCTA` direkt vor der gegebenen Adresse, die Größe des Bereichs steht. Dieser Bereich ist nun in die Liste der freien Bereiche einzufügen.

**Übung 6.10.** Eine alternative Verwaltung des Heap ergibt sich (*Best Fit*), wenn man die Liste der freien Speicherbereiche in aufsteigender Größe sortiert hält. Der erste passende Bereich ist dann auch der kleinste passende Bereich. Ist der Rest, nach Abzug der gewünschten Größe, kleiner als zwei `OCTA`, so wird der Bereich ungeteilt zurückgegeben.

**Übung 6.11.** Durch ständiges Teilen haben die Bereiche auf dem Heap die Tendenz immer kleiner zu werden. Man spricht von einer Zerstückelung oder Fragmentierung des Heap. Eine Verbesserung schafft das folgende Vorgehen: Wird ein Bereich wieder freigegeben, so kann die Liste der freien Bereiche danach durchsucht werden, ob der im Speicher unmittelbar vorangehende oder nachfolgende Bereich schon in der Liste der freien Bereiche ist. In diesem Fall können beide (oder alle drei) freien Bereiche zu einem neuen größeren freien Bereich verschmolzen werden. Implementieren Sie diese Zusatzfunktionalität.

**Operationen auf verketteten Listen.** Sieht man von sehr simplen Operationen, wie etwa dem Test auf eine leere Liste, die mit einer einzigen Instruktion realisiert werden können, ab, so ist die einfachste Operation auf einer Liste das Anfügen eines neuen Elementes am Anfang einer Liste. Zwei Dinge sind hier zu tun: Das neue Listenelement muss einen Zeiger auf das bisher erste Element erhalten, und der Zeiger auf den Anfang der Liste muss nun auf das neue erste Element zeigen. Betrachten wir dies wieder am Beispiel des Polygons.

Das folgende Unterprogramm erweitert ein gegebenes Polygon um einen zusätzlichen Punkt.

extend.mms

```
        PREFIX  :Polygon:
poly    IS      $0                  das Polygon
pkt     IS      $1                  der Punkt
e       IS      $2                  das Element
tmp     IS      $3

extend  SET     e+1,esize
        PUSHJ   e,:malloc
        BZ      e,return
        LDO     tmp,p,:Punkt:x      Punkt kopieren
        STO     tmp,e,punkt+:Punkt:x
        LDO     tmp,p,:Punkt:y
```

```
13         STO     tmp,e,punkt+:Punkt:y
14         SET     tmp,:Typ:punkt
15         STO     tmp,e,punkt+:Typ:typ
16
17         LDO     tmp,poly,anfang
18         STO     tmp,e,next
19         STO     e,poly,anfang
20
21 return  POP     0,0
```

Das Programm ruft zuerst die Funktion `malloc` auf, die den Speicherplatz für ein neues Element des Polygons bereitstellt (Zeilen 7–8). Sodann wird der Inhalt des Punktes in das neue Element kopiert (Zeilen 10–15). Zuletzt findet das eigentliche Einfügen des Elements in die verkettete Liste statt: Der Zeiger, der noch auf den Anfang des Polygons verweist, wird in das neue Element kopiert und verweist von hier nun auf das nächste Element (Zeilen 17–18). Danach wird der Zeiger, der auf den Anfang des Polygons verweist auf das neue Element gesetzt (Zeile 19).

Eine weitere einfache Operation, die illustriert, wie eine ganze Liste verarbeitet werden kann, ist die Berechnung der Anzahl der Elemente in einer Liste. Am Beispiel des Polygons sieht das so aus:

anzahl.mms

```
        PREFIX  :Polygon:
poly    IS      $0              das Polygon
n       IS      $0              das Ergebnis
e       IS      $1              das Element

anzahl  LDO     e,poly,anfang
        SET     n,0
        JMP     test
loop    INCL    n,1
        LDO     e,e,next
test    PBNZ    e,loop
        POP     1,0
```

In der Schleife wird jeweils der Zeiger auf das nächste Element geladen und der Zähler um eins erhöht. Die Schleife wird durchlaufen, solange der Zeiger nicht null ist.

Deutlich komplizierter ist das Einfügen oder Löschen in der Mitte der Liste. Hier sehen wir uns als Beispiel das Löschen des $n$-ten Punktes eines

Polygons an, wobei $n$ eine vorgegebene ganze Zahl ist. Ist $n$ dabei größer als die Länge der Liste, so bleibt die Liste unverändert.

Betrachtet man dieses Problem, so macht man eine wichtige Beobachtung: Um das $n$-te Element der Liste zu löschen, muss man einen Zeiger im vorangehenden Element verändern. Was aber, wenn es gar kein vorangehendes Element gibt? Man könnte sich hier mit Fallunterscheidungen helfen. Das Problem wird aber wesentlich einfacher (und die Implementierung wird effizienter), wenn man sich klar macht, dass man gar nicht den Zeiger auf das vorangehende Element braucht, sondern nur die Adresse, wo der Zeiger gespeichert ist. Man braucht also einen Zeiger auf einen Zeiger. Einen solchen gibt es aber selbst dann, wenn es sich um das erste Element handelt; nur ist der Zeiger dann eben Teil des Polygons und nicht Teil eines Elements. Wie üblich in der Informatik beginnt man das Zählen mit 0.

Wir erhalten:

loesche-n.mms

```
        PREFIX  :Polygon:
poly    IS      $0           das Polygon
n       IS      $1           das Ergebnis
e       IS      $2           der Zeiger auf das Element
ze      IS      $3           Zeiger auf den Zeiger auf das Element
tmp     IS      $4

loesche LDA     zz,poly,anfang
        JMP     test

loop    LDA     ze,e,next
test    LDO     e,ze,0
        BZ      e,return
        SUB     n,1
        BP      n,loop
* nun ist die richtige Stelle gefunden
        LDO     tmp,e,next   Umkopieren des Zeigers
        STO     tmp,ze,0
        PUSHJ   e-1,:free    Speicherplatz freigeben

return  POP     0,0

```

**Übung 6.12.** Implementieren Sie das vorausgehende Unterprogramm zum Löschen des $n$-ten Elements einer Liste unter Vermeidung von Zeigern auf Zeigern. Diskutieren Sie die verschiedenen Alternativen unter den Gesichtspunkten Lesbarkeit und Effizienz.

**Übung 6.13.** Implementieren Sie ein Unterprogramm zum Einsetzen eines neuen Punktes vor dem $n$-ten Element eines Polygons.

**Objekte.** Die Begriffe Objekt und objektorientierte Programmierung sind nicht ganz scharf definiert und es gibt eine ganze Bandbreite von verschiedenen Ansichten zu diesem Thema. Eine gewisse Einigkeit besteht aber darüber, dass die folgenden Konzepte wichtige Aspekte der objektorientierten Programmierung sind:

- Objekt und Abstraktion
  Ein Objekt ist ein abstraktes Gebilde, das heißt, die möglichen Interaktionen mit der Umwelt sind genau festgelegt. Darüber hinausgehende Details der Implementierung sind nach außen verborgen. So kann eine Linie etwa, wie wir das oben getan haben, durch einen Anfangspunkt und einen Endpunkt implementiert werden. Genauso gut könnte man aber auch einen Anfangspunkt und einen Richtungsvektor nehmen. Gänzlich unabhängig von der Implementierung bleibt das Arbeiten mit Linien.
- Zustand (state), Nachricht (message) und Methode.
  Der Programmablauf besteht daraus, dass Nachrichten an Objekte versendet werden. Eine Linie kann z.B. die Nachricht bekommen „Drehung um 90°". Auch eine komplexe Zahl könnte die Nachricht „Drehung um 90°" bekommen. Die Berechnung, die dann stattfindet, ist natürlich eine ganz andere. Verschiedene Objekte können nämlich auf die gleiche Nachricht mit verschiedenen Methoden reagieren. Eine Nachricht verändert unter Umständen den Zustand eines Objekts. So wird eben die Linie nach der Drehung eine andere Lage besitzen. Ein Objekt bündelt also Daten (Zustand) und Funktionen (Methoden) zu einer Einheit.
- Klasse
  Objekte kommen nicht einzeln vor, sie sind immer Element einer Klasse. Es ist die Klasse, die bestimmt, wie sich ein Objekt verhält, also mit welchen Methoden es auf die verschiedenen Nachrichten reagiert, und meist legt auch die Klasse fest, welche innere Datenstruktur ein Objekt besitzt. Interessanterweise sind in echten objektorientierten Sprachen auch Klassen selbst wieder Objekte.
- Vererbung
  Auch Klassen stehen nicht isoliert nebeneinander, sondern sie fügen sich zu einer Hierarchie zusammen. Jede Klasse kann nämlich als die Menge ihrer Objekte betrachtet werden, und die natürliche Relation der Teilmenge ergibt dann die Relation der Teilklasse oder Unterklasse. Eine spezielle Teilmenge der Linien wäre zum Beispiel die Klasse der vertikalen oder horizontalen Linien. Bei diesen Linien stimmen entweder die beiden $x$-Koordinaten oder die beiden $y$-Koordinaten von Anfangs- und Endpunkt überein. Innerhalb dieser Unterklasse sind natürlich nicht alle Drehungen möglich. Die Methode, mit der auf die Nachricht „Drehung um den Winkel $\phi$" reagiert wird, kann also nicht von der Klasse der Linien übernommen werden, wohingegen die Methode, mit der die Länge einer Linie berechnet

wird, übernommen werden kann. Die übergeordnete Klasse heißt *Basisklasse* (base class oder super class) oder auch *übergeordnete Klasse*, und das Übernehmen aus der übergeordneten Klasse nennt man *Vererbung* (inheritance).

Anhand des Beispiels unserer grafischen „Objekte" Linie, Punkt und Kreis werden wir die grundlegenden Implementierungsfragen erörtern. Eine vollständige Implementierung können wir hier nicht geben. Die Maschinensprache des `MMIX` ist auch keine objektorientierte Sprache. Es soll hier nur aufgezeigt werden, wie die Konzepte dieser wichtigen Programmiermethode auf dieser Ebene implementiert werden. Dabei geht es wiederum nicht um ausgefeilte Optimierungen, die für die Effizienz von objektorientierten Systemen von großer Bedeutung sind, sondern mehr um ein Grundverständnis dieser Technik.

Wenden wir uns zuerst der Klassenstruktur zu. An der Spitze der Klassenhierarchie steht „`Object`", die Klasse der Objekte. Jedes Objekt ist Element dieser Klasse. Diese Klasse ist also der kleinste gemeinsame Nenner aller Objekte. In realen Systemen dient sie als Auffangbecken, hier werden zum Beispiel Fehlermeldungen produziert, falls ein Objekt eine Nachricht erhält, die es nicht versteht; die Fehlermeldung wird dann an alle Objekte weiter vererbt. Weiterhin benutzt man den Datentyp Objekt gerne, wenn man Datenbehälter, wie etwa Listen, allgemein definieren möchte. Man definiert dann einfach Listen von Objekten und kann eine solche Liste dann zum Speichern beliebiger Datenstrukturen (Objekte) verwenden.

Ansonsten gibt es nur eine Gemeinsamkeit zwischen allen Objekten: dass jedes Objekt zu einer Klasse gehört. Objekte werden einfach als Records implementiert, die alle nötigen Angaben zum Objekt aufnehmen. Jedes Objekt enthält deshalb einen Zeiger, gewöhnlich „is a" genannt, auf seine Klasse. Beispiel: Snoopy (Objekt) is a dog (Klasse).

Die Klasse der Objekte ist natürlich selbst auch ein Objekt, also hat sie einen Verweis auf die Klasse, zu der sie gehört. Dieses ist das Objekt „`Class`". „`Class`" selbst ist auch ein Objekt und eigentlich eine Metaklasse. Auf solche Feinheiten verzichten wir hier aber, und so ist „`Class`" selbst wieder eine Klasse.

Klassen sind eine echte Teilmenge der Objekte und besitzen deutlich mehr gemeinsame Struktur als Objekte im Allgemeinen. Hier deuten wir das nur an durch zwei zusätzliche Zeiger in jeder Klasse, den Zeiger „`super`" auf die Basisklasse und den Zeiger auf eine Methode, die jede Klasse unterstützt: „`new`" zur Erzeugung neuer Objekte. Eine Klasse ist also so etwas wie eine Fabrikationsstätte für Objekte. Der einzige Weg, neue Datenobjekte zu erzeugen, besteht darin, der gewünschten Klasse die Nachricht `new` zu schicken. Ohne dass man wissen müsste, wie man das gewünschte Objekt erzeugt und initialisiert, bekommt man so als Antwort ein neues, fertig initialisiertes Objekt. Klassen sind also Records mit drei Teilen: `isa`, `super` und `new`. Neu ist, dass man auch Funktionen, das heißt genauer gesagt die Adressen von Funktionen, als Teil des Records abspeichert.

Die Definition der Klassenhierarchie sieht folgendermaßen aus:

klassen1.mms

```
1               PREFIX  :Object:         Jedes Objekt
2  isa          IS      0                hat einen isa-Zeiger
3  size         IS      isa+8
4
5               PREFIX  :Class:          Jede Klasse
6  base         IS      :Object:size     ist ein Objekt,
7  super        IS      base+0           hat einen Zeiger zur Oberklasse
8  new          IS      super+8          und hat eine new-Methode
9  size         IS      new+8
10              PREFIX  Class:
11 size         IS      :Class:size      Die Klasse der Klassen ist Klasse
12
13              PREFIX  :Object:Class
14 size         IS      :Class:size      Die Klasse der Objekte ist Klasse
```

Nun fügen wir noch zwei Klassen hinzu: eine Klasse „`Graphic`", die gemeinsame Basisklasse aller grafischen Objekte, und die Klasse „`Point`", die erste Klasse die wirklich echte Elemente – eben Punkte – haben wird.

`Graphic`-Objekte sind zunächst einmal einfach Objekte, nur die `Graphic`-Klasse fügt zur allgemeinen Klasse etwas hinzu: die Methode „`move`". Diese Methode kann man nicht allgemein implementieren, da es von der Art des jeweiligen grafischen Objekts abhängt, wie es bewegt wird. Aber man sieht in der Basisklasse einmal diese Methode vor und zwingt somit alle Unterklassen, für die es wirklich Objekte gibt, eine entsprechende Methode zu implementieren. Eine solche Klasse heißt *abstrakte Basisklasse.*

Die Klasse „`Point`" definiert zwei zusätzliche Komponenten für ihre Elemente, den $x$- und den $y$-Wert. Gegenüber den Methoden, die schon in der Klasse „`Graphic`" vorgegeben sind, kommen keine weiteren hinzu, aber die vorgegebenen Methoden `new` (von `Class`) und `move` (von `Graphic`) werden nun tatsächlich implementiert.

Es gilt, dass `Graphic`-Objekte selbst Objekte sind (Zeile 16). Ebenso ist die Klasse `Point` eine `Graphic`-Klasse (Zeile 28).

Die Klassen selbst sind alle nach dem gleichen Schema aufgebaut (Zeilen 32-50): Sie besitzen den `isa`-Zeiger, der die Adresse der eigenen Klasse enthält, sowie den `super`-Zeiger zur Basisklasse, ggf. gefolgt von Zeigern auf Methoden. Die so entstandene Struktur wird in Abbildung 6.7 veranschaulicht.

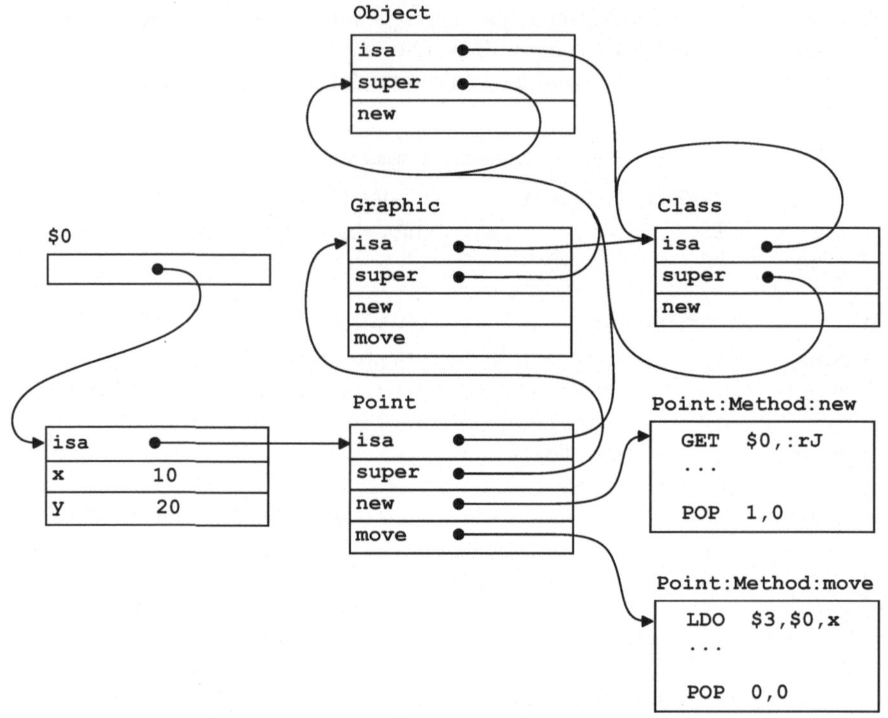


**Abb. 6.7.** Eine einfache Klassenhierarchie.

klassen2.mms

```
          PREFIX  :Graphic:
size      IS      :Object:size
          PREFIX  Class:
base      IS      :Class:Class:size  Graphic ist eine Klasse
move      IS      base+0             und hat move-Methode.
size      IS      move+8

          PREFIX  :Point:            Point-Objekte
base      IS      :Graphic:size      sind Graphic-Objekte,
x         IS      base+0             haben einen x-Wert
y         IS      x+8                und einen y-Wert.
size      IS      y+8
          PREFIX  Class
size      IS      :Graphic:Class:size

          PREFIX  :
* Die Klassen selbst
```

```
32          LOC     Data_Segment
33          GREG    @
34 Object   OCTA    Class                isa
35          OCTA    Object               super
36          OCTA    0                    new
37
38 Class    OCTA    Class                isa
39          OCTA    Object               super
40          OCTA    0                    new
41
42 Graphic  OCTA    Class                isa
43          OCTA    Object               super
44          OCTA    0                    new
45          OCTA    0                    move
46
47 Point    OCTA    Class                isa
48          OCTA    Graphic              super
49          OCTA    Point:Method:new     zusätzlich new
50          OCTA    Point:Method:move    und move.
```

Im Hauptprogramm erzeugen wir einen Punkt, indem wir die `new`-Methode für Punkte direkt aufrufen (Zeile 53). Der Rückgabewert im Register `$0` ist ein Zeiger auf das neue `Point`-Objekt.

Nun schicken wir diesem Punkt eine Nachricht (`move` in Zeile 58) durch statischen Aufruf. Nachrichtenaustausch wird hier also durch Funktionsaufrufe von Methoden realisiert. Der Empfänger der Nachricht wird der entsprechenden Methode einfach als erster Parameter mitgegeben. Das Vorgehen ist aus dem ersten Aufruf von `move` ersichtlich:

klassen3.mms

```
51          LOC     #100
52
53 Main     PUSHJ   $0,Point:Method:new   ein neuer Punkt in $0
54
55          SET     $2,$0                 Parameter:
56          SET     $3,10                 Punkt, x, y
57          SET     $4,20                 übergeben
58          PUSHJ   $1,Point:Method:move
59
60          SET     $2,$0                 Parameter:
61          SET     $3,20                 Graphic-Objekt, x, y
62          SET     $4,30                 übergeben
63          LDO     $5,$0,Object:isa      Klasse laden
64          LDO     $5,$5,Graphic:Class:move
```

```
        PUSHGO  $1,$5,0                dynamischer Aufruf
error   TRAP    0,Halt,0
```

Es folgen die Methoden der Klasse `Point`. Die Methode `move` erhält drei Parameter: die Adresse des Objekts in `$0`, der so genannte `this`-Zeiger, sowie die Werte um die der Punkt in $x$- und $y$-Richtung zu verschieben ist in `$1` und `$2`.

klassen4.mms

```
        PREFIX  :Point:Method:
new     GET     $0,:rJ         Rücksprungadresse sichern
        SET     $2,:Point:size
        PUSHJ   $1,:malloc     Speicherplatz anfordern
        BZ      $1,:error
        LDA     $2,:Point      initialisieren
        STO     $2,$1,:Object:isa
        SET     $2,0
        STO     $2,$1,:Point:x
        STO     $2,$1,:Point:y
        PUT     :rJ,$0
        SET     $0,$1          Rückgabe: Zeiger auf neues Objekt
        POP     1,0
move    LDO     $3,$0,:Point:x
        ADD     $3,$3,$1       x-Richtung
        STO     $3,$0,:Point:x
        LDO     $3,$0,:Point:y
        ADD     $3,$3,$2       y-Richtung
        STO     $3,$0,:Point:y
        POP     0,0
```

Nach dem gleichen Schema können nun andere Unterklassen der `Graphic`-Klasse definiert werden, etwa eine Klasse `Line` zur Darstellung von Linien (siehe Übung 6.14). Als Letztes fehlt nur noch die Speicherverwaltung mit der `malloc`-Funktion, die wir bereits kennen gelernt haben (siehe Seite 158).

Eine besondere Stärke der objektorientierten Programmierung liegt darin, dass Probleme auf der jeweils geeigneten Abstraktionsstufe, unter Ausblendung von unmaßgeblichen Teilen, erledigt werden können. So versteht zum Beispiel jedes grafische Objekt die `move`-Nachricht, da diese Methode schon in der Klasse `Graphic` vorgegeben ist. Man kann also Programmteile so schreiben, dass sie unabhängig von der jeweils speziellen Art des Objekts für alle `Graphic`-Objekte gleichermaßen funktionieren. Der zweite Aufruf von `move` illustriert dies. Hier setzen wir nur voraus, dass `$0` auf ein beliebiges grafisches Objekt zeigt, ob Punkt, Linie oder Kreis. Wir finden die passende Methode, indem wir über den `isa`-Zeiger die entsprechende Klasse (`Point`, `Line`,...) finden. Da es sich um eine Unterklasse von `Graphic` handelt, steht dort die Adresse der richtigen Methode (bei Offset `Graphic:Class:move`). Dabei kann es sich um `Point:Method:move` oder `Line:Method:move` handeln.

**Übung 6.14.** Implementieren Sie die Klasse `Line` als Unterklasse der Klasse `Graphic`, wiederum mit den Methoden `new` und `move`.

**Übung 6.15.** Schlagen Sie in einem Mathematikbuch nach, wie man mit komplexen Zahlen rechnet, und implementieren Sie eine Sammlung von Unterprogrammen, die das Rechnen mit komplexen Zahlen unterstützt.

### 6.4.2 Felder oder Arrays

Der einfachste zusammengesetzte Datentyp ist der eines *Feldes* oder *Arrays*. Ein Feld entsteht aus einem einfachen Datentyp durch Wiederholung: Es enthält mehrere Variablen des gleichen Typs, die im Speicher nacheinander abgelegt werden. Ein weiteres Kennzeichen eines Feldes ist, dass die einzelnen Teilvariablen, die *Elemente* des Feldes, nicht über individuelle Namen angesprochen werden, sondern durch eine Nummer, den so genannten *Index*. Dazu werden die einzelnen Variablen, beginnend mit 0, entsprechend ihrer Anordnung im Speicher einfach durchnummeriert. Der wesentliche Vorteil dieses Schemas ist, dass sich die Adresse jedes Elements aus der (Start-)Adresse des Feldes, der Größe der Elemente und dem Index einfach berechnen lässt (siehe Abbildung 6.8). Sieht man einmal von Alignment ab, das wir weiter unten noch besprechen, so gilt:

Adresse des $i$-ten Elements = Adresse des Feldes + $i$ · Größe eines Elements.

Dabei ist zu beachten, dass die Zählung der Elemente bei $i = 0$ beginnt. Bei einem Feld mit $n$ Elementen läuft also $i$ von null bis $n - 1$. Die Realisierung des Zugriffs auf einzelne Feldelemente durch die gezeigte Adressberechnung ist auch der Grund, warum in C/C++ und Java die Felder von null bis $n-1$ indiziert werden.

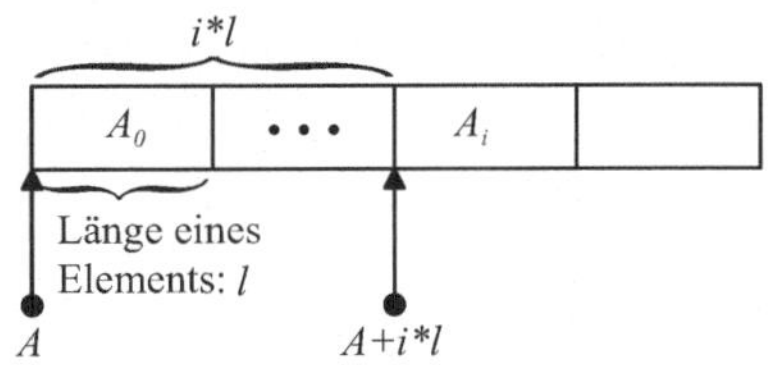


**Abb. 6.8:** Adressberechnung bei Arrays.

Wir betrachten ein einfaches Beispiel: ein Unterprogramm `total` zur Berechnung der Summe von $n$ ganzen Zahlen.

**Beispiel 6.13.** Berechnung der Summe von $n$ ganzen Zahlen.

Voraussetzungen: Ganze Zahlen sind in einem Feld von `OCTA`s gespeichert. Das Unterprogramm erhält zwei Parameter: die Adresse des Feldes in Register `$0` und die Anzahl der Elemente des Feldes in Register `$1`.

Ergebnis: Das Unterprogramm liefert als einziges Ergebnis die Summe aller Elemente des Feldes.

total.mms

```
 1 feld     IS     $0
 2 n        IS     $1
 3 index    IS     $2
 4 summe    IS     $3
 5 tmp      IS     $255
 6
 7 total    SET    index,0
 8          SET    summe,0
 9 1H       CMP    tmp,index,n
10          BNN    tmp,2F
11          MUL    tmp,index,8         Index * Größe eines Elements
12          LDO    tmp,feld,tmp        Laden des Elements
13          ADD    summe,summe,tmp     Addition des Elements
14          ADD    index,index,1
15          JMP    1B
16
17 2H       SET    $0,summe            Rückgabe von Summe
18          POP    1
```

In der Schleife wird zuerst der Index mit der Elementgröße (in diesem Falle 8 Byte) multipliziert (Zeile 12). Dann führt der Ladebefehl die Addition von Feldadresse und dem berechneten Offset durch (Zeile 13). Die Abbruchbedingung wird am Anfang der Schleife geprüft (Zeilen 9-10), der Index wird am Ende der Schleife hochgezählt (Zeile 14).

Zwei Optimierungen sind hier möglich. Zuerst kann man den Test ans Ende der Schleife verlegen und damit eine Operation pro Schleifendurchlauf einsparen. Am wichtigsten aber ist es, die Multiplikation mit acht durch eine Schiebeoperation um drei Bit nach links (`SL`) zu ersetzen, die wesentlich schneller ist.

Damit erhält man

totalopti.mms

```
feld    IS    $0
n       IS    $1
index   IS    $2
summe   IS    $3
tmp     IS    $255

total   SET   index,0
        SET   summe,0

        JMP   2F

1H      SL    tmp,index,3          Index * Größe eines Elements
        LDO   tmp,feld,tmp         Laden des Elements
        ADD   summe,summe,tmp      Addition des Elements

        ADD   index,index,1

2H      CMP   tmp,index,n
        PBP   tmp,1B

        SET   $0,summe             Rückgabe von Summe
        POP   1
```

□

Da die Kombination von Schieben und Addition bei der Adressberechnung im Zusammenhang mit Feldern sehr häufig ist, gibt es eigene Befehle, die diese Operationen kombinieren. Der Befehl `2ADDU $X,$Y,$Z` berechnet 2×`$Y` + `$Z` und speichert das Ergebnis in `$X`. Analog funktionieren die Befehle `4ADDU`, `8ADDU` und `16ADDU`. Man kann also die Befehle

```
        SL    tmp,index,3      Index * Größe eines Elements
        LDO   tmp,feld,tmp     Laden des Elements
```

ersetzen durch

```
        8ADDU tmp,index,feld   Index * Größe eines Elements
        LDO   tmp,tmp,0        Laden des Elements
```

Einen echten Vorteil gegenüber der vorigen Version bietet dieses Vorgehen, wenn bei Feldern mit zusammengesetzten Elementen (siehe Abschnitt 6.4.1) noch Einzelteile innerhalb der Elemente adressiert werden müssen oder die Adresse des Elements direkt benötigt wird, etwa als Argument eines Unterprogramms (siehe Beispiel 6.14).

**Beispiel 6.14.** Betrachten wir etwa einen Polygonzug, d.h. eine Liste von $n$ Punkten, wobei wir jeden Punkt durch einen Record von zwei `TETRA`s für die $x$- und die $y$-Koordinate implementieren und die Liste durch ein Feld mit

$n$ Elementen. Die Berechnung der Gesamtlänge des Polygons erledigen wir, indem wir die Abstände der einzelnen Punkte aufaddieren. Als Hilfsfunktion verwenden wir eine Funktion `abstand`, die den Abstand zweier Punkte berechnet.

Das Programm sieht dann folgendermaßen aus:

polylaenge.mms

```
        LOC     Data_Segment
        GREG    @
poly    TETRA   10,20         Polygon mit 5 Punkten
        TETRA   20,20
        TETRA   30,15
        TETRA   20,10
        TETRA   10,20
n       OCTA    (@-poly)/8    Gesamtzahl der Punkte

i       IS      $0
length  IS      $1
base    IS      $2
limit   IS      $3
tmp     IS      $4

        LOC     #100
Main    SET     i,0
        SET     length,0
        LDO     limit,n       Indizierung beginnt bei 0!
        SUB     limit,limit,1
        JMP     test

loop    8ADDU   $6,base,i     Adresse des i-ten Punktes
        ADD     i,i,1
        8ADDU   $7,base,i     Adresse des nächsten Punktes
        PUSHJ   $5,Punkt:abstand
        ADD     length,length,$5
test    CMP     tmp,i,limit
        BN      tmp,loop

        TRAP    0,Halt,0      hier ist length Länge des Polygons.

* Unterprogramm zur Abstandsberechnung
        PREFIX  Punkt:
x       IS      0             Offset der x-Koordinate
y       IS      4             Offset der y-Koordinate
pA      IS      $0            Zeiger auf Punkt A
```

```
pB        IS     $1           Zeiger auf Punkt B
dx        IS     $2           x-Abstand
dy        IS     $3           y-Abstand
d         IS     $4           Abstand
tmp       IS     $5

abstand   LDT    dx,pA,x      lade x-Wert von A
          LDT    tmp,pB,x     lade x-Wert von B
          SUB    dx,dx,tmp
          LDT    dy,pA,y      lade y-Wert von A
          LDT    tmp,pB,y     lade y-Wert von B
          SUB    dy,dy,tmp
          MUL    d,dx,dx
          MUL    tmp,dy,dy
          ADD    d,d,tmp
          FLOT   tmp,d
          FSQRT  tmp,tmp
          FIX    $0,tmp       Ergebnis \sqrt{(A_x - B_x)^2 + (A_y - B_y)^2}
          POP    1,0
```

□

**Name:**
`2ADDU $X,$Y,$Z` `2ADDU $X,$Y,Z`
`4ADDU $X,$Y,$Z` `4ADDU $X,$Y,Z`
`8ADDU $X,$Y,$Z` `8ADDU $X,$Y,Z`
`16ADDU $X,$Y,$Z` `16ADDU $X,$Y,Z`

**Spezifikation:**
$u(\$X) \leftarrow u(\$Y) \times s + u(\$Z)$ bzw.
$u(\$X) \leftarrow u(\$Y) \times s + u(Z)$
wobei je nach Instruktion $s = 2$, 4, 8 oder 16 ist.

**Zeit:**
*s*`ADDU`: $1\upsilon$

**Beschreibung:**
Die Befehle *s*`ADDU` dienen zur Adressberechnung bei Feldern, deren Elemente 2, 4, 8 oder 16 Byte lang sind. Ist die Feldadresse in `$Z` bzw. `Z` und der Index in `$Y`, so berechnet der Befehl durch einen Shift und eine Addition direkt die Adresse des Feldelements. Diese Adresse kann bei einem anschließenden Lade- oder Speicherbefehl noch mit einem Offset innerhalb des Elements kombiniert werden.

**Siehe auch:**
`ADDU` (Seite 55) und `LDA` (Seite 59).

Die Befehle `2ADDU`, `4ADDU`, `8ADDU` und `16ADDU`

Nachdem die Lade- und Speicherbefehle des MMIX die Adresse schon mit einer Addition berechnen, kann man in vielen Fällen einen Feldzugriff auch direkt mit diesen Befehlen bewerkstelligen. Am einfachsten ist dies bei Byte-Feldern, also Feldern, deren Elemente gerade ein Byte groß sind. Hat man die Adresse des Feldes einmal in einem Register, kann man das $i$-te Element direkt mit einem Befehl laden oder speichern. Zum Beispiel:

```
         LDA   $0,bytefeld
         LDB   $1,$0,3                lade drittes Byte
i        IS    $2
         LDB   $1,$0,i                lade i-tes Byte
```

Bei Feldern mit größeren Elementen geht das so nicht direkt, da der Index vor der Addition noch mit der Elementgröße multipliziert werden muss. Oft kann man sich bei laufzeitkritischen Schleifen aber dadurch helfen, dass man als Schleifenvariable nicht den Index, sondern direkt ein passendes Vielfaches des Index verwendet. Aus der Schleife

```
index    IS    $0
basis    IS    $1
element  IS    $3
tmp      IS    $255
         LDA   basis,feld
         SET   index,0
         CMP   tmp,index,10
         BNN   tmp,1F                 Ende der Schleife
         SL    tmp,index,3            Feld von OCTAs
         LDO   element,basis,tmp      Feldzugriff
         ADD   index,index,1          Hochzählen des Index
         ...                          und so weiter
```

wird dann

```
offset   IS    $0
basis    IS    $1
element  IS    $3
tmp      IS    $255
         LDA   basis,feld
         SET   offset,0*8             Elementgröße 8
         CMP   tmp,offset,10*8
         BNN   tmp,1F                 Ende der Schleife
         LDO   element,basis,offset   Feldzugriff
         ADD   offset,offset,1*8      Hochzählen des Offset
         ...                          und so weiter
```

Besser wäre es noch, der Elementgröße (hier: acht) mit IS einen Namen zu geben (siehe unten). Man beachte, dass die Multiplikationen, die dieses

Programm in den Z-Positionen der Instruktionen enthält, alle schon vom Assembler ausgeführt werden. Sie kosten also keine Laufzeit.

Das Anlegen von Feldern im Speicher kann auf verschiedene Weise erfolgen. Am einfachsten ist es, die gewünschte Anzahl von Elementen direkt mit einem BYTE-, WYDE-, TETRA-, oder OCTA-Befehl zu reservieren. Etwa so:

```
quadrate OCTA  0,1,4,9,25            Feld von 5 OCTAs
text     BYTE  "ABCDEFGHIJ"          Feld von 10 BYTEs
```

Dieses Vorgehen ist jedoch nur bei kleinen Feldern praktikabel und verlangt zudem, dass es sich bei den Elementen um einfache Datentypen handelt. Für größere Felder empfiehlt es sich, der Elementgröße und der Anzahl der Elemente je einen Namen zu geben und die Reservierung des benötigten Speicherplatzes durch einen LOC-Befehl vorzunehmen:

```
qelement IS    8
qanzahl  IS    5
quadrate OCTA  0               Feld von 5 OCTAs
         LOC   quadrate + qelement*qanzahl
telement IS    1
tanzahl  IS    10
text     BYTE  0               Feld von 10 BYTEs
         LOC   text+ telement*tanzahl
```

Diese Version hat den Vorteil, dass auch große Felder problemlos angelegt werden können und sowohl Elementgröße als auch die Anzahl der Elemente zentral veränderbar sind. Die entsprechenden Konstanten sind dann auch im Programm sehr hilfreich. Zweckmäßig ist es auch, von der PREFIX-Anweisung Gebrauch zu machen. Ein Hauptprogramm, das das Unterprogramm total aus Beispiel 6.13 verwendet, könnte dann so aussehen:

totalmain.mms

```
         LOC    Data_Segment
         GREG   @
         PREFIX klein:
size     IS     4
n        IS     20
:klein   OCTA   0
         LOC    :klein+n*size

         PREFIX gross:
size     IS     8
n        IS     500
:gross   OCTA   0
         LOC    :gross+n*size

         LOC    #100
```

```
* ...Bearbeiten der beiden Felder
        PREFIX  :
        LDA     $11,:klein
        SET     $12,:klein:n
        PUSHJ   $10,total

        LDA     $12,:gross
        SET     $13,:gross:n
        PUSHJ   $11,total

        SUB     $0,$11,$10      Differenz total(gross)-total(klein)
```

Bisher haben wir bei der Verarbeitung von Feldern immer angenommen, dass die Feldgröße bekannt ist, und zum Beispiel durch einen Ladebefehl schnell in ein Register geholt werden kann. Eine andere Technik benutzt einen speziellen Wert für ein Feldelement, um das Ende des Feldes zu markieren (sentinel). Bei Zeigern als Feldelemente ist das in der Regel der Wert 0, ebenso bei Feldern von Buchstaben (Zeichenketten, so genannten Strings).

**Beispiel 6.15.** Ein Beispiel für diese Technik ist die Übergabe des Argumentvektors beim Programmstart. Wird ein `MMIX`-Programm gestartet, so schreibt das Betriebssystem die Liste der Argumente aus der Kommandozeile ins Poolsegment und übergibt sie, ähnlich wie bei einem C-Programm, an die Anwendung: Der Wert in `$0` ist der so genannte *Argumentcount* (`argc`), er gibt die Anzahl der Argumente an, und der Wert in `$1` ist die Adresse des *Argumentvectors* (`argv`). Der Argumentvektor ist ein Feld von Zeigern, wobei jeder Zeiger auf ein Feld von Buchstaben (einen String) zeigt. Jedes Feld von Buchstaben wird durch einen Buchstaben mit dem Wert 0 begrenzt und das Feld von Zeigern wird durch einen Zeiger mit dem Wert 0 begrenzt. Die Buchstabenfelder enthalten der Reihe nach alle Argumente der Kommandozeile, beginnend mit dem Programmnamen selbst. Die Buchstabenfelder sind an Octa-Grenzen ausgerichtet. Dieses Beispiel illustriert auch die Verwendung des Poolsegments zur Kommunikation zwischen Anwenderprogramm und Betriebssystem mittels gemeinsamer Datenstrukturen.

Das folgende Programm gibt alle Argumente der Kommandozeile auf der Standard-Ausgabe wieder aus. In diesem Beispiel werden wir den Wert des Argumentcount nicht verwenden; wir nutzen die Tatsache, dass das Feld der Argumentzeiger (Argumentvektor) mit einem 0-Zeiger abgeschlossen ist.

argv.mms

```
        LOC     #100
        GREG    @
newline BYTE    10,0

```

```
argc    IS      $0
argv    IS      $1
Main    LDO     $255,argv      Zeiger auf String laden
        BZ      $255,end       testen
        TRAP    0,Fputs,StdOut
        LDA     $255,newline
        TRAP    0,Fputs,StdOut
        ADDU    argv,argv,8    nächster Zeiger
        JMP     Main

end     TRAP    0,Halt,0
```

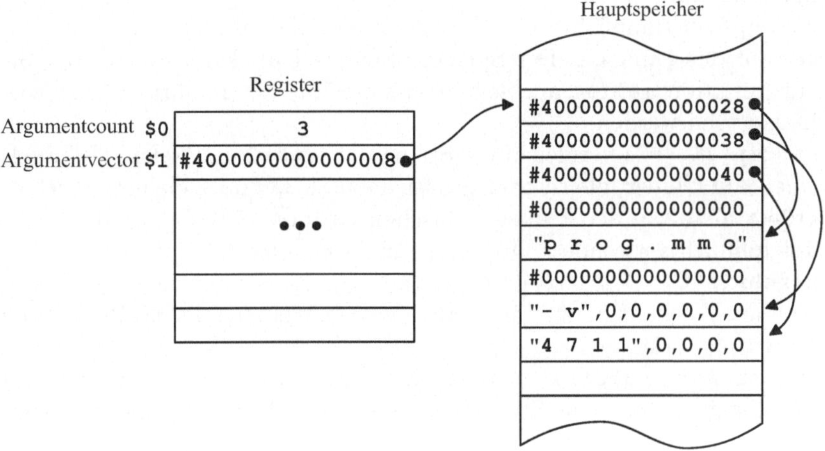


**Abb. 6.9.** Argumente aus der Kommandozeile: „`prog.mmo -v 4711`". Dabei ist `prog.mmo` der Programmname.

□

Die Buchstabenfelder, deren Ende hier der Konvention der Programmiersprache C/C++ folgend durch ein Byte mit dem Wert 0 markiert ist, sind ein weiteres gebräuchliches Beispiel für diese Technik. Diese Datenstrukturen haben wir als Zeichenkette („String") in Abschnitt 3.4.1 bereits kurz kennen gelernt. Wegen der besonderen Bedeutung dieser Datenstruktur, werden wir uns hier nochmals eingehender damit befassen.

**Zeichenketten (Strings).** Zeichenketten sind Felder von Zeichen. Jedes Zeichen ist dabei in einem Byte codiert, und das Ende der Zeichenkette ist durch ein nullwertiges Byte markiert. Dies ist nicht die einzig mögliche Form,

Zeichenketten zu implementieren. In der Programmiersprache Java z.B. werden Zeichenketten durch Zeichenarrays implementiert, deren jeweils erstes Element die Länge der Zeichenkette enthält. Der Vorteil dieser Implementierung ist, dass alle Werte, einschließlich der Null, in einer Zeichenkette vorkommen können. Nicht nur die Endemarkierung durch ein Null-Byte, sondern auch die verschiedenen Funktionen der C-Standardbibliothek (Standard Library) haben sich als weit verbreitete Konvention durchgesetzt. Zu den wichtigsten Funktionen gehören folgende:

- `strlen(str)` liefert als Ergebnis die Länge des als Argument übergebenen Strings.
- `strcpy(destination, source)` kopiert den String `source` auf den String `destination`.
- `strcat(destination, source)` hängt den String `source` an den String `destination` hinten an.
- `strdup(str)` dupliziert den String `str` und liefert als Ergebnis einen Zeiger auf das Duplikat. Der Speicher für das Duplikat wird mit der Standardfunktion `malloc` angelegt und kann mit der Funktion `free` wieder freigegeben werden.
- `strcmp(s1, s2)` vergleicht die Strings `s1` und `s2` und liefert als Ergebnis eine Zahl kleiner, gleich oder größer als null, wenn `s1` kleiner, gleich oder größer als `s2` in der lexikographischen Ordnung ist (das ist die auch im Telefonbuch verwendete Ordnung zur Sortierung der Namen).
- `strchr(str, c)` liefert als Ergebnis einen Zeiger auf das erste Vorkommen des Zeichens `c` im String `str` oder den Wert 0, falls das Zeichen nicht im String vorkommt.
- `strstr(str, substr)` liefert einen Zeiger auf das erste Vorkommen des Teilstrings `substr` im String `str` oder den Wert 0, wenn kein solcher Teilstring existiert.

Varianten dieser Funktionen, wie etwa `strncpy`, die einen zusätzlichen Parameter $n$ erhalten, der die Länge der Strings begrenzt, sind ebenfalls gebräuchlich. Außerdem gibt es üblicherweise Funktionen, die einen String in Abhängigkeit von gegebenen Trennzeichen, etwa Kommas, Leerzeichen, oder Tabulatoren in Teilstrings (so genannte Tokens) zerlegen. Wir konzentrieren uns aber auf die obigen Grundfunktionen. Die einfachste Funktion ist die Bestimmung der Länge.

**Beispiel 6.16.** Die Funktion `strlen` hat als Parameter einen String und liefert als Rückgabewert die Länge des Strings.

Eine Schleife untersucht Zeichen für Zeichen den String und erhöht dabei einen Zähler, bis das Null-Byte gefunden ist. Der Zähler enthält dann gerade die Länge der Zeichenkette. Diese Funktion kann so aussehen:

strlen.mms

```
        PREFIX  strlen:
str     IS      $0
count   IS      $1
c       IS      $2

:strlen SET     count,0
        JMP     test
loop    ADD     count,count,1
test    LDB     c,str,count
        PBNZ    c,loop
        SET     $0,count   Ergebnis
        POP     1,0
```

□

**Beispiel 6.17.** Die Funktion `strcmp` hat als Parameter zwei Strings `s1` und `s2`. Sie vergleicht die Strings `s1` und `s2` und liefert als Ergebnis eine Zahl kleiner, gleich oder größer als null, wenn `s1` kleiner, gleich oder größer als `s2` in der lexikographischen Ordnung ist. Diese Funktion kann so aussehen:

strcmp.mms

```
        PREFIX  strcmp:
s1      IS      $0
s2      IS      $1
count   IS      $2
c1      IS      $3
c2      IS      $4
cmp     IS      $5

:strlen SET     count,0
        JMP     test
loop    ADD     count,count,1
test    LDB     c1,s1,count
        LDB     c2,s2,count
        CMP     cmp,c1,c2
        BNZ     cmp,return   verschieden
        PBNZ    c1,loop      gleich

return  SET     $0,cmp       Ergebnis
        POP     1,0
```

□

**Übung 6.16.** Implementieren Sie das UNIX-Programm `echo`. Konsultieren Sie die Online-Dokumentation eines UNIX-Systems (`man echo` oder besser `info echo`) für eine genaue Definition des Echo-Programms.

**Übung 6.17.** Vervollständigen Sie die Implementierung der oben genannten Stringfunktionen.

**Mehrdimensionale Arrays.** Bisher haben wir Felder betrachtet, deren einzelne Elemente durch einen einzigen Index selektiert werden. Bisweilen braucht man aber auch Felder, deren Elemente durch zwei oder sogar mehr Indizes identifiziert werden.

Zum Beispiel kann man ein farbiges Bild als ein Feld realisieren, wobei jedem Bildpunkt ein Element des Feldes entspricht, das den Farbwert des entsprechenden Bildpunkts enthält. Jeder Bildpunkt, also jedes Element des Feldes, wird dann durch zwei Indizes identifiziert: Die Spaltennummer oder $x$-Koordinate und die Zeilennummer oder $y$-Koordinate.

Aus der linearen Algebra kennt man Matrizen, das sind rechteckige Zahlenanordnungen, mit denen man lineare Abbildungen oder Gleichungssysteme beschreiben kann. Wie in der Mathematik üblich, wird jedes Element der Matrix durch seinen Spalten- und Zeilenindex angegeben. Beispiele zu solchen Matrizen finden sich auch im Abschnitt 6.6.

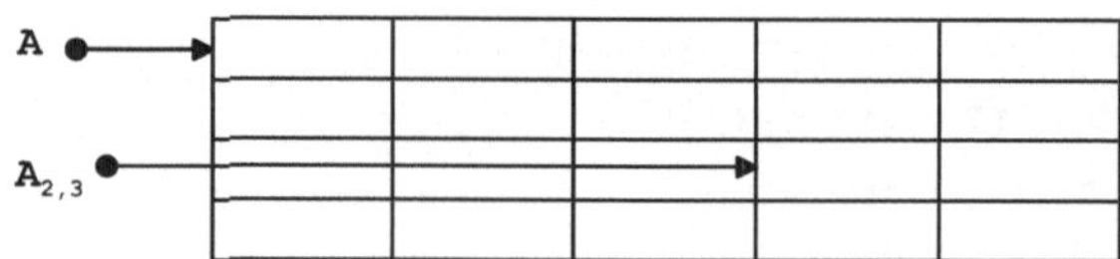


**Abb. 6.10.** Zweidimensionales Feld.

Felder, deren Elemente durch zwei Indizes angegeben werden, bezeichnet man als zweidimensional. Auch Felder höherer Dimension sind nicht selten. Will man zum Beispiel die Strömung der Luft um einen Flugzeugflügel oder durch eine Düse simulieren, so braucht man ein Feld, das zu jedem Punkt des dreidimensionalen Raumes die Geschwindigkeit und Richtung der Strömung enthält. Jeder Punkt ist dabei durch drei Indizes beschrieben, seine $x$-, $y$- und $z$-Koordinate.

Betrachtet man Abbildung 6.10 genau, so erkennt man, dass ein zweidimensionales Feld nichts anderes ist als ein Feld von Zeilen, also als ein eindimensionales Feld, dessen Elemente, die Zeilen, wieder eindimensionale Felder sind. Die Techniken, die wir bisher für eindimensionale Felder entwickelt haben, lassen sich also direkt auf mehrdimensionale Felder übertragen.

Die Adresse für ein Element in der $i$-ten Zeile und der $k$-ten Spalte lässt sich also folgendermaßen berechnen:

$$\text{Adresse der } i\text{-ten Zeile} =$$
$$\text{Adresse des Feldes} + i \cdot \text{Größe einer Zeile.}$$

$$\text{Adresse des } k\text{-ten Elements der Zeile} =$$
$$\text{Adresse der Zeile} + k \cdot \text{Größe eines Elements.}$$

Mit

$$\text{Größe einer Zeile} = \text{Zeilenlänge} \cdot \text{Größe eines Elements}$$

erhält man zusammen:

$$\text{Adresse des Elements } i{,}k = \text{Adresse des Feldes}$$
$$+i \cdot \text{Zeilenlänge} \cdot \text{Größe eines Elements}$$
$$+k \cdot \text{Größe eines Elements.}$$

**Beispiel 6.18.** Wir illustrieren diese Formel durch folgendes kleines Programm, das eine zweidimensionale Matrix $A$ von fünf mal drei `TETRA`s anlegt und ein Unterprogramm enthält, das zu gegebenem Zeilenindex $i$ und Spaltenindex $k$ den Wert der Matrix $A$ an der Stelle $(i, k)$ berechnet.

ikarray.mms

```
        LOC     Data_Segment
        GREG    @
A       TETRA   1,2,3
        TETRA   4,5,6
        TETRA   7,8,9
        TETRA   0,1,2
        TETRA   3,4,5

        LOC     #100
Main    SET     $1,2          dritte Zeile i = 2
        SET     $2,1          zweite Spalte k − 1
        PUSHJ   $0,Aik
        TRAP    0,Halt,0

        PREFIX  Aik:
i       IS      $0
k       IS      $1
tmp     IS      $3
base    IS      $4

:Aik    MUL     tmp,i,3*4     Index i · Zeilenlänge · 4 Byte (TETRA)
        4ADDU   tmp,tmp,k     plus 4 Byte · k
```

```
        LDA     base,:A
        LDT     $0,base,tmp
        POP     1,0
```

□

**Übung 6.18.** Konsultieren Sie ein Buch über lineare Algebra und implementieren Sie die folgenden Operationen für $3 \times 3$-Matrizen von TETRAs: Addition, Multiplikation, Determinante und Invertierung.

Zwei weitere Alternativen zur Implementierung mehrdimensionaler Felder sollen hier noch erwähnt werden: Zum einen kann man natürlich eine Matrix statt zeilenweise, wie wir das hier getan haben, auch spaltenweise im Speicher ablegen. Viel verändert sich dadurch nicht. Wichtig wird dieser Gesichtspunkt erst, wenn man Programme schreibt, die mit anderen Programmen Daten austauschen sollen. Hier ist es wichtig zu wissen, wie diese anderen Programme ihre mehrdimensionalen Felder anlegen.

Die zweite Alternative haben wir indirekt schon in Beispiel 6.15 kennen gelernt. Ein Argumentvektor, wie wir ihn dort verwendet haben, ist nämlich nichts anderes als ein zweidimensionales Feld von Buchstaben. Der erste Index bestimmt die Zeile und der zweite die Spalte. Allerdings ist es beim Argumentvektor ungünstig, für alle Zeilen die gleiche Anzahl von Spalten bereitzuhalten, denn erstens weiß man nicht im Voraus, wie lang die Zeilen werden, und zweitens haben verschiedene Zeilen in der Regel auch verschiedene Längen. Die Lösung dieses Problems bestand einfach darin, dass man ein zweidimensionales Feld, nicht nur als ein Feld von Feldern implementiert, sondern als ein Feld von Zeigern auf Felder. Der zusätzliche Aufwand an Speicherplatz für die Zeiger lohnt sich schnell, wenn man die unterschiedliche Länge der Zeilen ausnutzt und den Platz dort wieder einspart. Der Gewinn liegt in der größeren Flexibilität.

**Records als Elemente eines Feldes.** Dass als Elemente eines Feldes nicht nur einfache Datenstrukturen in Frage kommen, wurde schon im letzten Abschnitt deutlich, wo die Elemente des Feldes selbst wieder Felder waren. Sehr häufig sogar sind die Elemente eines Feldes auch Records. Ein weiteres Beispiel mag dies verdeutlichen.

**Beispiel 6.19.** Ein Feld komplexer Zahlen. In Beispiel 6.10 auf Seite 150 haben wir schon gesehen, dass man komplexe Zahlen durch einen Record implementieren kann. Jede komplexe Zahl hat zwei Teile, einen Realteil und einen Imaginärteil, die jeweils reelle Zahlen sind. Ein Feld von komplexen Zahlen ist dann ein Feld, dessen Elemente Records sind.
Nehmen wir die folgenden Vereinbarungen für komplexe Zahlen:

```
        PREFIX  Complex:
real    IS      0               Offset des Realteils
img     IS      8               Offset des Imaginärteils
size    IS      16              Größe in Byte
```

So kann man ein Feld $A$ von 100 komplexen Zahlen so vereinbaren:

```
        LOC   Data_Segment
A       OCTA  0
        LOC   A+100*Complex:size
```

Nehmen wir an, dass eine Funktion `Complex:MUL` zur Multiplikation zweier komplexer Zahlen zur Verfügung steht, so kann man das $i$-te Element von $A$ mit dem $k$-ten Element von $A$ folgendermaßen multiplizieren:

```
i       IS    $3               wir nehmen an der Index i ist in $3
k       IS    $4               wir nehmen an der Index k ist in $4
        ...
        LDA   $5,A             Basisadresse
        MUL   i,i,Complex:size
        ADDU  $6,$5,i          Adresse von A(i)
        MUL   k,k,Complex:size
        ADDU  $7,$5,k          Adresse von A(k)
        PUSHJ $5,Complex:MUL   Multiplikation
```

Man kann natürlich in diesem Fall, wo `Complex:size` gerade den Wert 16 hat, die Multiplikation mit 16 durch eine Shift-Operation ersetzen (`SL i,i,4`) oder man ersetzt beide Operationen `MUL` und `ADDU` direkt durch eine einzige Operation `16ADDU $6,$5,i`. Entsprechendes gilt für den Index $k$.

□

**Fragen zur Lernkontrolle:**

1. Gegeben sind die folgenden Felder im Datensegment.

```
feld1   OCTA  1,2,3,4,5
feld2   OCTA  0
        LOC   feld2+10
feld3   BYTE  0
        LOC   feld3+1000
```

Welche der folgenden Feldzugriffe sind nicht korrekt? Begründung!

```
        LDA   $1,feld1         Feld 1
        LDO   $0,$1,4
        LDO   $0,$1,40
        LDA   $2,feld2         Feld 2
        LDO   $0,$2,8*3
        SET   $255,3
        LDO   $0,$2,8*$255
        LDO   $0,$2,8*32
        LDA   $3,feld2         Feld 3
        LDO   $0,$3,5
        LDB   $0,$3,500
```

2. Welche Vorteile bringt die `PREFIX`-Anweisung im Zusammenhang mit Feldern?

3. Man übergibt ein Feld an ein Unterprogramm, indem man einen Zeiger auf den Anfang des Feldes übergibt. Mit welchen Methoden kann einem Unterprogramm Information über die Länge des Feldes mitgeteilt werden?
4. Wie berechnet man die Adresse des $i$-ten Elements in einem Feld? Welche Informationen braucht man dazu?
5. Welche Operation bei der Adressberechnung für Elemente eines Feldes braucht am meisten Rechenzeit? Welche Möglichkeiten gibt es, um diese Rechenzeit zu reduzieren?
6. Welche Adressberechnung ist schneller: Die Adressberechnung eines Elements in einem zweidimensionalen Feld von `OCTA`s mit 8 Spalten und 13 Zeilen oder in einem zweidimensionalen Feld von `OCTA`s mit 13 Spalten und 8 Zeilen?
7. Was versteht man unter Alignment und welche Rolle spielt es im Zusammenhang mit Feldern?
8. Wie viele Byte braucht man für ein Feld von 5 Elementen, wobei jedes Element je ein `BYTE` und ein `TETRA` enthalten soll?
9. Wie legt man ein Feld von 4 `OCTA`s am einfachsten im Datensegment an? Und wie ein Feld von 400 `OCTA`s?
10. Was bewirkt die Operation `4ADDU`?
11. Vergleichen Sie die beiden Befehlssequenzen

```
MUL     i,i,Complex:size
ADDU    $6,$5,i   Adresse von A(i)
```

und

```
16ADDU  $6,$5,i   Adresse von A(i)
```

Welche Vorteile und welche Nachteile haben diese Alternativen? Warum ist das Programmieren in einer Hochsprache mit einem guten Compiler hier dem Programmieren in der Maschinensprache überlegen?

## 6.5 Abstrakte Datentypen

Datentypen, die nicht durch eine genau vorgeschriebene Implementierung festgelegt sind, sondern durch eine Reihe von Operationen auf den Elementen dieses Datentyps, nennt man abstrakt. Die Implementierung eines abstrakten Datentyps kann also jederzeit geändert und neuen Erfordernissen angepasst werden, ohne dass die Teile eines Programms, die mit diesem Datentyp arbeiten, dabei verändert werden müssen. Durch die Verwendung abstrakter Datentypen ergeben sich also Vorteile bei der Pflege von Programmen. Aber auch die Erstellung eines Programms kann Vorteile aus der Verwendung abstrakter Datentypen ziehen, da der Gebrauch von abstrakten Datentypen oft die Übersichtlichkeit und Verständlichkeit eines Programms verbessert. Ein ausführliches Beispiel mag dies erläutern.

**Beispiel 6.20.** Der Stack. Der Stack gehört zur Klasse der „Behälter" (Container). Ein Behälter ist eine Datenstruktur, die ganz allgemein die Speicherung von Daten ermöglicht. Ein Stack, was im Englischen so viel bedeutet wie Stapel, bietet zwei grundlegende Operationen an: Push und Pop. Die Operation Push fügt dem Stack ein Datenelement hinzu und die Operation Pop nimmt wieder ein Element weg. Wesentlich dabei ist, dass man beim Wegnehmen die einzelnen Datenelemente genau in der umgekehrten Reihenfolge wieder bekommt, in der sie hinzugefügt wurden. Man greift also gleichsam nur an einem Ende, dem oberen Ende des Stapels, auf die Daten zu. Man legt dort neue Elemente auf den Stapel und holt jeweils das zuoberst liegende Element wieder herunter. Vom Englischen „Last In, First Out" leitet sich deshalb auch die Bezeichnung LIFO-Speicher ab.

Neben diesen Grundoperationen gibt es oft noch eine Reihe von weiteren Operationen, die zur allgemeinen Verwaltung der Datenstruktur noch erforderlich sind oder einfach den Gebrauch bequemer machen. Für einen Stack gibt es typischerweise noch die Operation IsEmpty, um zu testen, ob ein Stack leer ist, und die Operation Reset um den Stack in einen definierten Anfangszustand zu versetzten. □

Was kann man nun mit einem solchen Stack anfangen? Im Abschnitt 5.3 haben wir gezeigt, wie der Stack zur Organisation der Daten beim Unterprogrammaufruf verwendet wird. Hier sei eine andere Anwendung vorgestellt, die aus dem Bereich der Programmanalyse, dem Parsing, stammt.

**Beispiel 6.21.** Überprüfung korrekter Klammerung. Es soll festgestellt werden, ob die verschiedenen Klammern `{`, `}`, `(`, `)`, `[`, `]`, `<` und `>` in einem Text korrekt geschachtelt sind. Den Begriff „korrekt geschachtelter Text" definiert man in diesem Zusammenhang durch eine Grammatik, das heißt durch Regeln zur Bildung von Texten. Jeder Text, der nach diesen Regeln gebildet wurde, ist dann „korrekt geschachtelt", jeder andere Text nicht. Die Regeln sind die folgenden:

1. *Text* ←
2. *Text* ← *Text Zeichen*
3. *Text* ← `{` *Text* `}`
4. *Text* ← `(` *Text* `)`
5. *Text* ← `[` *Text* `]`
6. *Text* ← `<` *Text* `>`

Regel 1 sagt, dass der leere Text korrekt geschachtelt ist. Regel 2 erlaubt das Anhängen eines *Zeichens*, wobei wir hier ein von den Klammern verschiedenes Zeichen verstehen, an einen korrekten Text, und die weiteren Regeln 3 bis 6 erlauben das Hinzufügen einer weiteren Klammerebene. Die Korrektheit dieser Regeln ist augenscheinlich. Ein korrekter *Text* ist nach dieser Definition etwa `a(b<c>)[d]` oder `(){[]}`, aber nicht `(]`, `())` oder `{<}>`.

Wenden wir uns nun der Implementierung eines Testprogramms zu. Eine für erfahrene Programmierer nahe liegende Implementierung ist die Verwendung rekursiver Funktionen. Jeder Regel der Grammatik entspricht dabei eine Testfunktion, die überprüft, ob ein Text nach der entsprechenden Regel gebildet wurde. Die Gesamtfunktion prüft einfach der Reihe nach die entsprechenden Regeln. Dadurch, dass auf der rechten Seite der Regel wieder der Begriff *Text* auftaucht, ergibt sich die Notwendigkeit zur rekursiven Programmierung. Die Funktionen, die die einzelnen Regeln überprüfen, rufen ihrerseits wieder die Gesamttestfunktion auf.

Ist bei dieser Vorgehensweise ein Stack erforderlich? Ja, wenigstens indirekt, da die Implementierung rekursiver Funktionen einen Laufzeitstack benötigt (vgl. Abschnitt 5.3.1). Ganz allgemein gilt, dass ein Stack als Datenstruktur stets durch rekursive Funktionen und einen Laufzeitstack ersetzt werden kann. Umgekehrt kann Rekursion immer vermieden werden, wenn man einen Stack oder eine andere dynamische Datenstruktur zu verwendet. Oft ist die Verwendung der Rekursion, die ja für den Stack eine Unterstützung durch entsprechende Hardware genießt, eine attraktive Lösung. Hier stellen wir eine Lösung ohne Rekursion dafür aber mit einem Stack vor. Theoretische Überlegungen zeigen, dass das gestellte Problem ohne Rekursion und ohne Stack nicht gelöst werden kann.

Zum Testen des Textes brauchen wir einen leeren Stack. Wir lesen nun die einzelnen Zeichen von links nach rechts. Taucht eine öffnende Klammer auf, so wird sie auf dem Stack gespeichert, taucht eine schließende Klammer auf, wird eine öffnende Klammer vom Stack herunter geholt. Es ist zwingend erforderlich, dass die öffnende und die schließende Klammer zueinander passen, andernfalls ist der Text nicht korrekt geklammert. Ebenfalls handelt es sich nicht um einen korrekten Text, falls in dieser Situtation der Stack leer ist und überhaupt keine öffnende Klammer vorhanden ist. Wird das Ende des Textes erreicht und ist der Stack leer, so war der Text korrekt geklammert, ist der Stack am Ende nicht leer, so fehlen schließende Klammern und der Text war nicht korrekt.

Das hier angegebene Unterprogramm, das einen wie üblich Null-terminierten String auf korrekte Klammerung testet, verwendet eine Variable vom Typ `Stack` und die Funktionen `Stack:Reset`, `Stack:Push`, `Stack:Pop` und `Stack:IsEmpty`. Eine Kenntniss der Implementierung des Stacks ist hier nicht erforderlich.

klammer.mms

```
        PREFIX  Klammer:

p       IS      $0              Zeiger auf den Text
return  IS      $1
match   IS      $2
tmp     IS      $3
c       IS      $4

Test    GET     return,:rJ
```

```
            PUSHJ  tmp,:Stack:Reset
            JMP    Weiter

Schleife    CMP    tmp,c,'{'           Falls öffnende Klammer
            BZ     tmp,Auf
            CMP    tmp,c,'('
            BZ     tmp,Auf
            CMP    tmp,c,'['
            BZ     tmp,Auf
            CMP    tmp,c,'
            BZ     tmp,Auf

            CMP    tmp,c,'}'           Falls schließende Klammer
            SET    match,'{'
            BZ     tmp,Zu
            CMP    tmp,c,')'
            SET    match,'('
            BZ     tmp,Zu
            CMP    tmp,c,']'
            SET    match,'['
            BZ     tmp,Zu
            CMP    tmp,c,'
            SET    match,'
            BZ     tmp,Zu

Weiter      LDB    c,p,0               sonst weiter
            ADD    p,p,1
            BNZ    c,Schleife          Schleifenende falls c=0

            PUSHJ  tmp,:Stack:IsEmpty  Stack muss leer sein
            BZ     tmp,Fehler

Ok          SET    $0,1                Rückgabe 1 = Ok
            PUT    :rJ,return
            POP    1,0

Fehler      SET    $0,0                Rückgabe 0 = Fehler
            PUT    :rJ,return
            POP    1,0

Zu          PUSHJ  tmp,:Stack:IsEmpty  falls nicht leer
            BNZ    tmp,Fehler
            PUSHJ  tmp,:Stack:Pop      Zeichen holen
            CMP    tmp,tmp,match       und vergleichen
            BNZ    tmp,Fehler
```

```
            JMP     Weiter

Auf         PUSHJ   tmp,:Stack:Push
            JMP     Weiter
```

□

**Übung 6.19.** Zeigen Sie, dass der beschriebene Algorithmus genau die Texte als korrekt identifiziert, die mit der gegebenen Grammatik definiert werden.

**Übung 6.20.** Schreiben Sie ein rekursives Testprogramm für korrekt geklammerte Texte, ohne explizite Verwendung eines Stacks.

Nun ist es an der Zeit, die Implementierung eines Stacks mittels eines Arrays zu betrachten.

**Beispiel 6.22.** Implementierung eines Stacks durch ein Array. Die unten angegebene Implementierung verwendet ein Array von 100 `BYTE` für den Stapel. Ein `OCTA`, genannt `SP` (Stackpointer), zeigt an, wo neue Einträge auf dem Stapel abgelegt werden sollen.

Die Operation `Push` prüft, ob noch genug Platz im Feld ist und speichert dann den Parameter im Feld ab. Danach wird der Wert von `SP` um eins erhöht, um anzuzeigen, wo der nächste Eintrag erfolgen muss. Der Wert von `Stack + SP` liegt also immer direkt über dem letzten Eintrag.

Die Operation `Pop` prüft zuerst, ob der Stack nicht leer ist. Dann wird der Wert von `SP` um eins vermindert und das zuletzt gespeicherte Element wird als Rückgabewert geladen.

Die weiteren Operationen `IsEmpty` und `Reset` sind einfach zu verstehen.

stack.mms

```
            PREFIX  Stack:
            LOC     :Data_Segment
            GREG    @
SP          OCTA    0
Stack       BYTE    0
Stacksize   IS      100

            LOC     #100
byte        IS      $0
sp          IS      $1
base        IS      $2
tmp         IS      $255

Push        LDO     sp,SP
            CMP     tmp,sp,Stacksize
```

```
            BNN     tmp,:Error        Stacküberlauf
            LDA     base,Stack
            STB     byte,base,sp
            ADD     sp,sp,1
            STO     sp,SP
            POP     0,0

Pop         LDO     sp,SP
            BNP     sp,:Error         Stackunterlauf
            SUB     sp,sp,1
            STO     sp,SP
            LDA     base,Stack
            LDB     $0,base,sp
            POP     1,0

IsEmpty     LDO     sp,SP
            SET     $0,1              leer
            BZ      sp,1F
            SET     $0,0              nicht leer
1H          POP     1,0

Reset       SET     $0,0
            STO     $0,SP
            POP     0,0
```

□

**Übung 6.21.** Schreiben Sie eine Implementierung der Stackoperationen, bei denen der Stack selbst den Operationen als Parameter übergeben wird. Sinnvoll ist die Übergabe eines Zeigers auf einen Record, bestehend aus Stackpointer, Feld und Feldgröße. Eine solche Implementierung ist nötig, wenn ein Programm mehrere Stacks gleichzeitig verwenden will.

**Übung 6.22.** Schreiben Sie eine alternative Implementierung eines Stacks durch eine verkettete Liste und testen Sie die Implementierung zusammen mit der Funktion zum Erkennen korrekt geklammerter Texte aus Beispiel 6.21. Man beachte, dass an dieser Funktion selbst keine Anpassungen an die geänderte Implementierung nötig sind.

**Fragen zur Lernkontrolle:**

1. Was ist ein abstrakter Datentyp?
2. Welche Operationen unterstützt ein Stack?
3. Was bedeutet LIFO-Speicher?
4. Welcher Zusammenhang besteht zwischen Stack und Rekursion?

## 6.6 Anwendung: Bitmap-Grafiken erzeugen und bearbeiten

Dieses Kapitel beschreibt Möglichkeiten zur Erzeugung und Bearbeitung von Grafiken. Der `MMIX`-Simulator stellt lediglich eine textbasierte Benutzeroberfläche und keinerlei Möglichkeiten für grafische Ausgabe zur Verfügung. Wir behelfen uns daher mit in Dateien abgespeicherten Grafiken. Wir werden das einigermaßen weit verbreitete BMP-Format verwenden. Die Namen von Dateien dieses Formats haben die Endung `.bmp`; sie lassen sich mit einem Bildbetrachter (etwa `xv` oder `kview` unter Linux) oder einem Zeichenprogramm (etwa Paintbrush unter Windows) anzeigen. Der Zugriff auf die Daten aus dem Programm heraus kann so organisiert werden, wie auch Grafikkarten angesprochen werden, so dass mit allen wesentlichen Techniken zur Grafikprogrammierung auf niedriger Ebene experimentiert werden kann. Eine BMP-Datei beschreibt stets ein rechteckiges Bild, das aus einzelnen Bildpunkten (picture elements, kurz Pixel) besteht. Eine solche Datei enthält einen Dateikopf (header) mit Verwaltungsinformationen, wie etwa die Größe des beschriebenen Bildes. Auf diesen Dateikopf folgt eine Beschreibung jedes einzelnen Bildpunktes. Das BMP-Format sieht mehrere Möglichkeiten vor: vom monochromen Bild, bei dem jeder Bildpunkt durch ein Bit dargestellt wird (also ein zweifarbiges Bild, d.h. eine Farbe auf einem Hintergrund; ein gesetztes Bit entspricht einem Bildpunkt in der einen und ein nicht gesetztes Bit einem Punkt in der anderen Farbe), über eine Darstellung durch Graustufen, bei der jeder Bildpunkt durch ein Byte beschrieben wird (entsprechend 256 Graustufen), bis hin zu einem Bild mit $2^{32}$ Farben (jeder Bildpunkt wird durch 3 Byte beschrieben[3]). Es handelt sich dabei um ein *Bitmap-Format* (to map = abbilden) oder *Raster-Format*, d.h., jeder Bildpunkt wird einzeln beschrieben.

Im Gegensatz dazu beschreiben andere gängige Grafikformate Bilder in einem Vektorformat, bei dem abstrakte Grafikobjekte angegeben werden, etwa „Pfeil von Punkt $a$ nach Punkt $b$“, oder „Kreis mit Mittelpunkt $a$ und Radius $r$“). Solche Formate sind in der Regel kompakter, aber zur Darstellung müssen aus den abstrakten Objekten einzelne Bildpunkte errechnet werden.

Die einzelnen Elemente einer BMP-Datei sind in Tabelle 6.1 beschrieben. Alle Elemente mit Ausnahme des letzten, das die Bitmap selbst repräsentiert, bilden den Dateikopf. Beispiele für die Belegung werden mit den folgenden Programmen besprochen.

Wir werden im Folgenden lediglich monochrome Bitmaps und solche mit 256 Farben (genauer: Graustufen) besprechen. Insbesondere gehen wir nicht auf komprimiert gespeicherte Bitmaps ein. Eine ausführliche Beschreibung dieses Formats und vieler anderer Dateiformate findet sich in [Born].

Bevor wir uns dem Arbeiten mit BMP-Dateien zuwenden, müssen wir uns noch mit dem Format der Speicherung von Werten befassen: Es gibt nämlich

[3] Genau genommen sogar 4 Byte, wobei das letzte Byte aber nicht benutzt wird.

| Feldname | Größe | Beschreibung |
|---|---|---|
| Identifier (Signatur) | 2 Byte | Für die in diesem Buch betrachteten Bitmaps muss hier die Zeichenkette "BM" stehen. |
| File Size | 1 Tetra | Größe der BMP-Datei in Byte. |
| Reserved | 1 Tetra | Dieses Tetra hat stets den Wert 0. Es ist für zukünftige Anwendungen reserviert. |
| Bitmap Data Offset | 1 Tetra | Abstand in Byte zwischen dem Anfang der Datei und dem Beginn der eigentlichen Bitmap-Daten (letztes Feld: „Bitmap Data") |
| Bitmap Header Size | 1 Tetra | Größe des so genannten InfoHeaders (ab hier bis einschließlich Feld „Important Colors"). Dieser Wert ist also stets #28. |
| Width | 1 Tetra | Breite der Bitmap in Pixel. |
| Height | 1 Tetra | Höhe der Bitmap in Pixel. |
| Planes | 1 Wyde | Anzahl der Ebenen der Bitmap. Wir verwenden lediglich eine Ebene. |
| Bit per Pixel | 1 Wyde | Wir werden im Folgenden verwenden: 1 für eine monochrome Bitmap (zwei Farben) und 8 für eine Bitmap mit 256 Farben. |
| Compression | 1 Tetra | Dieses Feld gibt an, ob und ggf. wie die Daten komprimiert sind. Damit beschäftigen wir uns nicht, es steht hier also immer 0 für „keine Kompression". |
| Bitmap Data Size | 1 Tetra | Größe der komprimierten Bitmap in Byte. Hier kann auch der Wert 0 stehen, da wir keine Kompression verwenden. |
| HResolution | 1 Tetra | Horizontale Auflösung (Pixel pro Meter). Diese Information ist für spezielle Ausgabegeräte; sie ist hier irrelevant, kann also zu null gesetzt werden. |
| VResolution | 1 Tetra | Vertikale Auflösung (Pixel pro Meter); ebenso irrelevant, kann auch zu null gesetzt werden. |
| Colors | 1 Tetra | Anzahl der Farben. Bei monochromen Bitmaps kann hier 0 stehen. |
| Important Colors | 1 Tetra | Wichtige Farben. Wir setzen hier stets 0 für „alle Farben wichtig". |
| Palette | 1 Tetra | Hier müssen für jede Farbe vier Byte angegeben werden. |
| Bitmap Data | $N$ Byte | Hier kommen die Daten, welche die Bitmap beschreiben. |

**Tab. 6.1.** Beschreibung der einzelnen Elemente einer BMP-Datei. Es sind nur die in diesem Buch verwendeten Paramerterwerte angegeben.

zwei Ansätze, wie Prozessoren Daten speichern, die länger als ein Byte sind. Wenn wir beim `MMIX` eine Zeichenkette in den Speicher schreiben, etwa

```
        LOC     0
        BYTE    "Text"
```

so erwarten wir, dass der Code `#54` des Buchstabens „T“ an die Adresse 0 und der Code `#65` von „e“ an die Adresse 1 geschrieben wird usw. Bei der Angabe von

```
        LOC     0
        OCTA    #1234567890abcdef
```

wird beim `MMIX` ebenso das zuerst angegebene Byte `#12` an die Adresse 0 und das Byte `#34` an die Adresse 1 gespeichert. Dies entspricht der Intuition, dass der zuerst geschriebene Wert – also das höchstwertige Byte – auch zuerst gespeichert wird und dass die Adressen dabei hochgezählt werden. Diese Vorgehensweise heißt *big-endian* (etwa: großes Ende zuerst); sie ist nicht selbstverständlich. Manche Prozessoren gehen umgekehrt vor und speichern das niederwertigste Byte eines größeren Wertes zuerst. Dies nennt sich *little-endian*. Das BMP-Format verlangt, dass die Zahlen des Headers im little-endian-Format gespeichert werden, also anders, als wir es vom `MMIX` her gewohnt sind. Wir müssen also die Reihenfolge der Byte innerhalb eines mehrbytigen Werts umkehren. Dies lässt sich recht einfach bewerkstelligen, mit einer weiteren bitweisen Operation, die bislang noch nicht besprochen wurde, der Operation `MOR` („Multiple OR“). Der Befehl `MOR` betrachtet ein Octabyte als eine Matrix mit acht mal acht Bit, jeweils ein Byte pro Spalte, und führt auf den als Operanden angegebenen Matrizen eine Matrixmultiplikation aus, wobei die Multiplikation durch logisches UND und die Addition durch logisches ODER ersetzt wird.

Die Zuweisung `$X` ← `#0123 4567 89AB CDEF MOR #0102 0408 1020 4080` bedeutet somit mathematisch folgende Operation:

$$\begin{pmatrix} 0&0&0&0&1&1&1&1\\ 0&0&1&1&0&0&1&1\\ 0&1&0&1&0&1&0&1\\ 0&0&0&0&0&0&0&0\\ 0&0&0&0&1&1&1&1\\ 0&0&1&1&0&0&1&1\\ 0&1&0&1&0&1&0&1\\ 1&1&1&1&1&1&1&1 \end{pmatrix} \otimes \begin{pmatrix} 0&0&0&0&0&0&0&1\\ 0&0&0&0&0&0&1&0\\ 0&0&0&0&0&1&0&0\\ 0&0&0&0&1&0&0&0\\ 0&0&0&1&0&0&0&0\\ 0&0&1&0&0&0&0&0\\ 0&1&0&0&0&0&0&0\\ 1&0&0&0&0&0&0&0 \end{pmatrix} = \begin{pmatrix} 1&1&1&1&0&0&0&0\\ 1&1&0&0&1&1&0&0\\ 1&0&1&0&1&0&1&0\\ 0&0&0&0&0&0&0&0\\ 1&1&1&1&0&0&0&0\\ 1&1&0&0&1&1&0&0\\ 1&0&1&0&1&0&1&0\\ 1&1&1&1&1&1&1&1 \end{pmatrix}. \tag{6.4}$$

Als Ergebnis erhalten wir `#EFCD AB89 6745 2301` (also eine Vertauschung der Spalten). Nach dem Lesen und vor dem Schreiben von Werten aus oder in den Header einer BMP-Datei muss also die Reihenfolge der Byte nach diesem Muster umgedreht werden. Wir werden später noch andere nützliche Anwendungen der `MOR`-Operation kennen lernen.

Im Folgenden werden wir speziell mehrere Tetrabyte auf diese Weise behandeln müssen. Die genannte Vorgehensweise mit dem `MOR`-Befehl dreht aber immer die Reihenfolge aller Byte eines ganzen Octabytes um. Nach der Anwendung der Operation steht also das relevante Tetrabyte im oberen Teil eines Registers. Es kann dann entweder durch eine Schiebeoperation in die untere Hälfte befördert werden oder aber mit dem Befehl `STHT` direkt in den Speicher geschrieben werden. `STHT` steht für „Store High Tetra“ und speichert genau die obere Registerhälfte als Tetra ab. Umgekehrt lässt sich mit `LDHT` („Load High Tetra“) ein Tetra aus dem Speicher in die obere Hälfte eines Registers laden.

**Name:**
`LDHT $X,$Y,$Z`   `LDHT $X,$Y,Z`

**Spezifikation:**
$u(\texttt{\$X}) \leftarrow u(M_4[\texttt{\$Y} + \texttt{\$Z}]) \times 2^{32}$

**Zeit:**
$1\nu + 1\mu$

**Beschreibung:**
Lädt ein Tetrabyte aus dem Speicher in die oberen vier Byte von Register `$X`, das High-Tetra.

**Siehe auch:**
`STHT`, Seite 193, und `LDT`, Seite 48, zum Laden des unteren Tetras.

Der Befehl `LDHT`

**Name:**
`STHT $X,$Y,$Z`   `STHT $X,$Y,Z`

**Spezifikation:**
$u(M_4[\texttt{\$Y} + \texttt{\$Z}]) \leftarrow \lfloor u(\texttt{\$X})/2^{32} \rfloor$

**Zeit:**
$1\nu + 1\mu$

**Beschreibung:**
Speichert die oberen vier Byte von `$X`, das High-Tetra, an die angegebene Adresse.

**Siehe auch:**
`LDHT`, Seite 193, und
`STT`, Seite 49, zum Speichern des unteren Tetras.

Der Befehl `STHT`

### 6.6.1 Erzeugung von zweifarbigen Bitmaps

In diesem Abschnitt wird ein Programm beschrieben, das die Datenstruktur für eine zweifarbige Bitmap aufbaut, dann Grafikausgaben erzeugt und

**Name:**
`MOR $X,$Y,$Z`
`MXOR $X,$Y,$Z`

**Spezifikation:**
Die 64 Bit aus `$Y` seien wie folgt nummeriert (analoges gelte für Nummerierung der Bit in Register `$Z`):

$$y_{00}y_{01}\dots y_{07}y_{10}y_{11}\dots y_{17}\dots y_{70}y_{71}\dots y_{77}$$

Für das Bit $x_{ij}$ aus Register `$X` bewirkt die Operation:
`MOR`:

$$x_{ij} = y_{0j} \,\&\, z_{i0} \quad | \quad y_{1j} \,\&\, z_{i1} \quad | \quad \dots \quad y_{7j} \,\&\, z_{i7}$$

`MXOR`:

$$x_{ij} = y_{0j} \,\&\, z_{i0} \quad \hat{} \quad y_{1j} \,\&\, z_{i1} \quad \hat{} \quad \dots \quad y_{7j} \,\&\, z_{i7}$$

**Zeit:**
$1\nu$

**Beschreibung:**
Die Befehle Betrachten die 8 Byte eines Octabyte als 8×8-Matrix und führen eine Matrixmultiplikation durch, wobei die Addition bei `MOR` durch die logische Oder-Verknüpfung (|) und bei `MXOR` durch die Exklusiv-Oder-Verknüpfung (^) sowie die Multiplikation durch die logische Und-Verknüpfung (&) ersetzt wird.

Byteweise Befehle

anschließend die Datenstruktur in eine Datei schreibt. Wir werden nun das Programm abschnittsweise beschreiben. Das Programm enthält nur die absolut notwendigen Teile; insbesondere werden die meisten Fehlermöglichkeiten nicht abgeprüft.

Zuerst wird die Datenstruktur der Bitmap aufgebaut (vgl. Tabelle 6.1):

bmp1.mms

```
WIDTH   IS      320                 Größe der Bitmap
HEIGHT  IS      240

        LOC     Data_Segment
        PREFIX  :Bmp:
        GREG    @

        LOC     ((@+3)&-4)+2        Alignment!
BMFile  BYTE    "BM"
Size    TETRA   0                   File size
res     TETRA   0                   reserved
bdoff   TETRA   0                   bitmap data offset
hsize   TETRA   #28000000           bitmap header size
width   TETRA   0
height  TETRA   0
```

```
16 planes  WYDE   #0100
17 bpp     WYDE   #0100                  bits per pixel: 1=monochrome
18 comp    TETRA  0                      compression
19 dasize  TETRA  0                      bitmap data size
20 hres    TETRA  0                      Auflösung: irrelevant
21 vres    TETRA  0                      dto.
22 color   TETRA  0                      colors
23 icolor  TETRA  0                      important colors (0=alle)
24 palette TETRA  #8000FF00,#0
25 data    LOC    @+:WIDTH*:HEIGHT/8
26 endbm   BYTE   0
27 8H      IS     @
```

In Zeilen 1 und 2 wird die Größe der Bitmap (also des Bildes) festgelegt. Wir verwenden hier ein gängiges Bildformat von 320 mal 240 Bildpunkten. Das Programm kommt auch mit anderen Werten zurecht, die allerdings durch acht teilbar sein müssen – was hier nicht geprüft wird.

Die Signatur für die Zeichen „`BM`“ (Zeile 9) erfordert zwei Byte. Die folgenden Werte des Dateikopfs sind Tetrabyte. Um diese mit einem `LDT`- bzw. `LDHT`-Befehl laden zu können, sorgen wir dafür, dass diese Werte auch an Tetra-Grenzen im Speicher ausgerichtet sind. Der Pseudobefehl

```
8          LOC    ((@+3)&-4)+2
```

bewirkt, dass der Wert von `@` auf die nächsthöhere durch zwei, aber nicht durch vier teilbare Adresse gesetzt wird. Nach den Daten „`BM`“ ist also Ausrichtung (Alignment) an einer Tetrabyte-Grenze sichergestellt. In dem Ausdruck `((@+3)&-4)+2` tritt der Operator `&` auf, der eine bitweise Und-Verknüpfung bedeutet (siehe Seite 123). Das Bitmuster der $-4$ ist $111\ldots11100$; die Und-Verknüpfung bewirkt daher, dass die letzten drei Bit des ersten Operators (`@+3`) zu null gesetzt werden, und sorgt somit für eine Ausrichtung an der zu `@` nächstgrößeren durch vier teilbaren Adresse. Die Werte in den Zeilen 13, 16 und 17 sind im Little-Endian-Format angegeben!

Farben werden im RGB-Format angegeben, d.h., sie werden durch ihren Rot-, Grün- und Blauanteil beschrieben, die jeweils im Bereich $0\ldots255$ liegen können, also durch ein Byte dargestellt werden. Die Farbmischung erfolgt additiv. Wenn alle Anteile ihren Maximalwert von 255 besitzen, so entsteht die Farbe Weiß; wenn sie alle den Wert null haben, so entsteht Schwarz. Wenn alle Anteile den gleichen Wert besitzen, so entstehen verschiedene Graustufen. Als Farben sind in Zeile 24 die Werte `#FF` für den Rot- und `#80` für den Blauanteil angegeben (zusammen also ein nettes Rosa).

Die Bitmap-Daten können ausgehend von der Adresse `:Bmp:data` im Speicher abgelegt werden. Dort stehen zunächst lauter Nullen, was einer späteren Darstellung in der Hintergrundfarbe Rosa entspricht. Das Bild wird ausgehend von der linken unteren Ecke (Koordinaten $(0,0)$) zeilenweise von links unten nach rechts oben aufgebaut.

In Zeile 27 wird ein Trick vorbereitet, um später leicht zwischen Daten- und Textsegment wechseln zu können: Es wird ein lokales Label mit der aktuellen Adresse definiert. Es folgen unmittelbar Befehle zur Speicherung im Textsegment. Um zwischendurch wieder etwas im Datensegment unterbringen zu können, wird dann einfach mit

```
9H LOC  8B
```

zurück gewechselt und gleichzeitig ein lokales Label für die aktuelle Adresse im Textsegment vergeben (Zeilen 96 und 102). Dieser Trick wird zweimal verwendet, nämlich in Zeilen 27 und 102. Die lokalen Marken `8H` und `9H` dürfen anderweitig nicht mehr verwendet werden.

Es folgt ein Unterprogramm zum späteren Aufruf mittels `PUSHJ`, um einen Punkt zu setzen:

bmp2.mms

```
28          LOC     #100
29 * Unterprogramm: einen einzelnen Punkt setzen.
30 * Koordinaten kommen in $0 und $1.
31          PREFIX  Point:
32 x        IS      $0
33 y        IS      $1
34 off      IS      $2
35 temp     IS      $3
36 vtet     IS      $4
37 bit      IS      $5
38 BMBase   IS      $6
39
40 :Point   LDA     BMBase,:Bmp:data
41          MUL     off,y,:WIDTH/8      so viele Bytes bis y
42          DIV     temp,x,8
43          ADD     off,off,temp
44          LDB     vtet,BMBase,off
45          GET     temp,:rR            Maske mit gesetztem Bit
46          SET     bit,#80             an Pos. x mod 8 bauen
47          SR      bit,bit,temp
48          OR      vtet,vtet,bit       Bit setzen
49          STB     vtet,BMBase,off
50          POP     0,0
```

Zuerst wird das Byte bestimmt, in dem sich das zu setzende Bit befindet (vgl. Abbildung 6.11). Jede volle Pixelzeile beansprucht `WIDTH/8` Byte; für `y` Zeilen sind das `y`·`WIDTH/8` Byte (Zeile 41). In Zeile `y` ist das Pixel Nummer `x` in Byte `x/8`, da die Zählung der Byte mit 0 beginnt (Zeile 42). Der Rest der Division `x/8` ergibt die Position des Pixels in dem so identifizierten Byte. In

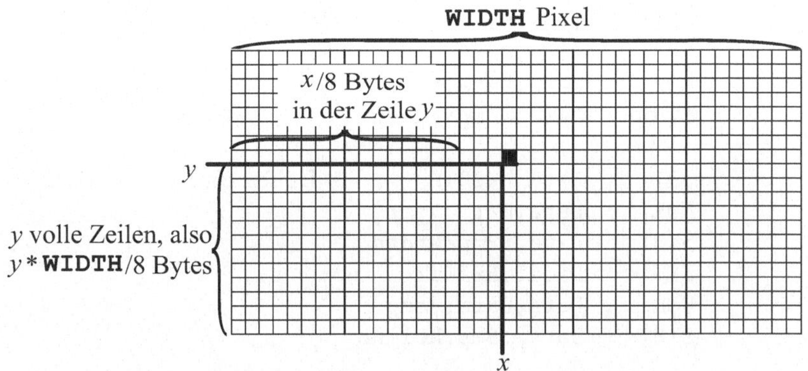


**Abb. 6.11.** Setzen eines einzelnen Pixels an Position $(x, y)$.

Zeile 46 und 47 wird eine Maske gebaut, mit der das entsprechende Bit in Zeile 48 gesetzt wird.

Es folgt das Hauptprogramm, in dem noch eine kleine Linie gezeichnet wird:

bmp3.mms

```
51 * Hauptprogramm:
52          PREFIX  :
53
54 Base     IS      $0
55 Data     IS      $1
56 Off      IS      $2
57 temp     IS      $3
58
59 OFile    IS      3
60
61 6H       OCTA    #0102040810204080   magische Zahl
62 Main     LDA     Base,:Bmp:BMFile
63
64 * File Size setzen
65          SET     Data,:Bmp:endbm-:Bmp:BMFile
66          LDA     Off,:Bmp:Size
67 1H       STBU    Data,Off
68          SRU     Data,Data,8
69          INCL    Off,1
70          BNZ     Data,1B
71
72 * Bitmap Data Offset setzen
73          SETL    Data,:Bmp:data-:Bmp:BMFile
```

```
74            GETA   $255,6B
75            LDO    temp,$255,0
76            MOR    Data,Data,temp
77            STHT   Data,:Bmp:bdoff
78
79            SET    Data,:WIDTH             Höhe und Breite setzen
80            MOR    Data,Data,temp
81            STHT   Data,:Bmp:width
82            SET    Data,:HEIGHT
83            MOR    Data,Data,temp
84            STHT   Data,:Bmp:height
85
86 * Linie (0, 0) nach (100, 100) zeichnen
87  max       IS     $9
88            SET    max,100
89  1H        SET    $11,max
90            SET    $12,max
91            PUSHJ  $10,:Point
92            SUBU   max,max,1
93            PBP    max,1B
94
95 * Bitmap auf Datei schreiben
96  9H        LOC    8B
97            GREG   @
98  1H        BYTE   "bild.bmp",0
99  OpnArg    OCTA   1B,BinaryWrite
100 WArg      OCTA   :Bmp:BMFile
101           OCTA   :Bmp:endbm-:Bmp:BMFile
102 8H        LOC    9B
103
104           LDA    $255,OpnArg
105           TRAP   0,Fopen,OFile
106           LDA    $255,WArg
107           TRAP   0,Fwrite,OFile
```

In Zeile 61 wird die „magische Zahl“ gespeichert, die gemäß Gleichung (6.4) benötigt wird, um später die Wandlung von Big- zu Little-Endian durchführen zu können. Zuerst wird in Zeilen 65-70 die tatsächliche Dateigröße in die Datenstruktur eingetragen. Die Wandlung Big- zu Little-Endian wird dabei zu Fuß byteweise in einer Schleife durchgeführt. Wesentlich eleganter ist die Wandlung des Data Offsets in den Zeilen 73-77. Anschließend werden analog noch Höhe und Breite der Bitmap gesetzt. In den Zeilen 87-93 wird danach eine Linie gezeichnet durch das Setzen einzelner Bildpunkte.

In den Zeilen 96 bis 102 werden dann nach dem oben beschriebenen Trick wieder Daten in das Datensegment eingetragen, nämlich die Parameter für das Öffnen der Datei. Der Dateiname ist fest vorgegeben. Schließlich (Zeilen 104 bis 107) wird die komplette Datenstruktur in eine Datei geschrieben.

**Übung 6.23.** Schreiben Sie ein PUSHJ-Unterprogramm, das als Parameter eine Adresse und ein Tetrabyte erhält, dieses Tetrabyte von Big- in Little-Endian wandelt und es an der angegebenen Adresse speichert. Ersetzen Sie danach die Zeilen 65 bis 70, 73 bis 77 und 79 bis 84 durch entsprechende Unterprogrammaufrufe.

**Übung 6.24.** Schreiben Sie ein PUSHJ-Unterprogramm, das eine Linie zwischen den (ganzzahligen) Koordinaten $(x_s, y_s)$ und $(x_e, y_e)$ zeichnet, unter Verwendung des Bresenham-Algorithmus [Abrash]. Dieser Algorithmus benötigt keine Division und verwendet nur ganze Zahlen.

Der Kern des Algorithmus ist eine Laufschleife über die Koordinaten auf dem $x$- oder $y$-Achsenabschnitt, entweder von $x_s$ nach $x_e$ oder von $y_s$ nach $y_e$, je nachdem ob $dx = |x_e - x_s|$ größer oder kleiner ist als $dy = |y_e - y_s|$. Jedem dieser Koordinatenwerte wird ein Wert auf der anderen Koordinatenachse zugewiesen und der entsprechend gewonnene Punkt gezeichnet. Im ersten Fall ($dx \geq dy$) wird zu jedem ganzzahligen Punkt $x$ der $x$-Achse zwischen $x_s$ und $x_e$ ein ganzzahliger Punkt $y$ auf der $y$-Achse gesucht, der den wahren Wert $y_s + \frac{x-x_s}{dx} dy$ möglichst gut approximiert. Eine Berechnung des Bruches mit Gleitkommazahlen und anschließende Rundung ist für schnelle Grafikprogramme zu zeitaufwändig. Das Ergebnis zeigt Abbildung 6.12.

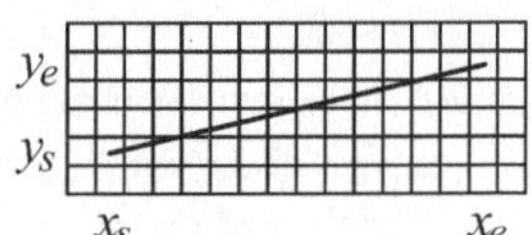


**Abb. 6.12.** Eine mit dem Bresenham-Algorithmus gerasterte Linie (ideale Linie und gesetzte Bildpunkte grau).

Das Struktogramm zum Algorithmus ist für den Fall $dx \geq dy$ ($x_s$ und $x_e$ sind so sortiert, dass $x_e > x_s$) in Abbildung 6.13 dargestellt. Der Wert von `e` ist ein Maß für die vertikale Abweichung $\epsilon$ des Rasterpunktes von seiner idealen Position auf der Linie. Es ist `e`$/2 *$ `dx` $= \epsilon$. Im Programm sind acht Fälle zu unterscheiden: Es ist $dx \geq dy$ oder $dx < dy$; weiter ist $y_e > y_s$ (steigend: `inc=1`) oder $y_e \leq y_s$ (fallend: `inc=-1`); zuletzt ist $x_e > x_s$ (vorwärts) oder $x_e \leq x_s$ (rückwärts).

## 6.6.2 Bearbeiten von Bitmaps mit 256 Graustufen

In diesem Abschnitt wollen wir Bilder mit 256 Farben (bzw. Graustufen) manipulieren.

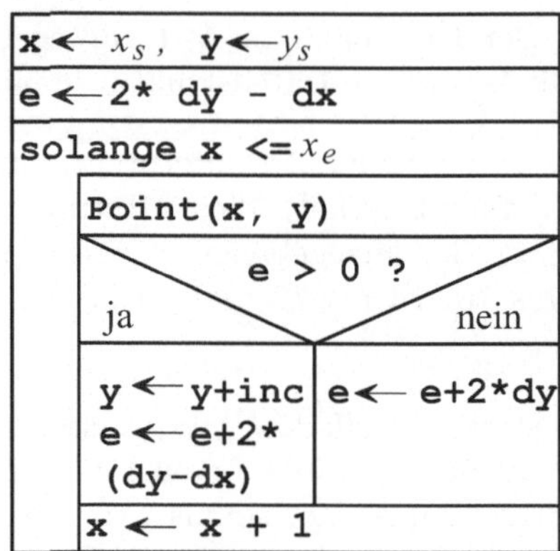


**Abb. 6.13.** Struktogramm zum Bresenham-Algorithmus.

Wir werden neue MMIX-Befehle kennen lernen, mit denen sich verschiedene der gestellten Aufgaben deutlich beschleunigen lassen. Effiziente Verfahren zum Arbeiten mit Grafiken sind sehr wichtig. Dies spielt insbesondere bei der Arbeit mit den heutigen grafischen Benutzeroberflächen (Graphical User Interface, kurz GUI) eine sehr große Rolle. Allein die Bewegung der Maus über den Bildschirm erfordert ständiges Sichern des Hintergrunds und Kopieren des Mauszeigers in den Bildschirmspeicher. Eine Ersparnis von nur ein paar wenigen Operationen in einer solchen Schleife, kann die Leistungsfähigkeit des Gesamtsystems deutlich verbessern.

Zuerst müssen wieder einige Vorbereitungen getroffen und vor allem die Datenstruktur festgelegt werden. Da eine vorgegebene BMP-Datei eingelesen werden soll und lediglich deren Bitmap-Daten zu manipulieren sind, müssen wir nicht auf alle Elemente der Datenstruktur zugreifen. Wir können uns daher auf das Wesentliche beschränken. Da es offen ist, wie groß die einzulesende Datei sein wird, geben wir zuerst alle anderen Werte an, insbesondere die Parameter für das Öffnen und Einlesen der Dateien:

bildmanip1.mms

```
         LOC     Data_Segment
         GREG    @
OpnRArg  OCTA    0,BinaryRead
RArg     OCTA    :Bmp:BMFile,6  Erst 6 Bytes lesen (siehe unten)
OpnWArg  OCTA    0,BinaryWrite
WArg     OCTA    :Bmp:BMFile,0

* Erst wird die Struktur der BMP-Datei festgelegt.
         PREFIX  :Bmp:
Size     IS      2
```

```
DOff      IS      10
          BYTE    0,0              Für Tetra-Alignment!
BMFile    BYTE    0

          PREFIX  :
argc      IS      $0
argv      IS      $1
FLen      IS      $2
help      IS      $3
temp      IS      $4
Par1      IS      $5
* Für globale Größen:
Base      GREG    0
Data      GREG    0
Off       GREG    0
* Kanalnummern für die Dateien
IFile     IS      3
OFile     IS      4
```

An dieser Stelle lassen wir einen Teil des Programms (`bildmanip2.mms`) aus, der die Anzahl der Parameter aus der Kommandozeile überprüft (es sollen die Quell- und die Zieldatei als Parameter angegeben werden), so wie wir das aus 6.15 kennen. Ferner werden die Dateien geöffnet.

Wir sollen eine BMP-Datei lesen, von der wir die Größe gar nicht kennen. In Zeile 69 werden daher zunächst lediglich sechs Byte gelesen, in denen aber die Dateilänge angegeben ist, wie wir aus Tabelle 6.1 wissen. Die Dateilänge stellen wir in einem Unterprogramm fest, welches vier Byte von little- in big-endian-Format wandelt (vgl. Übung 6.23 bzw. siehe später). In Zeile 77 wird dann auf den Dateianfang positioniert (ein so genanntes Rewind der Datei) und anschließend die komplette Datei gelesen.

bildmanip3.mms

```
67
68 1H       LDA     $255,RArg
69          TRAP    0,Fread,IFile
70
71          LDA     Base,:Bmp:BMFile+:Bmp:Size
72 * Dateilänge feststellen
73          SET     Par1,Base
74          PUSHJ   temp,rletet
75          SET     FLen,temp
76
77          SET     $255,0
78          TRAP    0,Fseek,IFile
```

```
79          LDA    $255,RArg
80          STOU   FLen,$255,8
81          TRAP   0,Fread,IFile
```

Dann manipulieren wir die Bitmap und schreiben Sie wieder auf eine Datei.

bildmanip4.mms

```
82
83 * Feststellen, wo die Bitmap beginnt
84          LDA    Base,:Bmp:BMFile+:Bmp:DOff
85          SET    Par1,Base
86          PUSHJ  temp,rletet
87          SET    Data,temp
88          ADD    Off,Data,2
89
90 * Basisadresse der Bitmap nach Base
91          LDA    Base,:Bmp:BMFile
92          ADDU   Base,Base,Data
93          SUB    Off,FLen,Off
94          PUSHJ  temp,light8
95 * und schreiben
96 write    LDA    $255,WArg
97          STOU   FLen,$255,8
98          TRAP   0,Fwrite,OFile
99
100         TRAP   0,Halt,0
```

Nun kann festgestellt werden, wo die eigentliche Bitmap beginnt und es erfolgt ein Unterprogrammaufruf der Funktion (Zeile 94), welche anschließend die Manipulation durchführt.

Die erste Aufgabe, die wir lösen wollen, besteht darin, die Bitmap zu invertieren. Der entstehende Effekt liefert das von den Fotonegativen her bekannte Ergebnis. Es ist dazu für jeden Bytewert $z$, der einen Bildpunkt repräsentiert, die Differenz $255 - z$ zu bilden und abzuspeichern. Für ein Bild mit 320 mal 240 Pixel ist dieser Vorgang 65.280 mal auszuführen! Der MMIX verfügt über einen Befehl, mit dem die Differenz achtfach parallel auf einem Octabyte gebildet werden kann: der Befehl BDIF (Bytewise Difference). Dieser Befehl betrachtet ein Octabyte als einen Vektor von acht unabhängigen Byte und führt mit jedem dieser Byte eine *saturierte Subtraktion* (symbolisch $\dot{-}$) durch:

$$y \dot{-} z = \max(0, y - z).$$

Mit dem Befehl `BDIF $X,$Y,$Z` (siehe Seite 205) lässt sich die Invertierung der Bitmap octaweise durchführen, falls im Register `$Y` der Wert −1 steht (acht mal `#FF`). Mit gewöhnlicher Subtraktion könnten Überträge zwischen den einzelnen Byte auftreten und so den gewünschten Effekt verändern.

bildmanip5.mms

```
Start   IS     $0
Value   IS     $1
tmp     IS     $2

1H      OCTA   #0102040810204080
rletet  GETA   $255,1B
        LDOU   tmp,$255
        LDHT   Value,Start
        MOR    Start,Value,tmp
        POP    1,0
* Bitmap invertieren
invert  SET    temp,255
1H      LDBU   Data,Base,Off
        SUBU   Data,temp,Data
        STBU   Data,Base,Off
        SUB    Off,Off,1
        PBNZ   Off,1B
        POP    0,0

* Bitmap Octa-weise invertieren
inv8    SET    temp,0
        SUB    temp,temp,1
1H      LDOU   Data,Base,Off
        BDIF   Data,temp,Data
        STOU   Data,Base,Off
        SUB    Off,Off,8
        PBP    Off,1B
        POP    0,0
```

Die Abbildung 6.14 zeigt das zur Demonstration verwendete Originalbild und Abbildung 6.15 das daraus gebildete Negativ.

Auf Seite 205 findet man die Spezifikation weiterer Befehle zur Bildung saturierter Differenzen mit Wydes, Tetras und Octas. Damit sind zu den Befehlen `MOR` und `MXOR` noch weitere hinzugekommen, die mit unabhängigen Teilen von Octabyte operieren. Solche Befehle finden sich in den Intel-Prozessoren unter dem Namen MMX (MultiMedia eXtensions) [Märtin].

Eine weitere Anwendung der byteweisen Differenz finden wir, wenn ein Bild aufgehellt werden soll. Um ein Bild aufzuhellen, kann ein konstanter

**Abb. 6.14.** Demonstrationsbild; die `MMIX`-Gruppe (von links): M. Ruckert, A. Böttcher, H. Anlauff, D. E. Knuth und M. Gruber.

**Abb. 6.15.** Berechnetes Negativ des Beispielbilds.

**Name:**
```
BDIF $X,$Y,$Z   BDIF $X,$Y,Z
WDIF $X,$Y,$Z   WDIF $X,$Y,Z
TDIF $X,$Y,$Z   TDIF $X,$Y,Z
ODIF $X,$Y,$Z   ODIF $X,$Y,Z
```
**Spezifikation:**

$$x \leftarrow y \dot{-} z = \max(0, y - z)$$

Dabei sind $x, y, z$ entsprechende Elemente der Vektoren `$X`, `$Y`, und `$Z`.

**Zeit:**
$1\nu$

**Beschreibung:**
Saturierte Differenz. Ein Octabyte wird als Vektor von acht Byte bzw. von vier Wyde oder zwei Tetra aufgefasst.

Byteweise Operationen

Betrag zu jedem Grauwert addiert werden, etwa mit folgender Sequenz von Befehlen, die zu jedem Grauwert den Betrag 100 addiert.

```
LDBU  Data,Base,Off
ADD   Data,Data,#64
STBU  Data,Base,Off
```

Aus dem Originalbild in Abbildung 6.14 entsteht daraus das entstellte Bild in Abbildung 6.16. Die unschönen Effekte kommen von einem Umschlagen, da Grauwerte, die ursprünglich größer als 155 sind, über 255 hinauswachsen, also durch die Speicherung als Byte, als Werte kleiner 100 zurückgeschrieben werden. Es findet also eine Art Umkehrung statt wie bei der Invertierung oben.
Hier benötigen wir eine saturierte Addition:

$$y \dot{+} z = \min(255, y + z),$$

um das Ergebnis aus Abbildung 6.17 zu erhalten. Diese wird durch folgende Operationen gebildet:

```
NOR   temp,Data,0       invertieren
BDIF  temp,temp,100     saturierte Differenz
NOR   Data,temp,0       wieder invertieren
```

Um die achtfache Parallelität der saturierten Differenz wieder ausnutzen zu können, müssen wir ein Octabyte im Register `$Z` haben, das den Subtrahenden acht Mal nebeneinander enthält. Dies können wir wieder durch geschickte Anwendung der `MOR`-Operation bewerkstelligen:

```
SETH  help,#6400
SET   temp,0
SUB   temp,temp,1       −1: Bit-Matrix mit lauter Einsen
MOR   help,help,temp    verachtfachen
```

**Abb. 6.16.** Aufhellen mit normaler Addition: Das Bild schlägt an den zu hellen Stellen in sein Negativ um.

**Abb. 6.17.** Mit saturierter Addition korrekt aufgehelltes Bild, ohne Umschlag ins Negativ.

Insgesamt entsteht folgendes Unterprogramm zur Aufhellung:

bildmanip6.mms

```
* Aufhellen octaweise
light8   SETH   help,#6400
         SET    temp,0
         SUB    temp,temp,1       −1: Bit-Matrix mit lauter Einsen
         MOR    help,help,temp    verachtfachen
2H       LDOU   Data,Base,Off
         NOR    temp,Data,0
         BDIF   temp,temp,help    saturierte Differenz
         NOR    Data,temp,0
         STOU   Data,Base,Off
         SUB    Off,Off,8
         PBP    Off,2B
         POP    0,0
```

**Übung 6.25.** Führen Sie den Versuch 6 im Anhang C.2 durch.

**Übung 6.26.** Versuchen Sie, den letzten `MOR`-Befehl nachzuvollziehen, indem Sie sich die entstehenden Matrizen hinschreiben und die Operation ausführen.

**Übung 6.27.** Schreiben Sie ein weiteres Unterprogramm, das den Kontrast eines Bildes erhöht.

Dazu sollen einfach die niederwertigsten Bit (experimentieren Sie mit deren Anzahl) zu null gesetzt werden.

**Fragen zur Lernkontrolle:**

1. Was ist der Unterschied zwischen Speicherung im Format Big-Endian und im Format Little-Endian?
2. Was versteht man unter einem Dateikopf (Header)?
3. Was ist der Unterschied zwischen saturierter Addition und gewöhnlicher Addition?

# 7. Ablaufsteuerung

In diesem Kapitel wollen wir einen näheren Blick auf die inneren Abläufe eines Prozessors werfen. Dabei werden wir allgemeine Prinzipien des Aufbaus von Prozessoren kennen lernen, ohne dabei den MMIX aus den Augen zu verlieren. Wir werden lediglich grundlegende Begriffe und Konzepte besprechen. Weitere Details werden üblicherweise in einer Vorlesung über Rechnertechnik oder Rechnerarchitektur behandelt. Sie können auch in der angegebenen Literatur nachgelesen werden.

## 7.1 Steuerwerk und Befehlszyklus

Bisher haben wir die Befehle jeweils als eine Einheit betrachtet. Bei genauerer Betrachtung zeigt sich jedoch, dass die Abarbeitung eines Befehls aus mehreren aufeinander folgenden Schritten bestehen muss. Beispielsweise müssen bei der Ausführung eines arithmetischen Befehls zunächst die Operanden in das Rechenwerk übertragen werden. Danach kann die eigentliche Operation ausgeführt werden und anschließend wird das Ergebnis in ein Register geschrieben. Für einen Speicherzugriff sind ebenfalls mehrere Einzelschritte erforderlich: Zuerst müssen die Operanden für die Adressberechnung bereitgestellt werden, dann lässt sich erst die Adresse bestimmen und schließlich wird mit dieser Adresse der eigentliche Speicherzugriff durchgeführt, der im Allgemeinen mehrere CPU-Zyklen dauern kann. Für die korrekte Steuerung dieser Abläufe in einem Prozessor ist das *Steuerwerk* oder auch *Leitwerk* (control unit) verantwortlich. Der auszuführende Befehl wird in das Steuerwerk übertragen, das seinerseits die restlichen Komponenten veranlasst, zum richtigen Zeitpunkt die richtigen Aktionen auszuführen. Dazu ist das Steuerwerk über *Steuerleitungen* mit allen anderen Komponenten verbunden, wie in Abbildung 7.1 gezeigt.

*Steuersignale* sind elektrische Signale, die über *Steuerleitungen* zu den angeschlossenen Einheiten transportiert werden und dort ein definiertes Verhalten auslösen.

Das Steuerwerk verfügt über ein Register, das die Adresse des jeweils nächsten auszuführenden Befehls enthält, den *Befehlszähler* (Program Counter, kurz PC). Damit wird der Speicher adressiert, der nächste Befehl ausgelesen und in ein weiteres spezielles Register, das *Befehlsregister* (Instruction

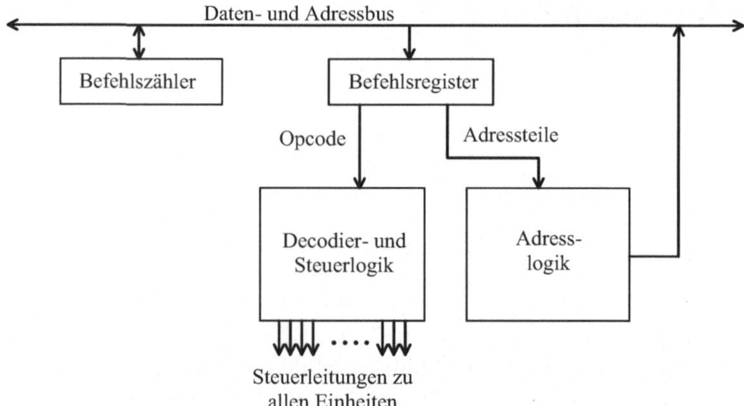


**Abb. 7.1.** Schematischer Aufbau eines einfachen Steuerwerks.

Register, kurz IR) geladen. Der Opcode des Befehls wird in einer speziellen Einheit decodiert und es werden entsprechende Folgen von Steuersignalen für die anderen Einheiten und das Steuerwerk selbst generiert. Der oder die Adressteile des Befehls werden in der *Adresslogik* verarbeitet (vgl. Kapitel 7.2) und zur Adressierung des Registersatzes oder des Hauptspeichers verwendet.

Für die Ausführung eines Befehls sind also im Prinzip folgende Schritte notwendig:

1. Holen eines Befehlsworts aus dem Speicher in das Befehlsregister des Steuerwerks.
2. Fortschalten des Befehlszählers auf den statisch nachfolgenden Befehl.
3. Decodieren des Opcodes des Befehls.
4. Bereitstellung der Operanden und Ausführung der Operation (bei einem Sprungbefehl kann dabei die in Schritt 2 vorbereitete Adresse wieder überschrieben werden).

Dieser Ablauf wiederholt sich zyklisch, bis der Computer ausgeschaltet wird oder ein bei manchen Prozessoren vorhandener STOP-Befehl ausgeführt wird. [Märtin]

## 7.2 Adressierungsarten

In diesem Abschnitt wollen wir die inneren Abläufe der Adresslogik betrachten. Je nach Befehlstyp gibt es verschiedene Adressierungsarten, d.h. verschiedenen Möglichkeiten, anzugeben, wie die Operanden des Befehls bereitgestellt werden sollen. Es ist uns bereits vertraut, dass das Rechenwerk des `MMIX` nach dem Prinzip der Register-Register-Architektur arbeitet: Die Operanden können nur aus Registern (oder aus dem Befehlswort bei Direktoperanden) geholt werden, Ergebnisse von Operationen können nur in Registern abgespeichert werden. Wir werden sehen, dass die Befehle dadurch sehr effizient ausgeführt werden können. Es gibt allerdings auch Prozessoren, die über weitere Möglichkeiten der Adressierung von Operanden verfügen.

Die erste Adressierungsart, die wir hier besprechen wollen, ist uns bereits gut bekannt: die *Konstantenadressierung*, die wir unter dem Begriff der *Direktoperanden* kennen gelernt haben (vgl. Kapitel 3.1.3). Dabei ist ein Operand direkt im Befehlswort enthalten. Er wird also aus dem Befehlsregister direkt zum Rechenwerk (ALU) übertragen (siehe dazu Abbildung 7.2).

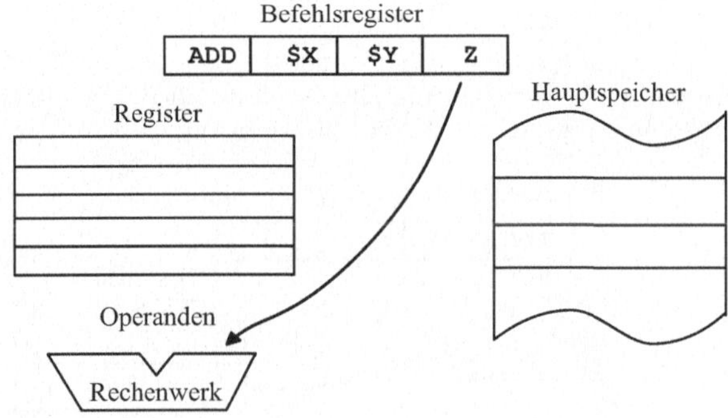


**Abb. 7.2.** Konstantenadressierung (Direktoperand).

Diese Adressierungsart beherrschen praktisch alle Prozessoren. Beim `MMIX` kann ein Direktoperand nur im `Z`-Feld angegeben werden, daher ist die Länge eines Direktoperanden auf 8 Bit beschränkt. Damit können positive Werte zwischen 0 und 255 angegeben werden. Bei manchen Assemblersprachen werden Direktoperanden durch Voranstellen eines Spezialsymbols gekennzeichnet (z. B. #3). Beim `MMIX` wird die Unterscheidung durch den Opcode getroffen.

Die nächste wichtige Adressierungsart ist die *registerdirekte Adressierung* (siehe Abbildung 7.3).

Der Operand wird dabei aus einem Register geholt, dessen Nummer im Befehlswort angegeben ist (man spricht dabei von einem *Registeroperanden*). Dies ist die grundlegende Adressierungsart der arithmetisch/logischen Befehle des `MMIX`. Die Reihenfolge der Schritte zur Ausführung eines Befehls mit registerdirekter Adressierung ist durch die in der Abbildung angegebenen Nummern angedeutet: Zuerst muss die Registernummer aus dem Befehlswort extrahiert werden. Anschließend kann mit dieser Nummer das gewünschte Register ausgewählt und der Operand ausgelesen werden (Analoges gilt für das Zurückschreiben).

Bei der *registerindirekten Adressierung* enthält der Befehl eine Registernummer, die ihrerseits auf eine Speicheradresse verweist, an der der Operand steht (vgl. Abbildung 7.4).

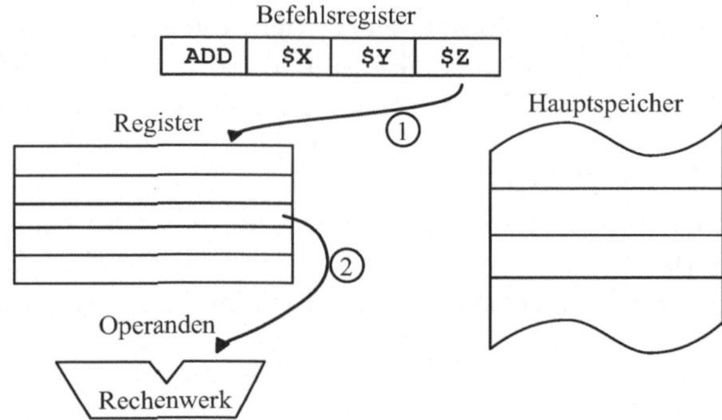


**Abb. 7.3.** Registerdirekte Adressierung (Registeroperand). Die angegebenen Nummern zeigen die Reihenfolge bei der Befehlsabarbeitung.

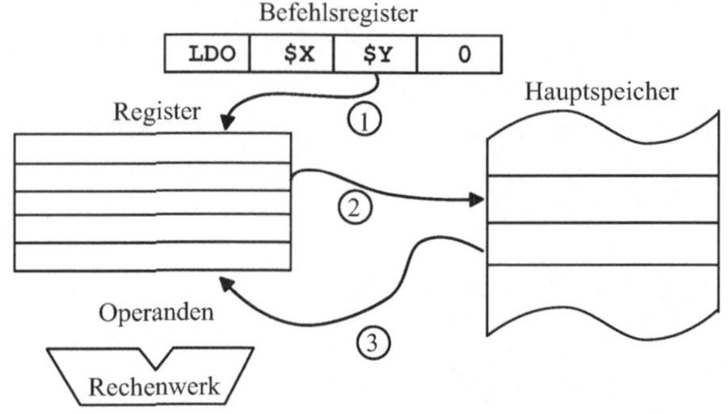


**Abb. 7.4.** Registerindirekte Adressierung. Die angegebenen Nummern geben eine Reihenfolge bei der Befehlsabarbeitung vor.

Diese Adressierungsart finden wir beim `MMIX` ausschließlich für Load- und Store-Befehle, und zwar dann, wenn zur Berechnung der Speicheradresse ein Direktoperand 0 im Feld `Z` benutzt wird:

```
LDO     $1,$2,0
```

Einige Prozessoren können mit registerindirekter Adressierung Operanden aus dem Speicher direkt in das Rechenwerk übertragen. Eine allgemeinere Form ist die *indizierte* oder *Basisadressierung.* (vgl. Abbildung 7.5).

Es gibt dabei einen festen Bezugspunkt in einem Register, das oft *Basisregister* genannt wird. Zum Wert dieses Basisregisters wird eine so genannte Distanz (*Displacement*, *Offset*) addiert. Der Offset kann dabei aus einem weiteren Register stammen oder ein Direktoperand sein. Da der Zugriff relativ zum Basisregister stattfindet, wird diese Adressierungsart oft auch als *relative Adressierung* bezeichnet. Diese Art der Adressierung wird beim `MMIX` prinzipiell bei Load- und Store-Befehlen eingesetzt. Dabei wird das Basisregister

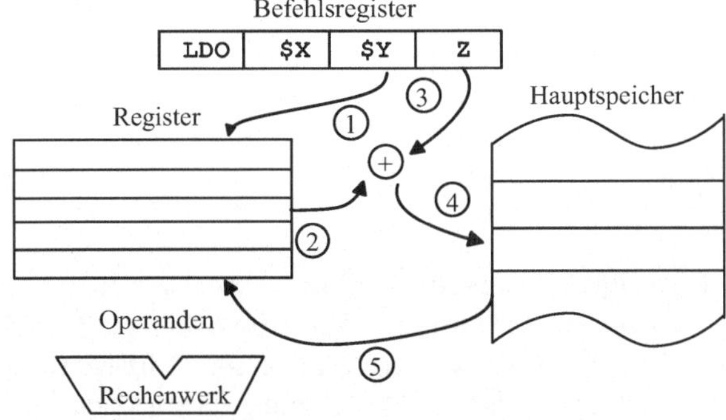


**Abb. 7.5.** Indizierte Adressierung. Die angegebenen Nummern geben eine Reihenfolge bei der Befehlsabarbeitung vor.

im Y-Feld spezifiziert, der Offset kann als Direktoperand im Z-Feld stehen oder ebenfalls als Register angegeben werden.

Das folgende Beispiel zeigt eine Anwendung der indizierten Adressierung. Es berechnet die Summe der 5 Elemente eines Vektors A:

array1.mms

```
         LOC    Data_Segment
         GREG   @
N        OCTA   5
A0       OCTA   25,34,58,96,101

n        IS     $1                Zahl der Elemente
i        IS     $2                Index
offset   IS     $3                Offset
base     IS     $4                Basis
test     IS     $5
s        IS     $6                Summe
ai       IS     $7

         LOC    #100
         GREG   @

Main     LDA    base,A0           Basis
         SET    offset,0
         SET    s,0
         SET    i,0
         LDO    n,N
Wdhl     LDO    ai,base,offset    Ai
         ADD    s,s,ai            S=S+Ai
```

```
24           ADD    i,i,1               I++
25           ADD    offset,offset,8     Offset zählt in Octa
26           CMP    test,n,i            I=N?
27           BNZ    test,Wdhl           Nein → nochmal
28           TRAP   0,Halt,0
```

In Zeile 17 wird die Anfangsadresse des Vektors als Basis in das Register `base` geladen. Das Register `offset` wird mit 0 vorbelegt. Der Zugriff auf ein Vektorelement erfolgt in Zeile 22 mit indizierter Adressierung. In Zeile 25 wird schließlich der Offset erhöht. Dabei muss berücksichtigt werden, dass ein Vektorelement 8 Byte belegt.

Das folgende Programm zeigt eine Variante mit registerindirekter Adressierung:

array2.mms

```
        LOC    Data_Segment
        GREG   @
N       OCTA   5
A0      OCTA   25,34,58,96,101

n       IS     $1                  Zahl der Elemente
i       IS     $2                  Index
point   IS     $3                  Offset
test    IS     $4                  Basis
s       IS     $5                  Summe
ai      IS     $6

        LOC    #100
        GREG   @

Main    LDA    point,A0            Basis
        SET    s,0
        SET    i,0
        LDO    n,N
Wdhl    LDO    ai,point,0          Ai
        ADD    s,s,ai              S=S+Ai
        ADD    i,i,1               I++
        ADD    point,point,8       point zählt in Octa
        CMP    test,n,i            I=N?
        BNZ    test,Wdhl           Nein → nochmal
        TRAP   0,Halt,0
```

In Zeile 16 wird das Register `point` mit einem absoluten Zeiger auf die Anfangsadresse des Vektors vorbelegt. Dieser Zeiger wird in Schritten von 8 erhöht (Zeile 23). Beim Zugriff auf ein Vektorelement (Zeile 20) steht dessen absolute Adresse in `point`, daher wird im `Z`-Feld die 0 eingetragen.

Neben diesen Adressierungsarten gibt es bei verschiedenen Prozessoren – nicht jedoch beim `MMIX` – noch weitere Adressierungsarten, die wir hier der Vollständigkeit halber aufführen (siehe Abbildung 7.6 und Abbildung 7.7).

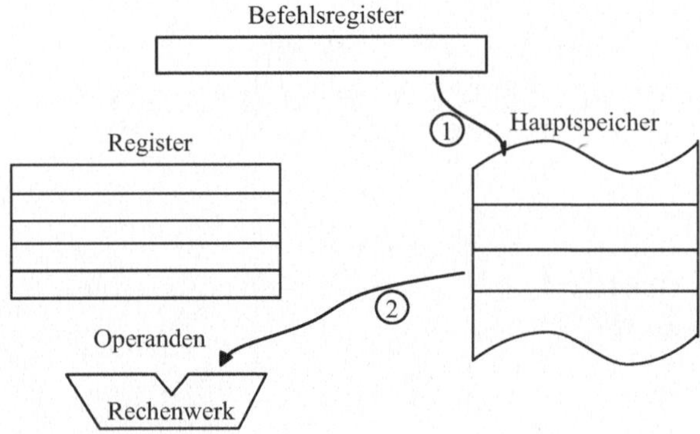


**Abb. 7.6.** Absolute Adressierung; beim `MMIX` nicht verfügbar. Die angegebenen Nummern geben eine Reihenfolge bei der Befehlsabarbeitung vor.

Dazu gehört die *absolute Adressierung*, bei der die Adresse des Speicheroperanden Teil des Befehlsworts ist. Das einheitliche Befehlsformat des `MMIX` von vier Byte lässt diese Adressierungsart nicht zu.

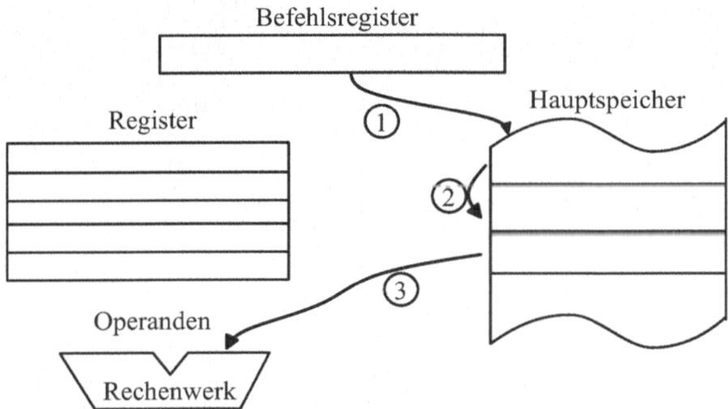


**Abb. 7.7.** Speicherindirekte Adressierung; beim `MMIX` nicht verfügbar. Die angegebenen Nummern geben eine Reihenfolge bei der Befehlsabarbeitung vor. Der Schritt 2 ist allerdings aufwändiger als aus dem Diagramm hervorgeht, denn zur Auflösung der indirekten Adresse (*Indirektion*) sind zwei Speicherzugriffe erforderlich!

Bei der *speicherindirekten Adressierung* (Abbildung 7.7) enthält das Befehlswort eine Speicheradresse, die ihrerseits die Adresse des eigentlichen Operanden enthält. Es sind also zwei aufeinander folgende Speicherzyklen nötig, um den Operanden zu holen. Diese Adressierungsart unterstützt die Implementierung von verketteten Datenstrukturen (z. B. linearen Listen), bei denen jedes Element einen Zeiger auf das nachfolgende Element enthält. Das folgende Beispiel zeigt, wie sich eine solche Anwendung mit MMIX-Befehlen realisieren lässt.

listtest.mms

```
* Definition der Record-Struktur eines Listenelements
string    IS    0
next      IS    8

          LOC   Data_Segment
          GREG  @
No        BYTE  "␣no␣",0
Theory    BYTE  "␣theory␣",0
Without   BYTE  "␣without␣",0
Practice  BYTE  "␣practice␣",0

1H        OCTA  Without
          OCTA  3F
First     OCTA  No
          OCTA  2F
2H        OCTA  Theory
          OCTA  1B
3H        OCTA  Practice
          OCTA  0

          LOC   #100
word      IS    $1
base      IS    $2           Basis Register
offset    IS    $3           Offset register

Main      LDA   base,First   Adresse des ersten Records

1H        LDO   $255,base,string
          TRAP  0,Fputs,StdOut
          LDO   base,base,next
          BNZ   base,1B

          TRAP  0,Halt,0
```

`First` ist die Adresse des ersten Listenelements. In Zeile 26 wird diese statische Anfangsadresse der Liste ins Register `base` geladen. In Zeile 28 wird der Zeiger auf die Zeichenkette des ersten Listenelements („`no`“) nach `$255` übertragen. Anschließend wird mit dem Offset acht der Folgezeiger auf das nächste Listenelement ausgelesen (Zeile 30). Damit erhält man beim nächsten Zugriff in Zeile 28 einen Zeiger auf das folgende Element („`theory`“). Insgesamt wird also die Wortfolge angezeigt:

`no theory without practice`

Prinzipiell sind alle genannten Adressierungsarten für die Operanden und das Ziel jeder Operation kombinierbar. Entsprechend kann bei solchen Prozessoren, die derartige Adressierungsarten unterstützen, die Länge der Befehlswörter variieren.

**Übung 7.1.** Ändern Sie in dem Programm `listtest.mms` auf Seite 216 die Zeiger so ab, dass die Wortfolge `no practice without theory` angezeigt wird.

**Übung 7.2.** Welche Adressierungsart benutzt das folgende Programm in Zeilen 12 und 16?

`regind.mms`

```
1          LOC    Data_Segment
2  Data    OCTA   17,4,47,11,8,15,42
3  end     GREG   @
4
5  px      IS     $1
6  x       IS     $2
7  max     IS     $3
8  test    IS     $4
9
10         LOC    #100
11 Main    LDA    px,Data
12         LDO    max,px
13 1H      ADDU   px,px,8
14         CMP    test,px,end
15         BZ     test,Done
16         LDO    x,px
17         CMP    test,max,x
18         CSN    max,test,x
19         JMP    1B
20 Done    SWYM   0
```

Schreiben Sie es so um, dass es indizierte Adressierung benutzt.

## 7.3 RISC und CISC

Es gibt zwei prinzipiell verschiedene Ansätze zum Entwurf von Prozessoren. Die klassische Methode stellt eine Vielzahl von komplexen Befehlen mit allen möglichen Adressierungsarten zur Verfügung. Die Folge davon ist, dass es kein einheitliches Befehlsformat gibt, da die Befehlswörter je nach Art der Operanden und der Adressen variieren. Dies zieht eine aufwändigere und damit langsamere Hardware nach sich. Man nennt diese Prozessoren *Complex Instruction Set Computer*, kurz CISC Prozessoren. Bis Anfang der achtziger Jahre des 20. Jahrhunderts gab es nur CISC-Prozessoren. Untersuchungen haben jedoch ergeben, dass viele der komplexen Befehle so gut wie nie verwendet werden (während 90% der CPU-Zeit wird nur von 10% des Befehlssatzes Gebrauch gemacht). Daher hat eine Gruppe um den bekannten Entwickler David A. Patterson eine neue Art von Architektur entwickelt, die sich auf einfache Befehle und wenige Adressierungsarten beschränkt. Diese Prozessoren nennt man *Reduced Instruction Set Computer*, kurz RISC-Prozessoren [Hennessy]. Typischerweise handelt es sich dabei um Register Register-Architekturen, d.h. alle arithmetisch-/logischen Befehle verwenden ausschließlich Registeroperanden, Speicherzugriffe erfolgen nur mit den Load- und Store-Befehlen. Als Adressierungsarten gibt es nur die Konstantenadressierung und die registerdirekte Adressierung sowie die indizierte Adressierung für die Speicherzugriffe. Damit ergibt sich der Vorteil eines kurzen, einheitlichen Befehlsformats, was wiederum eine einfachere und damit schnellere Hardware- Realisierung erlaubt. MMIX ist in diesem Sinn ein typischer RISC-Prozessor, obwohl 256 Befehle einen reichlichen Befehlsumfang darstellen. Typische reale Vertreter der RISC-Prozessoren sind der PowerPC-Chip, der Alpha-Chip sowie die Familie der SPARC-Prozessoren. Selbst die Intel-Prozessoren, klassische CISC-Maschinen, bilden heute intern die CISC-Befehle auf eine Folge von RISC-Befehlen ab.

Im folgenden Abschnitt werden wir sehen, dass das RISC-Prinzip einige weitere Vorteile mit sich bringt.

## 7.4 Pipelining

Es hat sich bereits sehr früh durchgesetzt, den oben beschriebenen *Befehlszyklus* wie ein Fließband zu organisieren. Das Fließband wurde von Henry Ford im Jahr 1913 zur effizienten Produktion von Autos eingeführt. Dabei wird die Montagearbeit in mehrere kleine Schritte zerlegt, von denen jeder sehr einfach auszuführen ist und durch eine kleine spezialisierte Einheit übernommen wird. Das Produkt wird nach Abschluss des Arbeitsschritts von einer Einheit zur nächsten weiter gereicht. Autos verlassen das Fließband so in einem bestimmtem Takt. Diese Vorgehensweise vermeidet, dass jeder Mechaniker über alle Arbeitsschritte Bescheid wissen und alle Werkzeuge zur Verfügung haben muss.

Auf die Prozessortechnik übertragen heißen die Fließbänder *Pipelines*. Neben dem hier vorgestellten Pipelining gibt es auch noch andere Methoden und man müsste genau genommen von einer *Phasen-Pipeline* sprechen. Die klassischen Stufen einer Pipeline von RISC-Prozessoren (*Pipeline-Stufen*) sind gemäß [MMIXware]:

1. Holen des Befehls (Fetch, kurz F).
2. Decodieren des Befehls (Decode, kurz D). In dieser Stufe werden auch die Operanden aus Registern bereitgestellt.
3. Ausführen des Befehls (Execute, kurz X). In dieser Stufe wird ggf. auch die Adresse für einen Speicherzugriff berechnet. Hier stehen in der Regel mehrere spezialisierte Ausführungseinheiten, etwa für Multiplikation, Division, oder einzelne der Gleitkommaoperationen zur Verfügung.
4. Speicherzugriff (Memory Access, kurz M).
5. Zurückschreiben des Ergebnisses (Result Write-back, kurz W). Das Ergebnis einer Operation wird in ein Register geschrieben, falls erforderlich.

Wichtig dabei ist, dass die Verweildauer eines Befehls in jeder der Stufen in etwa gleich groß ist. Der Takt muss sich nach der langsamsten Einheit richten. Einige Schritte können allerdings recht aufwändig sein, etwa der Speicherzugriff (wenn Daten nicht im Cache vorgefunden werden) oder Multiplikations- und Divisionsoperationen. Solche Operationen verlangsamen dann die Befehlsabarbeitung. In modernen Prozessoren können zur Beschleunigung die Ausführungseinheiten parallel arbeiten.

Die Ausführungsdauer für einen Befehl wird dadurch nicht verkürzt (durch das ständige Weiterreichen vielleicht sogar geringfügig verlängert), aber der Durchsatz (throughput), also die mittlere Anzahl pro Takt fertig gestellter Befehle, steigt an [Patterson]. Als Beispiel betrachten wir folgendes Programmfragment (das entspricht – bis auf Umbenennung von Symbolen – den Zeilen 66–74 des Programms auf Seite 197):

pipeline-demo.mms

```
1        LDA   Off,Size
2        STBU  Dat,Off
3        SRU   Dat,Dat,8
4        INCL  Off,1
5        BNZ   Dat,@-12  Sprung zurück zu Zeile 2
6        SETL  Dat,Wert
7        GETA  $255,6B
```

Die Abbildung 7.8 veranschaulicht die Abarbeitung der Befehle in einer Pipeline. Für jeden der betrachteten Taktzyklen sind die fünf Pipeline-Stufen (F-D-X-M-W) gezeichnet und darunter ist angegeben, welcher Befehl sich gerade in der jeweiligen Stufe befindet. Wenn zum Takt 0 mit einer leeren Pipeline gestartet wird, so füllt sich diese Schritt für Schritt auf, bis dann

Takt 1:

| F | D | X | M | W |
|---|---|---|---|---|
| LDA Off,Size | | | | |

Takt 2:

| F | D | X | M | W |
|---|---|---|---|---|
| STBU Dat,Off | LDA Off,Size | | | |

Takt 3:

| F | D | X | M | W |
|---|---|---|---|---|
| SRU Dat,Dat,8 | STBU Dat,Off | LDA Off,Size | | |

Takt 4:

| F | D | X | M | W |
|---|---|---|---|---|
| INCL Off,1 | SRU Dat,Dat,8 | STBU Dat,Off | LDA Off,Size | |

Takt 5:

| F | D | X | M | W |
|---|---|---|---|---|
| BNZ Dat,@-12 | INCL Off,1 | SRU Dat,Dat,8 | STBU Dat,Off | LDA Off,Size |

Takt 6:

| F | D | X | M | W |
|---|---|---|---|---|
| SETL Dat,Wert | BNZ Dat,@-12 | INCL Off,1 | SRU Dat,Dat,8 | STBU Dat,Off |

Takt 7:

| F | D | X | M | W |
|---|---|---|---|---|
| GETA $255,6B | SETL Dat,Wert | BNZ Dat,@-12 | INCL Off,1 | SRU Dat,Dat,8 |

Takt 8:

| F | D | X | M | W |
|---|---|---|---|---|
| STBU Dat,Off | | | BNZ Dat,@-12 | INCL Off,1 |

**Abb. 7.8.** Abarbeitung einer Befehlssequenz mit bedingtem Sprung, der entgegen der Vorhersage nicht ausgeführt wird. Zwei Taktzyklen bleiben dadurch ungenutzt.

ab Takt 6 zunächst in jedem Takt ein Befehl fertig gestellt wird (Ende der Pipeline-Stufe W). Für den Fall, dass der Sprung entgegen der Vorhersage ausgeführt wird, müssen allerdings in Takt 8 der bereits decodierte Befehl `SETL Dat,Wert` und der bereits geholte Befehl `GETA $255,6B` aus der Pipeline entfernt werden, da diese nicht zur Ausführung gelangen. Erst dann kann der nächste Befehl (`STBU Dat,Off`) von der Zieladresse des Sprungs geholt werden. Dadurch werden später in zwei Takten keine Befehle fertig gestellt. Die Leertakte sind in Abbildung 7.8 in Takt 8 grau schraffiert dargestellt. Ein solcher Leerlauf nennt sich *stall* (das englische Verb „to stall“ bedeutet „zum Stillstand bringen“). Diese Stillstände reduzieren den Durchsatz der Pipeline. Wir sehen nun deutlich, warum bei der Abschätzung der Ausführungsdauer der Befehle für falsch vorhergesagte Sprünge drei Taktzyklen angegeben werden, für richtig vorhergesagte aber nur einer (vgl. Spezifikation der bedingten Sprünge auf Seite 72).

Wie eigentlich alle Prozessoren verfügt auch der `MMIX` über einen Befehl, der die Pipeline am Laufen hält, aber ansonsten keine Wirkung besitzt (no operation). Dieser Befehl heißt `SWYM`: „Sympathize with your machinery“.

**Name:**
`SWYM X,Y,Z`

**Zeit:**
$1\nu$

**Beschreibung:**
Sympathize with your machinery: Bei diesem Befehl gönnt sich der `MMIX`-Prozessor eine kleine ($1\nu$) Verschnaufpause.

Der Befehl `SWYM`

**Fragen zur Lernkontrolle:**

1. Aus wie vielen Byte müsste bei `MMIX` ein Befehlswort bestehen, wenn er in einem Befehl sowohl Operanden als auch das Ergebnis absolut adressieren könnte?
2. Welche Befehle haben eine leere W-Stufe?
3. Wie hoch ist der Pipeline-Durchsatz bezogen auf die in Abbildung 7.8 dargestellten acht Takte?
4. Welche Nummern müssten in Abbildung 7.8 die Taktzyklen erhalten, in denen bedingt durch den Stillstand keine Befehle fertig gestellt werden?

## 7.5 Interrupts

In manchen Situationen ist es nötig, die Ausführung eines laufenden Programms zu unterbrechen und zwischendurch eine andere Aufgabe zu bearbeiten. Eine solche Unterbrechung nennt man *Interrupt*. Ein Beispiel, das uns allen bekannt ist, ist die Reaktion unseres Computers auf eine Bewegung der Maus: Wird die Maus bewegt, so erzeugt sie ein elektrisches Signal, das eine Unterbrechung des laufenden Programms auslöst. Der Mauszeiger wird daraufhin durch ein kleines Stück Programm am Bildschirm entsprechend bewegt und anschließend das unterbrochene Programm fortgesetzt.

### 7.5.1 Interruptursachen

Wir unterscheiden grundsätzlich zwischen *synchronen* und *asynchronen* Interrupts. Dabei liegt die Ursache für einen synchronen Interrupt in der Ausführung des laufenden Programms[1]. Ein typisches Beispiel hierfür sind *arithmetische Ausnahmen* (*arithmetic exceptions*), wie etwa Überlauf, Division durch Null etc., die bei der Ausführung von arithmetischen Operationen auftreten können und in der Regel eine entsprechende Fehlermeldung oder Warnung auslösen. Ein unberechtigter Zugriff auf geschützte Speicherbereiche (*protected memory*) oder die versuchte Ausführung von nicht zulässigen Befehlen (*illegal instruction*) führt ebenfalls zu einem Interrupt. In diesen Fällen muss die Ausführung des Befehls unterdrückt werden. Synchrone Interrupts sind in der Regel reproduzierbar, d.h., wird das gleiche Programm mit denselben Daten noch einmal ausgeführt, so tritt der synchrone Interrupt an der gleichen Stelle wieder auf.

Im Gegensatz dazu liegt die Ursache eines asynchronen Interrupts außerhalb des laufenden Programms[2]. Als Beispiel hierfür betrachten wir den parallelen Betrieb verschiedener Komponenten eines IT-Systems. So arbeiten z.B. die Ein-/Ausgabegeräte weitgehend selbstständig und verlangen nur gelegentlich nach einer Behandlung durch die CPU, etwa wenn die Maus bewegt wird oder ein Ausgabepuffer leer oder ein Eingabepuffer voll ist. In diesem Fall wird das laufende Programm kurz angehalten, die Interruptursache untersucht und behandelt – etwa der Ausgabepuffer neu gefüllt – und dann wird an der unterbrochenen Stelle mit der Abarbeitung fortgefahren. Ein weiteres Beispiel sind externe Zeitgeber (Timer), die nach der eingestellten Zeit ablaufen und sich mit einem Interrupt melden. Auf diese Weise kann etwa die Systemzeit in festen Abständen aktualisiert werden.

Eine weitere Klasse von asynchronen Interrupts wird durch Hardwarefehler ausgelöst, wie z.B. Fehler bei der Datenübertragung oder Schwankungen in der Spannungsversorgung (*power failure*). Im ersten Fall versucht man, die Datenübertragung zu wiederholen, im zweiten Fall läuft ein „Notprogramm", das bestrebt ist, den Schaden möglichst klein zu halten.

Schließlich kann das laufende Programm auch bewusst unterbrochen werden, um einen bestimmten Dienst des Betriebssystems in Anspruch zu nehmen, der möglicherweise Zugriff auf privilegierte Daten und/oder Befehle erfordert. Ein Beispiel hierfür sind Dateizugriffe und die Ein-/Ausgabe von

[1] Man spricht deshalb auch oft von *internen* Interrupts.
[2] Folglich nennt man diese Art von Interrupts auch *externe* Interrupts.

Daten. Hierzu stellt das Betriebssystem dem Anwender eine Reihe von Systemroutinen zur Verfügung, die er über eine definierte Schnittstelle aufrufen kann. Dafür haben wir den `TRAP`-Befehl kennen gelernt. So ist beispielsweise die Ausgabe einer Zeichenkette mit `TRAP 0,Fputs,StdOut` ähnlich zu einem Unterprogrammaufruf. Es wird dadurch nämlich ein Stück Programm angesprungen, welches im Betriebssystem vorgegeben ist. Daneben gibt es auch einen verdeckten Einsprung ins Betriebssystem, etwa bei der automatischen Adressumsetzung, wenn beim ersten Zugriff auf eine Speicherseite diese erst in den realen Speicher geladen werden muss (vgl. hierzu Kapitel 8.1).

In allen genannten Fällen wird das laufende Programm angehalten und es wird eine Interruptroutine (auch *Interrupt-Handler*) ausgeführt. Je nach Anwendungsfall kann das unterbrochene Programm wieder fortgesetzt werden (in unseren Beispielen ist das der Fall für den Aufruf von Betriebssystemdiensten und für Interrupts durch externe Ein-/Ausgabegeräte und Timer), oder es wird eine entsprechende Fehlerbehandlung ausgelöst, die auch zum Abbruch des Anwenderprogramms führen kann. Im ersten Fall ist die Ausführung des Interrupts transparent, d.h., er hinterlässt keine Spuren in dem unterbrochenen Programm. Abbildung 7.9 zeigt den zeitlichen Ablauf der Unterbrechung eines Anwenderprogramms. Die durchgezogene dicke Linie gibt an, zu welchem Zeitpunkt welches Programmstück ausgeführt wird.

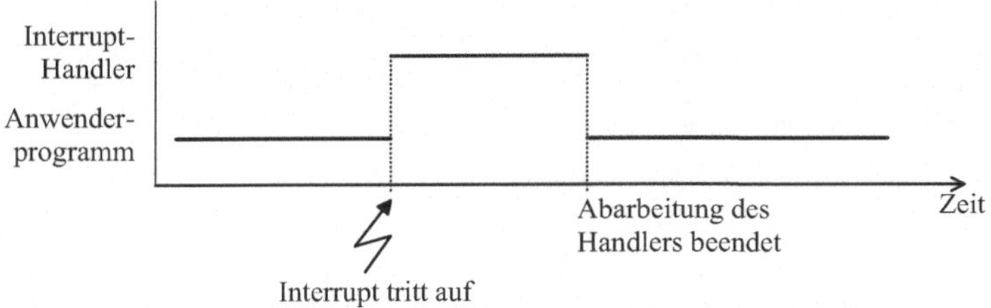


**Abb. 7.9.** Zeitlicher Ablauf der Unterbrechung eines Anwenderprogramms durch einen Interrupt.

Beim `MMIX` werden die Interrupts mit *Trip* und *Trap* bezeichnet. Der grundlegende Unterschied ist dabei, dass der Programmcode für einen Trap vom Betriebssystem bereitgestellt wird, der Programmcode für einen Trip liegt in der Verantwortung (und im Speicherbereich) des Anwenders[3]. Externe Interruptursachen lösen stets einen Trap-Interrupt aus. Die Interruptroutinen für Trips heißen *Trip-Handler* und die für Traps entsprechend *Trap-*

[3] In der wörtlichen Übersetzung bedeutet der Begriff *Trip* „Reise" oder „Ausflug", während *Trap* eigentlich „Falle" heißt. In der Literatur wird mit einem *system trap* allgemein ein Einsprung in das Betriebssystem bezeichnet. Für den *Trip* kennen wir hingegen keine Entsprechung.

*Handler*. Trap-Handler sind normalerweise selbst nicht mehr unterbrechbar, Trip-Handler dagegen schon.

**Fragen zur Lernkontrolle:**

1. Welche der folgenden Ereignisse erzeugen synchrone (interne) und welche asynchrone (externe) Interrupts; welche erfordern Betriebssystemaufrufe?
   - Die Tastatur signalisiert, dass der Anwender ein Zeichen eingegeben hat.
   - Es sollen Daten über die Netzwerkkarte an einen anderen Computer übertragen werden.
   - Mit `ADD` werden zwei Werte addiert, deren Summe nicht mehr als Zahl im Zwei-Komplement mit 64 Bit dargestellt werden kann.
   - Das Anwenderprogramm wird durch `TRAP 0,Halt,0` beendet.
2. Erklären Sie den Unterschied zwischen Trips und Traps bei `MMIX`.

### 7.5.2 Ausführung eines Trips

Die Interruptverarbeitung erfordert Mechanismen, um die richtige Interruptroutine zu finden, die Position zu speichern, an der das Programm unterbrochen wurde, und um nach dem Interrupt wieder zurückzukehren. Beim `MMIX` wird das durch eine Reihe von Spezialregistern unterstützt, nämlich:

`rB` *bootstrap register*
`rW` *where-interrupted register*
`rT` *trap address register*
`rX` *execution register*
`rY` *Y operand register*
`rZ` *Z operand register*

Der laufende Befehl wird entweder bis zu seinem Ende oder bis zu einer wohldefinierten Stelle ausgeführt[4]. Beim Auftreten eines Interrupts wird als Erstes der Wert, der in `$255` gespeichert war, in das *bootstrap register* `rB` geladen und sodann `$255` = `rJ` gesetzt[5]. Der Befehlscode des unterbrochenen Befehls wird dann in die niederwertige Hälfte des *execution registers* `rX` übertragen, die höherwertige Hälfte von `rX` wird mit dem Wert #8000 0000 aufgefüllt. Das höchstwertige Byte (das den Wert #80 enthält) wird mit *ropcode* bezeichnet. Es wird noch eine wichtige Rolle bei der Rückkehr aus dem Interrupt spielen. Abbildung 7.10 zeigt den Inhalt der Register nach dem Akzeptieren eines Trips am Ende des Befehls `DIV $7,$5,$6`.

[4] Im Allgemeinen wird der laufende Befehl zu Ende ausgeführt, sofern dies möglich ist. Es gibt jedoch auch Befehle, die wegen ihrer möglicherweise langen Laufzeit unterbrechbar sind. Dazu gehört z.B. der (privilegierte) Befehl `PREST` (*prestore*) und der Gleitkommabefehl `FREM`. Nach Abarbeitung der Interruptroutine werden sie an der unterbrochenen Stelle fortgesetzt.

[5] Da ein Interrupt auch während der Ausführung eines Unterprogramms auftreten kann, ist es nötig, die Rücksprungadresse aus `rJ` zu retten, ehe der Trip-Handler seinerseits einen Unterprogrammsprung ausführt.

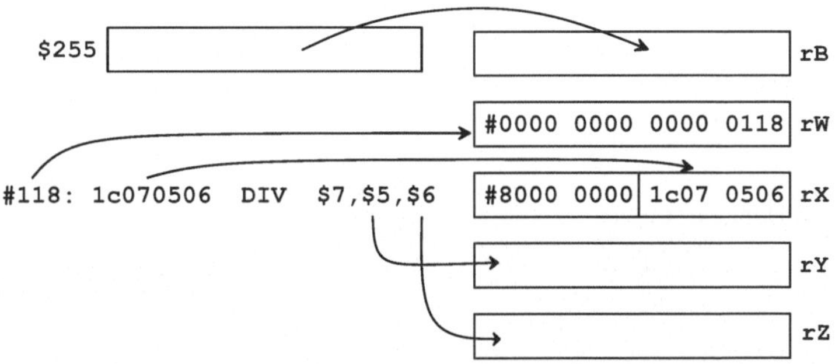


**Abb. 7.10.** Inhalte der beteiligten Spezialregister nach Auftreten eines Interrupts.

Die beiden Operanden des Befehls, die in `$Y` und `$Z` stehen, werden in die *operand register* `rY` und `rZ` kopiert – außer bei Befehlen zum Speichern von Daten (store). Hier kommt die virtuelle Speicheradresse nach `rZ` und der Operand, der in `$X` stand (also der zu speichernde Wert), nach `rY`. Die Adresse des als Nächstes auszuführenden Befehls wird in das *where-interrupted register* `rW` übertragen. Nun erfolgt der Einsprung in die Interruptroutine, dessen Adresse sich je nach Art des Interrupts aus verschiedenen Quellen ergibt.

**Bestimmung der Anfangsadresse eines Trip-Handlers.** Ein Trip kann entweder durch den Befehl

```
TRIP   X,Y,Z
```

oder durch eine arithmetische Ausnahme (exception) ausgelöst werden. Im ersten Fall spricht man auch von einem erzwungenen Trip (forced trip). Der nächste auszuführende Befehl – also der erste Befehl des Trip-Handlers – wird von einer festen virtuellen Speicheradresse geholt. An der Adresse `#00` befindet sich der Einsprung in den allgemeinen Trip-Handler, der für die Verarbeitung eines erzwungenen Trips zuständig ist. Wird ein Trip durch eine arithmetische Ausnahme ausgelöst, so wird eine der Adressen `#10`, `#20`, `#30`, ... ,`#80` angesprungen. Dort finden sich die Einsprünge in die entsprechenden speziellen Trip-Handler. Damit ist auch klar, warum das Hauptprogramm `Main...` frühestens bei der Adresse `#100` beginnen darf.

Die arithmetischen Ausnahmen sind den einzelnen Bits des niederwertigsten Byte des Spezialregisters `rA` (*arithmetic status register*, vgl. Kapitel 3.3), den so genannten *event bits*, zugeordnet, wie in Abbildung 7.11 gezeigt. Das Byte unmittelbar davor enthält die zugehörigen *enable bits*.

Ist das zu einer arithmetischen Ausnahme gehörige Enable Bit gesetzt, so löst die Ausnahme einen Trip aus, andernfalls wird nur das entsprechende Anzeigebit im niederwertigsten Byte von `rA` gesetzt[6]. Die Zuordnung der Adressen verläuft von links nach rechts, d.h., „integer divide" löst einen Trip an die Adresse `#10` aus, „integer overflow" an die Adresse `#20` und so fort. Die

[6] Was im Einzelschrittmodus verfolgt werden kann.

`TRIP X,Y,Z`

**Spezifikation:**

rB←$255
$255←rJ
rW←@+4
rX←#8000 0000≪ 32||#FF X Y Z
rY←Y
rZ←Z

**Zeit:**

$5\nu$

**Beschreibung:**

Löst einen Trip-Interrupt aus und führt den Trip-Handler ab Adresse `#00` aus.

**Siehe auch:**

`TRAP`, `RESUME`

Der Befehl `TRIP`

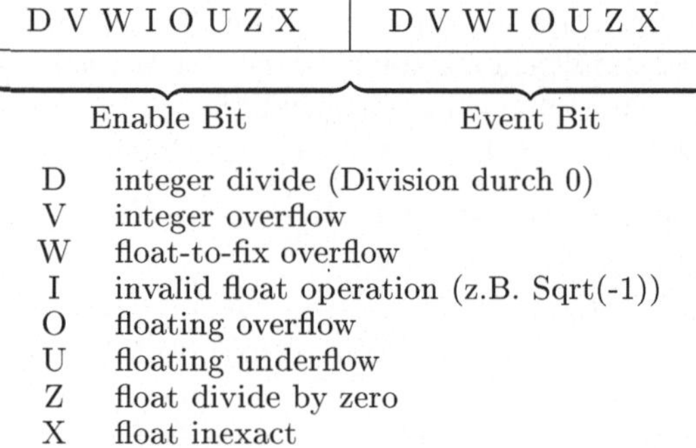


**Abb. 7.11.** Zuordnung der arithmetischen Ausnahmen zu den Event Bit in Spezialregister `rA`.

Priorität der Trips verläuft ebenfalls in dieser Richtung, d.h., „integer divide" hat in dieser Gruppe die höchste Priorität. Die höherwertigen Stellen von `rA` sind stets auf Null gesetzt, außer den Stellen 16 und 17, die den Rundungsmodus für die Gleitkommaoperationen angeben können (in der Reihenfolge `ROUND_OFF`, `ROUND_UP`, `ROUND_DOWN` und `ROUND_NEAR`; vgl. dazu Seite 141).

**Einsprung in die Trip-Handler.** Zwischen den Einsprungadressen der Trip-Handler liegen jeweils 16 Byte. Hier können also vier Befehle untergebracht werden.

Es empfiehlt sich, an dieser Stelle einen Sprung auf die eigentlichen Trip-Handler zu programmieren, etwa mit der folgenden Sequenz:

```
        LOC    #10
D       PUSHJ  $255,Dhandler
        PUT    rJ,$255
```

```
        GET    $255,rB
        RESUME

        LOC    #20
V       PUSHJ  $255,Vhandler
        PUT    rJ,$255
        GET    $255,rB
        RESUME
        ...
```

Mit

```
        PUSHJ $255, Dhandler
```

werden alle lokalen Register auf den Hardwarestack gelegt und ein Unterprogrammsprung ausgeführt. Die eigentliche Interruptbehandlung erfolgt in den mit `Dhandler`, `Vhandler ...` markierten Routinen. Beachten Sie, dass die lokalen Register des unterbrochenen Programms zwar nicht sichtbar sind, da sie auf den Stack gelegt wurden. Die Operanden des unterbrochenen Befehls können aber aus `rY` und `rZ` ausgelesen werden. Auf diese Weise können bei einem erzwungenen Trip auch Parameter übergeben werden.

Mit

```
        POP 0
```

kehrt man aus dem Interrupt-Handler zurück, mit einem anschließenden `PUT`-Befehl wird `rJ` restauriert (dabei setzen wir voraus, dass im Trip-Handler der Inhalt von `$255` nicht überschrieben wurde). Mit einem `GET`-Befehl wird `$255` wieder restauriert (mit dem Wert, den es vor dem Trip hatte), und mit

```
        RESUME
```

erfolgt die Rückkehr an die unterbrochene Stelle (vgl. Abschnitt 7.5.4).

Falls vom Anwender für einen Trip keine Behandlungsroutine spezifiziert ist, wird vom Betriebssystem mit

```
        TRAP   1
        GET    $255,rB
        RESUME
```

ein vordefinierter Trip-Handler zur Verfügung gestellt.

In der von uns verwendeten einfachen Form des Simulators ist diese Betriebssystemroutine noch nicht realisiert. Bei fehlenden Trip-Handlern finden sich an den entsprechenden Speicherstellen lauter Nullen. Wie wir gleich sehen werden, führt dieser Code zu einem Programmstop.

**Hinweis:** Die Priorität der arithmetischen Ausnahme ist nur wirksam, wenn mehrere Event Bit gleichzeitig gesetzt werden (dies ist z.B. für die Bit X und O möglich). Tritt während der Ausführung eines Trip-Handlers eine weitere Ausnahme auf, so löst sie ihrerseits wieder einen Trip aus, wenn das entsprechende Enable Bit gesetzt ist, und zwar unabhängig von der Priorität des laufenden Trip-Handlers. Dabei werden natürlich die Register `rB, ... rZ` überschrieben. Daher sollte ein Trip-Handler als Erstes die Enable Bit in `rA` auf Null setzen (dies wollen wir mit *Trip-Sperre* bezeichnen).

### 7.5.3 Ausführung eines Traps

Die Ausführung eines Traps läuft stets unter der Kontrolle des Betriebssystems ab. Dabei wird unterschieden zwischen einem erzwungenen Trap (forced trap), der mit dem Befehl

```
TRAP   X,Y,Z
```

ausgelöst wird und einem dynamischen Trap, der von asynchronen externen Ereignissen verursacht wird.

Zu diesem Zweck gibt es zwei Spezialregister: das Interrupt-Maskenregister (*interrupt mask register*) `rK` und das Interrupt-Anforderungsregister (*interrupt request register*) `rQ`. In `rQ` werden durch die Hardware bei externen Interrupts Bit gesetzt, welche die entsprechenden Anforderungen signalisieren. Durch das Register `rK` können Interrupts gesperrt (maskiert) werden. Falls `rK` = 0 ist, so sind alle dynamischen Traps gesperrt (erzwungene Traps sind aber zulässig). Ein dynamischer Trap wird nämlich nur dann ausgelöst, wenn das entsprechende Maskenbit in `rK` auf 1 gesetzt ist.

**Ausführung eines erzwungenen Traps.** Die Anfangsadresse des Trap-Handlers wird im ersten Fall aus dem speziellen Trap-Register `rT` nach `$255` übertragen. Das Interrupt-Maskenregister `rK` wird auf Null gesetzt, damit werden weitere Interrupts unterdrückt. Der weitere Verlauf ist analog zum Akzeptieren eines Trips, nur wird anstatt der Register `rX, rY, rZ, rB` und `rW` ein zweiter Satz `rXX`, `rYY`, `rZZ`, `rBB` und `rWW` verwendet. Dies ist nötig, weil innerhalb der Abarbeitung eines Trips selbst wieder ein Trap auftreten kann. (Ein Programm im Usermode kann keine Trap-Sperre setzen, wie wir gleich sehen werden.) Erzwungene Traps werden in der jetzigen Version u. a. zur Ausführung elementarer Ein-/Ausgabeoperationen (vgl. Abschnitt 3.4) eingesetzt, z.B.

```
TRAP   0,Fputs,StdOut
```

Dabei ist stets `X` = 0, `Y` ein kleiner Wert, der die Funktion spezifiziert (als Direktoperand übergeben) und `Z` ein ebensolcher Wert zur Bezeichnung der Datei.

Der Befehl `TRAP 0,Halt,0` bewirkt die Beendigung des laufenden Programms. Wenn wir nun feststellen, dass der Opcode des `TRAP`-Befehls `#00` ist und dass die Konstante `Halt` ebenfalls für den Wert 0 steht, so wird die Bemerkung über das Verhalten des Simulators bei fehlenden Trip-Handlern klar.

Ein erzwungener Trap kann auch zur Emulation gewisser Befehle durch das Betriebssystem verwendet werden, die die Hardware bei manchen Implementierungen nicht direkt ausführen kann, wie z.B. Gleitkommaoperationen. Dabei werden die Eingangsoperanden in den Registern `rXX` und `rYY` übergeben, der Trap-Handler berechnet daraus das Ergebnis und legt es in `rZZ` ab. Mit einem geeigneten `RESUME`-Befehl kann es von dort in das eigentliche Zielregister `$X` übernommen werden (siehe Abschnitt 7.5.4). Auch die Umsetzung einer virtuellen Adresse in eine reale Speicheradresse kann auf diese Weise emuliert werden, wenn die Hardware keine Adressübersetzung zur Verfügung stellt. In diesem Fall wird die virtuelle Adresse in `rYY` übergeben, der Trap-Handler schreibt die umgesetzte Adresse nach `rZZ`, und mit `RESUME` wird der Befehl, der den Trap auslöste, fortgesetzt.

`TRAP X,Y,Z`

**Spezifikation:**
`rBB`←`$255`
`$255`←`rJ`
`rWW`←`@`+4
`rXX`←#8000 0000≪ 32||`#FF X Y Z`
`rYY`←`Y`
`rZZ`←`Z`

**Zeit:**
$5\nu$

**Beschreibung:**
Löst einen Trap-Interrupt aus und führt eine Betriebssystemroutine aus (Trap-Handler), die ab der in `rT` angegebenen Adresse steht.

**Siehe auch:**
`TRIP`, `RESUME`

Der Befehl `TRAP`

**Ausführung eines dynamischen Traps.** Ein dynamischer Trap wird ausgelöst, wenn eines oder mehrere der Bit des Interrupt-Anfrderungsregisters `rQ` gesetzt sind und gleichzeitig mindestens eines der zugeordneten Enable Bit im Interrupt-Maskenregister `rK` auf 1 gesetzt ist. Die Interrupt-Anforderungs-/Maskenregister `rQ/rK` haben die folgende Anordnung:

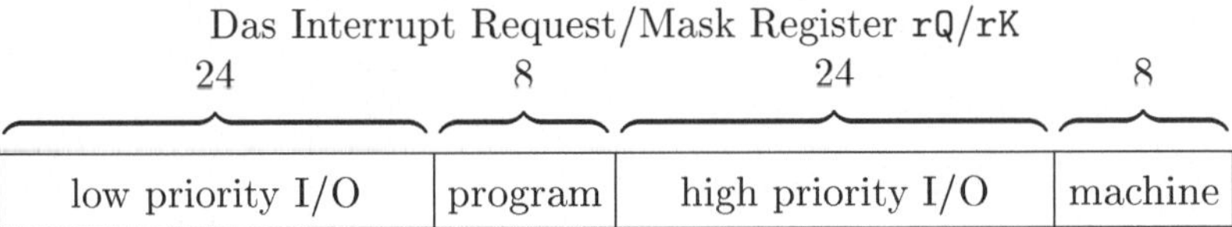


Die acht mit „machine" bezeichneten Bit sind den dringendsten Hardware-Interrupts zugeordnet, von rechts nach links in absteigender Priorität:

- power failure
- memory parity error
- non existent memory
- reboot usw.

Die acht mit „program“ bezeichneten Bit haben folgende Bedeutung:

r der Befehl versucht von einer Seite ohne read-Recht zu laden.
w der Befehl versucht auf eine Seite ohne write-Recht zu schreiben
x der Befehl steht auf einer Seite ohne execute-Recht
n der Befehl bezieht sich auf eine negative Adresse
k der Befehl selbst ist privilegiert (kernel mode)
b der Befehl ist gegen die Regeln von MMIX
s der Befehl verstößt gegen die Sicherheit (siehe unten)
p der Befehl kommt von einer negativen Adresse

Ein „Verstoß gegen die Sicherheit“ liegt dann vor, wenn ein Befehl auf einer positiven Adresse (also ein normaler Benutzerbefehl) ausgeführt wird, ohne dass die Bit rwxnkbsp in `rK` auf 1 gesetzt sind.

Ein-/Ausgabegeräte, die eine schnelle Behandlung erfordern, wie z.B. ein Hochgeschwindigkeitsnetzwerk finden sich in der Gruppe high priority I/O, weniger kritische, wie etwa die Tastatur und die Maus in der Gruppe low priority I/O. Die interne Zuordnung in diesen Gruppen hängt von der speziellen Hardwarekonfiguration ab.

Falls ein nicht maskierter Interrupt auftritt, wird das Programm bis zur nächsten unterbrechbaren Stelle fortgeführt (das ist spätestens am Ende des laufenden Befehls), und dann der am höchsten priorisierte nicht maskierte Interrupt akzeptiert. Dies geschieht ganz analog zum erzwungenen Trap, mit dem einzigen Unterschied, dass die Einsprungadresse aus dem „dynamischen Trap-Adressenregister“ `rTT` geholt wird.

Die Abbildung 7.12 zeigt ein Schema zur Verdeutlichung der Auswahl eines Interrupts.

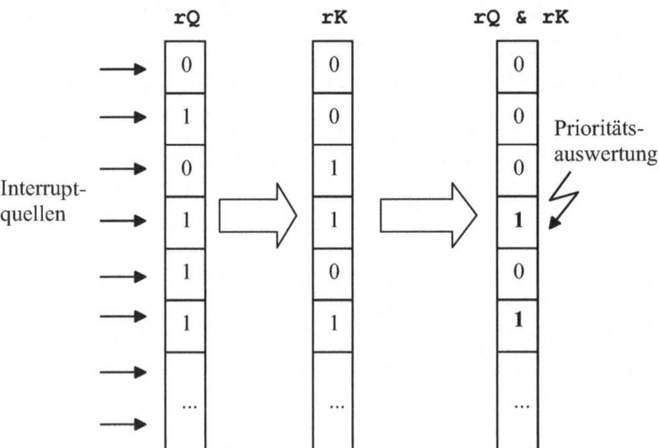


**Abb. 7.12.** Auswahl des am höchsten priorisierten nicht maskierten Interrupts

Der angesprungene dynamische Trap-Handler kann die Interruptursache durch Abfrage der Register `rQ` und `rK` decodieren. So steht nach der Befehlsfolge

```
GET   $0,rQ
GET   $1,rK
AND   $0,$0,$1
SUBU  $1,$0,1
XOR   $2,$0,$1
ANDN  $1,$0,$1
SADD  $2,$2,0
```

die am höchsten priorisierte Interruptanforderung in `$1` und der Wert ihrer Position in `$2` [7].

Die Kontrolle über das Interrupt-Maskenregister `rK` ist privilegiert und damit dem Betriebssystem vorbehalten. Nur Befehle des Betriebssystems können mit maskierten Interrupts ausgeführt werden. Daher kann das Betriebssystem jedes Anwenderprogramm unterbrechen. Die Trap-Handler des Betriebssystems können selbst wieder unterbrechbar sein. Dann müssen aber die Register `rXX, rYY, rZZ, rWW, rBB` gesichert werden (etwa auf einen Stack), bevor `rK` wieder ungleich 0 gesetzt wird, also neue Interrupts zugelassen werden. In diesem Fall muss auch der alte Wert von `rK` gerettet werden, ehe `rK` beim Akzeptieren des Traps auf 0 gesetzt wird, damit nach der Rückkehr aus dem inneren Trap die Maske des äußeren Traps wiederhergestellt werden kann.

Über den Wert von `rK` lassen sich auch dynamische Interruptprioritäten realisieren. Wenn während der Ausführung eines Trap-Handlers der Priorität $p$ alle Maskenbits mit höherer Priorität (also rechts von $p$) auf 1 gesetzt werden, alle Maskenbits mit niedrigerer Priorität aber auf 0, so ist der Trap-Handler selbst nur von höher priorisierten Interrupts unterbrechbar.

Ein Befehl, der einen dynamischen Trap auslöst, wird normalerweise erst zu Ende ausgeführt. Dabei sind aber Befehle, die das Bit x, k oder b setzen, ohne Wirkung, Befehle, die r oder n auslösen, laden den Wert 0, und Speicherbefehle, die einen dynamischen Trap auslösen, speichern nichts.

Einige wenige Befehle haben eine sehr lange Ausführungszeit, daher müssen sie während ihrer Ausführung unterbrechbar sein. Ein Beispiel hierfür ist der (privilegierte) Befehl `PREST` (Prestore) und der Gleitkommabefehl `FREM`.

### 7.5.4 Rückkehr aus dem Interrupt

Die Rückkehr aus einem Trip- oder Trap-Handler erfolgt mit dem Befehl

```
RESUME  Z .
```

[7] Da beim Akzeptieren eines Traps `rK` auf Null gesetzt wird, muss das Betriebssystem immer eine aktuelle Kopie des Wertes von `rK` bereitstellen.

Dabei muss X = Y = 0 sein. Je nach dem in Z enthaltenen Wert gibt es zwei verschiedene Varianten.

- RESUME 0 löst die Rückkehr aus einem Trip-Handler aus, dabei wird der Registersatz rB, rX, rY, rZ und rW verwendet.
- RESUME 1 löst die Rückkehr aus einem Trap-Handler aus. Es wird der Registersatz rBB, rXX, rYY, rZZ und rWW verwendet.

Falls der Befehl RESUME 1 im Systemspeicher steht, wird unmittelbar vor der Wiederaufnahme des unterbrochenen Programms das Interrupt-Maskenregister rK mit dem in $255 gespeicherten Wert geladen und $255 wird mit dem in rBB gespeicherten Wert überschrieben. Auf diese Weise kann vom Betriebssystem bei geschachtelten Traps die Interruptmaske der unterbrochenen Umgebung wiederhergestellt werden.

Falls der Befehl RESUME 1 im Anwenderspeicher steht, wird ein Trap „illegal instruction" ausgelöst.

Z $>$ 1 ist für spätere Erweiterungen reserviert und löst derzeit einen Interrupt „illegal instruction" aus.

Im Folgenden verwenden wir zur Abkürzung die Bezeichnungen rX, rY, ..., meinen damit aber je nach dem Wert von Z entweder rX, rY, ... (Z=0) oder rXX, rYY, ... (Z=1).

Die Art der Wiederaufnahme des unterbrochenen Befehls hängt vom Inhalt des Registers rX ab, speziell vom höchstwertigen Byte, das wir kurz mit ropcode bezeichnet haben (vgl. Abbildung 7.10). Beim Akzeptieren des Trips/Traps wurde in rX Information über den unterbrochenen Befehl eingetragen, dabei wurde ropcode = 8 gesetzt:

Falls nach der Ausführung des Trap-Handlers ropcode immer noch den Wert #80 hat, wird das unterbrochene Programm einfach an der virtuellen Adresse, die in rW (where-interrupted) gespeichert wurde, fortgesetzt. Dieser Fall tritt z.B. ein, wenn bei einem externen Interrupt der laufende Befehl ordnungsgemäß zu Ende gelaufen ist, bevor der Interrupt akzeptiert wurde.

Andernfalls werden die Operanden aus rY und rZ nach bestimmten Regeln restauriert (siehe unten), der Befehl, der in der rechten Hälfte von rX steht, wird in das unterbrochene Programm eingefügt, als ob er an der Stelle rW-4 stünde, und anschließend wird an der in rW gespeicherten Adresse fortgefahren.

Ist ropcode = 0, so wird der Befehl mit den Operanden in $Y und $Z einfach noch einmal ausgeführt (dort stehen die unveränderten Operanden, die während der Trip/Trap-Behandlung auf dem Hardwarestack waren). Dies geschieht auch für ropcode = 1, wobei aber rY und rZ als Operanden eingesetzt werden (auf diese Weise kann der Trip-/Trap-Handler die ursprünglichen Operanden manipulieren).

Falls ropcode = 2 ist, so wird rZ nach $X übertragen (wobei X das zweite Byte in der rechten Hälfte von rX ist). Damit wird das Ergebnis von emulierten Operationen in das Zielregister übernommen. Im dritten Byte von rX stehen die arithmetischen Anzeigen (flags) DVWIOUZX, die gleichzeitig nach `rA` übertragen werden. Auf diese Weise kann eine emulierte Operation einen Trip auslösen, wenn das entsprechende Enable Bit gesetzt ist. `ropcode` = 3 ist für die Adressübersetzung durch die Systemsoftware reserviert und zeigt an, dass in `rZZ` der Seitentabelleneintrag für die in `rYY` enthaltene virtuelle Adresse steht. Auf diese Weise kann die Umsetzung einer virtuellen Adresse in eine reale Speicheradresse emuliert werden, wenn die Hardware keine Adressübersetzung zur Verfügung stellt (vgl. Kapitel 8.1.2). Mit `RESUME 1` wird der Befehl, der diesen Trap auslöste, fortgesetzt. Dieser `ropcode` darf nur von einem Trap-Handler verwendet werden, nicht von einem Trip-Handler des Anwenders.

`RESUME Z`

**Spezifikation:**
`@`$\leftarrow$`rW`$-4$

**Zeit:**
$5\nu$

**Beschreibung:**
Setzt das unterbrochene Programm nach einem Interrupt fort.

**Siehe auch:**
`TRIP`, `TRAP`

Der Befehl `RESUME`

### 7.5.5 Beispiele

Das folgende `MMIX`-Programm definiert vier Trip-Handler für die arithmetischen Ausnahmen `D, V, W, I`, die jeweils die Art des aufgetretenen Trips ausgeben. Der allgemeine Trip-Handler an Adresse `#0` dokumentiert sich ebenfalls durch eine entsprechende Ausgabe.

Im Hauptprogramm wird erst ein expliziter Trip aufgerufen, dann wird Division durch Null sowie Überlauf bei Addition, Subtraktion und Multiplikation provoziert. Da vorher die entsprechenden Enable Bit in `rA` auf 1 gesetzt wurden, wird dadurch jeweils ein Trip ausgelöst.

trip.mms

```
        LOC     #0            Position des Trip Handlers
        PUSHJ   $255,FHandl   Aufruf des eigentlichen Handlers
        PUT     rJ,$255       restauriere rJ
        GET     $255,rB       restauriere $255
        RESUME  0             Rücksprung

        LOC     #10
```

```
        PUSHJ  $255,DHandl
        PUT    rJ,$255
        GET    $255,rB
        RESUME 0
        LOC    #20
        PUSHJ  $255,VHandl
        PUT    rJ,$255
        GET    $255,rB
        RESUME 0
        LOC    #30
        PUSHJ  $255,WHandl
        PUT    rJ,$255
        GET    $255,rB
        RESUME 0
        LOC    #100
Main    SET    $1,1
        SETH   $2,#7FFF
        TRIP   $0,$1,$2      Trip Befehl
        SET    $0,#ff00      Arithmetische Ausnahmen einschalten
        PUT    rA,$0
        DIV    $0,$1,0       Division durch 0
        ADD    $0,$2,$2      Überlauf bei der Addition
        FLOT   $2,$2         Konversion nach float
        FADD   $0,$2,$2      Diesmal geht die Addition
        FIX    $0,$0         Überlauf bei der Konversion nach fix
        TRAP   0,Halt,0
Text1   BYTE   "Trip␣Befehl␣ausgeführt",#a,0
FHandl  SET    $0,$255
        GETA   $255,Text1
        TRAP   0,Fputs,StdOut
        SET    $255,$0
        POP    0,0
```

```
Text2   BYTE   "Division␣durch␣0:␣Ganzzahlarithmetik",#a,0

DHandl  SET    $0,$255
        GETA   $255,Text2
        TRAP   0,Fputs,StdOut
        SET    $255,$0
        POP    0,0

Text3   BYTE   "Überlauf:␣Ganzzahlarithmetik",#a,0

VHandl  SET    $0,$255
        GETA   $255,Text3
        TRAP   0,Fputs,StdOut
        SET    $255,$0
        POP    0,0

Text4   BYTE   "Überlauf:␣float␣nach␣fix",#a,0

WHandl  SET    $0,$255
        GETA   $255,Text4
        TRAP   0,Fputs,StdOut
        SET    $255,$0
        POP    0,0
```

Das Programm liefert uns folgende Ausgabe:

```
> mmix trip
Trip Befehl ausgeführt
Division durch 0: Ganzzahlarithmetik
Überlauf: Ganzzahlarithmetik
Überlauf: float nach fix
```

Weitere Beispiele, die die Wirkung des `ropcodes` beim `RESUME` verdeutlichen, finden Sie bei Versuch 8 im Anhang C.2.

# 8. Betriebssystem

*640.000 bytes of memory ought to be enough for anybody*
*Bill Gates, 1981*

Die wichtigsten Aufgaben eines Betriebssystems sind zweierlei:

- Die Verwaltung von Ressourcen, vornehmlich Speicher und Rechenzeit.
- Die Gewährleistung einer stabilen Schnittstelle zwischen Hardware und Software.

Beide Aspekte hängen eng zusammen und können im Rahmen dieses Buches nur einführend dargestellt werden. Auch verfügt der `MMIX`-Prozessor noch nicht über ein vollständiges eigenes Betriebssystem. Für eine ausführliche Darstellung von Betriebssystemen sei der interessierte Leser zum Beispiel auf [Tanenbaum] verwiesen.

In diesem kapitel werden wir im ersten Abschnitt eingehender das Problem der Verwaltung des Hauptspeichers betrachten. Verschiedenste Aspekte von Hardware- und Softwarearchitektur spielen auf diesem Gebiet zusammen, um Speicherzugriffe effizient abwickeln zu können. Dieser Abschnitt bietet auch Gelegenheit, ein wenig auf den Pipeline-Simulator des `MMIX` einzugehen.

Im darauf folgenden Abschnitt geht es um die Verwaltung persistenter Daten. „Persistent“ nennt man Daten, die auch nach dem Abschalten des Rechners wieder verfügbar sind; diese werden in der Regel in Form eines Dateisystems auf speziellen Peripheriegeräten (Festplatten, Bänder, Fileserver,...) gespeichert. Mit der technischen Realisierung befassen wir uns hier aber nicht, sondern wir stellen die Schnittstelle vor, die ein typisches Betriebssystem bietet und erläutern, wie diese von einem `MMIX`-Programm verwendet wird.

Den letzten Abschnitt widmen wir dem Prozessmanagement. Hier geht es darum, wie die vorhandene Rechenleistung auf mehrere Prozesse verteilt wird und welche Probleme entstehen, wenn konkurrierende Prozesse sich gemeinsame Ressourcen teilen müssen.

## 8.1 Speicherverwaltung

In diesem Abschnitt wollen wir uns mit der Speicherverwaltung, speziell mit der Verwaltung des Hauptspeichers, befassen. Dies ist eine der wesentlichen

Aufgaben des Betriebssystems eines Rechners. Nun existiert zwar noch kein Betriebssystem für den MMIX-Prozessor, die Grundlagen für die Speicherverwaltung sind jedoch bereits in der Hardware vorgesehen, da nur mit entsprechender Hardwareunterstützung eine effiziente Realisierung möglich ist.

### 8.1.1 Speicherhierarchie

In einem modernen Computer kommen verschiedene Typen von Speichermedien zum Einsatz, die sich hinsichtlich Zugriffszeit und möglicher Kapazität unterscheiden. Abbildung 8.1 zeigt einen Überblick über die Hierarchie der Speicher. Jede Ebene der Hierarchie kann Daten mit den unmittelbar verbundenen Ebenen austauschen, was in der Abbildung durch Pfeile dargestellt ist.

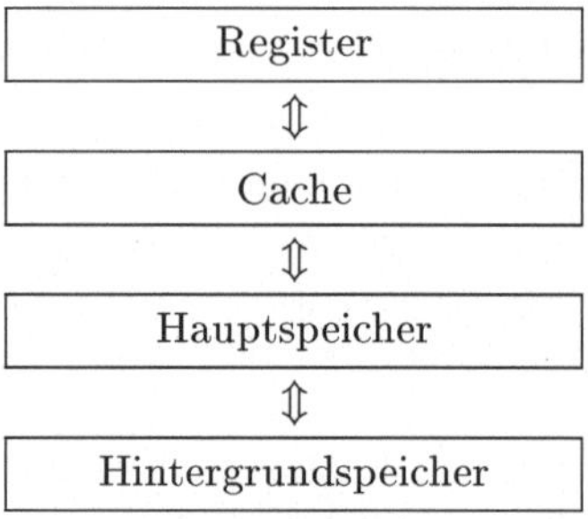

| Register |
| --- |
| ⇕ |
| Cache |
| ⇕ |
| Hauptspeicher |
| ⇕ |
| Hintergrundspeicher |

**Abb. 8.1.** Überblick über die Speicherhierarchie.

Beginnen wir bei den Speichern innerhalb der CPU, den Registern. Diese haben eine sehr kleine Zugriffszeit, die im Bereich der CPU-Geschwindigkeit liegt (also einige wenige Nanosekunden). Es muss ja möglich sein, innerhalb eines Maschinenzyklus zwei Register auszulesen, in der ALU zu verknüpfen und das Ergebnis wieder in ein Register zurück zu schreiben (vgl. Abschnitt 7.4). Durch diese Forderung sind der Kapazität des Registerspeichers Grenzen gesetzt, da die technische Realisierung nicht die beliebige Steigerung der Schaltungskomplexität, bei gleichbleibend hohen Anforderungen an die Geschwindigkeit, gestattet. Die 256 Register des MMIX stellen in der momentanen technischen Entwicklung noch einen (nicht allzu fernen) Wunschtraum dar.

Wie wir bereits gesehen haben, befinden sich in den Registern immer die im Moment aktuell bearbeiteten Daten. Fertige Ergebnisse und Daten, die noch nicht oder nicht mehr benötigt werden, stehen im Hauptspeicher, der auch RAM (*random access memory*, Direktzugriffs-Speicher) genannt wird[1].

[1] Der Hauptspeicher wurde früher mit Magnetkernen realisiert, daher findet man in der Literatur manchmal noch den Begriff „Kernspeicher“ (Core) als Synonym.

Dort befinden sich auch die Anwenderprogramme, die gerade ausgeführt werden, so wie die Routinen und Datenstrukturen des Betriebssystems. Die Zugriffszeit des Hauptspeichers beträgt etwa das Zehnfache der eines Registers. Dies wirkt sich natürlich auf die Ausführungszeit der Lade- und Speicherbefehle aus. Der Simulator weist uns darauf hin, indem er zusätzlich zu den „oops“ auch die Anzahl der „mems“ protokolliert. Zusätzlich kann zwischen CPU und RAM eine weitere schnelle Speicherschicht eingebaut werden, der so genannte *Cache*, in dem häufig benötigte Daten und Befehle gehalten werden.

Auch RAM kann aus technischen Gründen nicht ohne Abstriche bei der Zugriffszeit beliebig groß werden. Die momentan (Stand 2002) realisierbare Größe liegt bei einigen hundert MMB.

Programme und Daten, die nicht aktuell gebraucht werden, liegen im so genannten Hintergrundspeicher, oft realisiert als Festplatte. Dieser Speichertyp unterscheidet sich nicht nur durch die größere Kapazität, derzeit einige zehn GGB, und die längere Zugriffszeit von den bereits besprochenen Speichertypen, sondern auch durch die Art des Zugriffs. Es ist nämlich kein Direktzugriff auf einzelne Byte möglich, sondern die verfügbaren Geräte gestatten technisch nur einen blockweisen Zugriff. Erst die Treibersoftware des Betriebssystems sorgt dafür, dass die wirklich benötigten Daten richtig ausgefiltert und zur Verfügung gestellt werden.

Der Zusammenhang zwischen Zugriffszeit, Kapazität und Preis pro Byte ist in Abbildung 8.2 veranschaulicht. Man beachte, dass alle drei Achsen logarithmisch skaliert sind. Die Grafik stellt in jeder Richtung die Größe ausgerichtet auf den Bezugspunkt 1 dar. Die Kapazität ist dabei in Vielfachen von der in den Registern verfügbaren Anzahl Byte angegeben. Der Preis ist angegeben in Vielfachen des Preises für ein Byte Hintergrundspeicher. Schließlich bezieht sich die Zugriffszeit auf die Zugriffszeit eines Registers. Dadurch ist die Grafik relativ unabhängig von den derzeit gültigen absoluten Werten und wird einige Jahre Bestand haben. Der Abbildung ist zu entnehmen, dass der Zugriff auf Daten im Hintergrundspeicher etwa tausendmal so lange dauert wie auf Register. Dafür kostet Speicherplatz im Register das $10^7$fache von dem Platz im Hintergrundspeicher, bei $10^7$facher Kapazität vom Hintergrundspeicher im Vergleich zum Registersatz.

Der `MMIX` verfügt über einige Befehle zur Optimierung des Speicherzugriffs bei vorhandenem Cache. Es kann gelegentlich vorteilhaft sein, wenn Daten zwischen Cache und Hauptspeicher transportiert werden, während die CPU gerade nicht mit Speicherzugriff beschäftigt ist. Es lässt sich mit Befehlen angeben, ob es eher wahrscheinlich oder unwahrscheinlich ist, dass auf bestimmte Datenbereiche zukünftig zugegriffen wird. (Siehe dazu die folgenden Spezifikationen von `LDUNC` und `STUNC` sowie zu `PRELD`, `PREST` und `PREGO` auf Seite 241.)

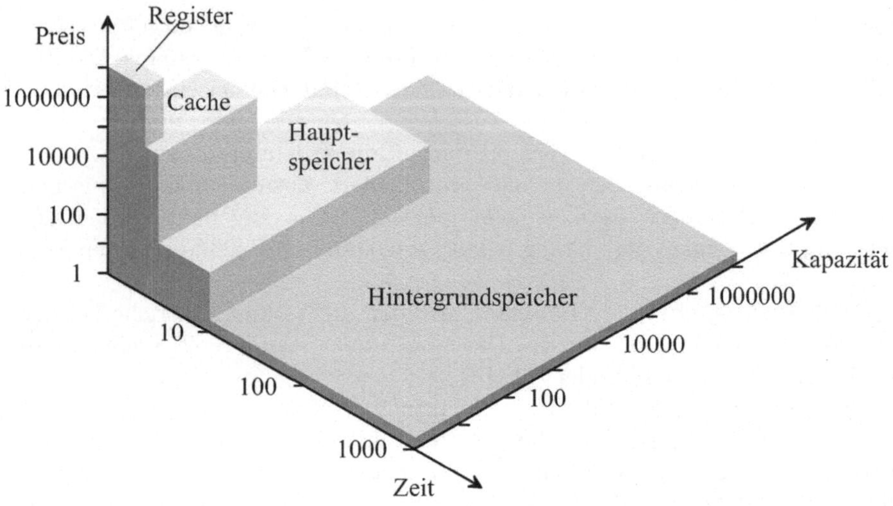


**Abb. 8.2.** Verhältnis der Zugriffszeit, Kapazität und Preis pro Byte der einzelnen Hierarchieebenen des Speichers. Zugriffszeit und Kapazität sind auf Register bezogen und der Preis auf den Hintergrundspeicher.

**Name:**
`LDUNC $X,$Y,$Z`
`STUNC $X,$Y,$Z`

**Spezifikation:**
$s(\texttt{\$X}) \leftarrow s(M_8[\texttt{\$Y} + \texttt{\$Z}])$ bzw.
$s(M_8[\texttt{\$Y} + \texttt{\$Z}]) \leftarrow \texttt{\$X}$

**Zeit:**
$1\nu + 1\mu$

**Beschreibung:**
Diese Befehle laden bzw. schreiben ein Octabyte genauso wie `LDO` und `STO`. Sie Informieren jedoch die Maschine, dass der Wert und seine Nachbarn wahrscheinlich in nächster Zukunft nicht mehr gebraucht werden und deshalb nicht im Cache vorgehalten werden sollten.

**Siehe auch:**
`LDO`, Seite 48, und `STO`, Seite 49.

Die Befehle `LDUNC` und `STUNC`

**Name:**
PRELD X,$Y,$Z
PREST $X,$Y,$Z
PREGO X,$Y,$Z

**Zeit:**
$1\nu$

**Beschreibung:**
Informieren die Maschine darüber, dass der Inhalt des Speichers im Bereich $Y+$Z bis X+$Y+$Z demnächst

- wahrscheinlich geladen oder gespeichert werden (PRELD),
- definitiv neu geschrieben wird, bevor er das nächste mal gelesen wird (PREST), bzw.
- wahrscheinlich ausgeführt wird (PREGO).

Die Befehle PRELD, PREST und PREGO

Ferner kann der Cache mit den Befehlen SYNCD und SYNCID („synchronize data" bzw. „synchronize instructions and data") gezwungen werden, eventuell veränderte Werte in den Hauptspeicher zurückzuschreiben.

**Name:**
SYNCID X,$Y,$Z

**Zeit:**
SYNCID: $\nu$

**Beschreibung:**
Synchronisiert Instruktionen im Bereich $Y+$Z bis X+$Y+$Z.

Der Befehl SYNCID

**Name:**
SYNCD X,$Y,$Z

**Zeit:**
SYNCD: $\nu$

**Beschreibung:**
Synchronisiert Daten im Bereich $Y+$Z bis X+$Y+$Z.

Der Befehl SYNCD

### 8.1.2 Virtuelle Adressen

Mit dem Begriff *Adressraum* wollen wir im Folgenden die Menge aller möglichen Werte für Adressen bezeichnen. Beim Zugriff auf Speicheroperanden mit den `LDB`/`STB`-Befehlen (siehe Seite 49) wird die Operandenadresse im Allgemeinen als Summe zweier Register (`$Y` und `$Z`) berechnet. Ähnliches gilt für den Sprungbefehl `GO` (siehe Seite 70). Bei den übrigen Sprungbefehlen (siehe Seite 72) wird die aktuelle Adresse `@` durch einen Direktoperanden modifiziert. Die Adresse, die sich aus diesen Berechnungen ergibt, nennt man auch die *effektive Adresse*. Bei einer Registerbreite von 64 Bit erhält man damit einen Adressraum von $2^{64} = 18.446.744.073.709.551.616$ möglichen Adressen für Operanden und Befehle. Dieser Adressraum steht jedem Prozess in voller Größe zur Verfügung – unabhängig von der Größe des tatsächlich vorhandenen Hauptspeichers. Man nennt diesen Adressraum den *virtuellen Adressraum*. Seine Größe hängt lediglich von der Breite der vorgesehenen Adressteile im Befehlsformat ab.

Wie bereits in Abschnitt 3.2.1 beschrieben, ist der virtuelle Adressraum des `MMIX` aufgeteilt in den Anwenderbereich von `#0` bis `#7FFF FFFF FFFF FFFF` und den Systembereich ab `#8000 0000 0000 0000`. Der Anwenderbereich ist weiter unterteilt in vier verschiedene Segmente:

| | | |
|---|---|---|
| Textsegment | `#0000 0000 0000 0000` – | `#1FFF FFFF FFFF FFFF` |
| Datensegment | `#2000 0000 0000 0000` – | `#3FFF FFFF FFFF FFFF` |
| Stacksegment | `#4000 0000 0000 0000` – | `#5FFF FFFF FFFF FFFF` |
| Poolsegment | `#6000 0000 0000 0000` – | `#7FFF FFFF FFFF FFFF` |

### 8.1.3 Reale Adressen

Die Menge der tatsächlich verfügbaren Adressen nennen wir den *realen Adressraum*. Dabei wird der reale Adressraum durch die Hardware vorgegeben, also durch den tatsächlich vorhandenen Hauptspeicher. Zur Laufzeit eines Programms ist es nötig, den virtuellen Adressen reale Speicheradressen zuzuordnen. Diese Zuordnung ist Aufgabe des Betriebssystems.

Es gibt grundsätzlich zwei Methoden einer solchen Zuordnung, nämlich entweder eine statische Zuordnung beim Laden eines Programms oder eine dynamische Zuordnung während der Laufzeit.

**Statische Speicherzuordnung.** Im einfachsten Fall wird ein Programm unmittelbar vor seiner Ausführung zusammenhängend in den Hauptspeicher geladen. Dies wird von einem Ladeprogramm des Betriebssystems ausgeführt. Bei einfachen Betriebssystemen ist die Stelle, an der das Programm stehen muss, fest vorgegeben. Etwas mehr Komfort bieten Systeme, deren Lader den Code verschieben kann (dabei werden alle Adressen umgerechnet). Im ursprünglichen MS-DOS etwa wurden alle Programme an die Stelle `#100` geladen. Erst später, als die fortschreitende Größe des verfügbaren Speichers es erlaubte auch mehrere Programme gleichzeitig im Speicher zu haben, wurde MS-DOS so erweitert, dass die Programme an wechselnde Adressen geladen werden konnten. Im Unterschied zu den alten Programmen, die die Endung `.COM` besaßen, bekamen die Programme im neuen Format die Endung `.EXE`. Noch heute findet man auf modernen PCs Programme in beiden Formaten.

Schließlich gab und gibt es Systeme, die mit geeigneter Zuteilung und Belegung von speziellen Basisregistern Programme an beliebige freie Bereiche des Speichers laden können. Dazu gehören unter anderem auch die klassischen Großrechner (Mainframes) von IBM und Siemens, die zusätzlich mit diesen Basisregistern einen sehr einfachen, aber wirksamen Speicherschutz realisierten. Die Aufgaben des Betriebssystems beschränken sich bei dieser einfachen Speicherverwaltung auf die Kennzeichnung von freien und belegten Speicherbereichen sowie die Zuteilung und Freigabe geeigneter Bereiche. Dabei kann *Speicherzerstückelung* (fragmentation) auftreten. Bei Mehrprogrammbetrieb werden dynamisch verschieden große Speicherbereiche angefordert und wieder freigegeben. Dadurch können viele kleine Fragmente auftreten, die keinem lauffähigen Programm zugeteilt werden können. An dieser Stelle wollen wir noch auf die Tatsache hinweisen, dass bei einem System mit statischer Speicherzuteilung nur solche Programme ausgeführt werden können, die in voller Länge in den Hauptspeicher passen.

Der einfache `MMIX`-Simulator arbeitet nach dem Prinzip der statischen Speicherzuteilung. Vor dem Programmstart wird das Programm an die durch die `LOC`-Befehle fest vorgegebene Adresse geladen, ebenso werden die Daten an die vom Programmierer definierten Stellen geschrieben. Die virtuellen Adressen werden dabei eins zu eins auf reale Adressen abgebildet. Der Bereich für das Betriebssystem ist in dieser Version nicht implementiert.

**Dynamische Speicherzuordnung.** Bei der dynamischen Speicherzuordnung werden die jeweils benötigten Code- und Datenbereiche erst zur Laufzeit in den Hauptspeicher geladen. Man nützt dabei die so genannte „Lokalität“ der Programme aus: Statistische Untersuchungen haben ergeben, dass ein Großteil der „typischen“ Programme immer nur auf einen relativ beschränkten Bereich der Daten zugreift, und dass dabei auch immer nur ein kleiner Ausschnitt des Codes benötigt wird. Schleifen, die mehrfach durchlaufen werden, sind dafür ein typisches Beispiel. Es genügt folglich, zu einem bestimmten Zeitpunkt immer nur den aktuell benötigten Teil der Daten und des Programms im Hauptspeicher zu halten, der Rest kann im Hintergrundspeicher bleiben. Damit sind nun auch Programme ausführbar, deren Code und Daten nicht vollständig in den vorhandenen Hauptspeicher passen.

Es haben sich zwei Verfahren dieser Art von dynamischer Speicherverwaltung herausgebildet: die *Segmentierung* und das *Paging-Verfahren*, auch *Seitenersetzungsverfahren* genannt.

Bei der Segmentierung bestimmt der Programmierer logisch zusammenhängende Bereiche des Codes und der Daten, so genannte „Segmente“, die bei Bedarf durch das Betriebssystem nachgeladen werden. Die Größe der Segmente ist variabel und wird ebenfalls durch den Programmierer festgelegt. Wird ein Segment nicht mehr benötigt, kann es vom Betriebssystem wieder ausgelagert werden. Diese Technik hat sich historisch aus der „Overlay-Technik“ entwickelt, bei der auch das Nachladen und Auslagern von Segmenten vom Programmierer explizit veranlasst wurde.

Beim Paging-Verfahren wird der gesamte Speicher in gleich große Bereiche, sogenannte *Seiten* (page) eingeteilt, die vom System bei Bedarf zugeteilt und wieder entzogen werden. Das gesamte Verfahren ist für den Programmierer völlig transparent, das heißt nicht sichtbar. Er hat den Eindruck, als könnte er über den gesamten virtuellen Adressraum frei verfügen.

Bei beiden Verfahren muss bei jedem Speicherzugriff aus der virtuellen Adresse, mit der das Programm arbeitet, erst die reale Speicheradresse berechnet werden. Dieser Vorgang betrifft sowohl die Operandenadressen als auch die Befehlsadressen. Man nennt ihn *Adressumsetzung.*

Segmentierung und Paging können auch kombiniert werden. Dabei ergibt sich die theoretisch flexibelste Lösung, die jedoch mit erheblichem Aufwand bei der Adressumsetzung verbunden ist. Wegen seiner Einfachheit hat sich zunehmend das Paging-Verfahren durchgesetzt.

Wie bereits am Anfang dieses Kapitels erwähnt, sind in der MMIX-Hardware bereits Vorkehrungen für eine Unterstützung der Adressumsetzung getroffen, und zwar nach dem Paging-Verfahren.

### 8.1.4 Paging

Im Folgenden wollen wir erst das allgemeine Paging-Verfahren beschreiben, bevor wir seine spezielle Realisierung im MMIX-Prozessor untersuchen.

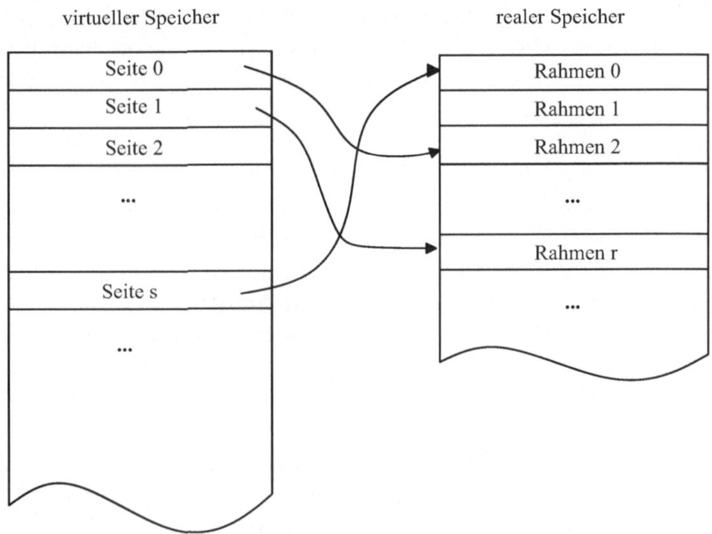


**Abb. 8.3.** Mögliche Zuordnung von Seiten und Rahmen.

**Das Paging-Verfahren.** Beim Paging-Verfahren muss ein Programm nicht mehr zusammenhängend im Speicher stehen. Die momentan benötigten Teile können im realen Hauptspeicher beliebig angeordnet sein. Hierzu wird zunächst der virtuelle Speicher in lauter gleich große Bereiche eingeteilt, die so genannten „Seiten“ (pages). Die Länge einer Seite ist stets eine Zweierpotenz; gängige Größen sind derzeit einige KKB. Der reale Speicher wird in ebensolche Einheiten eingeteilt, die so genannten *Rahmen* (frame). Ein Rahmen kann also genau eine Seite aufnehmen. Die freien Rahmen des Hauptspeichers werden typischerweise in einer verketteten Liste verwaltet, der *Freispeicherliste* (free list). Beim Start eines Programms wird lediglich die dynamisch erste Seite in einen freien Rahmen geladen. Beim Zugriff auf eine Seite, der noch kein Rahmen zugeteilt wurde, wird das Programm unterbrochen, vom Betriebssystem wird ein freier Rahmen gesucht, die benötigte Seite wird dorthin geladen und das Programm kann an der unterbrochenen Stelle fortgesetzt werden (vgl. Abschnitt 7.5).

Abbildung 8.3 zeigt eine mögliche Zuordnung von Seiten zu Rahmen.

Sind zu einem Zeitpunkt mehrere Programme in Bearbeitung, so können die Rahmen der einzelnen Programme beliebig durcheinander gemischt werden. Dabei hat jedes Programm seinen eigenen virtuellen Adressraum. Das Betriebssystem sorgt dafür, dass die realen Adressräume der einzelnen Prozesse disjunkt sind. Es kann auch eine sehr schnelle Kommunikation zwischen Prozessen ermöglicht werden, indem zwei Prozesse jeweils über eine eigene Seite ein und denselben Rahmen ansprechen. Diese gemeinsam benutzten Rahmen nennt man *shared pages* (siehe auch Abschnitt 8.3.2).

**Die Seitentabelle.** Die Zuordnung zwischen Seiten und Rahmen wird in einer speziellen Tabelle festgehalten, der *Seitentabelle* (page table). Für jede Seite $s$ eines Prozesses ist ein Eintrag in der Seitentabelle vorgesehen, der angibt, ob die Seite $s$ schon in den Hauptspeicher geladen wurde (*valid bit* $v$), und falls ja, welche Rahmennummer $r$ zugeteilt wurde. Zusätzlich finden sich hier oft noch Informationen über die Zugriffsrechte der Seite und ein so genanntes *dirty bit*, das angibt, ob die Seite modifiziert wurde. Dies ist wichtig bei der Verdrängung von Seiten, denn eine Seite, die nicht modifiziert wurde, muss auch nicht zurückgeschrieben werden. In Abbildung 8.4 geben wir die typischen Seitentabellen-Einträge zum Beispiel von Abbildung 8.3 an.

Die Seitentabelle wird vom Betriebssystem stets aktualisiert, wenn

- eine neue Seite in den Speicher geladen wird,
- ein Schreibzugriff auf eine Seite stattfindet (dirty bit),
- eine Seite wieder freigegeben wird.

Dabei erhält man den Eintrag für eine Seite $s$, indem man $s$ als Index in der Seitentabelle verwendet wie in Abbildung 8.4 gezeigt.

**Adressumsetzung.** Bei jedem Speicherzugriff wird aus der virtuellen Adresse mithilfe der Seitentabelle die reale Speicheradresse bestimmt. Da die Seitenlänge stets eine Zweierpotenz ist, lässt sich eine virtuelle Adresse $VA$ auf natürliche Weise in zwei Komponenten zerlegen:

$$VA = (s, o),$$

| Seiten-nummer | valid bit | Rahmen-nummer | Zugriffs-rechte | dirty bit |
|---|---|---|---|---|
| 0 | 1 | 2 | read only | 0 |
| 1 | 1 | $r$ | read only | 1 |
| 2 | 0 | – | – | – |
| ... | ... | ... | ... | ... |
| $s$ | 1 | 0 | read/write | 1 |
| ... | ... | ... | ... | ... |

**Abb. 8.4.** Seitentabelle zur Abbildung 8.3.

wo $s$ die Seitennummer bezeichnet und $o$ den Offset innerhalb der Seite angibt. Falls die Seitenlänge $2^i$ beträgt, so besteht $o$ aus $i$ Bit. Die virtuelle Adresse lässt sich dann auch berechnen als

$$VA = s \cdot 2^i + o\,.$$

Dabei hat der Term $s \cdot 2^i$ an den niederwertigen $i$ Stellen nur Nullen, die „Addition" von $o$ zu diesem Wert besteht also lediglich in einem Überschreiben dieser Nullen mit dem Offset.

Angenommen, die Seite $s$ wurde in den Rahmen mit der Rahmennummer $r$ geladen. Dann erhalten wir die reale Adresse $RA$ als

$$RA = r \cdot 2^i + o\,.$$

Wieder hat der Term $r \cdot 2^i$ $i$ niederwertige Nullen, die mit dem Offset $o$ einfach überschrieben werden können. Damit lässt sich auch die reale Adresse in ein Paar zerlegen:

$$RA = (r, o)\,.$$

Wir sehen also: Bei der Adressumsetzung wird lediglich die Seitennummer $s$ durch die Rahmennummer $r$ ersetzt.

Die Zuordnung von $s$ und $r$ entnimmt das Betriebssystem dem entsprechenden Eintrag der Seitentabelle mit dem Index $s$. Abbildung 8.5 zeigt eine schematische Darstellung der Adressumsetzung beim Paging.

**Beschleunigung der Adressumsetzung.** Die Seitentabelle steht selbst wieder im Hauptspeicher, das heißt, der Zugriff auf ihre Einträge erfordert relativ viel Zeit. Zur Beschleunigung der Adressumsetzung verfügen moderne Prozessoren über einen zusätzlichen Spezialspeicher, den so genannten „Translation look aside buffer", kurz TLB. Dieser Speicher ist als Assoziativspeicher ausgebildet, der inhaltsorientiert angesprochen wird. Er enthält die momentan benutzten Einträge der Seitentabelle und wird parallel zu jeder Adressumsetzung durchsucht. Als Schlüssel für die Suche wird dabei die

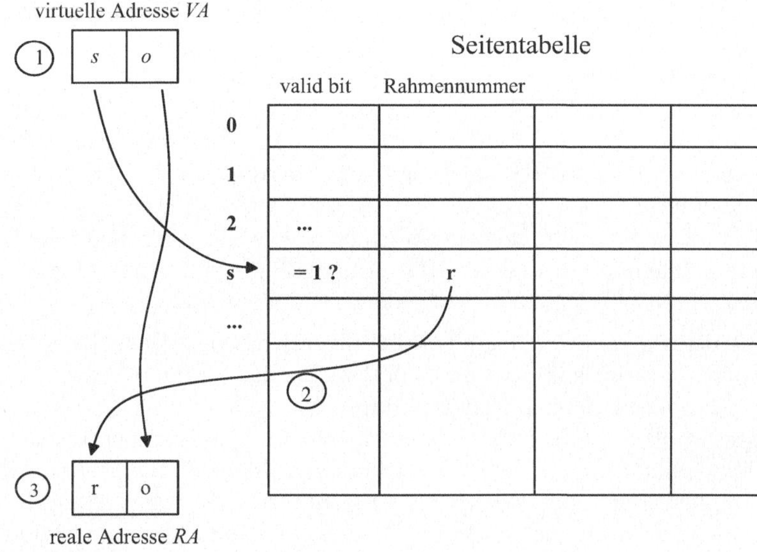


Ablauf:

1. Die virtuelle Adresse zerlegen: $VA = (s, o)$.
2. Das valid bit $v$ und die Rahmennummer $r$ für Seite $s$ lesen: $(v, r) \leftarrow$S-Tab[$s$].
3. Falls $v = 0$ Seitenfehler auslösen, sonst reale Adresse berechnen: $RA = (r, o)$.

**Abb. 8.5.** Adressumsetzung beim Paging-Verfahren.

Seitennummer $s$ verwendet. Der Assoziativspeicher vergleicht parallel alle Speichereinträge mit $s$. Die Zugriffszeit ist dabei vergleichbar mit einem Registerzugriff. Bei einem Treffer wird die zugehörige Rahmennummer $r$ ausgegeben und sofort für die Seitennummer $s$ eingesetzt. Das langsame Verfahren wird damit abgekürzt.

**Verdrängung von Seiten.** Solange im Hauptspeicher freie Rahmen zur Verfügung stehen, können bei Bedarf („on demand") beliebig Seiten nachgeladen werden. Mit der Beendigung eines Programms werden die belegten Seiten wieder freigegeben. Da wir jedoch auch zulassen, dass Programme ausgeführt werden, die nicht komplett in den Speicher passen, und dass auch mehrere Programme „gleichzeitig" ausgeführt werden (siehe Abschnitt 8.3.1), kann es durchaus vorkommen, dass ein Seitenfehler auftritt, aber keine freien Rahmen mehr zur Verfügung stehen. In diesem Fall muss eine oder besser gleich mehrere „alte" Seiten aus dem Speicher entfernt (man sagt auch verdrängt) werden. Für die Bestimmung des „Alters" gibt es verschiedene Strategien. Eine einfache Möglichkeit ist etwa das FIFO-Prinzip (First-In/First-Out), bei dem die Seite verdrängt wird, die am längsten im Speicher steht. Feinere Strategien beruhen auf der Häufigkeit der Zugriffe und/oder dem Zeitpunkt des letzten Zugriffs. Eine Berücksichtigung des dirty Bit ist dabei auf alle Fälle von Vorteil. Zu beachten ist aber, dass jeder dieser Algorithmen einen bestimmten Aufwand benötigt, der sich auf die Gesamtleistung auswirkt. Auch die Seitengröße ist ein leistungsbestimmender Faktor. Je kleiner eine Seite ist, desto besser kann die Speicherzuteilung an den tatsächlichen Platzbedarf eines Programms angepasst werden, was die Ladezeit verkürzen kann. Es wird aber auch häufiger ein Seitenfehler ausgelöst, was den Overhead durch das Betriebssystem erhöht. Die optimale Seitengröße ist auch anwendungsabhängig. Zum Beispiel benötigen manchen Multimedia-Anwendungen besonders große zusammenhängende Speicherbereiche. Aus diesem Grund unterstützen manche Prozessoren (z.B Alpha) verschiedene Seitenformate.

**Unterstützung des Paging-Verfahrens beim `MMIX`.** Der `MMIX`-Prozessor unterstützt die Adressumsetzung nach dem Paging-Verfahren. Die virtuellen Adressen liegen im Bereich zwischen 0 und $2^{64} - 1$.

Adressen über `#8000 0000 0000 0000` sind für das Betriebssystem reserviert. Sie werden direkt auf reale Speicheradressen abgebildet, indem einfach die führende Binärstelle[2], die gleich 1 ist, unterdrückt wird. Alle physikalischen Adressen, die größer sind als $2^{48}$, sind für memory mapped I/O reserviert. Zugriffe auf diese Adressen werden nie im Cache abgelegt.

Die virtuellen Adressen des Anwenderbereichs sind in die vier bekannten Segmente (Text-, Daten-, Stack- und Poolsegment) eingeteilt, wie in Abschnitt 3.2.1 beschrieben. Jedes dieser Segmente wird durch eine eigene Vorschrift auf den realen Speicher abgebildet. Dabei können über das *virtual translation register* `rV` einige Einstellungen gesteuert werden.

Das Virtual Translation Register `rV`

| 16 | 8 | 27 | 10 | 3 |
|---|---|---|---|---|
| ... | $s$ | $r$ | $n$ | $f$ |

Die ersten 16 Bit legen die Größe der einzelnen Bereiche des Anwenderspeichers fest. Das nächste Feld $s$ definiert die Seitengröße: Eine Seite hat die Länge $2^s$. Dabei muss $s \geq 13$ sein, d.h., die minimale Seitengröße beträgt 8 KKB. Die Werte $s \geq 20$ sind für sehr große Programme vorgesehen, die lange im Speicher bleiben. Der Maximalwert für $s$ beträgt 48.

Im Feld $n$ wird mit zehn Bit die Nummer des aktuellen Adressraums angegeben (verschiedene Prozesse erhalten verschiedene Adressraum-Nummern, so können ihnen individuelle reale Bereiche zugewiesen werden).

Im Feld $f$ wird die Art der Adressumsetzung definiert:

- $f = 0$ bedeutet Adressumsetzung durch die Hardware,
- $f = 1$ Adressumsetzung durch Software,
- $f > 1$ ist für künftige Erweiterungen reserviert. Dieser Wert löst derzeit einen Fehler *memory protection* aus.

---

[2] Die führende Binärstelle kann auch als Vorzeichen interpretiert werden. Dann sind also die negativen Adressen dem Betriebssystem zugeordnet.

Für jede Seite verwaltet das Betriebssystem einen 8 Byte langen Eintrag in der Seitentabelle. Das Format eines Eintrags ist wie folgt:

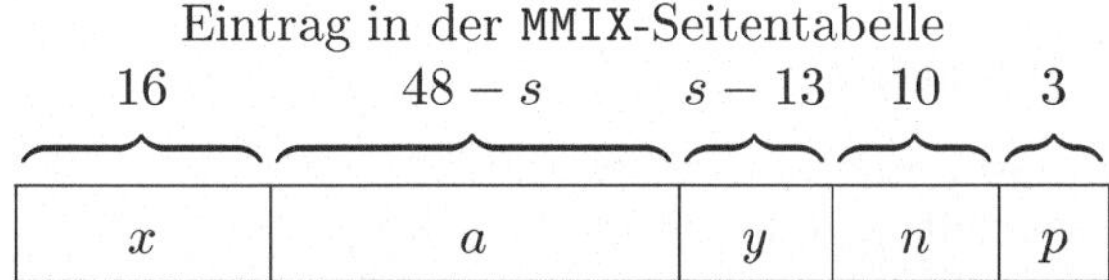


Die Felder $x$ und $y$ sind nicht weiter spezifiziert – sie können vom Betriebssystem beliebig verwendet werden, zum Beispiel für die Implementierung eines *Valid Bit* und eines *Dirty Bit*. Feld $a$ enthält die Rahmennummer, die der entsprechenden Seite zugeordnet ist. Man erhält die physikalische Adresse des ersten Byte der Seite, indem man an diese Nummer $s$ Nullen anhängt, wobei $s$ die in `rV` eingetragene Seitenlänge ist. In $n$ steht wieder die Nummer des aktuellen Adressraums, diese muss mit der in `rV` enthaltenen Nummer übereinstimmen, andernfalls wird ein Fehler *memory protection* ausgelöst. Im Feld $p$ sind drei *Protection Bit* vorgesehen: `pr`, `pw` und `px`, die angeben, ob auf diese Seite lesender, schreibender oder ausführender Zugriff gestattet ist. Ein Verstoß gegen diese Rechte führt ebenfalls zu einem Fehler *memory protection*.[3] Wie in Abschnitt 8.1.3 beschrieben, erhält man für eine virtuelle Adresse die zugeordnete reale Adresse, indem man die Seitennummer durch die Rahmennummer ersetzt. Der Offset innerhalb der Seite bleibt dabei unverändert.

Die Adressumsetzung wird durch einen *translation cache* TC unterstützt[4]. In diesem stehen die Adresszuordnungen der zuletzt benutzten Seiten. Das sind im Wesentlichen die Seitennummer, die Segmentnummer (Text-, Daten-, Stack- oder Poolsegment), die Nummer des Adressraums als Schlüssel und die Rahmennummer sowie die Protection Bit als zugeordnete Information. Dieser Cache wird vom Betriebssystem verwaltet und immer auf einem aktuellen Stand gehalten. Dazu gibt es den Befehl `LDVTS` „load virtual translation status“.

**Name:**
`LDVTS $X,$Y,$Z LDVTS $X,$Y,Z`
**Zeit:**
$1\nu$
**Beschreibung:**
Lädt einen Wert in die virtual translation tables.

Der Befehl `LDVTS`

[3] Um in einem solchen Fall die Fehlersuche zu erleichtern, wird die Adresse, an welcher der Fehler ausgelöst wurde, im Spezialregister `rF` gespeichert.

[4] Eigentlich sind es zwei getrennte Caches, einer für die Befehle und einer für die Daten.

Die Einzelheiten der Adressumsetzung sind der geplanten Implementierung eines Betriebssystems überlassen und können daher hier nicht weiter erläutert werden. Weitere Bemerkungen hierzu finden Sie im Abschnitt 7.

**Fragen zur Lernkontrolle:**

1. Welche Typen von Speichermedien gibt es und wie unterscheiden sie sich hinsichtlich Kapazität und Zugriffszeit?
2. Was ist ein virtueller Adressraum und wie groß ist er beim `MMIX`?
3. In welche Segmente ist der Anwenderbereich des virtuellen Adressraums unterteilt?
4. Welche Nachteile hat eine statische Speicherzuordnung?
5. Welche Verfahren zur dynamischen Speicherzuordnung gibt es?
6. Was ist der Zusammenhang zwischen Seiten und Rahmen?
7. Welche Angaben enthält die Seitentabelle?
8. Wie funktioniert die Adressumsetzung beim `MMIX` für den Betriebssystembereich des virtuellen Adressraumes?
9. Wie funktioniert die Adressumsetzung des `MMIX` für den Anwenderbereich?
10. Welche Informationen finden sich im Register `rV`?
11. Wozu gibt es den Befehl `LDVTS`?

## 8.2 Betriebssystemaufrufe

Eine der wichtigsten Aufgaben eines Betriebssystems besteht darin eine stabile Schnittstelle zwischen Hardware und Software bereitzustellen. Während durch die fortschreitende technische Entwicklung die Hardware einem ständigen Wandel unterworfen ist, sind Betriebssysteme vergleichsweise beständig. Noch immer erfreut sich das Betriebssystem UNIX steigender Beliebtheit, während die Rechner, auf denen UNIX in den späten sechziger Jahren des letzten Jahrhunderts lief, heute nur noch im Museum zu finden sind. Die ständige Flut von neuen Grafikkarten für PCs wäre nicht denkbar, wenn nicht das Betriebssystem (Windows) eine gleich bleibende Plattform bieten würde, die den vorhandenen Programmen ohne Änderung die Nutzung immer neuer Karten erlaubt.

Diese Schnittstelle wird durch eine Sammlung von Funktionen realisiert, deren Aufruf und Effekt genau spezifiziert ist, deren Implementierung aber mit der jeweiligen Hardware wechseln kann. Diese Funktionen heißen *Betriebssystemaufrufe* (System-Calls).

Ein Teil dieser Betriebssystemaufrufe widmet sich stets der Verwaltung des Dateisystems. Eine Datei ist dabei ganz allgemein ein Behälter zur Aufnahme von Daten, mit einer besonderen Eigenschaft: Die Daten sind *persistent* (vom lateinischen persistere: fort dauern), das heißt, sie bleiben auch nach Abschalten und Neustart des Rechners unverändert erhalten. Die Hardware, die zu diesem Zweck verwendet wird, ist sehr vielfältig. Es kann sich um eine einfache Diskette oder ein Festplatten-Laufwerk handeln, aber ebenso um ein Bandlaufwerk oder gar einen entfernten Server, mit dem über ein Netzwerk Verbindung aufgenommen wird. Diese Details spielen jedoch für die Schnittstelle keine Rolle. Sie bleiben unsichtbar. Wir betrachten in diesem Abschnitt Dateien als abstrakte Objekte und untersuchen allein die Frage, wie Dateien mit Hilfe von Betriebssystemaufrufen bearbeitet werden können.

Dateien sind uns schon begegnet: Die Quellprogramme schreiben wir in Dateien, deren Namen mit `.mms` enden. Diese Dateien können wir lesen und ihren Inhalt sinnvoll mit einem Editor bearbeiten. Man nennt diese Art von Dateien auch *Textdateien*. Nach dem Assemblieren steht das ausführbare Programm in einer Datei mit der Endung `.mmo` zur Verfügung. Ausführbare Programme enthalten lediglich Verwaltungsdaten und Befehlsworte für den `MMIX`-Prozessor. Sie lassen sich nicht mehr sinnvoll mit einem Texteditor bearbeiten. Diese Art von Dateien nennt man *Binärdateien*.

Dateien werden unter anderem für folgende Aufgaben verwendet:

- Dauerhafte Aufbewahrung und Archivierung von Information (z.B. Quellprogramme und ausführbare Programme)
- Informationsaustausch
- Als Konfigurationsdateien für Anwendungen

Im Unterschied zum flüchtigen RAM-Speicher werden Daten in Dateien dauerhaft, auch über das Ausschalten des Rechners hinaus, gespeichert. Es ist also praktisch und wichtig, von einem `MMIX`-Programm auf Dateien zugreifen zu können.

Das einfache Betriebssystem des `MMIX` bietet die Möglichkeit, 256 so genannte *Kanäle* für die Ein- und Ausgabe zu nutzen, die mit Dateien verbunden werden können. Die Kanäle werden durchnummeriert mit 0...255. Einige dieser Kanäle haben wir bereits für das Einlesen und Ausgeben von Zeichenketten verwendet. Die folgenden Kanäle sind nämlich stets geöffnet:

1. `StdIn` (Kanal 0, Standardeingabe): mit der Tastatur verbunden.
2. `StdOut` (Kanal 1, Standardausgabe): mit dem Bildschirm verbunden.
3. `StdErr` (Kanal 2, Standard Kanal für Ausgabe von Fehlermeldungen): auch mit dem Bildschirm verbunden (aber nicht umleitbar mit Ausgabeumleitung durch „>").

Weitere 253 Kanäle können nach Bedarf geöffnet werden. Die Verbindung zu Dateien über Kanäle ist in Abbildung 8.6 veranschaulicht.

Das Betriebssystem stellt zum Arbeiten mit Dateien einige Funktionen zur Verfügung. Der Zugriff auf diese Funktionen erfolgt mittels `TRAP`-Befehl. Das erste Argument des `TRAP`-Befehls ist dabei stets Null und das zweite Argument ist der Name der gewünschten Funktion (z.B. `Fopen` oder `Fputs`). Das dritte Argument ist die Nummer des Kanals. Wenn weitere Parameter erforderlich sind, so wird dafür das Register `$255` verwendet, so wie wir das vom Einlesen und Ausgeben von Zeichenketten her kennen (siehe Abschnitt 3.4).

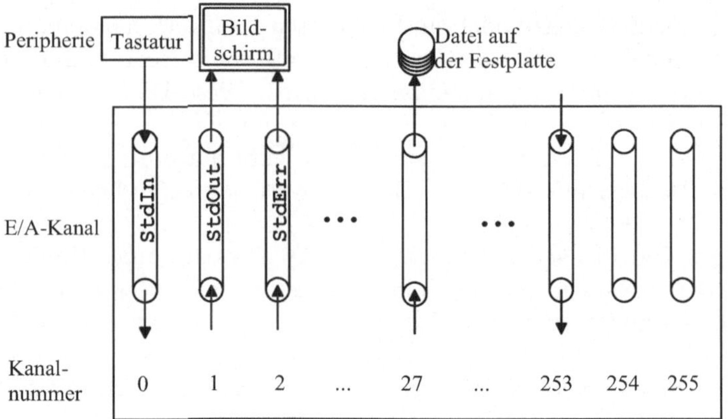


**Abb. 8.6.** Ein- Ausgabekanäle bei `MMIX`. Die drei Kanäle `StdIn`, `StdOut` und `StdErr` sind stets automatisch geöffnet.

Als Rückmeldung enthält das Register `$255` anschließend einen Code, der über den Erfolg oder Misserfolg der angeforderten Funktion Auskunft gibt. Ein negativer Wert bedeutet dabei stets einen Fehler.

Folgende Funktionen sind verfügbar (vgl. Tabelle 8.1):

- `Fopen`: Öffnen einer Datei. Es gibt verschiedene Modi zum Öffnen einer Datei, die in Tabelle 8.2 angegeben sind. Der Modus entscheidet insbesondere darüber, ob die Datei zum Lesen und/oder Schreiben geöffnet wird. Ferner bestimmt er, ob die Datei als Binärdatei oder als Textdatei geöffnet werden soll.
- `Fclose`: Wird die Datei nicht mehr benötigt, so schließt man sie mit dieser Funktion.
- `Fread`: Liest eine Folge von Byte aus einer Datei. Die Datei muss zum Lesen geöffnet sein.
- `Fwrite`: Schreibt eine Folge von Byte aus dem Speicher auf eine Datei. Die Datei muss zum Schreiben eöffnet sein.
- `Fgets`: Liest eine Zeichenkette bestehend aus Ein-Byte-Zeichen aus der Datei. Liest entweder $n-1$ Zeichen, wobei $n$ die im Argumentbereich angegebene Anzahl ist (siehe Tabelle 8.1), oder bis ein Zeilenvorschub entdeckt wird. Das nächste folgende Zeichen wird auf Null gesetzt, um die Zeichenkette zu terminieren (daher werden höchstens $n-1$ Zeichen gelesen).
- `Fputs`: Schreibt eine Null-terminierte Zeichenkette auf eine Datei.
- `Fgetws`: Wie `Fgets`, nur dass Zwei-Byte-Zeichen gelesen werden (Unicode).
- `Fputws`: Wie `Fputs`, nur dass Zwei-Byte-Zeichen geschrieben werden (Unicode).

| Befehl | Inhalt von `$255` | Argumentbereich | Rückgabe |
|---|---|---|---|
| `Fopen` | Adresse des Argumentbereichs | Adresse des Dateinamens, Zugriffsmodus | Im Erfolgsfall 0, sonst −1 |
| `Fclose` | — | — | Im Erfolgsfall 0, sonst −1 |
| `Fread` | Adresse des Argumentbereichs | Adresse des Einlesepuffers, Anzahl $s$ zu lesender Byte | $n - s$, wobei $n$ die Anzahl tatsächlich gelesener Byte ist |
| `Fwrite` | Adresse des Argumentbereichs | Adresse der auszugebenden Daten, Anzahl $s$ zu schreibender Byte | $n - s$, wobei $n$ die Anzahl tatsächlich geschriebener Byte ist |
| `Fgets` | Adresse des Argumentbereichs | Adresse des Einlesepuffers, Anzahl zu lesender Zeichen | Anzahl gelesener Zeichen im Erfolgsfall, sonst −1 |
| `Fputs` | Adresse der auszugebenden Zeichenkette | — | Anzahl ausgegebener Zeichen im Erfolgsfall, sonst −1 |
| `Fgetws` | Adresse des Argumentbereichs | Adresse des Einlesepuffers, Anzahl zu lesender Zeichen | Anzahl gelesener Zeichen im Erfolgsfall, sonst −1 |
| `Fputws` | Adresse der auszugebenden Zeichenkette | — | Anzahl ausgegebener Zeichen im Erfolgsfall, sonst −1 |
| `Ftell` | Offset | — | Gibt im Erfolgsfall die aktuelle Position in der Datei an, gemessen in Byte vom Anfang der Datei, sonst −1 |
| `Fseek` | Offset | — | Im Erfolgsfall 0, sonst −1 |

**Tab. 8.1.** Alle Funktionen des einfachen `MMIX`-Betriebssystems zum Arbeiten mit Dateien. Die Kanalnummer ist stets als dritter Parameter des `TRAP`-Befehls anzugeben.

- `Ftell`: Liefert die aktuelle Position aus der als Nächstes von der Datei gelesen bzw. an die als Nächstes geschrieben würde (der so genannte *Dateizeiger*), gemessen in Byte vom Dateianfang.
- `Fseek`: Bewegt den Dateizeiger um einen Offset-Wert $o$, und zwar auf die Position $o$ Byte ab Dateianfang, falls $o > 0$, und auf die Position $-o-1$ Byte rückwärts gemessen vom Dateiende, falls $o < 0$. Ist $o = 0$, so wird der Dateizeiger auf den Dateianfang positioniert (ein so genanntes *rewind*).

| Modus | Beschreibung |
|---|---|
| `TextRead` | Textdatei zum Lesen öffnen |
| `TextWrite` | Textdatei zum Schreiben öffnen |
| `BinaryRead` | Datei zum binären Lesen öffnen |
| `BinaryWrite` | Datei zum binären Schreiben öffnen |
| `BinaryReadWrite` | Datei zum binären Lesen und Schreiben öffnen. Zwischen Lese- und Schreibvorgang muss der Dateizeiger bewegt werden |

**Tab. 8.2.** Die Modi mit denen Dateien geöffnet werden können.

Um einen Kanal mit einer Datei zu verbinden, muss die Datei zuerst geöffnet werden. Das Register `$255` muss dazu die Adresse eines Parameterbereichs enthalten. Dieser Parameterbereich besteht aus zwei `OCTA`: zuerst die Adresse des Dateinamens und danach der Modus, mit dem die Datei geöffnet werden soll. Der Modus gibt an, ob die Datei gelesen oder geschrieben wird und ob es sich um eine Text- oder Binärdatei handelt (siehe dazu Tabelle 8.2). Tritt bei dieser Funktion ein Fehler auf, so ist der Rückgabewert in Register `$255` $-1$, ansonsten ist er 0. Als Fehlerursachen kommen dabei in Betracht:

- Der Dateiname enthält eine Pfadangabe zu einem nicht existierenden Verzeichnis.
- Datei soll zum Schreiben geöffnet werden und Sie besitzen kein Schreibrecht.
- Datei soll zum Schreiben geöffnet werden, aber die Festplatte ist voll.
- Datei soll zum Lesen geöffnet werden, aber die Datei existiert nicht.
- Datei soll zum Lesen geöffnet werden und Sie besitzen keine Leserechte.

Folgende Befehlsfolge kann also verwendet werden, um eine Datei namens `beispiel.txt` zum Lesen von Text zu öffnen:

```
1H      BYTE  "beispiel.txt",0
OpnArg  OCTA  1B,TextRead
Kanal   IS    3                 erste frei verfügbare Kanalnummer
        LDA   $255,OpnArg
        TRAP  0,Fopen,Kanal
```

Der Betriebssystemaufruf öffnet die Datei mit dem Namen `beispiel.txt` über den angegebenen Kanal Nummer 3. Nach dem Öffnen kann aus der Datei gelesen werden. Will man in eine Textdatei schreiben, so muss sie mit dem Modus `TextWrite` anstelle von `TextRead` geöffnet werden. Nach dem Öffnen wird die Datei nur noch über die Kanalnummer angesprochen. Zum Beispiel schreibt

```
        TRAP   0,Fputs,5
```

eine Zeichenkette in die Datei, die zum Kanal 5 gehört. Die Angabe der Parameter für die Ein- und Ausgabe wurden bereits ausführlich in 3.4 und 6.2 besprochen.

Bei binärer Ein- und Ausgabe auf Dateien werden die Daten nicht in menschenlesbare Form gebracht, sondern die Interndarstellung der Speicherinhalte wird direkt (byteweise) vom Hauptspeicher in die Datei übertragen. Es besteht auch die Möglichkeit, Dateien nicht nur sequenziell, lesend oder schreibend, zu bearbeiten, sondern wahlfrei zuzugreifen. Mit den oben beschriebenen Befehlen `fseek` und `ftell` kann der Dateizeiger beliebig positioniert werden.

Anwendungsbeispiele für den Umgang mit Dateien finden sich im Abschnitt 6.6.

**Übung 8.1.** Finden Sie den Unterschied zwischen Binär- und Textdateien auf dem von Ihnen benutzten Betriebssystem heraus.

**Übung 8.2.** Schreiben Sie ein Programm `copy`, das als Kommandozeilenargumente Namen von Quell- und Zieldatei verlangt und analog dem üblichen `copy`-Befehl des Betriebssystems (Unix: `cp`) den Inhalt der Quelldatei in die Zieldatei kopiert. Testen Sie Ihr Programm mit verschiedenen Arten von Dateien (z.B. Textdateien und Dateien mit ausführbaren Programmen). Seien Sie vorsichtig, dass Sie sich nicht versehentlich wichtige Dateien überschreiben!

**Fragen zur Lernkontrolle:**

1. Warum wird die Hardware meist mit einem Umweg über das Betriebssystem gesteuert?
2. Was sind persistente Daten?
3. Was sind Ein-Ausgabekanäle und welche vordefinierten Kanäle gibt es beim `MMIX`?
4. Wie erkennt man beim `MMIX`, ob ein Betriebssystemaufruf erfolgreich war?
5. Was ist der Unterschied zwischen `Fread`, `Fgets` und `Fgetws`?
6. Welche Fehler können beim Versuch, eine Datei zu öffnen, auftreten?

## 8.3 Prozesse

Die wichtigste Ressource, die das Betriebssystem verwaltet, ist die Rechenleistung oder Rechenzeit. In der Praxis heißt das, dass die Rechenleistung eines oder mehrerer Prozessoren wechselweise den zur Bearbeitung anstehenden Programmen zugeteilt wird. Beschränken wir uns zunächst auf den Fall einer Rechenanlage mit nur einem einzigen Prozessor. Wir werden am Schluss des Kapitels noch einmal zu Multiprozessorsystemen zurückkehren.

### 8.3.1 Tasks

Unabhängig von der Anzahl der wirklich vorhandenen Prozessoren bieten moderne Betriebssysteme so genanntes „Multitasking“ an, das heißt, sie machen es möglich, mehrere Programme oder *Tasks* gleichzeitig laufen zu lassen. Wenn, wie oft, nur ein einziger Prozessor vorhanden ist, bedeutet dies, dass diese Gleichzeitigkeit nur vorgespiegelt ist. Der Prozessor arbeitet jeweils nur ein kleines Stück am aktuellen Programm, bevor er zum nächsten wechselt, um dann später wieder zum aktuellen Programm zurückzukehren. Ein anderer Grund für einen Taskwechsel ist das Warten auf ein externes Ereignis, etwa das Eintreffen einer Eingabe von der Tastatur. In einem solchen Fall wäre es eine Verschwendung von Rechenleistung, wenn der Prozessor in einer Warteschleife den Zustand des Tastaturpuffers abfragt, bis ein Zeichen eintrifft, während gleichzeitig andere Programme auf die Fortsetzung warten. Es ist dann besser, wenn das Betriebssystem einen Taskwechsel vornimmt und die Arbeit am vorliegenden Programm erst wieder aufnimmt, wenn die zur Weiterarbeit nötigen Daten vorliegen. Die Verwaltung der Prozesse ist ein komplexer Vorgang. Der Teil des Betriebssystems, der dies erledigt heißt Taskscheduler.

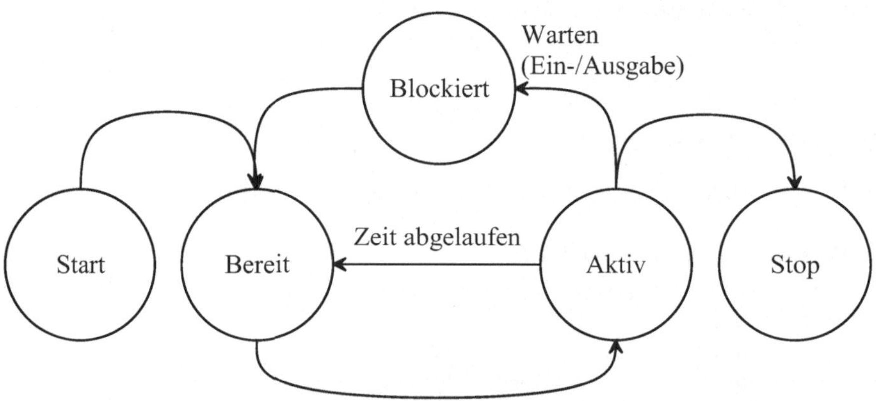


**Abb. 8.7.** Zustandsdiagramm für Tasks.

Zur Aufnahme der Verwaltungsinformation legt der Scheduler für jede Task einen Task-Controll-Block an. Dieser enthält alle Informationen, die nötig sind, um eine Task zu starten und weitere Verwaltungsinformationen, um zu entscheiden, ob eine Task gestartet werden soll. Üblich ist es dabei, jeder Task eine Priorität zuzuordnen und bei Freiwerden eines Prozessors die Task mit der höchsten Priorität zu starten. Für die Zuweisung der Priorität gibt es die verschiedensten heuristischen Strategien. Einfluss auf die Priorität hat dabei unter anderem

- der Wunsch des Benutzers,
- die Größe des Prozesses (kleine Prozesse können schneller gestartet werden),
- die erwartete Laufzeit des Prozesses (Prozesse mit kurzer Laufzeit arbeitet man besser gleich ab) oder
- die verstrichene Wartezeit (ein Prozess, der lange genug gewartet hat, sollte auf jeden Fall wieder bearbeitet werden).

Verschiedene Prozesse, die auf eine Ressource warten, sei es auf einen Prozessor oder auch auf genügend Speicherplatz, werden gemäß ihrer Priorität in eine Warteschlange eingereiht und aktiviert, sobald die entsprechende Ressource frei wird. Einen groben Überblick über die Organisation der Prozesse durch den Taskscheduler gibt das Diagramm in Abbildung 8.7. Zu jedem Zeitpunkt gibt es eine Task, die gerade vom Prozessor bearbeitet wird, die *aktive* Task. Eine Task, die schon über alle benötigten Ressourcen, außer dem Prozessor selbst, verfügt, ist *bereit*. Typischerweise befindet sich eine Task unmittelbar nach dem Start in diesem Zustand. Falls die aktive Task auf ein Ereignis warten muss, beispielsweise den Abschluss einer Ein- oder Ausgabeoperation, oder auf die Synchronisation mit einer anderen Task, so wird sie *blockiert* und der Taskscheduler wählt aus der Menge der bereiten Tasks eine neue zur Abarbeitung aus. Trifft ein erwartetes Ereignis ein, so wird die entsprechende blockierte Task wieder in den Zustand Bereit versetzt.

Manche Systeme arbeiten nach dem *Zeitscheibenverfahren* (time slicing). Dabei wird jeder Task eine maximale Zeitspanne (time slice) zugeteilt, die der Prozessor für die Task verwenden kann. Ist diese Zeit abgelaufen, so wird die Task wieder aus dem Zustand „Aktiv“ in den Zustand „Bereit“ befördert. So garantiert man, dass keine Task die anderen Tasks länger von der Bearbeitung ausschließen kann. Insbesondere in interaktiven Anwendungen ist dies sehr wichtig, um in jedem Fall eine akzeptable Antwortzeit zu garantieren.

Die wichtigste Information, die der Taskscheduler beim Wechsel einer Task sichern muss, ist der Zustand des laufenden Programms, damit die Arbeit später am gleichen Punkt wieder aufgenommen werden kann. Nachdem zur Sicherung der Register beim Unterprogrammaufruf schon ein Registerstack und zur Sicherung des Registerstacks das Stacksegment vorhanden ist, liegt es nahe, dieses auch für die Sicherung des gesamten Prozessorzustands beim Taskwechsel zu nutzen. Zu diesem Zweck sind die Befehle `SAVE` und `UNSAVE` vorhanden.

Was gehört nun alles zum Zustand eines Programms? Sicher die lokalen und globalen Register einschließlich vieler der 32 Spezialregister. Diese Register werden vom Befehl `SAVE $X,0` auf dem Registerstack im Stacksegment gesichert. Die Adresse des letzten gespeicherten `OCTA`s wird danach ins (globale) Register `$X` geschrieben. Der Befehl `UNSAVE $Z` nimmt dann gerade die Adresse eines solchen Octabyte und restauriert alle Register wieder und macht so den Effekt eines vorangegangenen `SAVE`-Befehls wieder rückgängig.

**Name:**
`SAVE $X,0`
`UNSAVE $Z`

**Spezifikation:**
`SAVE`: Bedingung $\texttt{X} \geq \texttt{rG}$
$u(\texttt{\$X}) \leftarrow$ context
$\texttt{rL} \leftarrow 0$.
`UNSAVE`: context $\leftarrow u(\texttt{\$Z})$

**Zeit:**
$\nu + 20\mu$

**Beschreibung:**
Sichert und restauriert den Zustand eines Prozesses im Registerstack.

Die Befehle `SAVE` und `UNSAVE`

Startet man ein `MMIX`-Programm interaktiv im Simulator, so ist die erste Instruktion, die man sieht, gerade eine `UNSAVE`-Instruktion. Das Betriebssystem hat nämlich beim Laden des Programms nicht nur Text-, Daten- und Poolsegment initialisiert, sondern auch das Stacksegment. Hier legt es die Initialwerte für verschiedene lokale Register ab, wie etwa den Argumentvector (siehe Beispiel 6.15, Seite 176), sowie Werte für globale Register, die mit einem `GREG` vorbelegt wurden, und geeignete Werte für die Spezialregister. Mit einer einzigen `UNSAVE`-Instruktion werden diese geladen und die Ausführung des Programms kann beginnen.

### 8.3.2 Synchronisation und Kommunikation

Die Existenz mehrerer Prozesse auf einer Maschine ist nicht nur vom Standpunkt des Betriebssystems aus interessant, auch der Anwendungsprogrammierer kann daraus oft Nutzen ziehen. Zum einen kann eine etwa vorhandene Ausrüstung mit mehreren Prozessoren in der Regel besser genutzt werden, wenn der Programmierer sein Programm selbst in mehrere Prozesse teilt, oft wird durch eine solche Teilung des Anwenderprogramms die Struktur des Programms einfacher und übersichtlicher. In diesen Fällen ergibt sich in der Regel das Problem der Kommunikation zwischen verschiedenen Prozessen. Ein Beispiel mag dies verdeutlichen:

**Beispiel 8.1.** Im einfachsten Fall kommunizieren zwei Prozesse über eine Variable im Speicher, zu der beide Prozesse Zugriff haben, etwa der Kontostand eines Kunden, der zum einen durch Auszahlungen am Bankautomaten und zum anderen durch automatische Zinsgutschriften verändert wird. Eine Zinsgutschrift erfolgt etwa so: Der Kontostand wird aus dem Speicher in ein Register geladen, der Registerinhalt wird mit dem Zinssatz multipliziert und das Ergebnis wird zurück in den Speicher geschrieben. Überlagert sich dieser Vorgang unkoordiniert mit dem Abheben am Bankautomaten, so kann

Folgendes geschehen: Der Bankautomat liest den Kontostand ebenfalls in ein Register, subtrahiert den abgehobenen Betrag und schreibt das Ergebnis zurück in der Speicher, noch bevor der andere Prozess mit der Multiplikation fertig ist. Als Nächstes wird der alte Kontostand plus Zinsen zurück in den Speicher geschrieben und ersetzt dort das Ergebnis der Subtraktion. Glück für den Kunden! Die Bank aber wird alles daran setzen, dass so etwas nicht passiert.

Der erste Lösungsansatz könnte darin bestehen, dass man eine zweite Variable dazu benutzt, um den Zugriff auf den Kontostand zu begrenzen. Ein Prozess kann diese Variable lesen. Ist sie 1, so hat ein anderer Prozess bereits Zugriff auf den Kontostand und der Prozess muss warten. Ist sie hingegen 0, so ist der Kontostand verfügbar. Man setzt sofort die Kontrollvariable auf 1, arbeitet dann ungestört mit dem Kontostand so lange wie nötig. Sobald der Kontostand wieder aktualisiert ist, wird dann die Kontrollvariable auf 0 gesetzt und damit für andere Prozesse freigegeben. Schaut man genauer hin, so löst dieses Vorgehen das Problem mit dem Kontostand, aber ein neues Problem entsteht: Wie verhindert man, dass zwei Prozesse gleichzeitig die Kontrollvariable lesen und sie dann beide auf 1 setzen. Ohne Hardwareunterstützung kommt man da nicht weiter. Auf einem Einprozessorsystem genügt es, kurz alle Unterbrechungen abzuschalten, eine Aktion, die aus begreiflichen Gründen alleine dem Betriebssystem vorbehalten ist, um sicherzustellen, dass der Prozess zwischen Lesen und Schreiben nicht unterbrochen wird. Auf Mehrprozessorsystemen mit echter Gleichzeitigkeit von Prozessen ist auch dieses noch nicht genug. Man benötigt eine entsprechende Hardwareunterstützung. □

Der `MMIX` verfügt für solche Anwendungen über den `CSWAP`-Befehl (Compare and Swap), der in einer einzigen, unteilbaren und ununterbrechbaren Instruktion, einen Test, einen Lesezugriff und einen Schreibzugriff implementiert. Mit dieser Instruktion kann in obigem Beispiel die Kontrollvariable für den Kontostand auf den Wert 0 getestet werden und im Fall, dass sie diesen Wert hat, sofort auf 1 gesetzt werden. Ein Maschinenbefehl dieser Art wurde erstmals auf den IBM-Rechnern der 370er Reihe implementiert und fand viele Anwendungen (siehe [Stone] and [Gray]).

**Übung 8.3.** Implementieren Sie eine sichere Funktion `KontoAdd` mit zwei Parametern, dem zu addierenden Betrag und einem Zeiger auf das Konto (ein Konto besteht dabei aus zwei `OCTA`, dem Kontostand selbst und einer Kontrollvariablen), die den Kontostand um den gegebenen Betrag erhöht. Verwenden Sie den `CSWAP`-Befehl, um sicherzustellen, dass nur jeweils ein einziger Prozess Zugriff auf den Kontostand hat.

Zur Synchronisation paralleler Prozesse in einem Mehrprozessorsystem gibt es den Befehl `SYNC XYZ`. Der wichtigste Wert für `XYZ` ist 0. In diesem Falle wird, grob gesagt, der `MMIX`-Prozessor in einen Zustand versetzt, in dem sein von außen beobachtbarer Zustand genau gleich ist wie der innere,

**Name:**
`CSWAP $X,$Y,$Z`
**Spezifikation:**
Falls $u(M_8[\texttt{\$Y} + \texttt{\$Z}]) = \texttt{rP}$
dann $u(M_8[\texttt{\$Y} + \texttt{\$Z}]) \leftarrow \texttt{rP}$ und $\texttt{\$X} \leftarrow 1$
andernfalls $\texttt{rP} \leftarrow u(M_8[\texttt{\$Y} + \texttt{\$Z}])$ und $\texttt{\$X} \leftarrow 0$
**Zeit:**
$2\nu + 2\mu$
**Beschreibung:**
Vergleiche und Vertausche (Compare and Swap). Vergleicht das Octabyte an der Adresse `$Y+$X` mit dem Inhalt des Prediction-Registers `rP`. Falls die beiden Werte gleich sind so wird `$X` gespeichert und danach auf 1 gesetzt, andernfalls wird der Speicherinhalt ins Register `rP` geladen und `$X` wird auf 0 gesetzt.
Dies ist eine atomare Operation, und daher dazu geeignet, verschiedene Prozesse über einen gemeinsamen Speicher zu synchronisieren.

Der Befehl `CSWAP`

**Name:**
`SYNC XYZ`
**Zeit:**
$1\nu$
**Beschreibung:**
Ermöglicht die Synchronisierung paralleler Prozesse. `XYZ` hat einen Wert zwischen 0 und 7. Anwendungsprogramme dürfen nur die Werte bis 3 verwenden, die größeren Werte sind dem Betriebssystem vorbehalten.

Der Befehl `SYNC`

nicht beobachtbare Zustand des Prozessors. Das heißt zum Beispiel, dass alle Schreibzugriffe auf den Speicher, deren Ergebnisse ja von anderen Prozessen beobachtet werden können, abgeschlossen werden, ebenso alle Lesezugriffe, bevor mit der auf `SYNC` folgenden Instruktion fortgefahren wird. Dies wird einfach dadurch erreicht, dass die Befehlspipeline des Prozessors vollständig geleert wird, bevor die nächste Instruktion begonnen wird. Diese Art von Synchronisierung ist nicht nur in echten Mehrprozessorsystemen nötig, auch Einprozessorsysteme mit einer eigenen unabhängigen Speicherverwaltungseinheit machen gegebenenfalls diese Instruktion erforderlich.

Die Wirkung des Wertes $\texttt{XYZ} = 0$ ist recht drastisch, daneben sind aber auch etwas weniger einschneidende Varianten vorgesehen. Ist $\texttt{XYZ} = 1$, so beschränkt sich die Wirkung des Befehls auf alle Schreibbefehle: Alle Befehle vor `SYNC`, die in den Speicher schreiben, werden abgeschlossen, bevor ein Befehl nach `SYNC`, der ebenfalls in den Speicher schreibt, begonnen wird. Der Wert $\texttt{XYZ} = 2$ bezieht sich in genau derselben Weise auf das Lesen aus dem Speicher und der Wert $\texttt{XYZ} = 3$ auf Lesen und Schreiben.

Die Werte `XYZ` > 3 sind privilegierte Instruktionen, das heißt, sie sind dem Betriebssystem vorbehalten und dürfen nur an Adressen oberhalb von #8000 0000 0000 0000 stehen – andernfalls wird ein *Privileged Instruction Interrupt* ausgelöst.

Ist `XYZ` = 4, so wird der `MMIX` in den Stromsparmodus geschaltet. Ist `XYZ` = 5, so leert der Prozessor den Schreibcache (siehe Abschnitt 8.1.1), dabei bleiben die Daten auch im Cache, aber der externe Speicher wird auf den aktuellen Stand gebracht. Bei `XYZ` = 6 leert die Maschine ihre Virtual Translation Tables (siehe Abschnitt 8.1.4) und bei `XYZ` = 7 leert die Maschine nicht nur den Datencache, sondern auch den Befehlscache. Jeder Wert über 7 löst einen „illegal instruction interrupt“ aus.

**Fragen zur Lernkontrolle:**

1. Welche Aufgabe hat ein Taskscheduler?
2. Welche Probleme können beim unkontrollierten Zugriff mehrerer Prozesse auf einen gemeinsamen Speicher auftreten?
3. Was ist „Multitasking“ im Unterschied zu „Multiprozessorsystem“?

# A. Liste der Befehle

# B. Liste der Programme

# C. Programmieren mit MMIX

## C.1 Die Programmierumgebung zum Laufen bringen

Sie können MMIX-Programme sowohl unter Linux als auch unter allen MS-Windows-Systemen ab Windows 95/NT entwickeln. Da die MMIX-Programmierumgebung über keine grafische Oberfläche verfügt, sollten Sie zur Verwendung der Programme und möglicherweise auch zur Installation mit einer Kommandozeilenumgebung Ihres Betriebssystems vertraut sein. Unter Linux ist dies eine der Shells, üblicherweise die `bash`. Wir empfehlen generell, unter MS-Windows die Portierung der `bash` einschließlich aller gängigen UNIX-Kommandozeilenwerkzeuge zu installieren (im Internet erhältlich unter `sources.redhat.com/cygwin/`).

Wenn Sie die Programme selbst übersetzen wollen, so sollten Sie in Abschnitt C.1.2 auf dieser Seite weiterlesen.

### C.1.1 Die ausführbaren Dateien herunterladen

Wenn Sie die Programme nicht selbst übersetzen wollen oder können, so sind ausführbare Versionen der Programme für MS-Windows auch von der Homepage zu diesem Buch erhältlich (`www.cs.fhm.edu/~mmix/`). Laden Sie diese herunter und installieren Sie sie, wie auf der Homepage angegeben. Zum Test können Sie den Assembler aus der Kommandozeile mit dem Kommando `mmixal` aufrufen. Wenn daraufhin die folgende Meldung erscheint: `Usage: mmixal [-x] [-l listingname] [-b buffersize] [-o objectfilename] sourcefilename`, dann ist alles in Ordnung (Sie haben lediglich dem Assembler noch nicht gesagt, welches Programm er assemblieren soll). Sollte eine Meldung erscheinen, wie `bash: mmixal: command not found` oder aber (im DOS-Fenster) `Der Befehl "mmixal" ist entweder falsch geschrieben oder konnte nicht gefunden werden`, so befinden sich die Programme in einem unerreichbaren Verzeichnis. Stellen Sie den Pfad richtig ein.

### C.1.2 Die Programmierumgebung selbst übersetzen

Wenn Sie die ausführbaren Programme heruntergeladen haben, wie im vorangegangenen Abschnitt beschrieben, dann können Sie diesen Abschnitt überspringen.

Die Angaben in diesem Abschnitt setzen das Vorhandensein einer `bash` voraus.

Die jeweils aktuelle Version der Quelldateien für die MMIX-Programmierumgebung finden Sie in einer Datei namens `mmix.tar.gz`, die Sie von der Homepage von Donald E. Knuth herunterladen können:
`www-cs-faculty.stanford.edu/~knuth/mmix-news.html`.

Die Programme sind in CWEB geschrieben, einer Kombination von C und TeX. Um sie übersetzen zu können, benötigen Sie einen C-Compiler und das CWEB-System, das Sie auch von D. E. Knuth beziehen können:
`www-cs-faculty.stanford.edu/~knuth/cweb.html`.

Entpacken Sie in einem geeigneten Verzeichnis das CWEB-Archiv mit den Befehlen `gunzip cweb.tar.gz` und `tar -xvf cweb.tar`. Der Aufruf von `make` erzeugt die ausführbaren Programme[1]. Nun müssen Sie nur noch dafür sorgen, dass die ausführbaren Programme von CWEB in der Pfadvariablen enthalten sind[2]. Anschließend entpacken Sie das MMIX-Archiv in einem geeigneten Verzeichnis mittels `gunzip mmix.tar.gz` und `tar -xvf mmix.tar` und rufen wiederum `make` auf. Kopieren Sie danach die ausführbaren Programme in ein Verzeichnis, das im aktuellen Suchpfad enthalten ist.

## C.2 Versuche

Dieser Abschnitt enthält eine Reihe von Versuchen mit der Programmierumgebung, die Sie begleitend zu der Lektüre des vorderen Teils des Buches durchführen sollten.

Das Zeichen „␣" steht im Folgenden für einen Leerschritt, der bewusst an dieser Stelle stehen soll und der anderweitig möglicherweise schlecht sichtbar wäre.

**Versuch 1 (MMIX-Programme assemblieren und ausführen).** Zum Editieren von Programmen eignet sich jeder beliebige Texteditor. Ungeeignet sind Textverarbeitungsprogramme wie MS-Word oder StarOffice. Zu empfehlen ist ein Editor, der in der Lage ist, Zeilennummern anzuzeigen, z.B. der Editor „CREdit" (`http://www.praven3.com/credit/`) für MS-Windows-Umgebungen. Dieser Editor ist besonders praktisch, weil er Zeilennummern anzeigen kann (Menü *„Edit→Advanced→Show Line Numbers"*) und weil sich aus ihm heraus auch der Assembler starten lässt (Menü *„Options→Tools"* bzw. *„Tools"*).

Beginnen Sie mit dem in Abschnitt 3.1.2 vorgestellten Programm. Geben Sie das Programm ein und speichern Sie es ab, z.B. unter dem Dateinamen

---

[1] Wenn die Fehlermeldung auftritt: `make: cc: Command not found`, so müssen Sie in der Datei namens `Makefile` sehr wahrscheinlich die Zeile `CC = cc` ändern in `CC = gcc`.

[2] Für diesen Zweck geht das am einfachsten mittels ``PATH=`pwd`:$PATH``.

„arithmetik.mms“. Assemblieren Sie es sodann, indem Sie in der Kommandozeile einer Shell oder eines DOS-Fensters folgendes Kommando eingeben (siehe dazu auch den Abschnitt C.1):

mmixal arithmetik.mms

Bei fehlerfreier Assemblierung[3] entsteht dabei eine neue so genannte Objektdatei namens arithmetik.mmo. Die Endung .mmo steht für „ *MM*IX-*O*bjektdatei“. Diese Datei enthält Befehlswörter und Daten. Sie enthält praktisch keine direkt lesbare Information mehr. Sieht man sich die Datei mit einem Dateilister an, so ergibt sich das in Abbildung C.1 dargestellte Bild[4]. Dort werden die einzelnen Byte der Datei als hexadezimale Zahlen dargestellt und es wird im rechten Teil versucht, die zugehörigen ASCII-Zeichen abzubilden. Es lässt sich erkennen, dass der Name der Quelldatei in der Objektdatei mit angegeben wird. Ferner lassen sich mit einiger Mühe die Befehlswörter der Befehle identifizieren (gekennzeichnet ist das Befehlswort eines Additionsbefehls ADD $5,$4,$1.) Die MMIX-Programmierumgebung enthält ein Programm namens mmotype, mit dem sich die Objektdatei analysieren lässt. Ein Aufruf von mmotype arithmetik.mmo zeigt einige Informationen über die Objektdatei an (siehe dazu Versuch 9).

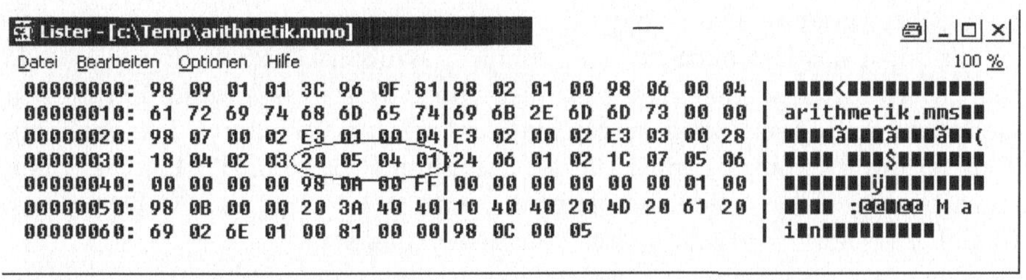


**Abb. C.1.** Eine mmo-Datei in einem Dateilister betrachtet.

Der MMIX ist kein real existierender Prozessor, auf dem wir das MMIX-Programm jetzt ablaufen lassen könnten. Es gibt jedoch ein Programm, das den Prozessor simuliert und das unser MMIX-Programm interpretieren kann. Der Simulator wird aus der Kommandozeile aus mit dem Kommando mmix arithmetik aufgerufen. Dabei wird die erzeugte MMIX-Objektdatei arithmetik.mmo vom Simulator gelesen. Die Endung .mmo muss im Kommando nicht mit angegeben werden. Nachdem im Programm allerdings keine Ausgabe eingebaut ist, passiert bei diesem Aufruf nichts. Eine Möglichkeit,

3 Im Anhang unter D sind alle möglichen Fehlermeldungen aufgeführt, zusammen mit Hinweisen auf deren Beseitigung. Erscheint gar keine Meldung, so ist alles in Ordnung.

4 Die Darstellung stammt von dem Dateilister des „Windows Commander“ (http://www.ghisler.com/); unter Linux kann der Viewer des „Midnight Commander“ mc verwendet werden, der den üblichen Distributionen beiliegt.

um zu sehen, was passiert, ist ein im Simulator eingebauter Mechanismus zum Verfolgen der Programmablaufs. Ein Aufruf von `mmix -t1 arithmetik` bewirkt, dass für die erste Ausführung eines jeden Befehls eine so genannte Trace-Ausgabe erzeugt wird. Nach dem Aufruf ergibt sich folgendes Bild (die Adressen wurden um einige Nullen verkürzt):

```
1. 0000000100: e3010004 (SETL) $1=l[1] = #4
1. 0000000104: e3020002 (SETL) rL=3, $2=l[2] = #2
1. 0000000108: e3030028 (SETL) rL=4, $3=l[3] = #28
1. 000000010c: 18040203 (MUL) rL=5, $4=l[4] = 2 * 40 = 80
1. 0000000110: 20050401 (ADD) rL=6, $5=l[5] = 80 + 4 = 84
1. 0000000114: 24060102 (SUB) rL=7, $6=l[6] = 4 - 2 = 2
1. 0000000118: 1c070506 (DIV) rL=8, $7=l[7] = 84 / 2 = 42, rR=0
1. 000000011c: 00000000 (TRAP) Halt(0)
8 instructions, 0 mems, 80 oops; 0 good guesses, 0 bad
(halted at location #000000000000011c)
```

Ausgegeben wird für jeden Befehl zuerst der Wert „`1.`“ was besagt, dass es sich um die erste Ausführung dieses Befehls handelt (das wird von Bedeutung, wenn wir Laufschleifen programmieren und manche Befehle öfter als einmal ausgeführt werden). Dann folgt die Speicheradresse, von welcher der Befehl geholt wird, das Befehlswort, der Befehl in symbolischer Schreibweise sowie seine Wirkung. Die Ausgaben `rL=3` usw. bedeuten, dass 3 lokale Register in Gebrauch sind (Wert wird im Spezialregister `rL` gespeichert). Die vorletzte Zeile ist die Ausführungsstatistik des gesamten Programms: 8 Instruktionen wurden ausgeführt, 0 Speicherzugriffe (mems, Symbol $\mu$) bei 80 Taktzyklen (oops). Der Rest wird erst später von Bedeutung sein.

Wenn wir Programme mit Schleifen schreiben werden, die öfter durchlaufen werden können, so kann eine größere Zahl $n$ bei dem Schalter „`-t`$n$“ (für „trace“) angegeben werden. Jeder Befehl wird dann $n$ mal beobachtet.

**Versuch 2 (Generieren eines Assembler-Listings).** Geben Sie das Programm zur einfachen Ausgabe von Zeichenketten von Seite 60 ein. Speichern Sie es beispielsweise in einer Datei namens `simple-output.mms` ab und assemblieren Sie es mit der Schalteroption „`-l`“. Diese Option erzeugt ein Listing. Sie müssen nach dem Schalter den Namen einer Datei angeben, in die das Listing geschrieben werden soll. Sinnvollerweise ist das der Name `simple-output.mml`, wobei die Endung `.mml` für MMIX-Listing steht. Insgesamt muss der Aufruf also lauten: `mmixal -l simple-output.mml simple-output.mms`. Damit erhält man folgende Ausgabe im Listing (Zeilen teilweise etwas gekürzt):

```
                    LOC Data_Segment
($254=#20000000     GREG @
         00000000)
```

```
2000000000000000: String BYTE  "Text",#A,0  Zeichenkette ...
 ...000: 54657874
 ...004: 0a00

                    LOC #100
0000000000000100: Main LDA $255,String   Adresse String ...
 ...100: 23fffe00
 ...104: 00000701   TRAP 0,Fputs,StdOut Ausgabe Zeichenkette
 ...108: 00000000   TRAP 0,Halt,0

Symbol table:
 Main = #0000000000000100 (1)
 String = #2000000000000000 (2)
```

Der erste Teil des Listings enthält Informationen über das assemblierte Programm (einschließlich ggf. aufgetretener Fehlermeldungen) und der untere Teil listet die komplette Symboltabelle. In der zweiten Zeile des Programms ist zu sehen, dass mit `GREG @` das Register `$254` mit der Adresse `#2000 0000 0000 0000` belegt wird. Danach kann man erkennen, welche Byte an welche Speicheradressen geschrieben werden. Insbesondere sehen wir, dass an der Adresse `#100` das Befehlswort `#23 FF FE 00` zu stehen kommt. `#23` ist der Opcode des `ADDU`-Befehls mit Direktoperand („Add Unsigned Immediate“). Der Befehl `LDA $255,String` wird also tatsächlich umgesetzt in

```
ADDU   $255,$254,0
```

unter Verwendung des globalen Registers `$254`.

**Versuch 3 (Verwendung des Rahmenprogramms zur Ein- und Ausgabe ganzer Zahlen).** Laden Sie sich von der Internetseite zu diesem Buch das Rahmenprogramm `rahmen.mms` zur Ein- und Ausgabe ganzer Zahlen herunter. Die ersten Zeilen sehen etwa folgendermaßen aus (kleinere Änderungen sind vorbehalten), wobei zu beachten ist, dass Zeilen, die weder mit einem Buchstaben noch mit einer Ziffer beginnen, als Kommentarzeilen betrachtet werden:

`rahmen.mms`

```
* Programmrahmen für einfache MMIX-Programme.
* ein Aufruf von
* TRIP DrZahl,$n,0
* druckt den Wert aus Register n als vorzeichenbehaftete
* ganze Zahl aus.
* Ferner:
* TRIP LsZahl,$n,0
* liest eine vorzeichenbehaftete ganze Zahl in Reg. $n ein.
* In beiden Fällen wird der Inhalt von Register $255 verändert
* Version vom 8.9.2001, ab@cs.fhm.edu
```

```
11
12 DrZahl   IS     0
13 LsZahl   IS     1
14          LOC    Data_Segment
15          GREG   @
16 ------------------------------------------------------------
17 * AB HIER können eigene Daten ergänzt werden
18
19
20
21 * ENDE eigene Daten
22          LOC    0
23          JMP    IO     Einsprung für TRIP: Verzweigung nach IO
24          LOC    #100
25 ------------------------------------------------------------
26 * AB HIER kann das eigene Programm eingesetzt werden
27
28 Main     TRIP   LsZahl,$11,0
29          TRIP   DrZahl,$11,0
30          TRAP   0,Halt,0
31
32 * ENDE des eigenen Programms.
33
```

Eigene Daten, die Sie im Datensegment unterbringen wollen, können an der angegebenen Stelle ab Zeile 18 eingetragen werden. Ihr Programm soll dann ab Zeile 27 stehen. Nach Zeile 32 sollten Sie nichts mehr ändern. Wie in den ersten Zeilen des Programms angegeben, gibt ein Aufruf von `TRIP DrZahl,$n,0` den Wert aus Register `$n` als vorzeichenbehaftete ganze Zahl aus und `TRIP LsZahl,$n,0` liest eine vorzeichenbehaftete ganze Zahl in Register `$n` ein. Als Beispiel wird in Zeilen 28 bis 29 eine Zahl in Register `$11` eingelesen und anschließend sofort wieder ausgegeben.

Bauen Sie das Programm von Seite 48 in das Rahmenprogramm ein und lassen Sie sich das berechnete Ergebnis ausgeben.

**Versuch 4 (Zählen von Taktzyklen und Sprungvorhersagen).** Schreiben Sie das erste Programm mit Euklids Algorithmus aus Abschnitt 4.2. Assemblieren Sie es und starten Sie es zuerst mit „`mmix -t10`“, um jeden Befehl zehnmal zu verfolgen. Damit sollten Sie die Programmschritte nachvollziehen können. Führen Sie es danach mit der Option „`-s`“ aus (für „Show Statistics“). Sie bekommen dann die folgende Ausgabe:

```
30 instructions, 0 mems, 331 oops; 4 good guesses, 1 bad
(halted at location #0000 0000 0000 0120)
```

Daran sehen Sie, was der Simulator über die Programmausführung protokolliert hat: Er hat 30 Instruktionen ausgeführt, keine Speicherzugriffe (`mems`) und insgesamt hat die Ausführung 331 Taktzyklen (`oops`) in Anspruch genommen. Dabei liegen bestimmte Annahmen über die Ausführungsdauer der einzelnen Befehle zugrunde, die den Befehlsspezifikationen und der Übersicht im Einband entnommen werden können. Ferner sehen Sie, wie viele Sprünge gut (`good guesses`) bzw. schlecht (`bad guesses`) vorhergesagt wurden. Von den fünf Durchläufen durch den Sprungbefehl `BZ` wird der Sprung viermal ausgeführt und erst beim letzten Mal nicht mehr.

Ändern Sie den `BZ`-Befehl in einen `PBZ`-Befehl um und wiederholen Sie den Versuch. Probieren Sie dann die zweite Variante des Programms für Euklids Algorithmus aus. Finden Sie heraus, welches Programm mit weniger Taktzyklen ausgeführt werden kann.

Der `MMIX` besitzt ein Spezialregister `rC` (cycle counter), in dem er die Anzahl der ausgeführten Taktzyklen mitzählt. Dieses Register kann auch aus dem Programm mit `GET $X,rC` ausgelesen werden.

**Versuch 5 (Interaktiver Modus).** Der `MMIX`-Simulator verfügt über einen interaktiven Modus (Einzelschrittmodus), in dem wir ein Programm Schritt für Schritt ausführen lassen und Register- sowie Speicherinhalte anzeigen lassen können. Dieser Modus wird mit dem Schalter `-i` für „run interactively" gestartet. Versuchen Sie dies mit dem Programm zur Maximumsuche von Seite 105:

```
mmix -i max
```

Nach dem Aufruf meldet sich der Simulator mit

```
mmix>
```

und wartet auf eine Eingabe. Durch Eingabe von „`h`" zeigt der Simulator alle möglichen Kommandos an (help). Durch Drücken der Returntaste wird jeweils ein Befehl ausgeführt (alternativ `n` für next). Sinnvoll ist es, in diesem Fall zusätzlich den Schalter `-l` („list source lines") zu benutzen, wodurch in jedem Schritt die zugehörige Zeile des Quellprogramms angezeigt wird. Die Orientierung fällt dann leichter.

Interessant zur Fehlersuche ist die Möglichkeit, das Programm bis zu einer bestimmten Stelle ausführen zu lassen. Dazu benötigen Sie ein Assembler-Listing, wie in Versuch 2 beschrieben. Suchen Sie dort nach einer geeigneten Adresse, an der Sie das Programm anhalten wollen. Nehmen wir an, wir wollen überprüfen, ob in der Schleife des Unterprogramms alles so abläuft, wie es gedacht ist. Im Listing erscheint folgende Stelle geeignet:

```
...130: 8c030100  Wdhl   LDO xi,pxi,i
...134: 30040203         CMP test,max,xi     xi > max?
...138: 60020403         CSN max,test,xi
```

Also soll der Simulator an der Adresse `#134` gestoppt werden. Wir teilen ihm dies über die Anweisung `bx134` mit, was bedeutet „break on execution at `134`"[5]. Der Befehl darf keine Leerschritte enthalten! Damit ist ein *Hal-*

[5] Das Programm kann auch bei nur lesendem oder schreibendem Zugriff auf eine Speicheradresse mittels `br` oder `bw` (read bzw. write) gestoppt werden.

*tepunkt* (Breakpoint) gesetzt (der Befehl `B` zeigt alle momentan gesetzten Breakpoints). Durch Eingabe von `c` für „continue" wird das Programm ausgeführt, bis ein Haltepunkt erreicht wird. In unserem Beispiel meldet sich der Simulator mit

```
1. 0000000134: 30040203 (CMP) rL=5, $4=l[4] = 88 cmp 512 =-1
25 instructions, 11 mems, 88 oops; 0 good guesses, 1 bad
  (now at location #0000000000000138)
mmix>
```

Der Befehl an Adresse `#134` wurde also gerade ausgeführt. Wir können nun Register oder den Speicher inspizieren: `M2000000000000000` zeigt den Wert des Octabyte an Adresse #2000 0000 0000 0000 als hexadezimalen Wert. Auf die Dauer ist es sehr mühsam, solch lange Adressen eintippen zu müssen. Die Arbeit wird erleichtert durch folgende Befehle:

1. `+10` zeigt z.B. den Inhalt der folgenden zehn Octa an.
2. `T`, `D`, `P` oder `S` setzen eine Voreinstellung für eines der vier Speichersegmente (Text-, Daten-, Pool-, oder Stacksegment), so dass zu den in allen folgenden `M`- oder `+`-Befehlen angegebenen Adressen automatisch die Startadresse des jeweiligen Segments addiert wird. Statt `M2000000000000000` kann also einfach der Befehl `D` gefolgt von dem Befehl `M` eingegeben werden.

Der Inhalt von Registern ist durch Eingabe des entsprechenden Registernamens einsehbar, etwa `$1`, `rR` oder `rN`[6]. Statt hexadezimaler Ausgabe kann durch Nachstellen von „`"`" die Ausgabe als Zeichenkette erzwungen werden bzw. durch Nachstellen von „!" die Ausgabe als Dezimalzahl und durch „." die Anzeige als Gleitkommazahl. Das Beschreiben von Registern (mit Ausnahme der in der Spezifikation von `PUT` auf Seite 56 genannten Spezialregister) ist ebenso möglich, etwa `$1=4711` oder `rD=#10`.

Sie können das Program auch an einer beliebigen anderen Adresse fortsetzen lasssen durch die Angabe von `@` gefolgt von der Zieladresse (wiederum ohne Leerschritt dazwischen).

Um die weiteren Vergleiche zu beobachten, könnten wir auch ein selektives Tracing einschalten: `t134`, wonach bei jeder Ausführung des Befehls an der Adresse `#134` eine Ausgabe erfolgt.
Den interaktiven Modus können Sie durch `q` einfach wieder verlassen.

Eine weitere Möglichkeit, das Programm unterbrechen zu lassen, ist die Verwendung des Spezialregisters `rI` (interval counter). Der Inhalt dieses Registers wird je Taktzyklus um eins reduziert und die Programmausführung wird unterbrochen, sobald der Wert null erreicht ist. Danach wird das Register wieder mit dem Wert #FFFF FFFF FFFF FFFF initialisiert.

[6] `rN` ist ein Spezialregister, in dem eine unveränderliche Seriennummer des Prozessors gespeichert wird. Für den Simulator wird diese zum Zeitpunkt seiner Übersetzung aus dem aktuellen Datum und der Uhrzeit generiert.

**Versuch 6 (Profiling).** Assemblieren Sie das Programm zum byteweisen Invertieren einer Bitmap aus Abschnitt 6.6.2 (vollständiges Programm im Internet verfügbar). Führen Sie es mit der Option `-P` für „Print **P**rofile" aus. Der Assembler führt dabei Buch darüber, wie oft jeder einzelne Programmbefehl ausgeführt wurde. Die Ausgabe liefert etwa das folgende Bild:

```
        ........
     2. 0000000000000238: f5fffffe (GETAB)
     2. 000000000000023c: 8f02ff00 (LDOUI)
     2. 0000000000000240: 93010000 (LDHTI)
     2. 0000000000000244: dc000102 (MOR)
     2. 0000000000000248: f8010000 (POP)
     1. 000000000000024c: e30400ff (SETL)
 76800. 0000000000000250: 82fcfdfb (LDBU)
 76800. 0000000000000254: 26fc04fc (SUBU)
 76800. 0000000000000258: a2fcfdfb (STBU)
 76800. 000000000000025c: 25fbfb01 (SUBI)
 76800. 0000000000000260: 5bfbfffc (PBNZB)
     1. 0000000000000264: f8000000 (POP)
        .........
```

Daran ist zu erkennen, dass die meisten Befehle maximal zweimal ausgeführt werden und dass in der Schleife, in der die Bitmap invertiert wird, jeder der fünf beteiligten Befehle 76.800-mal ausgeführt wird. Eine Optimierung, die nur einen Befehl in dieser Schleife einspart oder mit einem schnelleren Befehl arbeitet, spart leicht 20% der gesamten Programmlaufzeit ein! Modifizieren Sie das Programm so, dass die Invertierung octaweise durchgeführt wird und lassen Sie sich wiederum ein Profil ausgeben. Es sollte diesmal etwa so aussehen:

```
        ........
     1. 0000000000000268: e3040000 (SETL)
     1. 000000000000026c: 25040401 (SUBI)
  9600. 0000000000000270: 8efcfdfb (LDOU)
  9600. 0000000000000274: d0fc04fc (BDIF)
  9600. 0000000000000278: aefcfdfb (STOU)
  9600. 000000000000027c: 25fbfb08 (SUBI)
  9600. 0000000000000280: 55fbfffc (PBPB)
     1. 0000000000000284: f8000000 (POP)
        .........
```

Die Ersparnis ist dramatisch: Insgesamt werden über 80% Instruktionen, aber auch ebenso viele Speicherzugriffe und Taktzyklen eingespart. Dies ist ein drastisches Beispiel für die Regel, dass 90% der Laufzeit eines Programms bei nur 10% des Codes verbraucht wird. Derartiges Profiling spielt in der professionellen Programmentwicklung eine wichtige Rolle. Die Stellen des Programms, an denen viel Zeit verbraucht wird, heißen *hot spots*. Leider sind derartige

Aussagen im praktischen Alltag viel schwieriger zu bekommen als mit dem MMIX-Simulator.

**Versuch 7 (Der Pipeline-Simulator).** Neben dem Simulator für den MMIX-Prozessor, den wir bisher verwendet haben, gibt es noch einen zweiten, so genannten Meta-Simulator `mmmix`. Dieser simuliert nicht einzelne Instruktionen nacheinander, sondern die Speicherhierarchie (Hauptspeicher inklusive Caches) und die komplette Pipeline Takt für Takt so, wie es in den Abschnitten 7.4 und 8.1 besprochen wurde.

Der Einsatz dieses Simulators erfordert allerdings etwas Einarbeitung und kann hier nur sehr oberflächlich besprochen werden.

Der Simulator benötigt das auszuführende Programm in einem speziellen Binärformat. Dieses kann am einfachsten mit dem Standardsimulator über den Schalter `-D` erzeugt werden: `mmix -Dprog.mmb prog`.

Ferner benötigt der Meta-Simulator eine Konfigurationsdatei, in der die Struktur der Hardware des zu simulierenden Prozessors genau beschrieben ist. Dieser Simulator kann also verwendet werden, um eine nahezu beliebige Vielzahl verschiedener MMIX-Implementierungen zu simulieren; daher die Bezeichnung Meta-Simulator. Mehrere dieser Dateien finden Sie in der MMIX-Distribution aus Abschnitt C.1.2 von Donald E. Knuth. Sie haben die Endung `.mmconfig`.

Ein einfacher Beispielablauf mit dem Programm zum Erstellen von Bitmaps aus Abschnitt 6.6.1, das insgesamt 11.466 Takte lang läuft, mit der einfachen Konfigurationsdatei `plain.mmconfig` könnte so aussehen:
`mmmix plain.mmconfig bmp.mmb`
Der Simulator meldet sich nun mit `mmmix>` und erwartet eine Eingabe. Dieser Simulator verfügt nur über einen interaktiven Modus. Er simuliert allerdings nicht Befehl für Befehl, sondern Takt für Takt. Wichtig ist also zunächst, dem Simulator mitzuteilen, wie viele Taktzyklen er simulieren soll. Dazu gibt man ihm einfach die Zahl ein. Wenn er anhält, so kann der Inhalt der Caches abgefragt werden, ebenso die Registerinhalte oder der Inhalt der Pipeline. Wir lassen 10.015 Taktzyklen simulieren und sehen uns mit dem Befehl `p` den Inhalt der Pipeline an:

```
Contents of Icache:
Write buffer (empty)
Reorder buffer:
108:1d030008(div)* y=d z=8 rA=40 x=1?l[14]a=5?rR state=3 DIV1:1
10c:20020203(add)* y=208 z=>l[14] rA=40 x=?l[13] state=0 ALU1:1
110:80040602(ld)* y=2000000040 z=>l[13] x=?l[15] state=0 LSU1:1
114:fe030006(get)* z=>rR x=?l[14] state=0 ALU2:1
 5 available rename registers, 4 memory slots
Fetch buffer:
118: e3050080(SETL)*
11c: 3c050503(SR)
```

```
120: c0040405(OR)
124: a0040602(STB)
Instruction pointer is 128
```

Es ist zu sehen, dass gerade die Befehle ab der Adresse `#108` ausgeführt werden. Vier weitere Befehle wurden bereits aus dem Speicher geladen (Prefetch), aber werden noch nicht ausgeführt.

Lassen Sie die Simulation durch Eingabe einer großen Zahl an Zyklen, etwa 100000, zuende laufen und verlassen Sie die Simulation mit `q`.

Neben der Möglichkeit des Profiling durch den Simulator ist im `MMIX` ein Mechanismus vorgesehen, mit dem der Prozessor selbst mitzählt, wie oft bestimmte Befehle ausgeführt werden: das so genannte *usage register* `rU`. Die 64 Bit dieses Registers werden in drei Bereiche aufgeteilt: Das *usage pattern* (die höchstwertigen acht Bit) $u_p$, die *usage mask* $u_m$ (die nachfolgenden acht Bit), und den *usage counter* $u_c$ (die niederwertigen 48 Bit). Der Usage Counter wird nach der Ausführung einer Instruktion mit dem Opcode $OP$ genau dann um eins erhöht (modulo $2^{48}$), wenn gilt: $OP\&u_m = u_p$. Wird in das Register nichts eingetragen, so gilt $u_m = u_p = 0$, also werden alle Instruktionen gezählt. Diese Zählung ist allerdings nur im Pipeline-Simulator realisiert.

Eine weiter gehende Beschäftigung mit dem Pipeline-Simulator ist im Rahmen dieses Einführungsbuchs nicht möglich. Dem eigenen Experimentiertrieb sind hier allerdings keine Grenzen gesetzt [Böttcher].

**Versuch 8 (Interrupts).** Die folgenden Beispiele untersuchen die Wirkung des ropcodes beim `RESUME`. Wir gehen von einem Trip-Handler für die arithmetische Ausnahme „Integer divide" aus. Im ersten Fall bleibt der ropcode 80 in `rX` stehen, es erfolgt eine normale Rückkehr. Führen Sie folgendes Programm schrittweise im interaktiven Modus aus:

div0.mms

```
* Einsprung für Division durch 0
        LOC     #10
        PUSHJ   $255,DHandl
        GET     $255,rB     bootstrap-Register restaurieren
        RESUME  0           Rückkehr vom trip

* Hauptprogramm
        LOC     #100
Main    SET     $4,#FF00    arithmetische Ausnahmen zulassen
        PUT     rA,$4
        SET     $0,0
        SET     $1,1
        SET     $2,2
        DIV     $2,$1,$0    Division durch 0
        TRAP    0,Halt,0
```

```

* Hier kommt der eigentliche Interrupt-Handler
DText     BYTE    "Ausnahme:␣Division␣durch␣null",#A,0

DHandl    GETA    $255,DText
          TRAP    0,Fputs,StdOut
          POP     0
```

Es kann beobachtet werden, wie an der Stelle der Division der Interrupt erfolgt und zur Adresse #10 verzweigt wird:

```
0100: e304ff00  (SETL) rL=5, $4=l[4] = #ff00
0104: f6150004  (PUT) rA =  #ff00
0108: e3000000  (SETL) $0=l[0] = #0
010c: e3010001  (SETL) $1=l[1] = #1
0110: e3020002  (SETL) $2=l[2] = #2
0114: 1c020100  (DIV) $2=l[2] = 1 / 0 = 0, rR=1, -> #10
```

Ein Blick in die wichtigen Register zeigt an dieser Stelle:

```
l[0]= #0  l[1]= #1   l[2]= #0
rX:  g[25]= #800000001c020100
rY:  g[26]= #1
rZ:  g[27]= #0
rR:     g[6]= #1
rW: g[24]= #118
rB:  g[0]= #100
$255: g[255] = #0
```

Beim Akzeptieren des Trips wurde in `rW` die Fortsetzungsadresse `#118` gespeichert. Dorthin kehrt das Programm mit `RESUME 0` zurück, nachdem eine entsprechende Meldung ausgegeben wurde:

```
0010: f2ff0083  (PUSHJ) l[5]=5, rL=0, rJ=#14, -> #21c
021c: 23fffd00  (ADDUI) $255=g[255]  = #200
0220: 00000701  (TRAP) $255 = Fputs(StdOut,#200) = 25

mmix> Ausnahme: Division durch null

0224: f8000000   (POP) rL=5, -> #14
0014: feff0000  (GET) $255=g[255] = rB = #100
0018: f9000000  (RESUME) {#800000001c020100} -> #118
0118: 00000000  (TRAP) Halt(0)
```

Nun setzen wir im Trip-Handler den ropcode auf 0 und erzwingen damit eine Wiederholung des unterbrochenen Befehls, also der Division. Da die Operanden nicht modifiziert wurden, löst die Wiederholung wieder eine Ausnahme aus usw.

divOendlos.mms

```
* Einsprung für Division durch 0
         LOC    #10
         PUSHJ  $255,DHandl
         GET    $255,rB    $255 restaurieren
         RESUME 0          Rückkehr vom trip

* Hauptprogramm
         LOC    #100
Main     SET    $4,#ff00   arithmetische Ausnahmen zulassen
         PUT    rA,$4
         SET    $0,0
         SET    $1,1
         SET    $2,2
         DIV    $2,$1,$0   Division durch 0
         TRAP   0,Halt,0

* Hier kommt der eigentliche Interrupt-Handler
DText    BYTE   "Ausnahme:␣Division␣durch␣null",#A,0
Mask     OCTA   #00000000FFFFFFFF

mask     IS     $1         neuer stack frame
rop      IS     $2

DHandl   GETA   $255,DText
         TRAP   0,Fputs,StdOut
         LDO    mask,Mask
         GET    rop,rX
         AND    rop,rop,mask
         PUT    rX,rop     wiederhole die Instruktion

         POP    0
```

Die Trace-Ausgabe zeigt, dass das Programm in eine Endlosschleife läuft, weil die Division durch null wiederholt wird und immer wieder den Interrupt auslöst:

```
0114: 1c020100 (DIV) $2=l[2] = 1 / 0 = 0, rR=1, -> #10
0010: f2ff0086 (PUSHJ) l[5]=5, rL=0, rJ=#14, -> #228
0228: e3010001 (SETL) rL=2, $1=l[7] = #1
022c: 23fffd00 (ADDUI) $255=g[255] = #200
0230: 00000701 (TRAP) $255 = Fputs(StdOut,#200) = 25

mmix> integer divide exception
```

```
0234: 8d02fd20 (LDOI) rL=3, $2=l[8] = M8[#200+32]
                                    = #00000000fffffff
0238: fe030019 (GET) rL=4, $3=l[9] = rX = #800000001c020100
023c: c8030302 (AND) $3=l[9] = #800000001c020100 & #ffffffff
                                    = #1c020100
0240: f6190003 (PUT) rX =  #000000001c020100
0244: f8000000 (POP) rL=5, -> #14
0014: feff0000 (GET) $255=g[255] = rB = #100
0018: f9000000 (RESUME) {#1c020100} -> #118

0114: 1c020100 (DIV)) $2=l[2] = 1 / 0 = 0, rR=1, -> #10

0010: f2ff0086 (PUSHJ) l[5]=5, rO=#6000000000000030, rL=0,
                                    rJ=#14, -> #228
```

Nun erzwingen wir, dass beim RESUME das Ergebnis mit dem Wert substituiert wird, den der Trip-Handler in rZ eingetragen hat (nämlich #123). Die unterbrochene Operation selbst wird nicht wiederholt. Der relevante Programmausschnitt ist:

div0subst.mms

```
DText   BYTE  "Ausnahme:␣Division␣durch␣null",#A,0
Mask    OCTA  #00000000FFFFFFFF

mask    IS    $1          neuer stack frame
rop     IS    $2
h       IS    $3

DHandl  GETA  $255,DText
        TRAP  0,Fputs,StdOut
        SET   h,#0123
        PUT   rZ,h        Ergebnis!
        LDO   mask,Mask
        GET   rop,rX
        AND   rop,rop,mask
        SETH  mask,#0200
        OR    rop,rop,mask
        PUT   rX,rop      Ergebnis speichern
        POP   0
```

Es entsteht folgende Trace-Ausgabe:

```
mmix> . . .
0114: 1c020100 (DIV) $2=l[2] = 1 / 0 = 0, rR=1, -> #10
0010: f2ff0086 (PUSHJ) l[5]=5, rO=#6000000000000030, rL=0,
                                rJ=#14, -> #228
0228: 23fffe00 (ADDUI) $255=g[255] = 512 = #200
022c: 00000701 (TRAP) $255 = Fputs(StdOut,#200) = 25
mmix> integer divide exception

0230: e3030123 (SETL) rL=4, $3=l[9] = #123
0234: f61b0003 (PUT) rZ = #123
0238: 8d01fe20 (LDOI) $1=l[7] = M8[#200+32] = 00000000ffffffff
023c: fe020019 (GET) $2=l[8] = rX = #800000001c020100
0240: c8020201 (AND) $2=l[8] = #800000001c020100 & #ffffffff
                                = #1c020100
0244: e0010200 (SETH) $1=l[7] = #200000000000000
0248: c0020201 (OR) $2=l[8] = #1c020100 | #200000000000000
                                = #20000001c020100

024c: f6190002 (PUT) rX = #20000001c020100

0250: f8000000 (POP) rL=5, rO=#6000000000000000, -> #14
0014: feff0000 (GET) $255=g[255] = rB = #100
0018: f9000000 (RESUME) {#20000001c020100} -> #118

0114: ..02..rZ (SET)) $2=l[2] = #123

0118: 00000000 (TRAP) Halt(0)
```

**Versuch 9 (Das Werkzeug** `mmotype`**).** Das Hilfsprogramm `mmotype` stellt den Inhalt einer Objektdatei in einer menschenlesbaren Form dar. Insbesondere zeigt es die Opcodes der Befehle mit Bezug auf die Zeilennummer des Quellprogramms sowie die Symboltabelle. Für das Programm `arithmetik.mmo` sieht die Ausgabe folgendermaßen aus:

```
File was created Thu May 30 18:10:39 2002
0000000000000100: e3010004 ("arithmetik.mms", line 2)
0000000000000104: e3020002 (line 3)
0000000000000108: e3030028 (line 4)
000000000000010c: 18040203 (line 5)
0000000000000110: 20050401 (line 6)
0000000000000114: 24060102 (line 7)
0000000000000118: 1c070506 (line 8)
000000000000011c: 00000000 (line 9)
g255: 0000000000000100
```

```
Symbol table (beginning at tetra 21):
    Main = #0100 (1)
```

Dieses Programm bietet eine gewisse Hilfestellung bei der Analyse von Objektdateien, wenn z.B. das zugehörige Quellprogramm verloren gegangen ist.

Die beiden Pseudobefehle BSPEC und ESPEC dienen zum Eintragen von Daten in die Objektdatei (special mode), die weder mit dem Programm noch mit seinen Daten unmittelbar etwas zu tun haben. Siehe dazu die unten stehende Spezifikation. Diese Information kann auch mit dem Programm mmotype sichtbar gemacht werden. Versuchen Sie dies, indem Sie in ein Programm die folgenden Zeilen einbauen

```
BSPEC  0
BYTE   "HALLO"
ESPEC
```

und nach der Assemblierung die Objektdatei mit mmotype ansehen.

**Name:**
BSPEC *Ausdruck*
ESPEC

**Beschreibung:**
Die Anweisung BSPEC steht für „Begin Special Mode“ und entspechend steht ESPEC für „End Special Mode“.
Der Text zwischen diesen Anweisungen wird direkt in die Ausgabedatei geschrieben, aber nicht als Teil des assemblierten Programms geladen. So bilden diese Anweisungen einen Mechanismus, mit dem Systemfunktionen Daten durch den Assembler hindurch direkt in die Ausgabe übermitteln können. So kann etwa der Übersetzer einer Hochsprache in dieser Weise Informationen über die Zeilennummern für einen Debugger in die erzeugte Objektdatei einfügen.
Normale MMIX-Instruktionen sind in Special Mode nicht zulässig; nur die Pseudobefehle IS, PREFIX, BYTE, WYDE, TETRA, OCTA, GREG und LOCAL sind dort erlaubt.
Der *Ausdruck* nach BSPEC sollte in zwei Byte passen und kann dazu verwendet werden, Informationen über die Art des nachfolgenden Textes zu übermitteln. So kann etwa BSPEC 1 zur Übermittlung von Zeilennummern und BSPEC 2 zur Übermittlung von Dateinamen dienen.

Die Pseudobefehle BSPEC und ESPEC

# D. Meldungen von `mmixal` und `mmix`

In diesem Teil des Anhangs werden alle Meldungen des `mmixal`-Assemblers und des Simulators zusammengefasst. Wenn Fehler erscheinen, so gibt der Assembler am Ende eine Zusammenfassung aus: „`(One error was found.)`“ oder „`(`*n* `errors were found.)`“.

Fehlermeldungen, die mit '`*`' beginnen, sind Warnungen, die auf kleinere Probleme hinweisen, die evtl. sogar ignoriert werden können. Alle anderen Meldungen bezeichnen schwerwiegende Fehler. Für eine derart fehlerhafte Instruktion wird kein Befehlswort erzeugt.

Viele der Fehler treten im Zusammenhang mit einem Ausdruck auf. Im Fall, dass Sie den Fehler nicht sofort erkennen und beheben können, sollten Sie den Anhang E.2 über Ausdrücke durcharbeiten. Diese Stellen sind in den Fehlermeldungen durch „→Ausdruck“ gekennzeichnet.

Sehr häufig treten auch Fehler auf, bei denen angegebene Größen undefiniert sind. Hauptursachen dieser Fehler sind:

- Es wurde vergessen, das Symbol zu definieren.
- Ein Befehl, der absolut adressiert (Lade- und Speicherbefehle, `GO` oder `PUSHGO`), referenziert ein Symbol, das erst an späterer Stelle im Programm definiert wird. Vorwärtsreferenzen sind ausschließlich für relativ adressierende Befehle zulässig (Sprünge und `GETA`) – sowie für die Pseudobefehle `BYTE`, `WYDE`, `TETRA` und `OCTA`. Wird mit Letzteren gerechnet, etwa `OCTA 2F`, so gilt die Marke `2H` ebenfalls als undefiniert.
- Ein Symbolname wurde falsch geschrieben.
- Ein Präfix wurde vergessen.

Diese Stellen sind in den Fehlermeldungen durch „→undefinierte Größe“ gekennzeichnet.

## D.1 Warnungen von `mmixal`

`constant doesn't fit in one byte`
`constant doesn't fit in` *n* `byte`

Eine nach einem `BYTE`, `WYDE`, `TETRA` oder `OCTA` angegebene Konstante ist größer als die Anzahl der Byte, die sie nach der Größenangabe belegen sollte (1, 2, 4 oder 8), etwa `BYTE #ABCD`. Der Assembler arbeitet mit dem Modulus entsprechend der angegebenen Größe weiter (im Beispiel #ABCD mod 256 = #CD).

`division by zero`
In einem „→Ausdruck“ erfolgt eine Division durch null.

`illegal fraction`
Bei der gebrochenen Division (Operator //) muss der Zähler kleiner sein, als der Nenner.

`label field of ... instruction is ignored`
Für die Pseudobefehle `BSPEC`, `ESPEC` und `LOCAL` können keine Marken vergeben werden.

`missing left parenthesis`
`missing right parenthesis`
In einem „→Ausdruck“ wird eine Klammer '(' oder ')' vermisst.

`no opcode; label ... will be ignored`
Auf eine Marke folgt kein Befehl, deshalb wird die Marke ignoriert. Es kann später auch nicht auf sie Bezug genommen werden. Ursache ist oft die Absicht, mehrere Marken für ein und dasselbe Sprungziel definieren zu wollen. Dafür gibt es zwei Möglichkeiten:

```
Label1  SWYM
Label2  ADD   ...
```

Dabei wird allerdings eine unnötige `SWYM`-Instruktion eingefügt. Besser ist folgende Lösung:

```
Label1  LOC   @
Label2  ADD   ...
```

`null string is treated as zero`
Für eine leere Zeichenkette (`""`) wird der Wert null eingesetzt.

`operand of ... should be a register number`
Es wurde ein Direktoperand oder ein Spezialregister statt einer Registernummer angegeben. Der Assembler betrachtet einen Befehl wie `ADD 1,2,3` automatisch als `ADD $1,$2,3` und `SET rJ,5` als `SET $4,5`.

`operand of ... should not be a register number`
Es wurde eine Registernummer statt eines Direktoperanden oder Spezialregisters angegeben. Der Assembler betrachtet einen Befehl wie `PUT $1,$2` als `PUT rD,$2`.

`operand of 'BSPEC' doesn't fit in two bytes`
Der Parameter des `BSPEC`-Befehls darf nur zwei Byte lang sein.

`redefinition of predefined symbol ...`
Ein bereits definiertes Symbol wird erneut definiert.

register number too large, will be reduced mod 256

Es wurde eine Registernummer größer 255 eingesetzt. Der Assembler ersetzt sie durch ihren Divisionsrest modulo 256.

register number used as a constant

Registernummern dürfen nicht als Konstante benutzt werden.

relative address in location #*n*x*n*x not divisible by 4
relative address is not divisible by 4

Es wurde versucht, mit GETA eine Adresse in ein Register zu bringen, die nicht ohne Rest durch vier teilbar ist (siehe relative Adressberechnung in Abschnitt 6.2). Ursache sind meist zwischen Befehlen angegebene Konstanten mit BYTE (typischerweise Zeichenketten) oder WYDE, die kein ganzzahliges Vielfaches von vier Byte belegen. Abhilfe schafft eine explizite Ausrichtung durch z.B. LOC (@+4)&-4 *vor* der bemängelten Stelle.

trailing characters dropped

Diese Meldung erscheint, wenn das Problem erneut auftritt, das die folgende Meldung verursacht:

trailing characters of long input line have been dropped
(say '-b <number>' to increase the length of my input buffer)

Eine Zeile der Eingabedatei ist zu lang, d.h., sie enthält mehr als 72 Zeichen. Durch Verwendung der Option -b␣*n* wird der Lesepuffer des Assemblers auf *n* gesetzt; *n* sollte hinreichend groß gewählt werden.

X field doesn't fit in one byte

Der als X-Feld angegebene Wert passt nicht in ein Byte, z.B. POP 1000,0.

X field of ... should be a register number

Es wurde keine Registernummer angegeben, wo ein Register verlangt wird, etwa ADD 1,$2,3.

X field of ... should not be a register number

Manche Befehle verlangen keine Registernummer als X-Operand (z.B. POP), es wurde in einem solchen Fall jedoch eine angegeben.

XYZ field doesn't fit in three bytes

Es wurde ein zu großer Direktoperand angegeben. Beachten Sie bitte auch, dass negative Zahlen nicht als Direktoperanden angegeben werden können.

Y field doesn't fit in one byte

Es wurde ein zu großer Direktoperand angegeben. Beachten Sie bitte auch, dass negative Zahlen nicht als Direktoperanden angegeben werden können.

`Y field of ... should be a register number`
Es wurde ein Direktoperand angegeben in einem Befehl, der ein Register erwartet.

`Y field of ... should not be a register number`
Es wurde ein Register angegeben in einem Befehl, der einen Direktoperanden erwartet.

`YZ field doesn't fit in two byte`
Es wurde ein zu großer Direktoperand angegeben. Beachten Sie bitte auch, dass negative Zahlen nicht als Direktoperanden angegeben werden können (beispielsweise erzeugt `SET $0,-1` diesen Fehler).

`YZ field of ... should be a register number`
Es wurde ein Direktoperand angegeben in einem Befehl, der ein Register erwartet.

`YZ field of ... should not be a register number`
Es wurde ein Register angegeben in einem Befehl, der einen Direktoperanden erwartet, z.B.: `SETH $1,$2`.

`Z field doesn't fit in one byte`
Es wurde ein zu großer Direktoperand angegeben. Beachten Sie bitte auch, dass negative Zahlen nicht als Direktoperanden angegeben werden können (beispielsweise erzeugt `ADD $0,$1,-1` diesen Fehler).

`Z field of ... should be a register number`
Es wurde ein Direktoperand angegeben in einem Befehl, der ein Register erwartet.

`Z field of ... should not be a register number`
Es wurde ein Register angegeben in einem Befehl, der einen Direktoperanden erwartet (z.B.: `POP 1,$1`).

## D.2 Fehlermeldungen von mmixal

`can negate pure values only`
`can complement pure values only`
`can registerize pure values only`
`can multiply pure values only`
`can divide pure values only`
`can compute a ratio of pure values only`
`can compute a bitwise shift of pure values only`
`can compute bitwise or of pure values only`
`can compute bitwise xor of pure values only`
In einem „→Ausdruck" dürfen die angegebenen neun Operationen nur auf pure values (Ausdrücke, die sich in natürlicher Weise auf Octas abbilden lassen) angewandt werden.

`can take serial number of symbol only`

Der unäre Operator & (siehe Seite 299) darf nur auf Symbole angewendet werden. Sehr wahrscheinlich wollten Sie den Operator als bitweise logische Oder-Verknüpfung verwenden und haben ein Argument vergessen. Siehe dazu auch Seite 122.

`can not add an undefined quantity`
`can not add to an undefined quantity`

In einem „→Ausdruck“ wurde eine „→undefinierte Größe“ benutzt.

`can not add two register numbers`

Es wurde in einem „→Ausdruck“ versucht, zwei Registernummern zu addieren (etwa $17+$4). Die starken binären Operatoren dürfen aber nicht auf Registernummern angewandt werden.

`can not subtract an undefined quantity`
`can not subtract from an undefined quantity`

In einem „→Ausdruck“ wurde eine „→undefinierte Größe“ benutzt. Möglicherweise wurde ein Symbol benutzt, das noch nicht oder erst später definiert ist.

`can not subtract register number from pure value`

Es sind nur bestimmte Ausrücke erlaubt, die mit Registernummern rechnen; siehe dazu Seite 299.

`can not use ... in special mode`

Der angegebene Befehl ist im Special Mode (zwischen BSPEC und ESPEC) unzulässig.

`Can't open the listing file ...`
`Can't open the object file ...`
`Can't open the source file ...`
`Can't write on ...`

Eine Datei, die der Assembler zum Schreiben öffnen will, kann nicht geöffnet werden. Entweder haben Sie keine Zugriffsrechte (Schreibschutz) oder die Festplatte/Diskette ist voll. Den Assemblierungsprozess sollten Sie auf keinen Fall mit Dateien starten, die auf Diskette gespeichert sind.

`Capacity exceeded: Out of ... memory`

Dies ist ein interner Fehler des Assemblers; er verfügt über zu wenig Speicher. Möglicherweise lässt sich das Problem beheben, indem Sie andere Anwendungen schließen.

`Danger: Must reduce the number of GREGs by` $n$

Es sollen zu viele Register global werden (zu viele GREGs angegeben). Dieser Fehler ist fatal, d.h., es wird gar keine richtige Objektdatei erzeugt.

`future reference cannot be to a register`

Vorwärtsverweise dürfen sich nicht auf Register beziehen.

`I can't deal with line numbers exceeding 65535`
So lange Programme dürfen Sie nicht schreiben.

`illegal character constant`
Es wurde in einem „→Ausdruck“ eine ungültige Zeichenkonstante gefunden (mehrere Zeichen zwischen Anführungsstrichen oder unzulässige Ersatzdarstellungen, wie sie aus C/C++ oder Java bekannt sind: `'\n'` etc.).

`illegal hexadecimal constant`
Es wurde in einem „→Ausdruck“ eine ungültige hexadezimale Konstante gefunden.

`improper local label ...`
Als lokale Label (Marken) dürfen Sie ausschließlich `0H` bis `9H` verwenden.

`incomplete character constant`
Eine Zeichenkonstante wurde nicht mit dem schließenden Anführungsstrich abgeschlossen („→Ausdruck“).

`incomplete string constant`
Eine Zeichenkette wurde nicht mit dem Anführungszeichen abgeschlossen („→Ausdruck“).

`label syntax error at ...`
Die Syntaxregeln wurden nicht eingehalten. Beispielsweise wurde ein unerlaubtes Zeichen, wie etwa ein Komma oder Punkt, verwendet. Symbole dürfen keine Sonderzeichen enthalten und nicht mit einer Ziffer beginnen; siehe auch Seite 297.

`no base address is close enough to the address A`
Wie im Abschnitt 6.2 beschrieben, ist der `LDA`- Befehl nichts anderes als ein `ADDU` mit einem mittels `GREG` belegten globalen Register als Bezugspunkt. Lesen Sie den Abschnitt 6.2 nochmals genau durch.

`No room for the buffers`
`No room for the stacks`
Dies ist ein interner Fehler des Assemblers; er verfügt über zu wenig Speicher. Möglicherweise lässt sich das Problem beheben, indem Sie andere Anwendungen schließen.

`not a valid prefix`
Präfixe dürfen ausschließlich Symbole und Doppelpunkte enthalten. Symbole wiederum bestehen aus Buchstaben und Ziffern; sie dürfen nicht mit einer Ziffer beginnen – wie auf Seite 297 beschrieben.

`opcode ... must have more than two operands`
Der in der Fehlermeldung näher spezifizierte Befehl verlangt mehr als zwei Argumente. Es wurden aber nur zwei angegeben.

`opcode ... must not have three operands`
Der in der Fehlermeldung näher spezifizierte Befehl darf keine drei Argumente haben.

`opcode ... must not have two operands`
Der in der Fehlermeldung näher spezifizierte Befehl darf keine zwei Argumente haben.

`opcode ... needs more than one operand`
Der in der Fehlermeldung näher spezifizierte Befehl verlangt mehr als ein Argument. Es wurde aber nur eines angegeben.

`opcode syntax error at ...`
Ein Opcode enthält ein Sonderzeichen. Es handelt sich dabei vermutlich um einen Schreibfehler.

`relative address in location #`*n*`x`*n*`x is too far away`
Mit relativer Adressierung lassen sich von der aktuellen Stelle nur Zieladressen in bestimmten Grenzen ansprechen, wie in den Abschnitten 4.2 und 6.2 beschrieben.

`relative address is more than ... tetrabytes backward`
`relative address is more than ... tetrabytes forward`
Die Zieladresse eines Befehls mit relativer Adressierung (`GETA` sowie alle bedingten Sprünge und der unbedingte Sprung `JMP`) ist zu weit entfernt. Typischerweise tritt dieser Fehler auf, wenn aus dem Textsegment (dort, wo üblicherweise das Programm steht) auf eine Adresse im Datensegment Bezug genommen wird (z.B. mit `GETA`; in diesem Fall sollte `LDA` verwendet werden).

`symbol ... is already defined`
Ein bereits definiertes Symbol wurde nochmals definiert. Sie sollten überlegen, ob Sie Ihr Programm durch Verwendung der `PREFIX`-Anweisung besser strukturieren können.

`syntax error after character ...`
`syntax error at ...`
`syntax error at character ...`
Die Syntaxregeln für Symbole oder einen →Ausdruck wurden nicht eingehalten. Ursache ist meist ein überflüssiges Zeichen, das keinem Symbol zugeordnet werden kann, wie etwa ein Komma oder Punkt, oder ein vergessener Operand nach einem Komma (`STO $0,`) aber auch Leerschritte innerhalb eines →Ausdrucks (`ADD $1,$1, 1`).

`the operand is undefined`
Es wurde eine undefinierte Größe in einem Befehl mit einem Operanden benutzt (z.B.: `SWYM`, `RESUME`).

`too many global registers`
Es wurde versucht, mehr als 224 Register als globale Register zu benutzen. Mehr als 224 Register können nicht global sein. Abhilfe schafft hier nur eine Umstrukturierung des Programms. Es sollte geprüft werden, ob mehr mit Unterprogrammen gearbeitet werden kann.

`too many operands for opcode ...`
Für den benutzten Befehl wurden zu viele Operanden angegeben.

`Type tetra is not implemented correctly`
Dieser Fehler sollte nicht auftreten. Er weist auf einen internen Fehler des Simulators hin.

`undefined constant`
Eine Konstante in einem „→Ausdruck“ ist undefiniert (siehe „→undefinierte Größe“).

`undefined local symbol ...`
Das angegebene lokale Label konnte nicht gefunden werden. Entweder wurde die Marke vergessen oder falsch geschrieben.

`undefined symbol:`
Es ist ein Symbol in einem „→Ausdruck“ nicht definiert (siehe „→undefinierte Größe“).

`unknown operation code ...`
Ein falscher symbolischer Name für einen Befehl wurde entdeckt. Ursache ist meist ein Schreibfehler, aber oft auch eine falsche Einrückung: Wenn eine Marke nicht an der ersten Position einer Zeile beginnt, so wird sie als symbolischer Name eines Befehls interpretiert.

`Usage: mmixal ... sourcefilename`
Diese Meldung tritt immer dann auf, wenn der Assembler nicht richtig aufgerufen wurde, also z.B. ohne Dateinamen der Quelldatei. Zur Bedienung des Assemblers siehe Anhang C.2.

`X field is undefined`
Ein undefiniertes Symbol für Operanden `X` wurde angegeben. Beachten Sie, dass außer bei Sprungbefehlen und `GETA` alle Bezüge definiert sein müssen, *bevor* sie verwendet werden.

`Y field is undefined`
Ein undefiniertes Symbol für Operanden `Y` wurde angegeben. Beachten Sie, dass außer bei Sprungbefehlen und `GETA` alle Bezüge definiert sein müssen, *bevor* sie verwendet werden.

`YZ field is undefined`
Ein undefiniertes Symbol wurde für einen Direktoperanden `YZ` angegeben. Beachten Sie, dass außer bei Sprungbefehlen und `GETA` alle Bezüge definiert sein müssen, *bevor* sie verwendet werden.

`Z field is undefined`
Es wurde ein undefiniertes Symbol für einen Direktoperanden `Z` angegeben.

## D.3 Meldungen von mmix

`Bad object file! (Try running MMOtype.)`
Der Simulator empfiehlt, die Objektdatei mit dem Programm `mmotype` zu überprüfen. Die Ursache liegt meist darin, dass Sie nicht den Namen der Objektdatei, sondern den einer anderen Datei angegeben haben, etwa `mmix programm.mms` statt `mmix programm.mmo` oder statt `mmix programm`.

`Can't open the object file ... or ...!`
Die Objektdatei kann nicht geöffnet werden. Prüfen Sie, ob Sie Ihr Programm auch assembliert haben und ob Sie sich im richtigen Verzeichnis befinden.

`illegal instruction!`
Es wurde eine unzulässige Instruktion ausgeführt. Illegal ist es z.B., den Inhalt der Spezialegister `rC`, `rN`, `rO` oder `rS` zu ändern; ebenso dürfen in die Register `rG` und `rA` keine beliebigen Werte geschrieben werden (siehe dazu die Angaben beim`PUT`-Befehl auf Seite 56). Auch die Befehle `SAVE`, `UNSAVE`, `SYNC` und `RESUME` dürfen nur mit bestimmten Parameterwerten aufgerufen werden.

`No room to store the file name!`
Es steht kein Speicherplatz mehr zur Verfügung, um interne Datenstrukturen zur Ablage von Dateinamen anzulegen. Versuchen Sie, andere Anwendungen zu schließen.

`privileged instruction!`
Es wurde eine privilegierte Instruktion ausgeführt. Hauptursache ist der Versuch, versehentlich von einer „negativen" Adresse zu laden oder an eine solche zu speichern. Auf Speicherbereiche mit Adressen ab acht EEB darf nur aus einem Betriebssystem heraus zugegriffen werden. Privilegiert sind ferner einige Befehle und Parameterbereiche, die einem Betriebssystem vorbehalten sind. Es sind dies z.B. `LDVTS`, `RESUME 1` oder `PUT rK,Z`.

`Sorry, I can't open file ...!`
Die nach dem Schalter `-f` angegebene Datei kann nicht geöffnet werden. Überprüfen Sie, ob deren Name richtig geschrieben ist und ob sie im richtigen Verzeichnis steht.

Usage: mmix <options> progfile command-line-args...

Sie haben den MMIX-Simulator falsch aufgerufen. Die Schalter wie -i oder -t müssen *vor* dem Dateinamen des auszuführenden Programms angegeben werden.

Warning: File ... was modified; it may not match the program!

Sie haben die Quelldatei geändert, aber danach nicht neu assembliert. Dann haben Sie den Simulator mit dem Schalter -l gestartet. Er warnt Sie nun, dass die angezeigten Zeilen des Quellprogramms möglicherweise nicht mit den tatsächlich übersetzten Programmzeilen übereinstimmen. Assemblieren Sie Ihr Programm erneut, bevor Sie den Simulator damit starten.

Warning: I can't open file ...; source listing omitted.

Sie haben den Simulator mit dem Schalter -l gestarten; dieser kann jedoch das Quellprogramm nicht finden.

Panic: Can't allocate any more memory

Der zur Verfügung stehende Speicherplatz reicht nicht aus. Möglicherweise haben Sie eine Endlosschleife programmiert, in welcher ständig neue Speicherzellen adressiert werden. Andernfalls haben Sie möglicherweise neben dem MMIX-Simulator viele andere Anwendungen laufen, die Speicherplatz belegen. Schließen Sie diese und starten Sie den Simulator erneut.

Panic: End of file on standard input; use the -f option, not <

Sollte Ihr MMIX-Programm von der Standardeingabe (StdIn) lesen, so ist es nicht möglich, die erforderlichen Eingaben mittels der Eingabeumleitung aus einer Datei lesen zu lassen, etwa: mmix programm.mmo < inputs. Sie müssen dafür den Schalter -f (fake standard input) verwenden: mmix -f inputs programm.mmo.

Panic: Incorrect implementation of type tetra

Deutet auf einen Fehler in der Implementierung des Simulators hin. Dieser Fehler sollte nicht auftreten.

Panic: No room for a source-line map
Panic: No room for the local registers

Der zur Verfügung stehende Speicherplatz reicht nicht aus. Vielleicht haben Sie neben dem MMIX-Simulator viele andere Anwendungen laufen, die Speicherplatz belegen. Schließen Sie diese und starten Sie den Simulator erneut.

# E. Zusammenfassung der Assemblersprache MMIXAL

*Was sich überhaupt sagen läßt,*
*läßt sich klar sagen,*
*und wovon man nicht reden kann, darüber muß man schweigen.*
*Ludwig Wittgenstein, „Tractatus logico-philosophicus"*

In diesem Abschnitt wird ein vollständiger Überblick über die MMIX-Assemblersprache gegeben. Dadurch werden viele weitere Details dargestellt, die in den Kapiteln bewusst ausgelassen wurden, um die Aufmerksamkeit auf den jeweils wesentlichen Punkt zu lenken. Dieser Abschnitt kann bei Unklarheiten herangezogen werden und der Teil über Ausdrücke sollte nach den einleitenden Kapiteln gelesen und verstanden werden.

Die Darstellung verwendet durchgängig Syntaxdiagramme, da diese sehr schnell einen Überblick über die Sprachelemente geben und leicht verständlich sind. Mit diesem Hilfsmittel kann die MMIXAL-Syntax beschrieben werden und ebenso lässt sich damit ein Programm auf syntaktische Korrektheit prüfen, da ein Programm genau dann korrekt ist, wenn es mit dem Durchlaufen von Syntaxdiagrammen nachvollzogen werden kann. Die Diagramme sind aus mehreren Grundelementen aufgebaut:

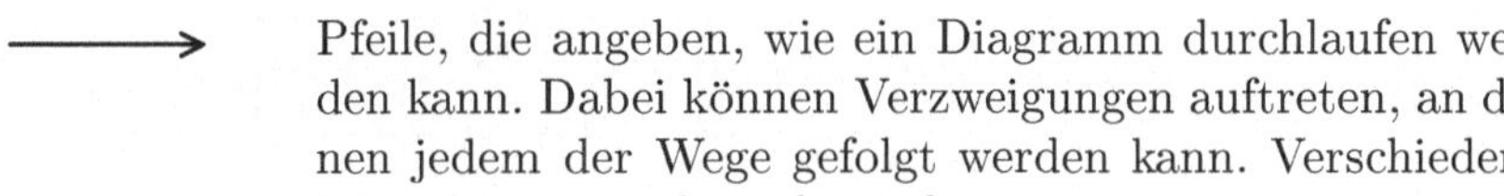

→ Pfeile, die angeben, wie ein Diagramm durchlaufen werden kann. Dabei können Verzweigungen auftreten, an denen jedem der Wege gefolgt werden kann. Verschiedene Wege können sich auch wieder vereinigen.

(A) Einzelne Zeichen, die beim Durchlaufen des Syntaxdiagramms an der Stelle ihres Auftretens genau so im Programm stehen müssen.

[Ausdruck] : Syntaxelemente, für die es wiederum ein eigenes Syntaxdiagramm zur Beschreibung gibt.

Trifft man beim Durchlaufen eines Syntaxdiagramms auf ein Syntaxelement, so gibt es zu diesem Element ein eigenes Diagramm, das die Syntax dieses Elements beschreibt. Dies lässt sich so weit verfeinern, bis alles auf die Angabe einzelner Zeichen oder vordefinierter Worte zurückgeführt ist.

## E.1 Einfache Elemente

Die wichtigsten Grundelemente sind Ziffern, Buchstaben und die daraus gebildeten Konstanten und Symbole. So lassen sich aus den Dezimalziffern dezimale Konstanten zusammensetzen:

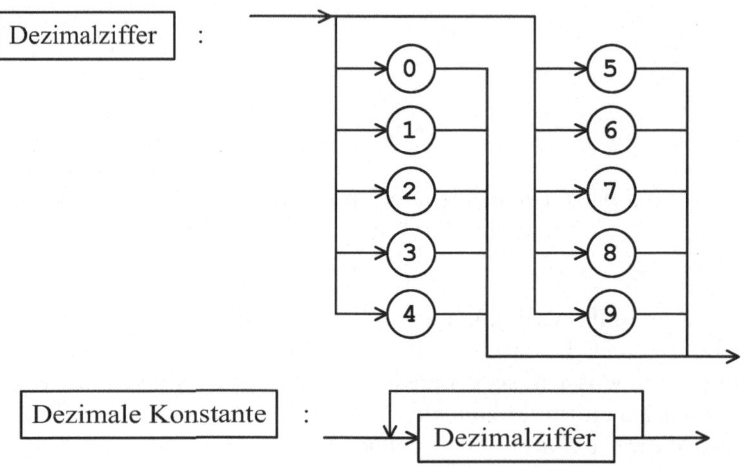


Analog werden aus Hexadezimalziffern hexadezimale Konstanten zusammengesetzt. Diese müssen zusätzlich durch das Zeichen # gekennzeichnet werden:

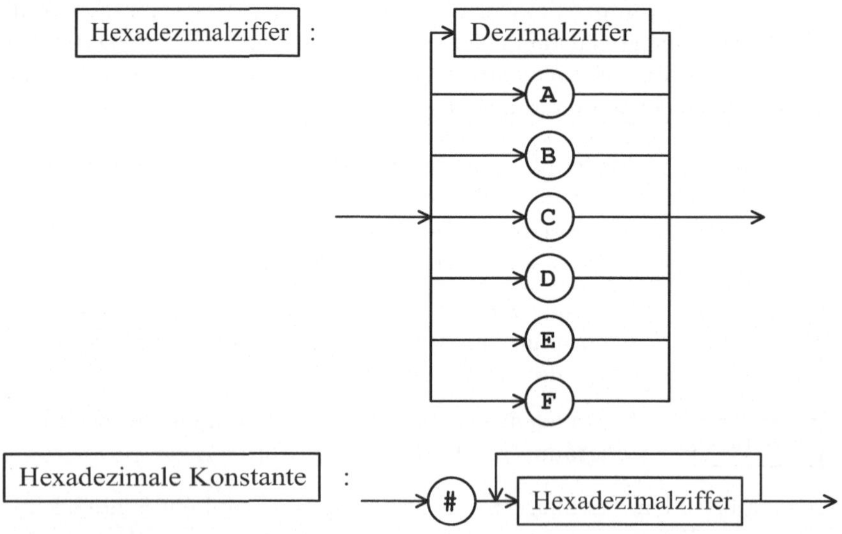


Sollten diese Konstanten größer sein als $2^{64}$, so wird ihr Wert automatisch modulo $2^{64}$ genommen.

Eine weitere Art von Konstanten repräsentiert einzelne Zeichen:

Zeichenketten werden an dieser Stelle mit erwähnt, obwohl sie nicht zu den Konstanten im engeren Sinne gehören. Sie können lediglich im Zusammenhang mit dem `BYTE`-Befehl benutzt werden (genau genommen auch bei `WYDE`, `TETRA` und `OCTA`):

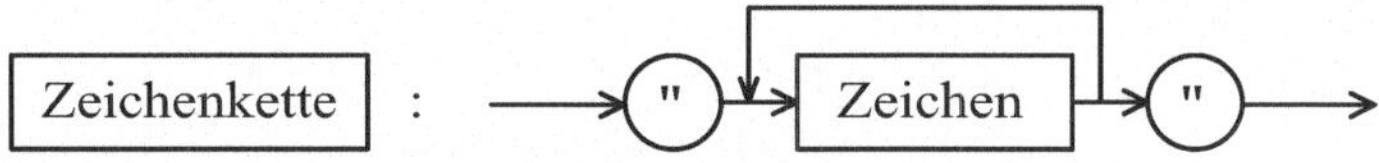


damit haben wir alle Arten von Konstanten erfasst:

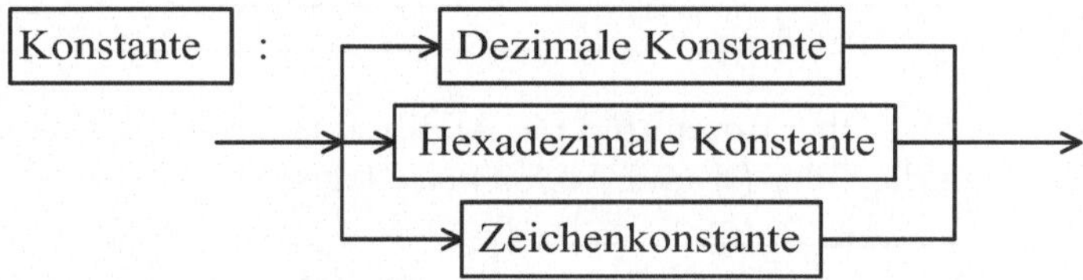


Beispiele für Konstanten sind also: `4711`, `#AFFE`, `#a1`, `'a'`, `'''`. Ein Beispiel einer Zeichenkette ist schließlich: `"beliebiger␣Text"`.

Eigene Symbole können nach folgender Regel gebildet werden:

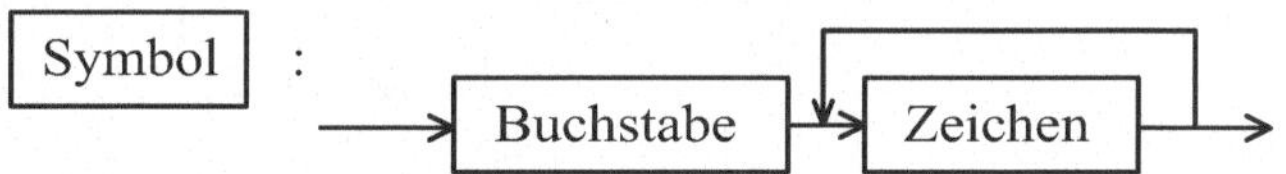


Es gibt aber eine Reihe vordefinierter Symbole, etwa diejenigen für die Speichersegmente (`Data_Segment`, `Stack_Segment` und `Pool_Segment`) sowie die symbolischen Schreibweisen für die Spezialregister `rR`, `rD` etc., ferner Symbole wie `Fputs` oder `StdIn`.

Zeichen sind entweder Dezimalziffern oder Buchstaben. Unter Buchstaben sind alle Unicode-Buchstaben zu verstehen, also a...z, A...Z sowie ':' (für mir Präfixen aufgebaute Symbole) und der Unterstrich '_', außerdem alle Zeichen mit Code > 126. Auf eine Darstellung als Syntaxdiagramm wird hier verzichtet. Die Assemblersprache kennt also nicht die Ersatzdarstellung verschiedener Zeichen von C++ oder JAVA, wie `'\n'` oder `'\t'` etc. Hier muss ggf. direkt der Code als dezimale oder hexadezimale Konstante angegeben werden.

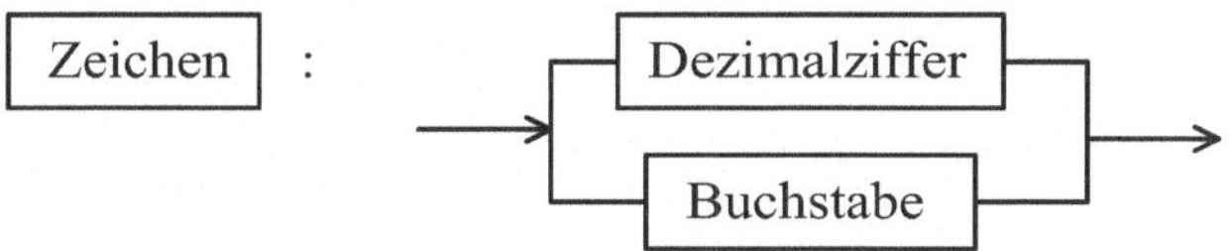

## E.2 Ausdrücke

Ausdrücke (engl. expressions) sind zentrale Elemente, die unbedingt verinnerlicht werden müssen. Die Auswertung eines Ausdrucks von `MMIXAL` liefert stets eine Folge von Byte. Die Werte solcher Ausdrücke, die sich in natürlicher Weise auf Octabyte abbilden lassen, heißen „pure values". Darunter fallen alle Ausdrücke, die nicht auf Zeichenketten zurückgeführt werden können. Ausdrücke bestehen aus einem oder mehreren Termen, die durch schwache binäre Operatoren verknüpft werden:

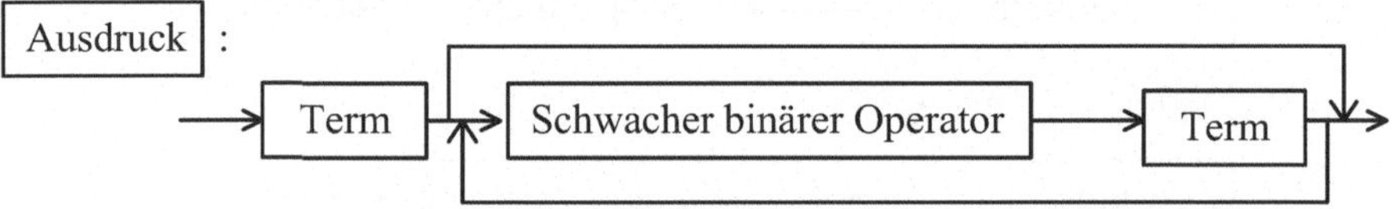


Schwache binäre Operatoren sind die Addition (`+`), Subtraktion (`-`) sowie das bitweise logische Oder (`|`) und das bitweise logische Exklusiv-Oder (`^`):

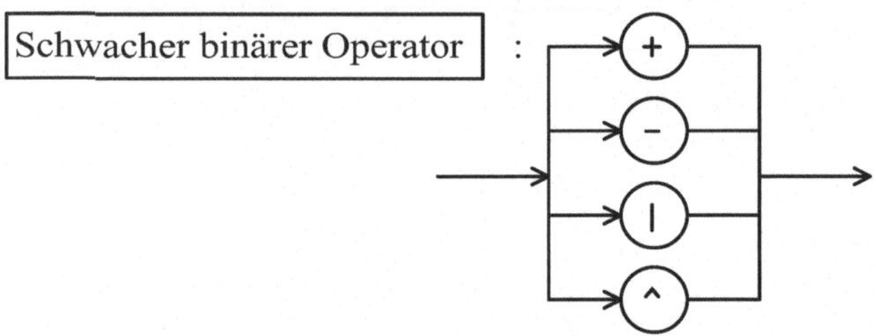


Ein Term besteht aus einem Primary oder aus einem starken binären Operator:

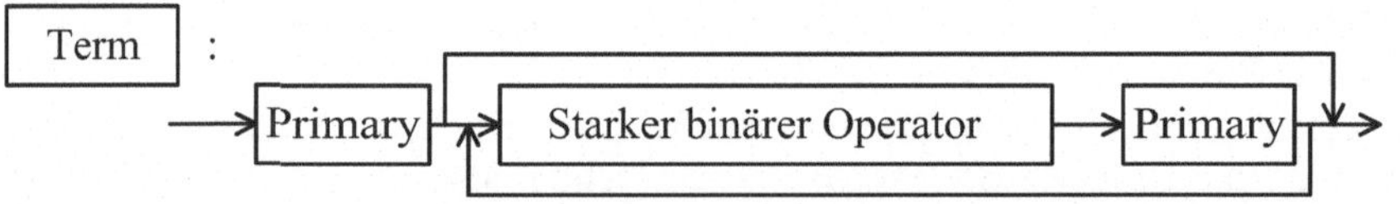


Zu den starken binären Operatoren gehören die Multiplikation (`*`), ganzzahlige Division (`/`), gebrochene Division (das Ergebnis der Operation $a//b$ ist $a \cdot 2^{64}/b$), modulo (`%`), die Schiebeoperatoren (`<<` und `>>`) sowie die bitweise logische Und-Verknüpfung (`&`). Die Priorität der starken binären Operatoren ist höher als die der schwachen. Die starken und schwachen binären Operatoren sind untereinander jeweils gleichrangig.

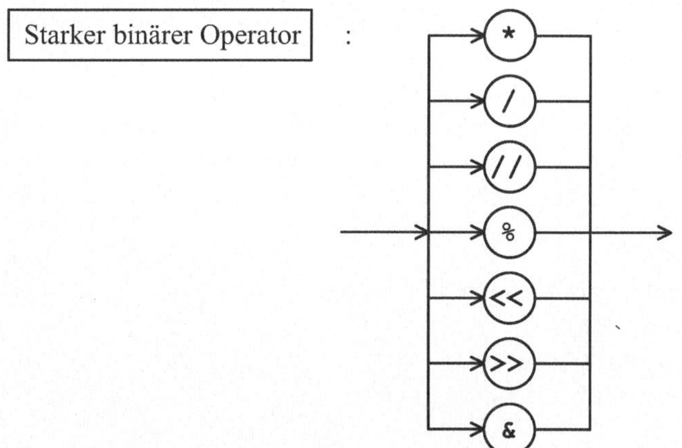


Primaries werden nach folgenden Regeln gebildet:

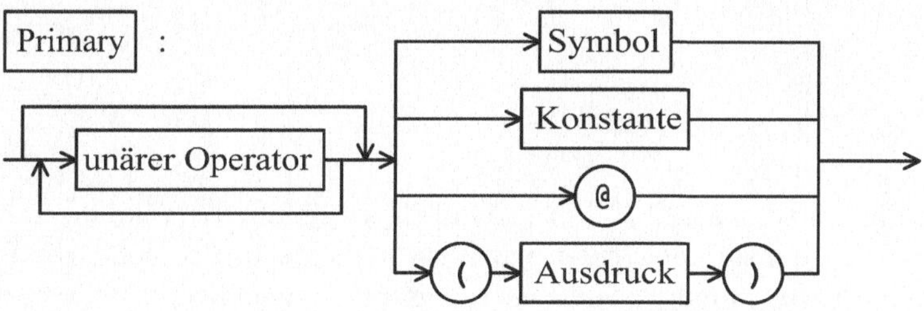


Im Vergleich zu höheren Programmiersprachen werden die Klammern hier nicht als Operatoren behandelt. In Primaries kommen wiederum Ausdrücke vor, wodurch sich beliebig komplizierte Ausrücke herstellen lassen.

Um vollständige Ausdrücke aufbauen oder analysieren zu können, benötigen wir nun lediglich noch die unären Operatoren:

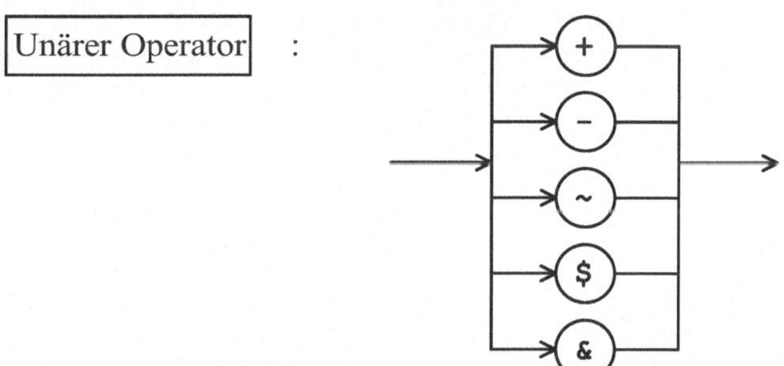


Der Operator `$` ist einer der interessantesten Operatoren. Er wandelt eine Zahl (pure value) in eine Registernummer um. Damit können Register nicht nur mit `$1`, `$2` usw. bezeichnet werden, sondern z.B. auch mit `$17+4` (für `$21`) oder `'a'` (für `$97`). Solche Operationen sind aber nur in folgenden Fällen zulässig: *register* + *pure value*, *pure value* + *register*, *register* − *pure value*

sowie *register* – *register*. Die schwachen binären Operatoren dürfen hingegen nicht auf Registernummern angewandt werden (etwa `$17+$4`).

Der Operator „serial number" `&` (hier als unärer Operator, also mit nur einem Argument – nicht zu verwechseln mit der bitweisen logischen Verknüpfung) ordnet einem Symbol eine laufende Nummer zu, mit dem es in der Symboltabelle gespeichert wird. Der Ausdruck `& Main` liefert stets den Wert 1.

**Beispiel E.1.** Bereits verwendet haben wir

```
X1      OCTA  4
X2      OCTA  2
X3      OCTA  5
```

Die Zeile

```
X1      OCTA  4,2,5
```

schreibt die gleichen Werte in den Speicher, aber nur der erste davon ist über die Marke `X1` zugreifbar.
Mit den Anweisungen

```
X1      BYTE  4
X2      BYTE  2
X3      BYTE  5
```

werden die Werte 4, 2 und 5 alternativ als Byte geschrieben. Solange anschließend mit `LDB` darauf zugegriffen wird, stellt dies kein Problem dar. Es wird dadurch insgesamt weniger Speicher belegt. Im Augenblick besteht keine Notwendigkeit, Speicher zu sparen, so dass sich in solchen Fällen die Verwendung von Octas empfiehlt.
Eine Ausnahme stellen Zeichenketten dar: Zeichenketten sollen stets als Folgen von Byte betrachtet werden:

```
        BYTE  "Text"
```

Dabei belegt jeder Buchstabe ein Byte. □

**Übung E.1.** Welche Werte werden durch folgende Anweisungen in den Speicher geschrieben?

1. `TETRA #0815,4711`
2. `WYDE "Text"`
3. `BYTE 1|2`
4. `OCTA 1<<63`

## E.3 Instruktionen

Nun sind wir in der Lage, auch die fehlenden Syntaxelemente für Instruktionen anzugeben:

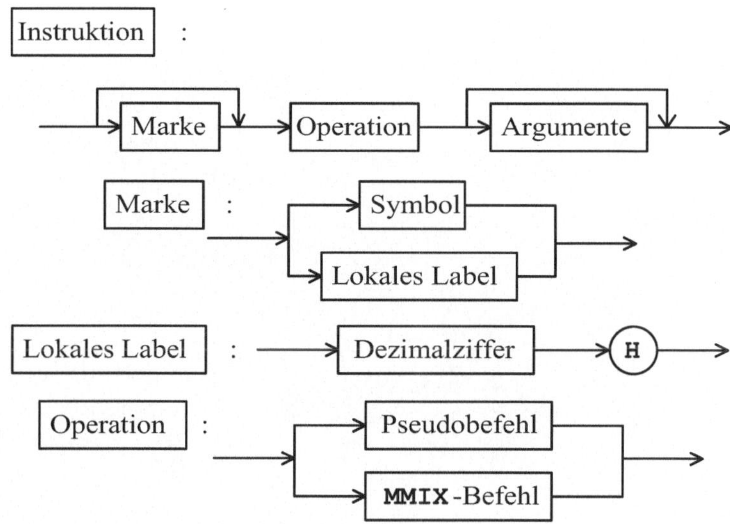


Zeilen, die nicht mit einer Marke beginnen, also deren erstes Zeichen weder ein Buchstabe, noch eine Ziffer ist, werden als Kommentarzeilen betrachtet.

Die Argumente einer Instruktion bestehen schließlich aus einer (möglicherweise leeren) Liste von ausdrücken. Ist die Liste leer, so wird automatisch der Wert Null eingesetzt. Statt `TRAP 0,halt,0` kann also einfach nur `TRAP` geschrieben werden (`halt` ist ja ein Symbol für die Null).

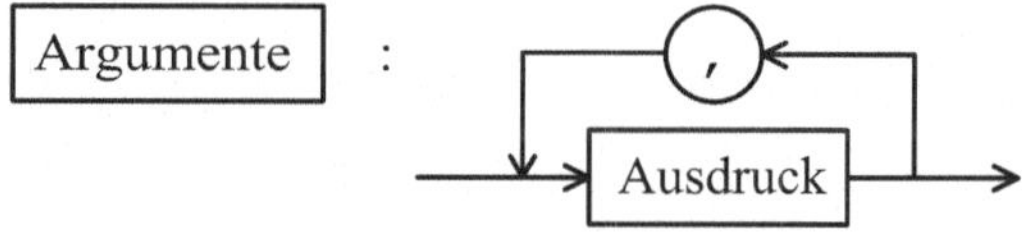


Eine Liste aller `MMIX`-Befehle und Pseudobefehle finden Sie im Anhang A ab Seite 263. Dort sind Verweise auf die Spezifikation des jeweiligen Befehls oder Pseudobefehls angegeben.

**Übung E.2.** Wie könnte ein Syntaxdiagramm für Buchstaben aussehen?

# F. Lösung ausgewählter Übungsaufgaben

**Lösung 2.2** (siehe Seite 28)

Tritt bei der Rechnung mit dem Eins-Komplement ein Carryout auf, so muss das Ergebnis um +1 korrigiert werden (*end-around-carry*)! Die Korrektur mit dem end-around-carry muss immer dann durchgeführt werden, wenn der Übergang von der negativen zur positiven Null erfolgt (Carryout).

**Lösung 4.1** (siehe Seite 73)

Im Programm von Seite 71 kann die Zeile 13 ersetzt werden durch

```
        GO      $0,Start
```

wobei entscheidend ist, dass als erstes Argument ein Register angegeben wird, das im Programm ansonsten nicht verwendet ist (im Beispiel `$0`).

**Lösung 4.2** (siehe Seite 74)

Das Ergebnis kann nur +1 oder −1 sein; es hängt davon ab, ob $n$ gerade oder ungerade ist. Im folgenden Programmfragment wird das Ergebnis erst zu +1 gesetzt und anschließend nur dann in −1 geändert, falls $n$ ungerade ist:

```
        SET     ergebnis,1
        BEV     n,done
        SUB     ergebnis,ergebnis,2
done    ...
```

**Lösung 4.4** (siehe Seite 76)

Für die erste Variante ergibt sich folgendes Programm (nur der relevante Ausschnitt):

```
Start   SUB    test,i,n   test=i-n
        BP     test,fertig
        MUL    nFak,nFak,i
        ADD    i,i,1      i hochzählen
        JMP    Start
fertig  TRAP   0,Halt,0
```

und für die zweite Variante (i wird in der Schleife jeweils erniedrigt):

```
Start   BZ     i,fertig
        MUL    nFak,nFak,i
        SUB    i,i,1   i erniedrigen
        JMP    Start
fertig  TRAP   0,Halt,0
```

**Lösung 4.5** (siehe Seite 76)

Die folgenden Programmzeilen sind an entsprechender Stelle in das Rahmenprogramm einzubauen:

```

Prompt  BYTE   "Geben␣Sie␣eine␣positive␣Zahl␣ein.",#A,0
CRLF    BYTE   #A,0            Zeilenvorschub
... ...
Zahl    IS     $1
Rest    IS     $2
Qs      IS     $3

Main    LDA    $255,Prompt   Eingabeaufforderung ausgeben
        TRAP   0,Fputs,StdOut
        TRIP   LsZahl,$1,0   Zahl einlesen

Pic     DIV    $1,$1,10
        GET    $2,rR
        ADD    $3,$3,$2
        BNZ    $1,Pic

        TRIP   DrZahl,$3,0   Ergebnis ausgeben
        LDA    $255,CRLF     Zeilenvorschub ausgeben
        TRAP   0,Fputs,StdOut
        TRAP   0,Halt,0
```

**Lösung 4.8** (siehe Seite 79)

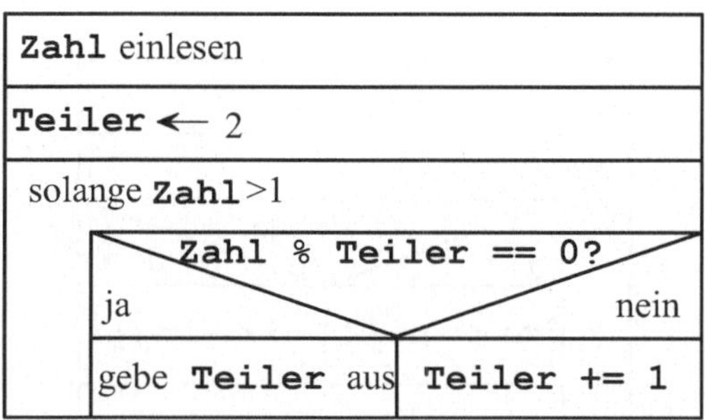


Die folgenden Programmzeilen sind entsprechend in das Rahmenprogramm einzusetzen:

```
Prompt   BYTE   "Bitte␣geben␣Sie␣eine␣ganze␣Zahl␣ein!",#a,0
CRLF     BYTE   #a,0
...
Zahl     IS     $1
Teiler   IS     $2
temp     IS     $3

Main     LDA    $255,Prompt

         TRAP   0,Fputs,StdOut
         TRIP   LsZahl,Zahl,0
         SET    Teiler,2          Erster zu prüfender Teiler
Start    CMP    temp,Zahl,1       Bei 1 aufhören
         BZ     temp,Ende
         DIV    temp,Zahl,Teiler
         GET    temp,rR           Ist der Rest gleich 0?
         BNZ    temp,Next
Ausgabe  TRIP   DrZahl,Teiler,0   Teiler enthalten: ausgeben
         LDA    $255,CRLF         Zeilenvorschub ausgeben
         TRAP   0,Fputs,StdOut
         DIV    Zahl,Zahl,Teiler
         JMP    Start             Diesen Teiler nochmal prüfen
Next     ADD    Teiler,Teiler,1   Nächsten Teiler
         JMP    Start
Ende     TRAP   0,Halt,0
```

**Lösung 4.9** (siehe Seite 80)

Das Struktogramm sieht folgendermaßen aus:

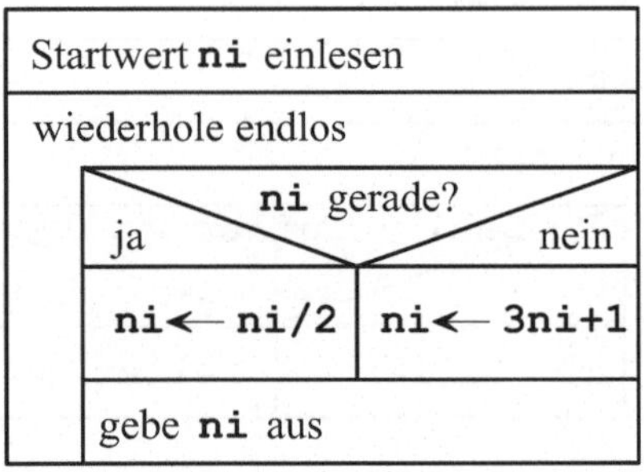

Startwert **ni** einlesen

wiederhole endlos

**ni** gerade? — ja / nein

ja: **ni← ni/2** | nein: **ni← 3ni+1**

gebe **ni** aus

Folgende Zeilen sind an geeigneter Stelle in das Rahmenprogramm einzubauen. Das Programm liest einen Startwert ein und gibt die Zahlen der zugehörigen Collatz-Folge in einer Endlosschleife aus. Sie müssen es mit der Tastenkombination `Strg+C` abbrechen, wenn Sie genug Zahlen gesehen haben.

```
Prompt   BYTE  "Geben␣Sie␣bitte␣den␣Startwert␣ein.",#a,0
CRLF     BYTE  #a,0          Zeilenvorschub
  ...
         LOC   #100
ni       IS    $1
temp     IS    $2
Main     LDA   $255,Prompt
         TRAP  0,Fputs,StdOut
         TRIP  LsZahl,ni,0
Start    BOD   ni,Odd
         DIV   ni,ni,2       Fall n_i gerade
         JMP   Ausgabe
Odd      MUL   temp,ni,3     Fall n_i ungerade
         ADD   ni,temp,1
Ausgabe  TRIP  DrZahl,ni,0
         LDA   $255,CRLF
         TRAP  0,Fputs,StdOut
         JMP   Start
```

**Lösung 4.11** (siehe Seite 85)
Das Ergebnis in Zeile 1 ist +1, weil vorzeichenbehaftet verglichen wird. Die Zahl in `$Y` ist die größte darstellbare vorzeichenbehaftete Zahl und die Zahl in `$Z` die kleinste darstellbare negative Zahl.

Das Ergebnis in Zeile 2 ist −1, weil vorzeichenlos verglichen wird. Die Zahl in Register `$Z` ist um eins größer als die in `$Y`.

**Lösung 4.12** (siehe Seite 86)
Der Fehler liegt in Zeile 10, wo die Ausgabe im Programmcode steht. Es wird ein Tetrabyte eingefügt (der ASCII-Code von „X“, gefolgt von vier Null-Byte), das anschließend als Befehl interpretiert wird. Ein Blick in die ASCII-Codetabelle liefert als Befehlswort `#58 00 00 00`.

Ein weiterer Blick in die Opcode-Tabelle des `MMIX` (siehe Einband) zeigt, dass der Befehl mit Opcode `#58` ein `PBNN` ist, der Register `$0` testet (das in diesem Fall den Wert eins enthält) und ggf. einen Sprung auf den Befehl selbst ausführt (Offset null). Also landet das Programm in einer Endlosschleife.

**Lösung 5.4** (siehe Seite 98)
Die Stackbelegung sieht folgendermaßen aus (die Ausgabe entstammt dem Simulator im interaktiven Modus):

```
M8[#2fffffffffffffc8]=#120
M8[#2fffffffffffffd0]=#120
M8[#2fffffffffffffd8]=#120
M8[#2fffffffffffffe0]=#120
M8[#2fffffffffffffe8]=#120
M8[#2ffffffffffffff0]=#120
M8[#2ffffffffffffff8]=#140
```

Der zuerst auf den Stack gelegte Wert steht bei dieser Ausgabe an unterster Stelle. Es ist dies die Rücksprungadresse an die Stelle nach dem ersten Aufruf des Unterprogramms (entspricht Zeile 34 im Programm). Alle weiteren Rücksprungadressen verweisen auf den Befehl nach dem rekursiven Aufruf (Zeile 23).

**Lösung 5.9** (siehe Seite 118)

Beachten Sie, dass die rekursiven Aufrufe von `:Fib` ihre Ergebnisse in den Registern $2 (Zeile 13) und $3 (Zeile 15) zurückliefern. Vgl. die Addition in Zeile 16.

fibonacci.mms

```
1            LOC      #100
2
3            PREFIX   Fibo:
4  num        IS       $0                 Parameter
5  RA         IS       $1                 Rücksprungadresse
6  temp       IS       $2
7  Par1       IS       $3
8  Par2       IS       $4
9  :Fib       CMP      temp,num,2
10           PBN      temp,1F
11           GET      RA,:rJ             sichern der Rücksprungadresse
12           SUB      Par1,num,1
13           PUSHJ    temp,:Fib          erster rekursiver Aufruf
14           SUB      Par2,num,2
15           PUSHJ    Par1,:Fib          zweiter rekursiver Aufruf
16           ADDU     num,temp,Par1      Rückgabewert
17           PUT      :rJ,RA
18 1H        POP      1,0
19
20           PREFIX   :
21 Main      SET      $1,7               7. Fibo.-Zahl zu berechnen
22           PUSHJ    $0,Fib
23           TRAP     0,Halt,0
```

**Lösung 6.2** (siehe Seite 138)

Siehe Übung 6.3.

**Lösung 6.3** (siehe Seite 139)

Siehe Übung 6.2.

**Lösung 6.4** (siehe Seite 140)

12,25

**Lösung 6.5** (siehe Seite 140)

#4047 e666 6666 6666

**Lösung 6.8** (siehe Seite 148)

Das folgende Programmfragment setzt die Existenz von Unterprogrammen zur Berechnung von Sinus und Cosinus mit den Präfixen `:Math:sin` und `:Math:cos` voraus.

f-fstr.mms

```
PI      OCTA   #400921fb54442d18  π
E       OCTA   #3fc999999999999a  0,2
* berechnet f(x) = x − E · sin(x) − M
x       IS     $0
ra      IS     $1
e       IS     $2
M       IS     $3
temp    IS     $4
par     IS     $5

f       GET    ra,:rJ
        FLOT   temp,1
        LDO    e,E
        LDO    M,PI
        FLOT   temp,8
        FDIV   M,M,temp                 M = π/8
        SET    par,x
        PUSHJ  temp,:Math:sin
        FMUL   temp,temp,e
        FSUB   temp,x,temp
        FSUB   x,temp,M
        PUT    :rJ,ra
        POP    1,0

* Berechnet f'(x) = 1 − E · cos(x)
fstr    GET    ra,:rJ
        FLOT   M,1
        LDO    e,E
        SET    par,x
        PUSHJ  temp,:Math:cos
        FMUL   temp,temp,e
        FSUB   x,M,temp
        PUT    :rJ,ra
        POP    1,0
```

**Lösung 6.24** (siehe Seite 199)

bresenham.mms

```
* Die Autoren bedanken sich für diese Version bei
* Irina Gaidouk und Christoph Flossmann, Fachhochschule München

          PREFIX :Bresi
xs        IS     $0
ys        IS     $1
xe        IS     $2
ye        IS     $3
D         IS     $4       D = 2 * dy - dx = DD - dx
DD        IS     $5       DD = 2 * dy
DDD       IS     $6       DDD = 2 * (dy - dx) = 2 * dyx
dyx       IS     $7       dyx = dy - dx
dx        IS     $9
dy        IS     $10
inc       IS     $11
flag      IS     $12
ABSdx     IS     $13      Betrag von dx
ABSdy     IS     $14      Betrag von dy
RA        IS     $19
tau       IS     $20
test      IS     $21
xp        IS     $22
yp        IS     $23

:Bresi    GET    RA,:rJ
          SET    flag,0
          SUB    dx,xe,xs
          SUB    dy,ye,ys
          SET    ABSdx,dx
          SET    ABSdy,dy
          BP     dx,1F  Betragsbildung dx
          NEG    ABSdx,ABSdx
1H        BP     dy,2F  Betragsbildung dy
          NEG    ABSdy,ABSdy
2H        CMP    test,ABSdx,ABSdy
          BP     test,Fallx

Fally     SET    xp,xe  Startpunkt ist im x-Wert > Endpunkt
          SET    xe,ye
          SET    ye,xp
          SET    yp,ys
          SET    ys,xs
```

```
         SET    xs,yp   x und y vertauscht
         SET    xp,dx
         SET    dx,dy
         SET    dy,xp   dx und dy vertauschen
         SET    flag,1
Fallx    BNN    dx,3F
         SET    xp,xe
         SET    xe,xs
         SET    xs,xp   xs und xe vertauschen
         SET    yp,ye
         SET    ye,ys
         SET    ys,yp   ys und ye vertauscht
         NEG    dx,dx   Vorzeichen dx positiv
         NEG    dy,dy   Vorzeichen dy positiv
3H       SET    xp,xs
         SET    yp,ys
         SET    inc,1
         BNN    dy,posinc
neginc   NEG    inc,inc
         NEG    dy,dy
posinc   ADD    DD,dy,dy
         SUB    D,DD,dx
         SUB    dyx,dy,dx
         ADD    DDD,dyx,dyx
Loop     CMP    test,xe,xp
         BN     test,End
         BZ     flag,1F
         SET    tau,xp
         SET    xp,yp
         SET    yp,tau
1H       PUSHJ  test,:Point
         BZ     flag,1F
         SET    tau,xp
         SET    xp,yp
         SET    yp,tau
1H       ADD    xp,xp,1
```

```
          CMP   test,D,0
          BN    test,2F
          ADD   yp,yp,inc
          ADD   D,D,DDD
          JMP   Loop

2H        ADD   D,D,DD
          JMP   Loop

End       PUT   :rJ,RA
          POP   0,0
```

**Lösung 6.27** (siehe Seite 207)

```
; Kontrast ändern
cont      SETH  help,#C000        Schwelle #C0
          SET   temp,0
          SUB   temp,temp,1       Bit-Matrix mit lauter Einsen
          MOR   help,help,temp    verachtfachen
1H        LDOU  Data,Base,Off
          AND   Data,Data,help
          STOU  Data,Base,Off
          SUB   Off,Off,8
          PBP   Off,1B
          POP   0,0
```

**Lösung 7.1** (siehe Seite 217)

Die relevanten Zeilen lauten:

```
1H        OCTA  Without
          OCTA  2F
First     OCTA  No
          OCTA  3F
2H        OCTA  Theory
          OCTA  0
3H        OCTA  Practice
          OCTA  1B
```

**Lösung 7.2** (siehe Seite 217)

Es handelt sich um registerindirekte Adressierung. Bei der Umstellung auf Basis-Index-Adressierung empfiehlt es sich, die Elemente von hinten nach vorne durchzugehen. Denn dann kann abgebrochen werden, sobald der Wert von `offset` negativ ist. Diese Vorgehensweise ist jedoch nicht zwingend notwendig.

basisindex.mms

```
        LOC     Data_Segment
Data    OCTA    17,4,47,11,8,15,42
end     GREG    @

p0      IS      $1    Zeiger auf erstes Element
offset  IS      $2
x       IS      $3
max     IS      $4
test    IS      $5

        LOC     #100
Main    LDA     p0,Data
        SUB     offset,end,p0
        LDO     max,p0,offset
1H      SUB     offset,offset,8
        BN      offset,Done
        LDO     x,p0,offset
        CMP     test,max,x
        CSN     max,test,x
        JMP     1B
Done    SWYM    0
```

**Lösung 8.2** (siehe Seite 255)

copy.mms

```
argc     IS     $0
argv     IS     $1
s        IS     $2
temp     IS     $3
QFile    IS     3                Kanal der Quelldatei
ZFile    IS     4                Kanal der Zieldatei
Buf_Size IS     256

         LOC    Data_Segment
Buffer   LOC    @+Buf_Size
```

```
        GREG    @
Arg0    OCTA    0,BinaryRead       Arg. z. Öffnen der Quelldatei
Arg1    OCTA    0,BinaryWrite      Arg. z. Öffnen der Zieldatei
Arg2    OCTA    Buffer,Buf_Size

        LOC     #100
Main    CMP     temp,argc,3        wir brauchen 2 Argumente
        PBZ     temp,Open
        GETA    $255,1F            Fehlermeldung ausgeben
        TRAP    0,Fputs,StdErr
        LDOU    $255,argv,0
        TRAP    0,Fputs,StdErr
        GETA    $255,2F
Quit    TRAP    0,Fputs,StdErr
        TRAP    0,Halt,0
1H      BYTE    "Usage:␣",0
        LOC     (@+3)&-4           an Tetra-Grenze ausrichten
2H      BYTE    "␣Quelldatei␣Zieldatei",#A,0

Open    LDOU    s,argv,8
        STOU    s,Arg0
        LDA     $255,Arg0
        TRAP    0,Fopen,QFile      Quelldatei öffnen
        BN      $255,Fehler

OpenZ   LDOU    s,argv,16
        STOU    s,Arg1
        LDA     $255,Arg1
        TRAP    0,Fopen,ZFile      Zieldatei öffnen
        PBNN    $255,Copy
Fehler  GETA    $255,1F            Fehlermeldung ausgeben
        TRAP    0,Fputs,StdErr
        SET     $255,s
        TRAP    0,Fputs,StdErr
        GETA    $255,2F
        JMP     Quit
1H      BYTE    "Kann␣die␣Datei␣",0
        LOC     (@+3)&-4           an Tetra-Grenze ausrichten
2H      BYTE    "␣nicht␣oeffnen!",#A,0

Copy    LDA     $255,Arg2
        TRAP    0,Fread,QFile      lesen
        BN      $255,fertig        weniger als buf_size gelesen
        LDA     $255,Arg2
        TRAP    0,Fwrite,ZFile     schreiben
```

```
            PBNN   $255,Copy
Trouble     GETA   $255,1F
            JMP    Quit               Fehlermeldung ausgeben
1H          BYTE   "Fehler␣beim␣Schreiben!",#A,0

fertig      INCL   $255,Buf_Size      Puffer ist nicht ganz gefüllt
            BN     $255,ReadErr
            STO    $255,Arg2+8
            LDA    $255,Arg2
            TRAP   0,Fwrite,ZFile
            BN     $255,Trouble
            TRAP   0,Halt,0

ReadErr     GETA   $255,1F
            JMP    Quit
1H          BYTE   "fehler␣beim␣Lesen!",#A,0
```

# Literaturverzeichnis


[Abrash] Abrash, M.: Graphics Programming Black Book. Coriolis Group Books, Scottsdale, 1997.

[Balzert] Balzert, H.: Lehrbuch der Software-Technik. Spektrum Akademischer Verlag, Heidelberg, 1996.

[Böttcher] Böttcher, A.: MMIX – haltbar bis 2009. C'T 5:184-189, 2002.

[Born] Born, G.: Dateiformate – Die Referenz – Tabellenkalkulation, Text, Grafik, Multimedia, Sound und Internet. Galileo Press, 2000.

[Burks] Burks, A. W.; Goldstine, H. H.; von Neumann, J.: Preliminary Discussion of the Logical Design of an Electronic Computing Instrument. In: Taub, A. H. (Hrsg.): John von Neumann: Collected Works, 1903-1957, Vol.5, Pergamon Press, Oxford (UK), 1961-1963.

[Cody] Cody, W. J.; Wait, W.: Software Manual for the Elementary Functions. Prentice Hall, Englewood Cliffs, NJ, 1980.

[Fasc1] Knuth, D. E.: Überarbeitung des 1. Kapitels aus [TAOCP-I], 2002, verfügbar als „Fascicle 1“ unter `www-cs-faculty.stanford.edu/~knuth/`

[Gray] Gray, J.; Reuter A.: Transaction Processing. Morgan Kaufmann Publishers, San Francisco, 1993.

[Hennessy] Hennessy, J. L.; Patterson, D. A.: Computer Architecture – A Quantitative Approach. Morgan Kaufmann Publishers, San Francisco, 1996.

[Knuth] Knuth, D. E.: Arithmetik. Springer-Verlag, Berlin, Heidelberg (Deutsche Übersetzung durch R. Loos von Kap. 4 aus [TAOCP-II]), 2001.

[Märtin] Märtin, C.: Rechnerarchitekturen. Fachbuchverlag Leipzig, 2001.

[MMIXware] Knuth, D. E.: MMIXware. Springer-Verlag, Berlin, Heidelberg, 1999.

[Patterson] Patterson, D. A.; Hennessy; J. L.: Computer Organization & Design. Morgan Kaufmann Publishers, San Francisco, 1997.

[Stone] Stone, H.: High-Performance Computer Architecture. Addison-Wesley, Reading, MA, 1987.

[TAOCP-I] Knuth, D. E.: The Art Of Computer Programming Vol. I – Fundamental Algorithms, 3rd edn. Addison-Wesley, Reading, MA, 1997.

[TAOCP-II] Knuth, D. E.: The Art Of Computer Programming Vol. II – Seminumerical Algorithms, 3rd edn. Addison-Wesley, Reading, MA, 1998.

[TAOCP-III] Knuth, D. E.: (1998) The Art Of Computer Programming Vol. III – Sorting and Searching, 2nd edn. Addison-Wesley, Reading, MA, 1998.

[Tanenbaum] Tanenbaum, A. S.: Moderne Betriebssysteme. Hanser Verlag, München, 1995.

# Sachverzeichnis

## Alle Spezialregister von MMIX

| Symbol | Register-Name | Seite |
|---|---|---|
| rA | Arithmetic status register | 218 |
| rB | Bootstrap register (bei TRIP) | 217 |
| rC | Cycle counter | 271 |
| rD | Dividend register | 51 |
| rE | Epsilon register | 139 |
| rF | Failure location register | 240 |
| rG | Global threshold register | 108 |
| rH | Himult register | 51 |
| rI | Interval counter | 272 |
| rJ | Return-jump register | 109 |
| rK | Interrupt mask register | 221 |
| rL | Local threshold register | 108 |
| rM | Multiplex mask register | 126 |
| rN | Serial number | 272 |
| rO | Register stack offset | 108 |
| rP | Prediction register | 250 |
| rQ | Interrupt request register | 221 |
| rR | Remainder register | 51 |
| rS | Register stack pointer | 108 |
| rT | Trap address register | 217 |
| rU | Usage counter | 274 |
| rV | Virtual translation register | 239 |
| rW | Where-interrupted register (bei TRIP) | 217 |
| rX | Execution register (bei TRIP) | 217 |
| rY | Y operand (bei TRIP) | 217 |
| rZ | Z operand (bei TRIP) | 217 |
| rBB | Bootstrap register (bei TRAP) | 221 |
| rTT | Dynamic trap address register | 221 |
| rWW | Where-interrupted register (bei TRAP) | 221 |
| rXX | Execution register (bei TRAP) | 221 |
| rYY | Y operand (bei TRAP) | 221 |
| rZZ | Z operand (bei TRAP) | 221 |